U0829929

人类学视角下的国际中文教育研究

马知遥　常国毅　主编

天津大学出版社
TIANJIN UNIVERSITY PRESS

图书在版编目（CIP）数据

人类学视角下的国际中文教育研究 / 马知遥，常国毅主编. -- 天津 ：天津大学出版社，2023.10
ISBN 978-7-5618-7597-1

Ⅰ. ①人… Ⅱ. ①马… ②常… Ⅲ. ①汉语－对外汉语教学－教学研究 Ⅳ. ①H195.3

中国国家版本馆CIP数据核字（2023）第176163号

出版发行 天津大学出版社
地　　址 天津市卫津路92号天津大学内（邮编：300072）
电　　话 发行部：022-27403647
网　　址 www.tjupress.com.cn
印　　刷 北京盛通数码印刷有限公司
经　　销 全国各地新华书店
开　　本 787mm×1092mm　1/16
印　　张 15.75
字　　数 374千
版　　次 2023年10月第1版
印　　次 2023年10月第1次
定　　价 60.00元

凡购本书，如有缺页、倒页、脱页等质量问题，烦请与我社发行部门联系调换

版权所有　　侵权必究

序

八年前我从民俗学、文化人类学转向一个全新的专业领域，那就是现在命名的国际中文教育，当时还叫汉语国际教育。面向中外研究生讲授中国文化、国别文化、东西文化比较时，我突然发现，其实我所面对的教学对象，正形成了人类学调查的珍贵的“田野”。我们要研究国际中文教育，必须了解受教育者需要什么、他们的兴趣点在哪里，我们不能用对待中国学生的方法去教授他们。作为人类学“他者”文化的群体代表，几十上百个不同国家的学生构成了校园和课堂的“田野”。所以在培养跨文化教育和汉语国际教育硕士研究生时，我有意识地引导并启发我的研究生学习人类学基础知识，掌握人类学和民俗学的田野调查方法，把课堂作为田野点，面对来自世界各地的外国留学生主动进行访谈，并及时开展问卷调查，完全打破了以往汉语国际教育硕士培养中的传统论文写作模式。同时我还带着中外研究生一道多次到中国的乡村、社区做了大量的田野工作，让他们掌握和熟悉了田野民族志写作的意义，为日后以留学生学习和生活为主题进行研究打下基础。

几年的坚持，我培养的跨文化教育和汉语国际教育两个方向的研究生都以极大的热情和创作活力，交出了一份份令人满意的答卷。

我对其中优秀的论文按照主题和方法进行了设计，编辑成这本专著。这本书站在人类学视角，注重从田野调查入手，应用教育人类学、文化人类学理论对国际中文教育中一些重要的核心话题进行研究。内容涉及留学生的学业成就；身份认同焦虑；留学生教育管理中的问题；在科技发达的今天，如何让数字技术和国际中文教育完成对接；等等。我们的探索之途是愉快的，学生和我不断打破旧有学科的藩篱，大胆吸收多学科理论，把人类学的研究方法和手段积极应用到国际中文教育中来。现在成果就在眼前。

希望这样一部书和未来即将出版的另外一部《跨学科视野下的国际中文教

育研究》能够在国际中文教育的理论和方法创新方面有所建树,也希望这样的著作能得到同行专家的认可和鼓励,同时也希望得到大家的批评指教。因为所有的学术探索都在途中。相信我们师生的携手浇灌能够让这些学术探索在未来开出大大的花朵。是为序。

马知遥

2023 年 8 月 25 日于天津

目 录

第一章

教育人类学视域下非洲来华留学生的学业成就问题研究——以天津大学为例

中国越来越受到非洲留学生的青睐，非洲来华留学生数量激增，对来华留学教育质量提出了更高的要求，推动教育理念从"提高人数"向"提高质量"转变成为必然。而非洲来华留学生的学业成就问题作为影响其来华留学教育质量的一个关键因素，需要得到足够的重视。非洲来华留学生的学业成就问题呈现出学业成就一般问题的相似性，学习环境适应情况、学习动机、学习策略以及自我效能感 4 个因素都会影响非洲来华留学生的学业成就表现。但从教育人类学的视域来看，更重要的是在因素分析的基础上进一步回归到学生的学习生活中，分析与学业成就密切相关的态度和行为反应，把握其背后更为深刻的文化背景和个体价值诉求，从而真正改善非洲来华留学生的学业成就问题，缩小学业成就差异，提高教学质量。

本章借鉴已有研究和文化模式理论，从教育人类学的视域，对非洲来华留学生的学业成就问题进行了系统思考和解读，分析了非洲来华留学生学业成就差异背后的态度、行为模式以及价值观念。研究发现：在中国高校的场域内，非洲来华留学生群体内部在学业成就问题上呈现出参考框架、教育功利价值信念、教育关系解释、教育象征信任度的明显差异，学业成就较高的非洲来华留学生与学业成就偏低的非洲来华留学生在以上方面秉持着不同的价值观念，相应地也表现出不同的态度和行为模式。但随着研究的深入推进，笔者也发现了文化模式理论在非洲来华留学生学业成就问题阐释上的缺陷，并针对新问题从价值空间的互生性角度给予了非洲来华留学生学业成就问题更多群体内部动态转化和发展的考虑，从而提出了价值空间互生模式理论。在以上分析和探讨的基础上，笔者将"问题性"和"教育策略"意义结合起来，从非洲来华留学生的学业成就多方动态评价机制、信任关系、价值空间互生式教学三个方面进行了对策性的探索。

第一节 绪论

一、研究缘起

根据联合国教科文组织统计，美国和英国每年接收约 40 000 名非洲学生，中国在 2014 年已超过这个数量，成为非洲学生留学的第二大目的地，仅次于法国。随着中国国际地位的提升以及共建"一带一路"倡议的实施，非洲来华留学人数增长势头迅猛。据教育部数据统计，2015 年非洲来华留学生总数为 49 792 人[①]（具体数据见表 1-1），2018 年非洲来华留学生总数为 81 562 人，占全部来华留学生总数的 16.57%[②]。2019 年 8 月 13 日《日本经济新闻》报道指出，"目前非洲人口约 12 亿，预计到 2050 年非洲人口将达到 25 亿，占世界总人口的 26%，因此具有较高的发展潜力"[③]。非洲具有较大的发展潜力，也是中国在国际上的可靠合作伙伴，中非的合作正迈入深化阶段。《中非合作论坛—北京行动计划（2019—2021 年）》指出，"中方将实施头雁计划，为非洲培训 1 000 名精英人才，为非洲提供 5 万个中国政府奖学金名额，为非洲提供 5 万个研修培训名额，为非洲培养更多各领域专业人才，继续实施'中非高校 20+20 合作计划'，搭建中非高校交流合作平台"，"持续推进中非文化交流，共同倡导不同文明间开展平等对话、互鉴交融，维护世界文化多样性，推动人类文明进步和世界和平发展"。这意味着中非的教育合作也将迈上一个新台阶，在来华教育服务中，非洲来华留学生新的现实的教育价值诉求将更加突出，需要中国高校及时跟进现实问题，适应来华留学教育发展的新局面、新需求。

表 1-1 2015 年全国来华留学生按洲统计数据[④]

洲别	总人数 / 人	占总数百分比 /%	比上年增减人数 / 人	同比增减 /%
亚洲	240 154	60.40	14 664	6.5
欧洲	66 746	16.79	−729	−1.08
非洲	49 792	12.52	8 115	19.47
美洲	34 934	8.79	−1 206	−3.34
大洋洲	6 009	1.50	−263	−4.19

① 2015 年全国来华留学生数据发布 [EB/OL].（2016-04-14）[2021-07-20].http://www.moe.gov.cn/jyb_xwfb/gzdt_gzdt/s5987/201604/t20160414_238263.html.

② 2018 年来华留学统计 [EB/OL].（2019-04-12）[2021-07-20].http://www.moe.gov.cn/jyb_xwfb/gzdt_gzdt/s5987/201904/t20190412_377692.html.

③ 外媒观点：中日在非洲有充裕合作空间（6）[EB/OL].（2019-09-13）[2021-07-20].http://column.cankaoxiaoxi.com/2019/0903/2390016_6.shtml.

④ 同①.

目前,非洲来华留学生人数增长趋势明显且稳定,他们在中非的文化交流与合作、传播中华优秀传统文化和当代中国发展的理论与实践经验方面扮演着重要角色。2020年《教育部等八部门关于加快和扩大新时代教育对外开放的意见》印发,教育部国际司负责人表示,“做强‘留学中国’品牌,归根到底要靠提高来华留学教育的质量和管理水平”[①]。在留学生教育中,我们的工作重心也应根据国际国内的发展形势从“提高人数”向“提高质量”转变,使非洲来华留学生从人数优势转变为人才角色优势。目前,在针对来华留学生的教育评价体系中,一个可观测的重要指标就是“学业成就”,确保非洲来华留学生获得理想的学业成就是充分发挥其角色作用的关键保障。

在具体的教学工作中,对天津大学来华留学生群体中非洲学生的群体规模、课堂行为、师生互动、作业完成等情况以及考试测评成绩的关注,引发了笔者对非洲来华留学生学业成就的思考。在担任兼职教师期间,笔者通过初步的访谈与参与式观察,了解到非洲来华留学生的学业成就并非大多数人刻板印象中的那样普遍偏低,不仅非洲学生与其他国家学生之间存在学业成就的差别,在非洲学生群体之中也存在较大的学业成就差别,这让笔者十分感兴趣,并发现了一些有待深究的问题:学业成就较高的非洲来华留学生与学业成就偏低的非洲来华留学生的差别有哪些,是否能对此进行现象性描述,归结出典型特征?造成同一群体中个体学业成就差别较大的学校教育原因有哪些,又该如何进行阐释和解决?这些初步的发现与存在的疑问,加上导师的支持与鼓励,共同推动了笔者的研究。

虽然关于不同地域与国家的留学生学业成就的比较研究已颇为丰富,但大多从文化和历史的宏观角度作结,缺乏微观具体以及群体内部学业成就多样性的分析研究。教育人类学视角下的深入访谈和文化阐释能帮助笔者从获得的资料中合理有效地提出问题、解决问题。此外,选用教育人类学视角来对此现象和问题进行研究也得到了许多老师宝贵的建议与支持。还需注意到,天津大学2020年共招收了3 000多名留学生,同时学校为中外学生创造了良好的互动交流条件和平台,有许多合上的课程以及共同的课外文体活动,可以说我们与留学生群体长期学习和生活在一起,看他们所学,体他们所感。从这个角度来说,这对于本书的研究来说无疑是最好的田野调查场所,有利于运用教育人类学的方法开展相关研究。

所以,天津大学群体规模较大而且群体内部学业成就差异突出的非洲来华留学生成为本章研究的主要对象,教育人类学的相关内容成为笔者对非洲来华留学生学业成就问题进行深描、阐释与尝试解决的具体思路和指导方法。

二、核心概念界定

1. 教育人类学

教育人类学是由人类学和教育学相互交叉而形成的开放的综合学科,从实际研究内容和取向来看,可以把教育人类学理解为利用人类学的观点和方法研究教育问题的一门学科,

① 张烁. 教育部等八部门印发意见:加快和扩大新时代教育对外开放 [EB/OL].(2020-06-23)[2021-07-20].http://www.moe.gov.cn/jyb_xwfb/s5147/202006/t20200623_467784.html.

其起点和终点都与教育学息息相关,同时离不开人类学的基础[①]。教育是一种有目的地培养人的社会活动,需要教育者与被教育者双方之间的相互理解和意义领悟。教育学作为研究这种价值关涉的学问,自然地与人类学相结合,旨在使人与环境、实践三者之间发生交互作用,教育人类学的产生是人类社会文化发展的历史要求和教育学科发展过程的必然[②]。

不同文化背景下群体的学业成就问题一直是教育人类学重要的研究方向之一。20 世纪中后期,许多教育人类学家就认识到要深入与全面地了解学校教育教学的状况,必须要对教育的重要背景和过程进行研究。正因此,随着教育人类学研究的深化和专门化,在教育教学中不断凸出的学业成就问题愈发得到重视[③],这方面相关的研究和理论也为本章的研究提供了有益的思维方式和实践路径。此外,运用教育人类学对非洲来华留学生学业成就进行研究,能使更多的人对学业成就的关注从注重单一的学习成绩转向理解文化和教育的多样性,更加深刻地认识到人们在价值观念、认知取向、认知方式、人际交往等方面的发展是不同的,促进人们对彼此的差异作出恰当的理解。

2. 学业成就

一般来说,学业成就是学生在学校教育中的成果体现,反映学生学习的能力、掌握知识的水平和学习适应的情况等方面的内容。目前,关于学业成就的定义视角多样,还没有形成统一的概念。明可夫斯基认为学业成就包括人际沟通能力、分析和解决问题能力、社交能力以及价值观念等[④]。阿斯汀认为学业成就包括认知与非认知成果、心理与行为表现等[⑤]。国内接触比较多的是布鲁姆的教育目标分类体系下的学业成就,包括实现相应教育目标所应具备的知识、价值观、态度和技能[⑥]。郑日昌指出学业成就是在相对明确并且有一定限定的环境中所取得的学习效果,通过特定的训练与教学获得[⑦]。王雁飞将学业成就定义为学生在某一时期内的学习结果、学习行为和学习态度的总和[⑧]。鲍威认为学业成就指的是通过高等院校学习所引发的学生个体的变化和收益,其可根据能力或学业成绩进行衡量[⑨]。

从教育人类学的视角来看,学业成就不只是一个结果体系,更包括一定时期、一定文化背景下主体经过学习所产生的行为和态度上的改变。任何一种学业成就都包含了对教学、学习、学习者能力的假设。从教育人类学的视角上来分析学业成就,可以对不同类型的学生的学业成就在学生主体上进行统一,不局限于成绩和分数,而是进一步回归到学生的学习生活中,分析与学业成就密切相关的现象性事件,把握其背后多样的文化背景和个体诉求。从

---

① 克里斯托夫·武尔夫. 教育人类学 [M]. 张志坤,译. 北京:教育科学出版社,2009:1.

② 滕星. 教育人类学通论 [M]. 北京:商务印书馆,2017:14,30.

③ 滕星. 教育人类学通论 [M]. 北京:商务印书馆,2017:40-42.

④ MENTKOWSKI M, DOHERTY A. Careering after college: establishing the validity of abilities learned in college for later careering and professional performance. final report to the national institute of education. overview and summary[J]. Administrator attitudes, 1984: 228.

⑤ ASTIN A W. Measuring the outcomes of higher education[J]. New directions for institutional research, 1974(1): 23-46.

⑥ PARK S Y, CHA S B, LIM K, et al. The relationship between university student learning outcomes and participation in social network services, social acceptance and attitude towards school life [J]. British journal of educational technology, 2014(1): 97-111.

⑦ 郑日昌,蔡永红,周益群. 心理测量学 [M]. 北京:人民教育出版社,1999:35-47.

⑧ 王雁飞,李云健,黄悦新. 大学生心理资本、成就目标定向与学业成就关系研究 [J]. 高教探索,2011(6):128-148.

⑨ 鲍威. 大学生学业成就增值效应研究 [J]. 江苏高教,2015(1):65-69.

这个层面来说，在教育人类学视角下研究学生的学业成就，不仅是一种学生主体的回归，而且是一种学校日常生活的回归，统一于学生的发展历程，分数只是其中比较客观的一环，众多蕴含环境适应情况、学习动机、学习策略和自我效能感的现象性事件是研究并理解学习成就的关键。

综上，结合认可度较大的国内外学者对学业成就的定义以及教育人类学视角下学业成就的定义，可以发现学业成就注重学习主体通过学习所产生的变化和获得的收益，这种变化和收益的评测多依赖教师在教学行为开始前对学生进行的诊断性评价、在教学过程中进行的形成性评价以及在教学完成时进行的总结性评价。这也是本章的研究对学业成就差异作出划分的依据，是教师的教学和发展与学生主体的学习和发展有机共生的环节。当然，这主要着眼的是时间段内学生学习的变化和收益，对于具体的评价细节而言，笔者在研究调查中发现教师对非洲来华留学生所进行的学业成就评价也是有严格的目标依据和参照的。相关教师一般遵循教育部印发的《来华留学生高等教育质量规范（试行）》，从学科专业水平、对中国的认识和理解、语言能力以及跨文化和全球胜任力四个人才培养的要素进行更加具体的学业成就评价[①]。这四个要素在教育部这一文件中有详细的说明，在相应的学校教学目标和课程目标中也有进一步的体现，因此在本章的研究中不再过多阐述，只是对教师给出的学业成就划分进行必要的可靠性说明。需要指明的是这四个要素是相关教师进行学业成就评价的依据，与后文问卷和访谈调查中所主要涉及的对学业成就有较大影响的四个因素不同，前者是偏向结果性的评估，后者则是偏向原因性的探究。

三、国内外相关研究综述

目前来看，专门针对非洲来华留学生学业成就的研究几乎没有，在教育人类学视域下对非洲来华留学生的学业成就进行的研究也存有很大空白。但教育人类学与学业成就相结合的研究却颇为丰富，这为本章的研究提供了研究视角和方法上的有利条件。此外，虽然以往很少有专门或深入地对非洲来华留学生学业成就进行的研究，但关于非洲来华留学生的大部分研究主题中都或多或少涉及学业成就的内容以及该方面表现出来的问题，这就为本章的研究提供了研究的问题点，也表明非洲来华留学生的学业成就问题存在较大的研究空间。因此，在具体研究开始之前有必要先对这两方面的相关研究进行系统的梳理与分析。

（一）教育人类学与学业成就相结合的研究及评述

1. 国外教育人类学与学业成就相结合的研究

少数族群学生中非裔学生的学业成就问题是西方教育人类学的主要研究方向之一，其中以美国教育人类学方面的研究最为突出，这与美国的移民与多民族融合的历史有很大程度上的联系。20 世纪 50 年代英、美等国的教育人类学家已经开始关注少数族群学生的学业成就状况。1958 年美国心理学家海德（F. Heider）《人际关系心理学》一书的出版，标志着

① 中华人民共和国教育部. 教育部关于印发《来华留学生高等教育质量规范（试行）》的通知 [EB/OL].（2018-10-09）[2021-07-22].http://www.moe.gov.cn/srcsite/A20/moe_850/201810/t20181012_351302.html.

归因理论的诞生并逐渐成为热潮。在此基础上,西方教育人类学家通过不同的视角和分析方法,于批判和继承中形成了许多解释非裔学生低学业成就的归因理论。比较具有代表性的主要有以下六种理论。

第一,遗传差异理论(Genetic Differences Theory)和文化匮乏理论(Cultural Deficit Theory)。

20世纪60年代,在教育人类学兴起的时期有不少学者认为非裔族群教育失败的决定性原因是其智商上的遗传基因不如主流族群。詹森(A. Jensen)认为美国非裔族群学业成就低是因为他们的遗传基因比白人差,从而进一步导致了其智力不如白人[①]。

文化匮乏理论是与遗传差异理论同时兴起的理论,起初被运用于心理学方面的研究,后来也被教育人类学家用来解释少数族群的学业成就问题。里柯克(E. Leacock)在《文化的贫困:批评的观点》(*The Culture of Poverty: A Critique*)一书中认为弱势族群的家庭环境不能提供主流族群的文化与价值观,这必然导致其与作为主流族群价值观传授机构的学校之间的文化断裂,从而造成弱势族群学生的学业成就不理想[②]。

第二,文化剥夺理论(Cultural Deprivation Theory)。

文化剥夺理论的主要观点是非裔族群与其他少数族群的低学业成就是由于在家庭和社区环境中他们没有从长辈那里得到足够的,使其在学校教育中获得成功的必备认知能力、文化能力以及提高学业成就的刺激[③]。在文化剥夺理论中,存在一个特殊的假说——社会失败假说(Failure of Socialization),该假说认为家长对非裔学生学业成就的不理想负主要责任。非裔学生家长没有教给其子女适应学校教育所传授的主流文化的语言、认知和学习能力,导致他们在发展上落后于白人子女。社会失败假说相信,如果非裔学生在年幼时期得到和白人学生一样的学习技能和学习刺激,他们也一定能取得较好的学业成就。

第三,文化差异理论(Cultural Difference Theory)。

20世纪70年代,随着多元文化观念的进一步发展,教育人类学家在对多元的族群学校和社区的研究中,开始主张用文化差异来对非裔族群等少数族群学生的低学业成就作出解释。卡兹登(C. Cazden)等人在以往人类学研究的基础上提出应该关注少数族群和主流族群之间在价值取向和学习模式上的文化差异[④]。菲利普(S. Philips)在文化差异理论下,指出了课堂参与结构模式的文化差异性:在课堂的语言表述上主流学校以教师为中心,印第安社区中的学校采取的是大家共同参与的模式,这种共同参与影响着印第安学生在课堂上的参

---

① JENSEN A R. How much can we boost I.Q. and scholastic achievement? [J]. Harvard educational review, 1969(39): 1-23.

② LEACOCK E B. The culture of poverty: a critique[M]. New York: Simon and Schuster, 1971: 193-223.

③ SILVERMAN, SUSAN B. Compensatory education for cultural deprivation[J]. International review of education, 1965(4): 489-491.

④ CAZDEN C, JOHN V, HYMES D. Functions of language in the classroom[M]. New York: Teacher's College Press, 1972: 260-289.

与程度[①]。麦科特莫特[②]（R. Mcdermortt）和冈伯茨（J. Gumperz）等[③]通过研究发现，弱势族群学生在社区里所掌握的语言文化与主流学校的期望存在较大差异，使弱势族群学生容易受到教师的否定评价，在学习生活上也容易被误解，这挫伤了他们的学习积极性，影响其学业成就。

第四，文化中断理论（Cultural Discontinuity Theory）。

文化中断理论认为当不同文化背景的学生来到异文化的学校或者文化环境中接受教育时，会在教育过程中经历文化中断[④]。文化中断其实不仅存在于非西方学生进入西方式的学校时，也存在于非中国学生进入到中国式的学校时。关于文化中断，斯宾德勒（G. Spindler）曾有过经典的概括：在非西方人中，学校其实是一种非连续性的机构，教授他们外来的价值观念体系与未深入接触过的社会制度，会使他们完全地脱离其生活环境，在一个与传统社区文化差异很大的异文化环境中学习陌生的知识[⑤]。瓦伦丁（C. Valentine）在对非裔等少数族群和低阶层学生的研究中指出，他们有属于自己所处环境的文化，在主流学校中教育的失败，原因可能是学校没有用他们的文化来进行教育、教学与测试[⑥]。瓦伦丁根据研究结果使用文化非连续性来作为该研究群体学业成就低下的替代性解释。

一些教育人类学家通过研究发现，文化中断也存在于语言和交流、教育和学习方法以及价值观方面或社会活动中。非裔等少数族群的学生根据他们从自己所处文化环境中习得的价值观、学习风格与态度等来到主流学校和社会中学习，不仅与主流学校和社会的要求存在差异，还会产生冲突[⑦]。依据这些观点，所以文化中断理论有时又被称为文化冲突理论（Culture Conflict Theory）。

第五，社会阶层理论（Social Class Theory）。

20 世纪 70 年代，随着对阶级概念与教育公平问题的研究的深入，在教育人类学领域中普遍存在将非裔美国人的经济与教育问题从归因于种族障碍而正式转向归因于下层阶级地位的倾向，认为阶级地位导致非裔美国学生缺乏能力，或者较少有接受平等教育的机会，是造成他们学业成就低下的主要原因。社会阶层理论通常用阶级对抗结合文化因素来对非裔美国学生的学业成就问题进行解释，将非裔美国学生的低学业成就归咎于下层阶级与上层

---

① PHILIPS S. The invisible culture：communication in classroom and community on the warm spring Indian reservation[M]. New York：Longman，1983：82-125.

② MCDERMORTT R. The explanation of minority school failure，again[J]. Anthropology and education quarterly，1987（4）：361-364.

③ GUMPERZ J，HYMES D. Directions in socio-linguistics：the ethnography of communication[M]. New York：Holt，Rinehart & Winston，1972：125-133.

④ PHILIPS S U. Commentary：access to power and maintenance of ethnic identity as goals of multicultural education[J]. Anthropology and education quarterly，1976（4）：30-32.

⑤ SPINDLER G. Interpretive ethnography of education：at home and abroad[M]. Hillsdale，NJ.：L. Erlbaum Associates，1987：255-278.

⑥ VALENTINE C A.Culture and poverty：critique and counter-proposals[M].Chicago：University of Chicago Press，1968：197-208.

⑦ HEATH S. Ways with words：language，life and work in communities and classrooms[M]. New York：Cambridge University Press，1983：382-425.

阶级之间的冲突①。

第六，文化模式理论（Cultural Model Theory）。

奥格布（J. U. Ogbu）等在其研究中发现文化差异和文化中断等理论虽然能够从非裔美国学生主体的角度来研究当地的文化，部分解释出非裔美国学生学业失败的原因，但却不能说明非裔等少数族群学生之间的学业成就差异②。也就是说，这些理论无法解释为什么在具有相同文化背景且在语言背景上都与主流社会存在差异的非裔美国学生之中，有的学生却能获得学业上的成功。

奥格布等提出的文化模式理论认为，在一个多元的社会中，不仅需要关注宏观的社会与学校层面因素，也要注重少数族群社区内部的因素。少数族群的形成经历及其适应主流社会的态度与行为都是理解他们学业成就问题的关键因素。在验证该理论的过程中，奥格布还将移民社会中的少数族群分为自愿迁入少数族群和非自愿迁入少数族群③。自愿迁入少数族群学生既能保存本民族文化，又能学习主流文化，从而在学业上获得成就；非自愿迁入少数族群通常选择排斥主流文化来保存本民族文化，在他们看来学习主流文化就意味着抛弃传统，因此往往导致学业上的失败。

2. 对国外教育人类学与学业成就相结合研究的评述

第一，国外教育人类学与学业成就结合的研究十分丰富，而且有着浓厚的研究氛围，对移民社会或者多元文化中的非裔学生学业成就问题关注较早，在不断地推进研究的过程中，对非裔学生在内的少数族群学生的学业成就问题提出了诸多假设，并在分析和检验假设的过程中建构出许多富有成效的理论。这些研究与理论不断完善、修正，除了上述六种在研究历史和价值上比较具有代表性的理论外，还发展出诸如政治权利理论、角色身份理论、批判性种族成就理论、多因素考量理论、扣减学校教育理论等许多具有全新视角的理论。

第二，这些理论都有一个共同的特点，那就是都离不开从文化角度来对非裔学生的学业成就问题作出一定解释。同时，虽然这些理论都具有某种程度上的解释力，但也都存在着不完善的地方。①遗传差异理论和文化匮乏理论带有明显的文化中心主义的倾向，对所研究的弱势群体习惯性地贴上“落后”的标签。②文化剥夺理论以西方白人学生的实践、学习、社交等能力为标准，其观点围绕着欧美文化展开，这与非裔学生从自身生活环境中习得的认知与理解能力是不同的，与他们对学校教育的需求也是不相符的。③文化差异理论虽然很好地纠正了遗传差异理论和文化匮乏理论的错误与偏差，但没有考虑到学校其实也在复制社会和历史中的文化差异，忽视了所谓的符号沟通、交际模式等都属于精英文化，不可避免地存在权利关系。④文化中断理论对文化中断是否足以导致非裔学生学业失败的解释力不够，不能解释同华裔学生相比，与美国白人在文化和语言上更相近的非裔美国人的学业成就为何不如华裔学生。⑤社会阶层理论逐渐显示出其与美国社会变化的不相符，种族和分层的确存在，但 20 世纪 60 年代起非裔美国人就获得了与美国白人一样的向上层社会流动的

① 滕星. 教育人类学通论 [M]. 北京：商务印书馆，2017：531.

② GIBSON M A，OGBU J U. Minority status and schooling，a comparative study of immigrant and involuntary minorities[C]. New York & London：Garland Publishing，INC.，1991：3-33.

③ 同上书：22-46.

机会,这使得“下层阶级”这个理论依据的重要性在不断下降。⑥前面几种理论都无法有效地回答同一群体中为什么有的少数族群学生在学业上能取得成功,而有的学生却常常遭受失败。虽然文化模式理论对此给出了比较理想的答案,但文化模式理论将非自愿迁入少数族群的学生置于一种悲观绝望的境地,否定了其获得学业成功的可能。同时,对所研究的内部群体的区分也存在简单化处理的问题。

综上所述,我们可以了解到,从表面上看似乎只存在学业成功和学业失败两种整齐划一的现象,但其背后却是极为复杂的社会文化问题,要面临充满矛盾的现实情况。因此,在从西方的相关研究中汲取经验,探讨教育人类学视域下非洲来华留学生的学业成就问题时,也要看到任何理论都有其提出的时代背景和社会现实,不能机械化地运用,应该随着社会生活的变化适时修正与完善。

3. 国内教育人类学与学业成就相结合的研究

第一,不同少数民族学生学业成就情况的跨文化研究。

国内教育人类学与学业成就相结合的研究集中在对不同少数民族的研究上,也有部分对弱势群体的研究,比如农民工子女。罗吉华通过主客位的方法对傣族和尚生的低学业成就进行了归因分析,认为在主位观上,傣族和尚生既存在着学习积极性低的共性原因,也存在着佛寺活动多、汉语掌握程度低的特殊原因;在客位观上,该研究者所得的结论与西方的学业归因理论有很大共性,指出了学校和社区的文化差异以及家庭因素对学校教育的负面作用[①]。李红婷在对农民工子女学业状况的调查中指出农民工子女的学业成绩普遍低于城市其他社会阶层子女的学业成绩,认为主要有三个方面原因:①家庭环境中缺失精英文化知识;②语言文化上的差异造成师生之间沟通交流的困难;③社会地位的差异与目前学校教育的科层分化人为地造成其学业成绩的不理想[②]。袁同凯通过实地调研探讨了土瑶传统文化习俗与学校教育之间的关系及其对土瑶儿童学业成就的影响,在对土瑶部分传统文化习俗进行人类学上的“深度描写”后,从文化的视角和层面上揭示了土瑶学校教育失败的根源[③]。

第二,西方教育人类学领域学业成就归因理论的介绍与本土阐释。

谭光鼎教授是国内在引入西方少数族群学业成就归因理论上比较有影响力的人物之一。其在《原住民教育研究》一书中对国外少数族群学业成就与教育的理论进行了翔实的文献梳理,并以此为基础通过多元文化的视角阐释了文化差异对原住民教育的影响,引起了国内学者的广泛关注[④]。滕星教授等对西方少数族群学生的学业成就归因理论进行了综述,介绍了相关理论的主要观点和学者,认为这些理论能为我国民族教育工作提供有益的视角和思考点。他们还在对云南山区拉祜族学生学业成就的教育人类学调查中,对西方的相关理论结合实地所发现的问题一一进行了阐释,发现西方的学业成就归因理论在解释中国本

① 罗吉华. 教育人类学视野下傣族和尚生低学业成就归因分析:以西双版纳州勐达镇中学为个案 [J]. 湖南师范大学教育科学学报,2010,9(3):31-34.

② 李红婷. 农民工子女低学业成绩的人类学阐释:对 A 市农民工子女学业成绩的现状调查与归因分析 [J]. 湖南师范大学教育科学学报,2008(3):23-26,40.

③ 袁同凯. 传统文化习俗与学校教育:教育人类学的视角 [J]. 西北民族研究,2009(1):183-191.

④ 谭光鼎. 原住民教育研究 [M]. 台北:五南图书出版公司,1998.

土的情况上解释力不够[①]。我国的少数民族教育情况是由多方面的因素引起的，而且具有历史与文化上的独特性，西方的相关理论未必能对其作出全面合理的解释。在此基础上，滕星教授提出了具有本土阐释力的多元文化整合教育理论，认为这种理论较好地沟通了外界工业文明社会与传统社区，是改善少数族群学生低学业成就状况的一个有效理论。

4. 对国内教育人类学与学业成就相结合研究的评述

第一，国外的研究对象为少数族群，涵盖范围很广，包括移民、少数民族、弱势群体、海外留学生等，国内这方面的研究主要集中于少数民族群体。长期以来，国内的教育分为常规教育与少数民族教育两个方面，对学业成就问题的对比也就表现在常规学校教育与少数民族教育上。但随着我国教育国际化与教育开放程度的提升，海外留学生群体规模不断扩大，留学生的学业问题也在不断凸显，然而对其进行的研究在国内教育人类学领域存在很大空白。因此，国内教育人类学对学业成就的关注主体应该随着国际国内形势不断丰富和层次化，对象不能过于单一。

第二，国内相关研究绝大部分都是在传统的成就归因理论下所取得的成果。我国对少数民族学业成就问题进行了大量的实证研究和教育人类学方面的深描，这些翔实的成果引起了学界和社会的广泛关注，让学校和社会对少数民族学生的学业成就状况有了更加清晰的认识，推动相关研究不断深入。但仔细分析不难发现，这些研究成果在问题视角、理论方法乃至研究设计上都与西方的学业成就归因理论出入不大。尽管有些研究创新性地发现了与西方研究结果的不同之处，但却没有进一步进行调查和分析，造成了研究的贬值。此外，用西方的理论模板来研究主体、环境、中间因素等都与西方存在较大差异的中国学校教育环境，其研究过程和结果是否符合事实也存有争议。

第三，对少数民族学业成就方面存在的问题，所提出的对策有三个特点：①比较宏观，涉及国家政策的保障、社会的支持、学校教育的合理干预以及家庭教育的介入，观点缺乏针对性；②在具体的内部因素上以因材施教为核心观念，强调提高学生学习积极性，树立学生良好的学习观念；③对策围绕文化差异展开，主张文化的融合与沟通。对策的研究相比归因的研究层次要低得多，不难发现这些对策看上去都很合理，但却千篇一律。学生层面的学习主动性具体如何训练，采用何种科学系统的方法促进学生学习观念的改善，都是需要进一步探究的问题。此外，不同文化间的融合与沟通也并非表面上那么简单，存在着复杂的历史、人文和情感问题。

综上所述，国内教育人类学与学业成就相结合的研究成果充实了关于各少数民族教育状况的资料，也从多种视角对相关主题进行了探讨，更加客观地呈现出国内少数民族的学业成就问题，并对其背后的原因进行了归因阐释，指出了造成少数民族学生低学业成就的原因不是其学习不努力，更不是其智力低下，而是他们对学校环境不适应，这主要包括语言环境和文化环境。不过，这些研究和国外包含众多对象的少数族群研究相比，研究对象过于单一，集中于对少数民族的研究。此外，也存在理论机械化、对策缺乏实效性的问题。在借鉴

---

① 滕星，杨红. 西方低学业成就归因理论的本土化阐释：山区拉祜族教育人类学田野工作 [J]. 广西民族学院学报（哲学社会科学版），2004（3）：2-17.

相关成果与经验来研究非洲来华留学生的学业成就问题时，需要进一步拓宽视野，不断深入具体问题，有针对性地提出解决方案，努力尝试建构适宜本土情况的非洲来华留学生学业成就理论。

（二）非洲来华留学生的相关研究及评述

国外学者对非洲学生的教育十分关注，研究内容尽管不是以学业成就问题为主，但也涉及了与学业成就有关的非洲学生的文化特点、教学模式、相关法律法规等，其中对非洲学生的教育史及文化的关注度很高。尚博格黑人文化研究中心（Schomburg Center for Research in Black Culture）就收集了超过 5 000 000 项相关研究。有学者在其著作中回顾了非裔美国人从奴隶制时代到现今的教育的若干问题。也有学者在其著作中谈到了自 20 世纪 50 年代以来美国黑人高等教育中黑人大学以及相关法律的制定、执行等问题[①]。

随着非洲来华留学生人数的日益增多，对这一群体的学术关注度也在不断上升。目前关于非洲来华留学生的研究以国内研究为主，通过对相关主题的统计分析，发现已有研究主要体现在以下五个方面（如图 1-1 所示）。虽然这些研究也未专门对学业成就进行分析，但都或多或少地涉及学业成就的内容或问题，这对本章的研究在相关问题的思考以及可研究的空间上具有一定的帮助。

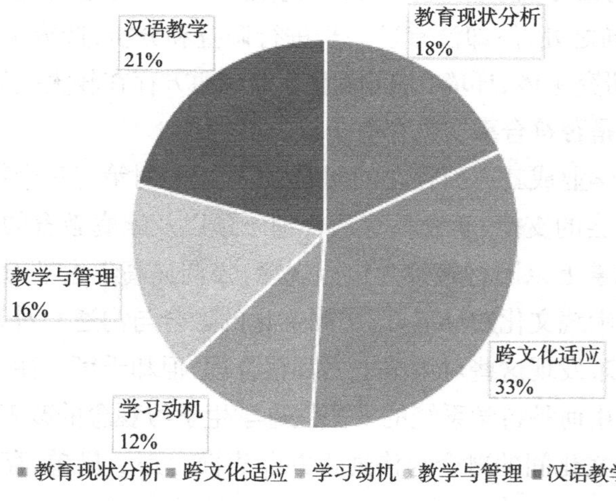

图 1-1　非洲来华留学生研究主题及占比

1. 非洲来华留学生教育现状的分析

程伟华、董维春等在对非洲来华留学研究生教育的问题与对策研究中，通过对非洲来华留学研究生教育现状的分析，发现在非洲来华留学研究生教育培养方面存在着认识高度不够、品牌特色不明显、语言障碍与文化适应问题突出、课程衔接不当等问题[②]。与此结论相似的研究还有不少，如袁芳对中国对非教育服务出口问题的研究[③]，徐鹏远对非洲来华留学生

① 肖娴，张长明. 非洲来华留学生跨文化适应问题与对策 [J]. 高教学刊，2016（15）：9-10，13.

② 程伟华，董维春，刘晓光. 非洲来华留学研究生教育问题与对策 [J]. 学位与研究生教育，2012（8）：54-58.

③ 袁芳. 中国对非教育服务出口问题研究 [D]. 北京：对外经济贸易大学，2016.

教育现状的分析[①]。龙霞、熊丽君以安哥拉来华留学生为例，揭示了语言差异、教育思维差异以及生活方式差异给非洲来华留学生教育带来的问题与困扰，以期为完善非洲来华留学生教育提供新的视角[②]。段胜峰通过对非洲来华留学生教育的历史溯源和现状归纳指出，非洲来华留学生教育主要经历了三个阶段：初创阶段（20 世纪 50 年代至 80 年代）、起步阶段（20 世纪 90 年代）和发展阶段（2000 年以来）。非洲来华留学生教育现状表现出五个特点：规模增长迅速；学历教育生增多；生源结构多极化；授课形式多样化；教育需求工具化，以直接职业需求为主要出发点[③]。

随着非洲学生来华留学热情的日益高涨，他们也成为中非关系发展的积极参与者，助力了中国的国际教育合作，同时丰富了中国的文化类型。但一些问题也迫切需要思考与解决，如"中国教师是否拥有足够的能力来向非洲留学生传授知识？是否有一些好的措施以便于非洲留学生向中国社会介绍他们自身的文化？非洲留学生是否有足够的机会与中国学生交换看法和交流经验？"[④] 这些问题涉及中国政府、非洲国家以及非洲来华留学生，也关系到中非教育的进一步交流与合作。

2. 非洲来华留学生的跨文化适应问题研究

云嘉妮通过问卷与访谈发现影响非洲来华留学生文化适应力的外部因素有生活环境改变程度（反比）、居住东道国的时间（正比）、社会支持网络（正比）、歧视问题（反比）；影响其文化适应力的内部因素有语言理解程度（正比）、对于异文化已有的知识（正比）、自身人格（性格开朗、外向的学生对陌生的生活习惯、价值观等有着很强的包容力，能快速融入异文化环境）[⑤]。肖娴、张长明在对非洲来华留学生跨文化适应问题的研究中，分析了多元文化背景下的非洲来华留学生跨文化心理状态和影响其跨文化适应的各种因素，在此基础上归纳出了非洲来华留学生存在跨文化适应问题的三个原因：一是语言背景复杂，语言之间理解难度增大；二是西方文化对非洲来华留学生的信仰和价值观影响较深；三是非洲来华留学生的思维方式抽象化、交流方式群体化[⑥]。陈秀琼、龚晓芳对 100 多名非洲来华留学生的跨文化学习适应、学习动机、学业自我效能感和学习策略等方面的调查以及与学生访谈的结果表明，学习动机、学业自我效能感、学习策略、汉语水平、教学模式和教学管理等因素对非洲来华留学生的学习适应存在影响，其中汉语水平成绩、教学模式与他们的跨文化学习适应存在密切关联[⑦]。

作为苏丹来华留学生，习欧拉对跨文化适应问题的研究除了在日常生活、人际交往和心理方面与大部分学者得出了基本相同的结果外，在学习方面也进行了单独的探讨与分析。其基于问卷调查与自身经历指出，多数苏丹学生课堂行为不良，这导致教师不能够专心上

① 徐鹏远. 非洲来华留学生教育现状分析 [J]. 科教文汇（上旬刊），2020（8）：24-25.

② 龙霞，熊丽君. 中非文化差异对非洲来华留学生教育的影响：以安哥拉来华留学生为例 [J]. 重庆第二师范学院学报，2014，27（1）：133-136，176.

③ 段胜峰. 非洲来华留学生教育管窥：历史、发展与现状 [J]. 湖南社会科学，2015（6）：199-203.

④ 李安山，沈晓雷. 非洲留学生在中国：历史、现实与思考 [J]. 西亚非洲，2018（5）：61-89.

⑤ 云嘉妮. 在华非洲留学生的文化适应调查 [D]. 长春：吉林大学，2013.

⑥ 肖娴，张长明. 非洲来华留学生跨文化适应问题与对策 [J]. 高教学刊，2016（15）：9-10，13.

⑦ 陈秀琼，龚晓芳. 来华非洲留学生跨文化学业适应调查与分析 [J]. 教育评论，2018（9）：55-59.

课,影响了师生关系,也影响了他们自身的知识学习[①]。在相应的解决对策上,除了从学校、教师和社会方面进行探讨,其主要把研究重点放在了留学生自身方面,这是与大部分研究所不同的。研究者本身作为非洲来华留学生进行研究的还有李法德[②](Diaotiana Ricardo)以及艾德[③](Tsoblewu Awovi Mawuedem)等。

非洲来华留学生跨文化适应问题的研究颇丰,除了以上比较具有特点与代表性的研究外,大部分研究者也从学校、社会等外部因素以及留学生自身人格、心理等内部因素进行了分析,所得出的结果大同小异,基本指出了在学校与社会生活、师生与生生交往以及学习适应的情况中普遍存在着跨文化适应问题,并针对这几方面提出了一些比较合理的解决办法[④]。

3. 非洲来华留学生的学习动机研究

关于非洲来华留学生的学习动机,从整体层面进行的研究较少,比较具有代表性的如,张立军和张谅对非洲来华留学生学习动因的调查分析[⑤]。通过研究,二人指出非洲留学生来华的目的和期望不同,不仅会导致他们在华学习的努力程度有所差异,还会在他们适应异文化的过程中引起不同的表现。他们通过调查发现,非洲留学生的来华目的和原因中有两个比较突出:想学习汉语,中国的经济发展前景好。

大部分关于学习动机的研究集中于汉语学习领域。白昕以问卷调查的方法分析了非洲来华留学生汉语学习动机类型、不同影响因素下非洲来华留学生汉语学习在各种动机类型上的差异、非洲来华留学生汉语学习动机类型与成绩的关系,并得出以下主要结论:非洲来华留学生汉语学习动机可以分为内在兴趣动机、成就型动机、交流融合动机、学习情境动机、外在压力动机、工具型动机六种类型;学习类型、汉语学习时长不同的非洲来华留学生在学习动机类型上存在显著差异;非洲来华留学生学习情境动机与成绩存在显著正相关关系;成就型动机、外部压力动机、工具型动机都与成绩呈负相关关系;交流融合动机与成绩呈正相关关系[⑥]。连涵芬在分析非洲来华留学生学习汉语的动机的基础上,进一步具体分析了他们汉语学习难点的要素,认为攻克难点有助于增强其汉语学习动机,也有助于汉语教师调整教学方法,提高教学效率[⑦]。

相比以上比较具有特点的研究,大部分关于非洲来华留学生汉语学习动机的研究都持基本相似的观点,认为学习者层次方面的动机最强,语言层次学习动机次之,环境层次学习动机最弱,并指出导致非洲来华留学生学习动机减退的因素主要包括五个:考试成绩不理

① 习欧拉. 来华苏丹留学生跨文化适应问题研究 [D]. 济南:山东师范大学,2020.

② 李法德. 在华马达加斯加留学生汉语学习适应调查研究 [D]. 济南:山东师范大学,2020.

③ 艾德. 来华非洲与亚洲留学生跨文化适应比较研究 [D]. 上海:华东师范大学,2016.

④ 罗梦云. 在华非洲留学生跨文化适应个案研究 [J]. 重庆高教研究,2015,3(5):62-65,70;万里明,王晨辉,周雪瑶. 非洲留学生文化适应性调查 [J]. 文化学刊,2015(12):153-156;苗坤. 在华非洲留学生的跨文化适应能力研究 [J]. 西部素质教育,2017,3(15):171-172;吴强. 撒哈拉以南非洲来华留学生跨文化适应问题调查研究 [J]. 教育观察,2018,7(1):103-106;温国砫. 在华非洲留学生文化适应策略研究 [J]. 浙江师范大学学报(社会科学版),2020,45(2):60-68.

⑤ 张立军,张谅. 非洲留学生来华学习动因调查分析:以中国地质大学(武汉)为例 [J]. 教育观察(上旬刊),2014,3(2):39-42.

⑥ 白昕. 来华非洲留学生汉语学习动机研究 [D]. 南京:南京师范大学,2013.

⑦ 连涵芬. 非洲留学生学习汉语的动机、难点与教学对策 [J]. 福建医科大学学报(社会科学版),2018,19(2):49-54.

想、周围人的负面评价、教师因素、来自中国人的消极态度以及缺乏成就感①。

4. 非洲来华留学生的教学与管理研究

在教学方面，对非洲来华留学生的研究呈现出学科取向，夏先伟在对非洲来华留学生数学素养的研究中发现，非洲来华留学生普遍存在计算能力比较差、数学水平参差不齐、数学学习兴趣偏低的问题②。孟祥铭、张洪对非洲来华留学生和经贸专业课程的特点进行了分析，二者认为教学计划与大纲的制定和完善、教材编写的合理性、教师自身素质的提升以及课堂教学方式的进一步完善是开展好非洲来华留学生经贸专业教学的有效途径③。刘朋、鲁丽华等以土木工程专业为教学分析点，指出非洲来华留学生在土木工程专业的学习基础薄弱、积极性不高，在对策上认为应该提高教师的英语教学水平、编写专业的英文版教材、加强实践教学、改进教学方法和评价体系④。丁思琦认为汉字教学是对外汉语教学中的重要内容之一，在非洲来华留学生的汉语教学过程中存在认读和书写方面的问题⑤。

在管理方面，关注点有从制度管理向文化管理转变的倾向。郑江华、翟风杰等根据非洲来华留学生的文化背景、群体特征以及在管理中出现的问题提出了留学生社区系统管理的构想，认为以特定社区形态搭建可容性强、生活服务功能好、规范健全的留学生管理服务平台，有利于对留学生的教育、管理和服务⑥。曹洁、闫妍等在研究非洲来华留学生的教育管理问题时，引入了文化管理的理论，认为应从"硬性"管理转向"软性"管理⑦。江明珊从文化的尊重与包容、管理人员跨文化沟通能力的提升、因材施教的实施、教育国际化制度的打造以及特色教学体系的探索五个层面上对非洲来华留学生的教育管理问题进行了探索⑧。

5. 非洲来华留学生的汉语教学研究

在非洲来华留学生汉语教学的研究中主要有如下两个研究方向。

一是对具体汉语教学难点的研究，比如声调、汉字和语法问题等。张盈盈在对非洲来华留学生汉字书写偏误的分析中指出，部件和笔画是最主要的书写错误类型，相应的解决办法是结合非洲来华留学生的特点教汉字，并帮助他们树立正确的汉字观念⑨。罗琼通过研究发现非洲来华留学生在习得汉语声母过程中普遍存在混淆送气辅音与不送气辅音等发音技巧以及混淆英语字母与汉语拼音发音、儿化音发音不准确等偏误⑩。针对这些偏误，教师可采用教学辅助工具、语音分析软件辅助和知觉训练等方法增强语音学习效果。吴赟以中介语

---

① 雷文文. 来华非洲学生的汉语学习动机与学习策略研究 [D]. 广州：暨南大学，2011；向琴. 非洲留学生的汉语学习动机调查研究：以中国地质大学（武汉）非洲留学生的汉语学习动机调查研究为例 [J]. 湖北经济学院学报（人文社会科学版），2012，9（2）：187-188；王文宇. 坦桑尼亚学生汉语学习动机调查研究 [D]. 郑州：郑州大学，2017；章碧云. 摩洛哥汉语学习者学习动机调查研究 [D]. 上海：上海外国语大学，2019.

② 夏先伟. 浅析非洲来华留学生的数学素养和教学策略 [J]. 科技信息，2012（18）：150.

③ 孟祥铭，张洪. 非洲来华留学生本科教学工作探析：以国际经济与贸易专业为例 [J]. 高教学刊，2019（4）：20-21，25.

④ 刘朋，鲁丽华，白泉. 土木工程专业非洲留学生教学思考 [J]. 科教文汇（上旬刊），2019（9）：56-57.

⑤ 丁思琦. 面向初级水平非洲留学生的汉字教学研究 [D]. 济南：山东师范大学，2019.

⑥ 郑江华，翟风杰，侯芳，等. 高校外国留学生社区系统管理的构建：以天津职业技术师范大学非洲留学生的管理实践为例 [J]. 职业技术教育，2013，34（23）：66-68.

⑦ 曹洁，闫妍，李薇. 文化管理视角下的非洲来华留学生管理问题研究 [J]. 农村经济与科技，2017，28（4）：233-234.

⑧ 江明珊."一带一路"倡议下非洲来华留学生教育管理探索 [J]. 智库时代，2019（33）：7，25.

⑨ 张盈盈. 非洲留学生汉字书写偏误分析 [J]. 南昌教育学院学报，2010，25（12）：75，83.

⑩ 罗琼. 非洲留学生汉语语音习得偏误及其对策 [J]. 长江大学学报（社科版），2014，37（10）：90-91.

理论、偏误分析理论和实验语音学为理论基础，分析了非洲来华留学生声调偏误类型，针对他们的声调偏误特点，认为初级阶段非洲来华留学生声调教学的侧重点是简化上声教学和强化调域训练①。

二是对汉语学习策略以及教学方法的研究。赵佳通过定量研究分析出了非洲来华留学生汉语学习策略选择上的主要特点②。其中与社交需求密切相关的社会策略和补偿策略被广泛应用，而与社交关系不大的记忆策略和情感策略的使用率则不太高，在此基础上还提出了从学习技能教学到学习策略教学以及个性化汉语学习策略教学的建议。关于学习策略的研究，有很大程度上的相似性，许多研究都与赵佳的观点出入不大，如余香莲、黄超③，陈全静④，罗茜⑤。此外，也有分析视角不同的研究，如宋硕、徐玲（2016）从文化差异的角度出发，探讨了对非洲来华留学生的教学模式⑥。

6. 对非洲来华留学生相关研究的评述

第一，非洲来华留学生的学业成就不理想作为一个突出问题不仅出现在汉语教学的研究中，也出现在教学与管理、学习动机、跨文化适应的研究中，甚至在教育现状的宏观分析中也经常出现。但对这个问题的深入研究却很少，要么套用西方学习策略、学习效果的相关量表或理论进行重复测验和结果描述，未对背后的原因进行更进一步的探究；要么干脆就呈现出问题，然后给出主观上的建议，比如“改进教学方法”“提高教师素质”“调动学生主动性”等。学业成就是对非洲来华留学生最直观的评价指标，也是十分基础的一环，许多目前正在关注的大类问题都是由学业成就方面的问题造成的。比如学习动机问题，最根本的反馈点还是学业成就的不理想，由此才引起了人们对与改善学业成就有密切关系的学习动机的研究。很多已有研究都在挖掘改善学业成就的“动因”，而忽视了引起问题的“起因”，对其缺乏深层次分析。对非洲来华留学生学业成就真实现状的翔实资料描述以及在此基础上进行的具体原因归纳、分析和问题的解决，都存在很大的研究空间，具有较强的理论与实践意义。

第二，在对非洲来华留学生教育的对策与建议中，多是从教师、学校和社会三个方面出发，涉及教师自身素质的提升、教学方法的改进、教育管理方式的完善以及社会支持网络的建立等。不难发现，许多研究似乎还达成了一种共识：只要教师素质得到提升，相应地，教学效率、学习氛围乃至学生学习的主动性等方面的诸多问题都能得到有效解决。教学不仅涉及教师的教，还与学生的学紧密相关。教育是有目的地改善人的社会活动，涉及师生双方的主观能动性。非洲来华留学生的学业成就如何改善，离不开对留学生主体的分析，但也不能简单地以增强学习兴趣、改进学习方式或提高学习主动性等空洞理念作结。具体来说，留学生学习行为方面存在的问题及其背后的原因是什么，如何从留学生主体出发提出切实的建

---

① 吴赟. 初级阶段非洲留学生普通话声调偏误分析及教学对策 [D]. 南京：东南大学，2019.

② 赵佳. 非洲留学生汉语学习策略研究 [D]. 长春：东北师范大学，2012.

③ 余香莲，黄超. 非洲留学生汉语学习策略现状分析：基于与其他二语习得者的对比研究 [J]. 长春大学学报，2016，26（2）：81-85.

④ 陈全静. 亚非留学生汉语学习策略现状调查分析：以上海电机学院留学生为例 [J]. 安徽文学（下半月），2017（2）：125-127.

⑤ 罗茜. 非洲来华留学生汉语学习策略现状调查研究 [D]. 南京：南京师范大学，2019.

⑥ 宋硕，徐玲. 基于中非文化差异的留学生汉语教学模式探析 [J]. 大学（研究版），2016（2）：33-35.

议，都是需要给予关注与思考的。

第三，已有的研究方法多为文献研究法，调查方法以问卷调查法为主。来华留学生是一个比较特殊的群体，他们来到中国这个异文化环境，在知情意行上都与国人有很大的差异，而且群体成员之间也存在较大的差异性。如果问卷使用不合理，就不可避免地存在研究缺陷，无法对非洲来华留学生的真实情况进行翔实的反映，也会进一步影响到具体的对策与建议或是理论建构的有效性。教育人类学对教育现象的文化深描，将深入的访谈、田野调查与问卷结合在一起，检验问卷的结果，适时对问卷进行调整，便于研究者进行深层次的分析，最终挖掘出习以为常的现象背后令人深思的因素。

综上所述，关于非洲来华留学生的众多研究很大程度上最终会落在学业成就方面的问题上，无论是文化层面的探讨还是教育、教学方面的研究都离不开学业成就这一基础的指标。要使非洲来华留学生切实推动中非的国际教育交流与合作，成为双方文化沟通的桥梁，不得不对其学业成就给予关注，避免"混文凭""养资历"的消极现象，使我国的教育开放政策与非洲的人才建设政策从底层上得到保障。同时需要注意到，在对非洲来华留学生及其学业成就的探讨上，如何对学业成就差异进行比较科学合理的分析，如何对非洲来华留学生的学业成就态度和行为表现进行描述与解读，并剖析这些方面是如何影响其学业成就的，也都是有待探究的。

四、研究理论——文化模式理论

奥格布等在其研究中发现文化差异和文化中断等理论虽然能够从非裔美国学生主体的角度来研究当地的文化，部分解释出非裔美国学生学业失败的原因，但却不能说明非裔美国学生之间的学业成就差异[①]。也就是说，这些理论无法解释为什么在具有相同文化背景且在语言背景上都与主流社会存在差异的非裔美国学生之中，有的学生却能获得学业上的成功。

但文化模式理论在批判与继承中不断完善，对同一群体内部学业成就的差异性能作出一定的解释。本章的研究将借鉴该理论对非洲来华留学生的学业成就情况进行初步分析，分析的因素框架主要包括：非洲来华留学生在学校中的参考框架（如对目前身处的中国高校教育环境的看待方式）、对中国学校教育功利价值的信念（如接受中国学校教育对向上流动所起的激励作用）、对中国学校教育的关系解释（如对学校和学校教职人员的信任度）以及对学校教育象征的信任度（如是否认为学校的文化、课程、教学语言等会影响其本来的文化和语言认同）。可以说，这些因素框架是之后进行相关深描的第一层编码。此外，本章对该理论无法解释或解释不到位的地方进行重新梳理、探析，以期在此基础上延伸、建构一种对非洲来华留学生学业成就情况更具解释力的本土理论，并在运用此理论进行问题分析的同时，有针对性地探究问题解决策略。

---

① GIBSON M A，OGBU J U. Minority status and schooling，a comparative study of immigrant and involuntary minorities [C]. New York & London：Garland Publishing，INC.，1991：3-33.

五、研究方法

1. 文献研究法

首先，通过梳理国内关于非洲来华留学生的研究，对该群体的教育与学习状况得到大致了解，并从中借鉴关于非洲来华留学生研究的有益成果，发现其中还有待完善和进一步研究的地方。其次，对国内外教育人类学与学业成就相结合的研究进行归纳与分析，吸取国内外研究的丰富经验，并在评析各种教育人类学领域的学业成就归因理论以及国内相关研究的基础上，找到初始研究可以借鉴的理论模型与大体研究思路，为研究的有效开展提供前期保障。

2. 问卷法与深入访谈法

根据对以往相关研究——如吴越①、易晓琳②、李勇③、陈秀琼等④、陈佳谨⑤（Fivi Haryadi）的分析发现，中外学生自身层面上对学业成就影响较大的因素主要是对学习环境的适应、学习动机、学习策略与自我效能感。因此，本章的研究的问卷、访谈内容与结构也是围绕这几个主要方面进行设计的。本章的研究也将根据实际情况，在导师和其他对非洲来华留学生教育有着丰富经验的教师的建议与指导下对问卷、访谈的内容与结构进行适当的修改，保证研究结果的可靠性与有效性。需要说明的是，教育人类学与更注重量化研究的教育社会学不同，其更多的是注重小型的个案研究，注重访谈，注重参与式观察、体验、内省和深描，关注不同文化背景下人的教育⑥。此外，已有研究对学习环境适应、学习动机、学习策略、自我效能感这四个方面与学业成就的量化归因分析已十分丰富。基于这两层思考，本章的研究的问卷设计主要针对这四个被普遍认为与学业成就关系密切的问题点，依据以往相关的问卷内容，进一步展开现象性资料的收集，丰富与研究对象和问题点相关的学习生活事件，注重资料的质性挖掘与深描，然后结合对相关师生的深入访谈对这些现象进行补充和进一步阐释，使其与学业成就的关系更加全面。从教育人类学的视角进行深入访谈，首先在借鉴相关研究的基础上对问卷起到了补充和完善的作用，更重要的是有意识地抓住了师生那些习以为常的事件，逐步引导被访者展开经验性陈述和反思。在这些翔实资料的基础上，研究者努力去作出文化层面的解释，并在对教育理想一般性的追求过程中关注多样化的个体诉求。

3. 田野调查法

本章的研究提出了非洲来华留学生群体内部学业成就存在多样性的假设，以天津大学开展日常教学以及文体活动的地方为田野点，选择非洲来华留学生作为田野调查对象，以汉语交际能力良好的非洲来华留学生或者能与非洲来华留学生开展深层交谈的教师为联络报道人，以录音笔、翻译软件、相机、手机、电脑和田野速记笔记本为调查设备，通过参与式观察

---

① 吴越. 大学生学习策略与场认知方式、学习风格、学习动机以及学业成就关系的研究 [D]. 西安：陕西师范大学，2004.

② 易晓琳. 中美少数族群学生学业成就归因理论比较研究 [D]. 兰州：西北师范大学，2009.

③ 李勇. 边疆民族地区初中生学业成就低下原因研究 [D]. 北京：中央民族大学，2013.

④ 陈秀琼，龚晓芳. 来华非洲留学生跨文化学业适应调查与分析 [J]. 教育评论，2018（9）：55-59.

⑤ 陈佳谨. 印尼大学生汉语学习行为与学习效果分析 [D]. 厦门：厦门大学，2018.

⑥ 滕星. 教育人类学通论 [M]. 北京：商务印书馆，2017：20.

与深入访谈获得翔实的田野资料，并对其编码、反思和分析，使田野资料有效转化为可供研究的文本，以便在此基础上，提出问题、分析问题，并尝试进行理论建构。需要说明的是，田野调查中的深入访谈与研究前期的访谈有所不同，后者的功能主要是发现问题、验证前期思考，前者的功能主要是进一步阐释问题、拓展解决问题的思路。

天津大学非洲来华留学生数量较多，且学校有许多中外学生合上的课程以及共同的课外文体活动，为对非洲来华留学生的学业成就进行调查提供了有利条件。在具体的田野调查中，笔者与非洲来华留学生一起参与了“中华文化与传播”、“第二语言习得概论”、“汉语作为第二语言教学”、“教育学原理”、“中西文化比较概论”、“中华文化才艺与展示”、“跨文化交际”、“语言学说史”、“国别地域与文化”、“矩阵理论”（matrix theory）、“有机化学”（organic chemistry）、“环境化学”（environmental chemistry）等课堂教学，为后续的研究提供了可做分析与解读的田野资料。

六、研究目的与意义

（一）研究目的

1. 调查非洲来华留学生的整体学业成就情况以及群体内部的学业成就情况

以往研究大多认为非洲来华留学生的学业成就普遍偏低，但笔者在实际教学以及对相关教师的访谈中发现，非洲来华留学的学业成就呈现出内部多样性，有不少学生学业成就较高。为了更加清楚地展现问题，必须对非洲来华留学生的整体学业成就情况进行调查，并在此基础上如实地反映出该群体内部学业成就的差异情况。

2. 对影响学业成就相关的因素进行客观呈现、挖掘和深描

在文献以及问卷分析的基础上，结合从教育人类学视角开展的田野调查和深入访谈，对非洲来华留学生的学习情况进行如实记录，收集翔实可靠的研究资料，并对相关资料进行深层次的定义与反思，使得非洲来华留学生关于学业成就问题的行为更加客观化、层次化和意义化。

3. 以翔实资料和质性分析为基础尝试建构新理论，提出问题解决对策

尝试在翔实的调查资料与质性分析基础上，对文化模式理论进行本土阐释，并在修正、完善该理论的过程中，试图建构新的、更具本土解释力的理论，进一步提出解决问题的对策。文化模式理论在批判与继承中不断完善，对群体内部学业成就的差异性能作出一定的解释。本章的研究借鉴该理论对非洲来华留学生的学业成就情况进行初步分析，对该理论无法解释或解释不到位的地方进行重新梳理、探析，以期在此基础上，延伸、建构一种旨在改善非洲来华留学生学业成就情况的新理论，并在运用此理论进行问题分析的同时，有针对性地探究问题解决策略。

（二）研究意义

1. 在教育人类学视域下进行非洲来华留学生学业成就问题研究

非洲来华留学生有其群体的独特性。教育人类学的思维与方法更加关注非洲来华留学生主体，同时运用融入其课堂生活的问卷和深入访谈，不仅能充实这方面的学术研究资料，为之后更进一步的研究打下基础，而且增强了问题的真实性与对策的有效性。

2. 试图从教育人类学视角建构一种新理论，改善非洲来华留学生学业成就问题研究

西方教育人类学的学业成就归因理论有着深厚的研究基础和人文积淀，而且产生较早，认可度较高，是有借鉴意义的。本章的研究在具体借鉴文化模式理论的基础上，尝试分析非洲来华留学生的学业成就问题，并对运用此理论进行问题阐释与解决的不全面或者不完善、不合理的地方进行深层次的归纳、分析与探究，结合翔实的资料，进行合理假设与验证，从而在该理论的基础上延伸、发展出针对非洲来华留学生学业成就问题的更具教育策略意义的新理论。

3. 实践意义

本章的研究强调非洲来华留学生在学习中的主体地位，给予教师更切实的反馈与建议。以往研究大多强调教师如何去做，忽视了留学生对这些教学方法的具体看法和反应，导致对策实效性不足。教师和学生都具有主观能动性，随着我国教育质量的提升，教师素质有了较大的改善，他们在发现非洲来华留学生学业问题的时候，往往会主动采取方法去改进教学，提高教学效果。虽然有的方法不够完善与体系化，但许多研究中针对教师提出的建议，实则在具体的教学工作中相关教师已经在实施了。可为何学生的学业成就还是不理想？留学生群体对这些教学方法的反馈或许能给予我们更多的反思。因此，在具体的研究或者教学中给予留学生主体更多的关注，能让我们在探究和解决他们学业成就问题的过程中避免发生角色错位、分析偏差和对策失效。

第二节　非洲来华留学生学业成就问题调查

一、非洲来华留学生学业成就问题问卷调查

1. 问卷对象的选取

探讨学业成就问题离不开对教育者与受教育者的研究。学生是学习的主体，教师对学生的学习发挥主导作用，这是现代教学论对教师与学生二者辩证关系形成的共识。天津大学自 1954 年招收培养留学生以来，累计培养了来自世界上 150 多个国家和地区的 30 000 余名留学生，其中非洲来华留学生占比较多[①]，能为本章的研究提供有效的数据和资料来

① 天津大学国际教育学院 [EB/OL].（2020-09-01）[2021-09-15].http://www.tju.edu.cn/info/1044/1230.htm.

源。因此，本章的研究选取天津大学本、硕、博三个阶段且具有一年及以上在华生活经验的非洲留学生为主要调查对象，同时为了更好地反映与补充非洲来华留学生的学业成就问题，选取天津大学对非洲来华留学生富有教学经验的教师作为辅助调查对象。

2. 问卷的设计

本章的研究借鉴以往相关研究，围绕对学业成就影响较大的学习环境适应情况、学习动机、学习策略以及自我效能感四个因素进行问卷设计，问卷编有学生问卷和教师问卷各一套，并在两次试测之后根据相关学生以及教师的建议对问卷进行了修改。修改后，学生问卷共有 60 道中英文对照题目，分为七个部分。第一部分为个人基本信息。第二部分为对学习环境适应情况的调查，借鉴了陈秀琼、龚晓芳的相关研究①，涉及学校环境、教学措施、教师教学方法、学校管理模式、学校学习氛围等方面。第三部分针对学习动机展开，学习动机调查借鉴了沈亚丽的相关研究②，其中第 1—2 题调查融入型动机，第 3—4 题调查工具型动机，第 5—8 题调查内部动机，第 9—10 题调查外部动机，第 11—12 题调查成就动机。第四部分针对学习策略展开，学习策略调查借鉴了陈璐的相关研究③，其中第 1—3 题调查记忆策略，第 4—7 题调查认知策略，第 8—9 题调查补偿策略，第 10—14 题调查元认知策略，第 15—16 题调查情感策略，第 17—19 题调查社交策略。第五部分针对自我效能感展开，自我效能感调查借鉴了梁宇颂的相关研究④，其中第 1—5 题调查学习能力自我效能感，第 6—9 题调查学习行为自我效能感。第六部分是针对预期的研究所增设的非洲来华留学生对课前预习、课后复习、考试测评以及教学中涉及的一些中国文化知识的态度。第七部分则是对课程、教师教学方式、教材三个主要教学问题在非洲来华留学生层面进行调查。问卷的信效度均较好，分析情况见表 1-2 和表 1-3。

表 1-2　Cronbach 信度分析

项数	样本量	Cronbach α 系数
60	50	0.967

从表 1-2 可知，信度系数值为 0.967，大于 0.9，说明研究数据信度质量很高，可用于进一步分析。

表 1-3　效度分析 KMO 和 Bartlett 的检验

<table>
<tr><td colspan="2">KMO 值</td><td>0.781</td></tr>
<tr><td rowspan="2">Bartlett 球形度检验</td><td>近似卡方</td><td>3 117.775</td></tr>
<tr><td>df</td><td>1431</td></tr>
</table>

① 陈秀琼，龚晓芳. 来华非洲留学生跨文化学业适应调查与分析 [J]. 教育评论，2018(9)：55-59.

② 沈亚丽. 来华留学生汉语学习动机与学习策略及其相关性研究 [D]. 上海：上海交通大学，2009.

③ 陈璐. 外国留学生汉语学习策略量表的研制 [D]. 杭州：杭州师范大学，2009.

④ 梁宇颂. 大学生成就目标、归因方式与学业自我效能感的研究 [D]. 武汉：华中师范大学，2000.

使用 KMO 和 Bartlett 检验进行效度验证，从表 1-3 可以看出， KMO 值为 0.781，介于 0.7 与 0.8 之间，研究数据效度较好。

教师问卷在询问学习环境适应情况、学习动机、学习策略以及自我效能感四个因素与非洲来华留学生的学业成就关系外，主要还涉及教学法、教材、考试测评以及文化交流等方面的内容，并增设主观题搜集教师对非洲来华留学生学业成就问题的看法。教师问卷共 25 个问题，主要是对学生问卷起到一个补充和说明的作用，该问卷题目主观性成分相对较多，因此比较适合进行描述性统计与质性分析。

3. 问卷的实施

经过前期的调研和两次试测之后，形成最终版的学生问题和教师问卷。学生问卷的发放主要借助问卷星平台，在向相关教师表明研究目的后由其分发给调查对象，共发放 117 份问卷，剔除无效问卷 3 份，回收有效问卷 114 份。教师问卷主要通过线上和线下的形式进行发放，为保证问卷的有效性，特在填写说明中阐述了学业成就的相关概念，并设置了主观题必答条件，要求教师根据自身教学实际对研究内容进行补充。教师问卷共发放 28 份，回收有效问卷 28 份。

二、非洲来华留学生学业成就问题访谈调查

1. 访谈对象的选取

根据学生问卷反馈情况，主要访谈对象共 10 人，文理占比情况为 3∶2，且以在天津大学有一年以上求学经历的本科生和硕士研究生为主，其余访谈主要是对研究过程的一些辅助性访谈，不做列举。在此基础上，结合前期的调查以及对相关教师的咨询，从学业成绩、学习环境适应情况、学习动机、学习策略以及自我效能感五个方面选出学业成就情况具有代表性的学生进行访谈，学业成就情况较好的学生与学业成就情况偏差的学生的比例为 1∶1，具体信息见表 1-4。对教师的访谈，根据教师问卷的反馈情况以及天津大学中相关教师的群体特征，将访谈对象分为国际中文教师以及非国际中文教师[①] 两类，共 8 人，比例为 1∶1，且均有两年以上的非洲来华留学生教学工作经验，具体信息见表 1-5。

表 1-4 学生访谈对象基本信息

姓名	编码	性别	年级	专业分类	学业成就情况	访谈时间
SD	S1	男	本科二年级	文科	较好	2021 年 1 月 2 日
SM	S2	男	本科三年级	文科	偏差	2021 年 3 月 14 日 2021 年 9 月 13 日
DL	S3	女	本科三年级	文科	偏差	2021 年 1 月 20 日
ND	S4	男	本科三年级	理工科	较好	2021 年 2 月 23 日
NRS	S5	女	本科四年级	理工科	偏差	2021 年 3 月 1 日 2021 年 9 月 13 日

① 非国际中文教师在本书中指以英语或者汉语为主要教学语言，在国内教授留学生和中国学生具体学科专业知识的中国教师，比如教授“矩阵理论”“有机化学”等专业课的教师。

续表

姓名	编码	性别	年级	专业分类	学业成就情况	访谈时间
LNY	S6	女	硕士二年级	文科	偏差	2021 年 3 月 6 日 2021 年 9 月 13 日
SX	S7	男	硕士二年级	文科	较好	2021 年 3 月 8 日 2021 年 9 月 13 日
LFD	S8	男	硕士二年级	理工科	偏差	2021 年 9 月 12 日
SMY	S9	女	硕士三年级	文科	较好	2021 年 3 月 20 日
ASM	S10	男	硕士三年级	理工科	较好	2021 年 9 月 13 日

表 1-5　教师访谈对象基本信息

编码	性别	访谈类别	专业分类	所属学院	访谈时间
T1 张老师	女	国际中文教师	文科	国际教育学院	2020 年 9 月 5 日
T2 温老师	男	国际中文教师	文科	国际教育学院	2020 年 12 月 27 日 2021 年 9 月 15 日
T3 孟老师	男	国际中文教师	文科	国际教育学院	2021 年 1 月 9 日
T4 李老师	女	非国际中文教师	理工科	化工学院	2021 年 1 月 12 日
T5 张老师	男	非国际中文教师	理工科	智能与计算学部	2021 年 1 月 14 日
T6 吕老师	男	非国际中文教师	理工科	数学学院	2021 年 1 月 23 日
T7 刘老师	男	非国际中文教师	理工科	环境科学与工程学院	2021 年 3 月 20 日
T8 尹老师	女	国际中文教师	文科	国际教育学院	2021 年 9 月 15 日

2. 访谈提纲的设计

第一版针对非洲来华留学生的访谈提纲共有 20 个问题，在听取富有相关教学经验的教师的建议后，修改为 13 个问题。访谈提纲仍借鉴相关研究，主要围绕学习环境适应情况、学习动机、学习策略以及自我效能感四个维度展开，但为了对同一群体内部学业成就的差异性作出文化层面的合理解释，在此四个维度外加入了奥格布文化模式理论的分析框架：参考框架、教育功利价值信念框架、教育关系的解释框架、教育象征的信任度框架。如：

8. 您对中国的大学、教师感觉怎么样？

（How do you feel about Chinese universities and teachers？）

9. 您是否信任中国的大学教育和教师？为什么？

（Do you trust Chinese university education and teachers？ Why？）

10. 您是否会认为中国大学的文化、课程和教学语言等会影响您对自己祖国的文化和语言的认同？为什么？

（Do you think that the culture，curriculum，and teaching language of Chinese universities will affect your identity with the culture and language of your home country？ Why？）

针对教师的访谈在学习环境适应情况、学习动机、学习策略以及自我效能感这四个维度上均设置了相关问题，但针对国际中文教师的访谈在听取了导师以及相关专家的建议后，在上述四个维度外还重点探讨了教学法、教材、课程内容、文化知识理解以及考核标准和方式等方面的内容。针对非国际中文教师的访谈除了上述四个维度外，重点探讨了学生学习习惯、对文化知识的价值认知与理解、考核方式、社会关系以及师生关系等方面的内容。

3. 访谈的实施

为了能对访谈对象的态度和行为进行观察，获得一些非言语讯息，也为了保证访谈的深入和有效，本次访谈以线下访谈为主，部分访谈对象因不在国内或学校，采用线上访谈的形式。其中，天津大学非洲来华留学生中有 8 人采用线下访谈的方式，2 人采用线上访谈的方式，此外还进行了一次 5 人的线上访谈以及根据研究需要进行了多次个人线上访谈；针对教师的访谈，4 人在线下进行，4 人在线上进行。考虑到留学生访谈中所需了解和深入挖掘的事项较多，有必要事先对访谈问题进行充分的说明并在访谈过程中加以逐步引导，而对教师的访谈除了进行教学场域事件的挖掘，也应该听取教师对非洲来华留学生学业成就问题的其他看法以及对本章的研究的建议与指导。因此，本次访谈采用结构化和半结构化相结合的形式进行，在具体的访谈过程中也会根据实际情况补充新问题。

三、前期思考的印证与问题的进一步提出

通过前期调查，笔者对非洲来华留学生的课堂观察所产生的两个思考得以证实：即非洲来华留学生的学业成就并非普遍偏低；学业成就在非洲学生群体中也存在较大的差别。

如图 1-2 所示，从成绩来看，非洲来华留学生成绩比较差的占比 16.67%，不太理想的占比 29.82%，其余 53.50% 的非洲来华留学生成绩都比较理想。这个数据呈现的虽然只是成绩指标，却很好地从一个侧面说明了非洲来华留学生的学业成就并没有像未调查之前所预测的那样普遍偏低。

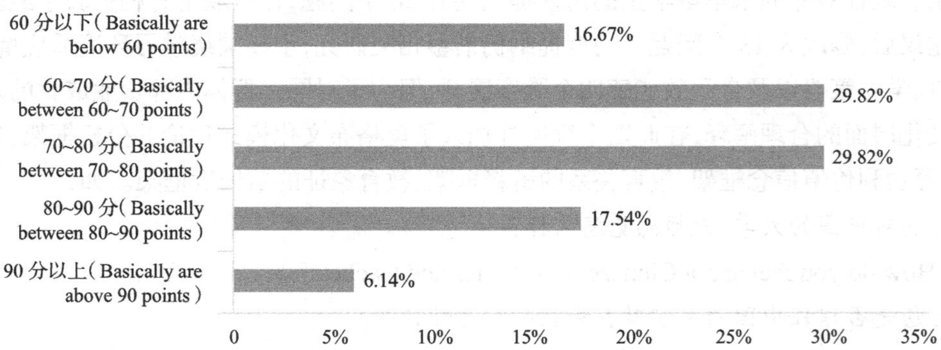

图 1-2 非洲来华留学生成绩区间占比（误差因四舍五入所致）

如图 1-3 所示，在对相关教师的问卷调查中，将近 93% 的教师都认为非洲来华留学生的学业成就群体内部差异较大，只有不到 8% 的教师认为差异不大。在之后针对相关教师的访谈调查中，教师普遍认为学业成就比较理想的非洲来华留学生和低学业成就的非洲来华留学生差异明显，如访谈对象 T1 认为：“他们之间的差别更多的是体现在行为和态度上，

有时一个简单的学习行为所反映出的差别都会让你感到吃惊,为什么差别这么大!”这种学业成就的差异是教师根据诊断性评价、形成性评价、总结性评价所得出的判断,并统一于一个大的教学阶段,如一个学期或一门学科教学的始末。

以往的研究或者教师在教学过程中常常将非洲来华留学生与东南亚学生进行对比,故此显得非洲来华留学生的学业成就似乎普遍偏低,这种整体性的刻板印象进一步导致了对非洲来华留学生群体内部的学业成就差异的忽视。问卷和访谈的相关调查,说明了非洲来华留学生的学业成就情况具有独特性,且群体内部差异明显。随着非洲来华留学生人数的激增以及中非合作的深入,明确非洲来华留学生学业成就内部差异较大的原因,尽可能降低学业成就较低的非洲来华留学生比例,对提高来华留学教育水平以及中非的教育合作质量显得越来越重要。

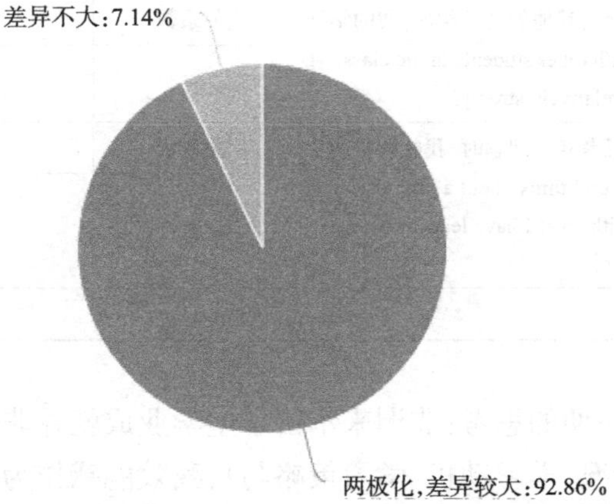

图 1-3　非洲来华留学生学业成就群体内部差异教师反馈情况

学习环境适应情况、学习动机、学习策略与自我效能感是影响中外学生学业成就较大的四个因素,通过问卷和访谈对非洲来华留学生进行的调查发现,所得结果与以往研究基本一致。如表 1-6 所示,即学习环境适应情况与学业成就情况成正比关系;融入型动机与内部学习动机越强,学业成就情况越理想;记忆策略、认知策略、补偿策略、元认知策略、情感策略、社交策略的良好应用能提高学业成就,这里的“良好应用”并不是指策略拥有的多或使用的多学业成就便会越理想,而是指策略使用的水平和使用的恰当性;自我效能感在合理范围内越强的非洲来华留学生,其学业成就情况相对而言可能越理想。

表 1-6　非洲来华留学生的学业成就问题呈现出学业成就一般问题的相似性

四个因素举例	核心参数	与学业成就表现良好的相关分析
学习环境适应情况举例:对于学校的教学基础设施,比如网络、多媒体设施、图书馆资源等,我很满意(I am very satisfied with the school' s teaching infrastructure, such as the network, multimedia facilities, and library resources)	相关系数	0.304*
	p 值	0.032

续表

四个因素举例	核心参数	与学业成就表现良好的相关分析
融入型动机举例:对于到中国学习,我很感兴趣(I am very interested in studying in China)	相关系数	0.398**
	p 值	0.004
内部动机举例:在学习中遇到困难时,我常常积极面对,鼓励自己(When I encounter difficulties in my studies, I often face them positively and encourage myself)	相关系数	0.464**
	p 值	0.001
认知策略举例:我会以不同方式去学习和使用新知识(I will learn and use new knowledge in different ways)	相关系数	0.484**
	p 值	0
元认知策略举例:我试图找到更好的学习方法(I tried to find a better way to learn)	相关系数	0.323*
	p 值	0.022
学习能力自我效能感举例:和班上的其他的同学相比,我的学习能力是比较强的(Compared with other students in the class, my learning ability is relatively strong)	相关系数	0.407**
	p 值	0.003
学习行为自我效能感举例:当我思考某一问题时,我能够将前后所学的知识联系起来思考(When I think about a problem, I can think about it in conjunction with what I have learned before and after)	相关系数	0.394**
	p 值	0.005
* $p<0.05$, ** $p<0.01$		

问卷与访谈印证了前期的思考:非洲来华留学生学业成就并非普遍偏低且群体内部差异明显;学习环境适应情况、学习动机、学习策略与自我效能感作为影响中外学生学业成就较大的四个因素,在非洲来华留学生中同样具有问题代表性。既然如此,那么学业成就较高与学业成就较低的非洲来华留学生的学习生活究竟是怎样的一幅画面?为什么会呈现出如此不同的差异?在那些习以为常的学习行为和事件中,是不是反映出了背后蕴含着的文化层面的解释以及个体独特的诉求,并能否根据这些发现得出更具针对性的解决办法?这些问题将在田野调查中得以进一步挖掘和深入分析,也说明了注重参与式观察、体验、内省和深描的田野调查对丰富和解读与研究对象和问题点相关的学习生活事件是具有意义和价值的。

第三节　非洲来华留学生学业成就问题的文化模式理论阐释

一、非洲来华留学生的参考框架

参考框架是一个人或者一个群体对自身所处环境的看待方式,不同情况下的人或群体,他们的参考框架不同。教师在一个大的教学阶段对非洲来华留学生进行的诊断性评价、形成性评价、总结性评价，使其得以结合知识水平、能力发展以及情感态度等方面对非洲来华留学生作出一个相对可靠的学业成就区分，但光靠此区分去重复教师的评测和观察结果对本章的研究来说意义不大。奥格布在文化模式理论下对群体内部学业成就差异的研究本质上是关于研究对象对学校教育的态度和行为回应的解释，他认为文化、语言、教育政策以及社会系统所造成的学校和社会中的结构性障碍会影响群体内部的学业成就表现，但他所调查的对象也是自主的人，他们会积极解释和应对所面对的情况，这一方面更加值得关注①。因此，笔者根据事先从教师那里得到的区分状况，在田野调查中主要关注的也是非洲来华留学生对正在接受的中国学校教育的态度和行为反应。非洲来华留学生学业成就较高和学业成就偏低的群体，情况不同，也具有不同的参考框架来指导他们相应的态度和行为。奥格布将参考框架的核心概括为：调查对象觉得自身接受的教育与其他人相比如何，以及其他人是谁？②

访谈对象 S7：“你知道吗？我必须和你说，我能来中国的大学学习很不容易，我的国家人口比较多，每年申请到中国的学生也非常多，越来越多，你能想象我的机会有多宝贵吗？我来到这里牺牲了很多，我到中国读大学只是为了接受更好的教育，我觉得之前在自己国家接受的教育也很好，但是还不够。我来到天津大学就爱上了这里高大漂亮的教学楼，还听同胞说这里的实验室仪器非常齐全，老师也很专业，这让我觉得我可以比在国内学得更好，也对得起自己亲人的期待。虽然我也有很多担忧，有时候感觉很孤独、很压抑，但一想到我在这能吸收更多的知识，能变得更好，我就觉得这是我为自己的成长所必须付出的。”

访谈对象 S1：“当我和其他外国学生一起上课和学习的时候，可以说我觉得自己已经很优秀了，我为自己的努力和老师的认可感到骄傲。但是我们专业有很多课是和中国学生一起上的，当我在很多课上发言的时候我觉得自己不如一些中国学生那样能说得那么好，我和他们还有很大的差距。不过，我觉得这只是因为我的汉语还不够好，对中国的认识也还不够，如果我不是外国人，我的母语是汉语，我相信自己能做得比他们更好。所以，我现在对学习汉语也非常有动力。”

学业成就较高的非洲来华留学生有着积极的双重参考框架。第一个参考框架是他们在中国高校学习和生活的情况；第二个参考框架基于与他们国家的同龄人的比较。对于他们而言，通过在中国高校学习而取得成功的机会比在自己的国家更多，这些机会主要指经济成功的机会，为了获取这些机会他们愿意接受并会积极想办法克服文化差异并适应强度或难度相比自己国家而言大得多的教育方式。

尽管，有时候这些学业成就较高的非洲来华留学生也会意识到他们与中国学生之间的差距，特别是在中外学生合上的一些课程中，但因为他们的参考框架是他们祖国的情况，所以他们希望比之前在自己的祖国做得更好。将他们在中国的情况与自己国家内的朋友和家人进行比较时，他们经常得出结论，他们在中国高校接受高等教育有更好的机会和更优质的

---

① OGBU J U, SIMONS H D. Voluntary and involuntary minorities: a cultural-ecological theory of school performance with some implications for education[J]. Anthropology & education quarterly, 1998, 29(2): 155-188.

② 同上.

教育资源,他们可以做得比自己国家的大多数同龄人更好,这成为他们努力学习、提升自我的动力。当然,这类非洲来华留学生的学业成就改善也是有一个过程的,只不过在面对成绩的不理想以及一些错误的行为方式和决定的时候,他们会认为这种状况是暂时的,因为毕竟自己是外国人,还没有适应中国高校的学习、生活环境以及教学方式,也可能是因为自己目前的汉语水平不理想,但这些都可以通过后续的努力而改变。

访谈对象 S4:"有一次,我在回学校的高铁上,看到一位非洲同胞正在埋头看电脑,我很好奇地过去看了看,发现他正在专心地学习。他看了看我,对我笑着说:'太难了,好难啊!'然后就又低着头专注地学习起来。我就突然觉得,这样努力特别好,我们依靠的是自己,而不是别人。在我的国家,有时候你会看到一些政治上的腐败和经济上的混乱,就连教育有时候也特别不公平。我觉得中国是一个发展很好的国家,教育方面也特别好,来到这里让我感觉努力就能获得成功。好的教育资源已经给你了,只有靠自己踏实地去学,才能把这些资源转为自己的力量,而不是期待着别人的关照。"

虽然这类在学业成就上表现得较好的非洲来华留学生,大多数此前并未对中国高校的教育和文化有过更深的了解或者第一手的经验。他们对中国的了解基本上是对经济发展的了解,在他们看来,经济的快速发展意味着更多的机会,这是他们了解中国并对来到中国抱有期待的一个大前提,但他们可能也从其他有过来华留学经历的人那里听说过到中国留学的益处。此外,还有十分重要的一点,他们及其家人都认为到中国留学会为他们之后的成功做好铺垫,这种成功是靠自己所接受的教育和努力取得的,到中国留学为他们提供了一个在自己国家无法获得的职业生涯机会。而在他们自己的国家,一个人取得成功的秘诀或许不是教育和努力,而是得到亲戚、朋友的帮助,或者得到某些偏爱和照顾。

相比学业成就较高的非洲来华留学生,学业成就偏低的非洲来华留学生则表现出既不同又消极的双重参考框架。第一个参考框架是中国学生的学习成绩和就业机会,第二个参考框架是他们在中国大学里的学习成绩和就业机会。这种比较是负面的,当他们将自己与中国的同龄人进行比较时,他们往往并不相信受过良好教育的人就会成功,将那些经过努力却依旧没有获得成功的中国学生作为归类的对象,觉得接受良好的高等教育并不意味着获得更好的就业机会,仍然需要考虑许多学业外的因素,比如一项技能、人脉、外表或者一些偶然的机会,这些因素或许比学业更有用。在他们看来,中国学生已经很努力了,也拥有相对优质的教育资源,但依旧还有很多人在学业和就业上踌躇不决,没有获得成功,由此对所接受的中国高校的教育产生了怀疑。对于那些获得成功的中国人,他们往往将其归结为运气好,受到了教师或者企业招聘人员的偏爱,认为努力只是次要条件,这种想法有时甚至会迁移到他们对东南亚学生的看法上。

这类学生倾向于将教育资源的好坏这种通过自身很难改变的因素,与就业成功与否的性质等同起来,认为就业的成功与否也是无法完全通过自身的努力来改变的,这是由教育体制和社会系统原本就具有的不合理的评价机制带来的结果。

访谈对象 S3:"我家乡的教育和中国的教育相比,确实有差距。但我并不觉得我家乡的教育有多差,我也不觉得中国的教育有多完美。因为即使在中国这种相对不错的教育中,我也看到了许多努力的中国学生在学习和就业上遭遇失败。在我的国家,特别努力而取得成功的人,所要付出的是那些靠其他条件获得成功的人的四五倍,努力学习往往是那些没有一技之长、没有人脉关系或者身体素质不好的人的选择。这不仅是我的国家的问题,这是全世界教育的悲哀,教育拯救的是弱小的人,而不是所有人。"

采访者:"你的观点很有意思。不过,我也看到一些自身条件用你的话来说相对优秀的人,他们也在努力学习,教育似乎也能'拯救'他们,这个情况你怎么看待呢?"

访谈对象S3:"哦,你说的或许是那些早早就确定了自己以后工作路径的人。他们努力学习,只是在已经获得成功的基础上再做补充罢了。他们的努力学习相比其他真正把教育当作唯一路径的人来说压力很轻,他们知道自己已经成功了,努力学习只是为了向别人证明自己的成功有自己的因素在里面,或者为了让自己更有面子,对得起那些为他铺垫好成功之路的人,或许也有他自己想'站得更高'的原因吧。"

采访者:"你说的或许有道理。那么你觉得自己在努力学习吗?"

访谈对象S3:"当然,只不过我不把努力学习、取得好成绩和我以后的成功或者就业、赚钱等同起来。我来到中国学校学习是我的一个选择,我还会准备很多东西帮助我找到好工作。谁知道以后呢,说不定我会是一个跨国的大商人、一个作家或者一个政客。学校只会让我往好学生这一个方面去发展,而我自己决定我可以往很多方面发展。"

采访者:"很好的思考。我还想知道,你是什么时候开始有这样的想法的?"

访谈对象S3:"哈哈,这是个好问题。我感觉我的回答会让你觉得很有意思。在我的国家,我对教育的不公平很是气愤,所以我努力读书,获得了来中国留学的机会。在来中国以前,我对中国抱有很大的期待,我觉得这一定会是一个'圣地'。但是我来到中国以后,我发现即使在中国这样好的教育环境中,还是会存在与我的国家类似的某些问题。我就觉得我需要为自己多做准备,不能完全去信赖学校的教育。我尽力去学就好,即使和别人有差距,那也无所谓,我自己知道哪些知识对我是有用的。所以啊,朋友,我也希望有一天社会变得美好起来,让我们都少一些烦恼。"

访谈对象S6:"我想和你说一个问题,我感觉我的老师经常拿我和东南亚的学生去比较,觉得我什么都该向他们学习,要好好记笔记,更加认真地听课,多用中文交流,多发言,好好练习汉字。这让我觉得自己好像什么都不如东南亚的学生,难道就因为我是非洲留学生,而他们更像中国人,他们的文化和中国更接近吗?我知道自己应该好好学习,但我不想像他们一样,他们只不过是因为学习汉语更加有优势,更容易得到老师的关注罢了。每次,老师这么和我说要向谁谁谁学习的时候,我都很反感,反而让我特别不想学习。"

采访者:"那你有没有和你的老师谈过这个问题?"

访谈对象S6:"我说过,后来我的老师也不会拿我和他们做比较了。但是每次东南亚学生发言,我会感觉老师似乎更在意,更有耐心。我也不知道,是不是我想得太多了。但我就是不想和东南亚学生表现得一样,我讨厌这样。"

通过调查,我们看到学业成就偏低的非洲来华留学生,并不是知识水平或者智力发展层面有欠缺,他们大多数都非常有智慧,有的学习成绩以前也很不错,但和学业成就较高的学生相比,他们往往对中国高校的课程更加挑剔,对教师和学校有时甚至产生了怀疑。这或许和他们的高期望有关,认为中国高校就不该出现类似于自己国家内发生的负面情况。他们也需要为自己不愿尽全力去学习的状态找到一个理由,这个理由是旁人不好评说,也不敢轻易否定或者忽视的问题——教育体制或者社会系统的不完善。似乎在这种“不完善”之下,他们的不努力被转移了,他们有时还成了“勇敢的斗士”,敢于批判这种“不完善”,积极为自己谋划多种未来。在他们看来,他们是更具有理性的人群,更应该得到赞赏,而不该拘泥于用努力学习与否或者简单的成绩好坏来评价他们。

在对这两类非洲来华留学生的参考框架的分析中,可以发现学业成就较高和学业成就偏低的非洲来华留学生对自身处境的看待方式以及对中国高校教育的信任度是不同的。但需要说明的是,学业成就的好坏并不一定意味着一个学生自身素质或者能力的好坏,学业成就的好坏在本章的研究中只是作为对他们目前学业状态的分析因素,是动态发展和变化的。对于这种状态的呈现,非洲来华留学生自身并不会过多去评价,对于他们的评价多是他者因国家、社会和教育发展的需要而进行的,有利于国家、社会和教育发展的,需要鼓励和保持;不利于国家、社会和教育发展的,则需要劝诫和改进。从这个层面上来说,学业成就的好与坏是从评价者的需求角度出发的,需要客观地去看待,不能因为某个时间段内呈现出的学业成就情况而去否定任何非洲来华留学生,他们都是独具意义的个体,不具有本质上的好与坏。这也是教育人类学视域下对学业成就差异的区分应该抱有的宗旨,在本章的后续研究对学业成就的探讨中,皆有此意。

二、对中国高校教育功利价值的信念

对学校教育功利价值的信念与群体对在目的地取得成功的信念有关,这种信念不是官方的社会政策或教育观,而是群体内部自我生成的想法,主要表现为群体内部成员间对当下社会运作模式和教育价值观的主观认知,在学校的场域中主要涉及对教育历史以及机会的看法[①]。奥格布区分了群体内部对在学校教育中取得成功的不同看法,在本章的研究中,通过前期的问卷与访谈以及伴随研究始终的田野调查,笔者也发现学业成就较高的非洲来华留学生与学业成就偏低的非洲来华留学生对在接受中国高校教育过程中取得成功的看法不同。

田野调查日记:2020 年 10 月 28 日,天津大学公共教学楼 3 楼教室的一堂矩阵理论课

上课前:部分中国学生背着包先来到教室坐好,掏出笔和课本,还有稿纸,打开课本后和周围的学生交谈两句。随后陆陆续续有留学生来到教室,其中非洲来华留学生,他们一只手拿着夹住稿纸的课本,一只手拿着手机和笔,多数坐到教室的中间和左右靠边且相对靠后的位置,将书放在桌子上不打开,并开始转笔或斜坐着看看四周,但没有打闹或者大声说话,相反什么也不说。也有一些非洲来华留学生一只手拿着一本稿纸和几支笔,一只手拿着课本

① OGBU J U, SIMONS H D. Voluntary and involuntary minorities: a cultural-ecological theory of school performance with some implications for education[J]. Anthropology & education quarterly, 1998, 29(2): 155-188.

或许还有一些辅助用书，坐在了中国学生旁边的位置或靠近前排的位置。

上课中：在中间位置和左右靠边位置的非洲来华留学生显得很安静，课本已经打开，也在稿纸上做笔记，但身体大多还是斜坐着的，有时盯着老师看，而不是盯着黑板和课件看，有时则是看看四周又转转笔，过一会则低着头在稿纸上算题。坐在中国学生旁边以及靠近前排的非洲来华留学生，有三位特别“躁动”。其中第一位，经常扭头去看中国学生的笔记，并用笔指指画画，有时候动作幅度大了，显得整个身子都偏过去了。第二位，则直接指着多媒体课件和老师说自己不明白这个公式，也算不出来结果，希望老师帮助。第三位，有时似乎在和中国学生谈论什么，经常看看课件和课本低头一会，然后又摇摇头在稿纸上用笔画了画。

下课后：坐在教室中间及左右两边靠后的留学生大部分起身离开，也能看到几位非洲来华留学生在教室外谈笑没有离开，似乎在等人。同时，一部分中国学生则聚集在讲台周围和老师讨论问题，那三位非洲来华留学生中的第一和第三位也跟着上了讲台。第二位则低头在稿纸和课本上激动地写写画画，等人群散尽，他才把稿纸和课本拿上去给老师看，动作很简单，用笔指指课本和稿纸的某个地方。老师看了一会，转身在黑板上写了写，并说：“很不错，不过应该这样。”他看了看，又点了点头，说了声：“哦，是是是，谢谢老师，我懂了。”

学业成就较高的非洲来华留学生，将在中国高校中取得的成功视为以后成功的必要途径，他们坚信在中国遵守学校规则和纪律、努力学习并取得优异的成绩会对继续学业或者未来的就业大有裨益。比起语言问题以及教育价值的问题，他们更关注的是学习策略方面的问题。他们不认为语言问题是难以克服的障碍，也不怀疑中国高校在帮助他们向上流动取得社会成功的过程中所体现的价值，他们将更多的目光聚焦在自己身上，有更高的自我效能感，常常思索的是如何有效学习才能将自己的努力与中国高校和未来的成功建立起稳固的联系。一个行之有效的提高学习效率的方式就是向那些课堂表现比较优秀的中国学生学习，以及多向教师请教。他们认为，自己之前的学习策略或许更适用于自己的国家，来到中国在学习上遇到困难并不是因为自己的能力不够，而是因为自己在很大程度上没有掌握更恰当的适应中国高校教育方式和观念的学习策略。因此，要在短时间内完善和改进自己的学习策略，必须向中国高校的教师和学生请教和学习。那些在学习策略上作出改变而克服的学业困难，会进一步强化他们的学习动力，让他们感觉自己在切实地向成功迈进，进而在课堂上以及在与中国高校教师和学生的互动交流中表现得愈发活跃。

本章的研究中的一些调查数据客观地呈现出了上述观点，如图 1-4、1-5、1-6 所示。

问题 1：我会积极和中国学生在学习上进行合作。

1. Never or almost never true of me 完全或几乎完全不符合我的情况

2. Usually not true of me 通常不符合我的情况

3. Somewhat true of me 有点符合我的情况

4. Usually true of me 通常符合我的情况

5. Always or almost always true of me 完全或几乎完全符合我的情况

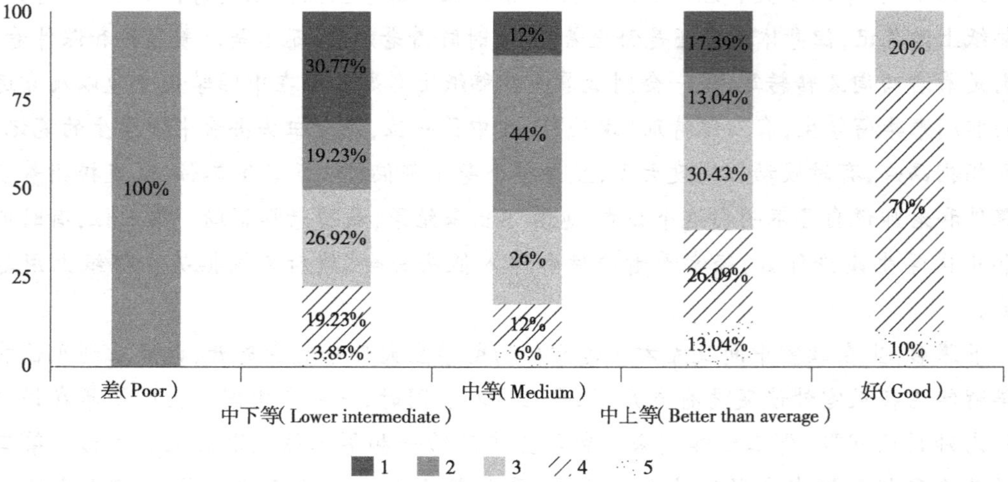

图 1-4 学业成就区分下的非洲来华留学生对问题 1 的反馈(误差因四舍五入所致)

问题 2:我试图找到更好的学习方法。

1. Never or almost never true of me 完全或几乎完全不符合我的情况
2. Usually not true of me 通常不符合我的情况
3. Somewhat true of me 有点符合我的情况
4. Usually true of me 通常符合我的情况
5. Always or almost always true of me 完全或几乎完全符合我的情况

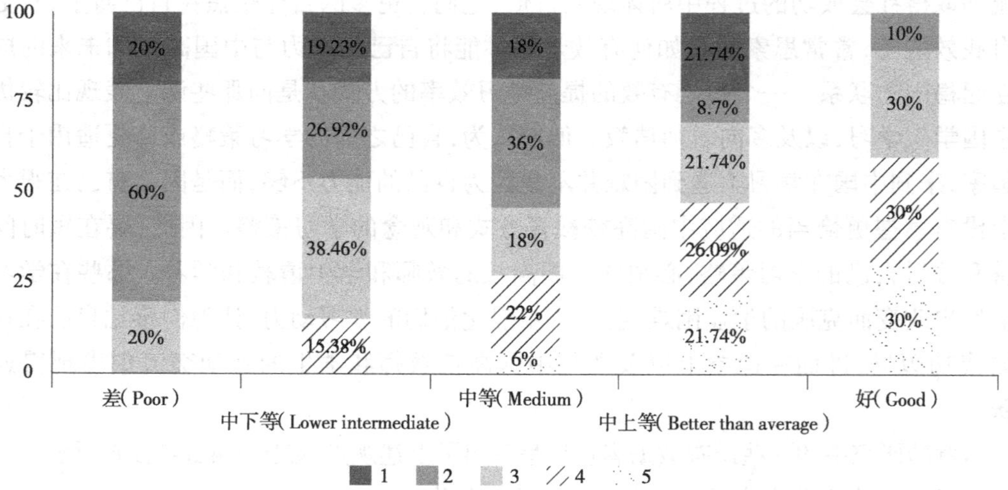

图 1-5 学业成就区分下的非洲来华留学生对问题 2 的反馈(误差因四舍五入所致)

问题 3:我相信自己有能力在学习上取得好成绩。

1. Never or almost never true of me 完全或几乎完全不符合我的情况
2. Usually not true of me 通常不符合我的情况

3. Somewhat true of me 有点符合我的情况

4. Usually true of me 通常符合我的情况

5. Always or almost always true of me 完全或几乎完全符合我的情况

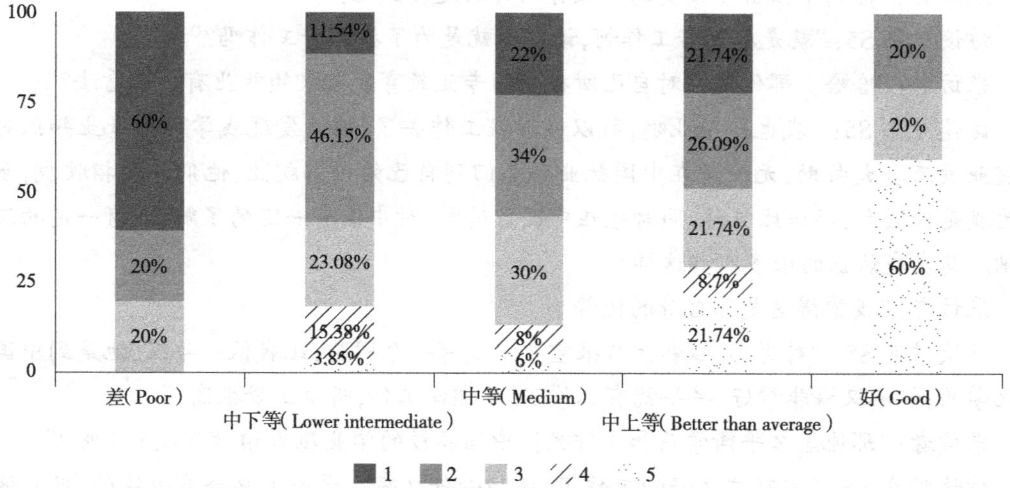

图 1-6 学业成就区分下的非洲来华留学生对问题 3 的反馈(误差因四舍五入所致)

需要指明的是,学习策略的选择和改善以及自我效能感,并不只是以往研究中那样简单地呈现出的对比数据,其背后有着深层次的价值信念,影响着非洲来华留学生对中国高校教育的态度和行为反应。文化模式理论以及教育人类学的视域告诉我们,更重要的是挖掘事件和数据背后所暗含的对教育多样性的理解,关注差异性背后个体发展多样性的诉求,这些理解和诉求反映在他们对学校教育的态度和行为之中,这也是教育人类学视域下对非洲来华留学生学业成就问题的探究与以往研究的最大不同之处。

学业成就偏低的非洲来华留学生有一种他们自我生成的矛盾的内部理论。由于社会成功人士的宣传以及教育价值的普及,他们或多或少也被影响,认为努力学习、接受良好的教育是获取成功的重要条件,但是由于他们长期将在自己国家教育体制内无法取得成功或者十分艰难才取得一定成功的案例与中国教育体制中的一些类似情况进行比较,加上他们目前留学中国遇到一些困难,他们开始相信:一是社会是不公平的,教育也是不完美的,自己所生活的环境是被不完善的各种体制所长久束缚着的,遵循体制内的规则和要求只能使少数人成功;二是个人所接受的教育以及努力程度很重要,但不足以克服这些不公平、不完美、不完善,相比艰难且痛苦地获取成功,不如换一种方式,或采用教育路径之外的其他方式而获取相应的成功。需要注意的是,这类非洲来华留学生倾向于将自己留学中国遇到的困难归因于不可控力,比如成绩不理想多归因于自己外国人的身份,学习没有动力归因于学校教授的知识对自身就业不是必需的,学业上的压力则归因于规则的束缚和压迫。家人、其他成年人和朋友告诉他们到中国留学的时候要在学校出色表现,因为这将帮助他们找到好工作并成为一名成功的成年人。然而,他们看到个人以及群体在就业方面艰难或失败的经历时,他们非常清楚在学校的成功并不与未来的成功有必然的联系,他们抗拒束缚,并寻找更多的就业机会。在他们看来,接受良好的教育并努力学习是一种抽象信念,并不能预测未来的成功,相反那些具体的经历却可以。与教育重要性的信念相比,人们就业的实际经验对他们关于学校教育的态度和行为反应所产生的影响要大得多。

采访者:“你到中国留学接受高等教育的目的是什么呢?”

访谈对象 S5:“就是找到好工作啊,读书不就是为了找到好工作吗?”

采访者:“哈哈。那你现在对自己所接受的专业教育和未来的就业有什么看法?”

访谈对象 S5:“我也要毕业啦,所以最近找工作去了,但我发现我学习的专业知识对我的就业没有多大帮助,无论是在中国就业还是回到自己的国家就业,他们想要招收我,多是因为我是外国人,英语比较好,同时也在中国留过学,对中国有一定的了解,也有一定的汉语基础。其实我认识的很多人都这样。”

采访者:“我觉得这是你自身的优势。”

访谈对象 S5:“对呀,天赋和优势很重要。我有一个同胞,比我低一年级,他是到中国学习化学的,但他汉语非常好,早早就有工作了,是翻译工作,听说工资很高。”

采访者:“那他怎么平衡学业和工作呢? 中国高校的学业压力相对来说不小吧?”

访谈对象 S5:“都有这么好的工作了,还担心什么呢。学业上总会有办法的,况且他很聪明呀,没问题。”

在对中国高校教育功利价值的信念分析中,学业成就较高的非洲来华留学生与学业成就偏低的非洲来华留学生在自身认识和经验的基础上,还通过对某一类人进行模仿或者比较来对高校教育的功利价值作出进一步的判断,这便引出了一个值得关注的问题——榜样。榜样的选择和对其的信念深深影响着非洲来华留学生对中国高校教育功利价值的信念,准确来说,这是一种关于他们希望成为什么样的人以及中国高校的教育在使他们成为什么样的人中的作用。学业成就较高的非洲来华留学生的榜样通常是对中国高校的教育模式和文化适应度较高并在学业或者就业方面取得成功的人,这其中既有留学生群体也有中国学生,他们的特点是勤奋努力、遵守学校的规则、听取教师的要求和建议、在学业上是成功且优秀的,而在职业方面多为医生、工程师、高管、律师、教师等这类专业人士。在学业成就较高的非洲来华留学生看来,这类人是中国高校教育成功的印证,是他们未来想要成为的人,只要像这类人一样努力,不管过程如何艰辛,他们总会获得成功。与学业成就较高的非洲来华留学生所欣赏的榜样不同,学业成就偏低的非洲来华留学生倾向于把前者的榜样批判为“传统的类型”,这类人对他们的影响并不大,他们怀疑这类人要取得成功只能严格按照高校教育的固定模式去做,需要在不公平、不完美、不完善的体制中艰难地“生存”,才能打败多数朝着这个方面也在麻木努力的人,成为一小部分获得所谓成功的人。在田野调查和访谈中,学业成就偏低的非洲来华留学生反而将自己定位为成功的“上位者”,以一种“俯瞰全局”的角度来对自己在中国高校教育中表现出的不如意之处作出解释。

田野调查日记:2021 年 3 月 14 日,天津大学留学生公寓门口的交谈场景

采访者在询问访谈对象 S2 对一些学业成就较高的学生的努力的看法时,访谈对象 S2 回答的整个过程如下。

点点头，“是的，他们很努力。”拍拍我的肩膀，笑得很大声，“朋友，我也很努力的，你觉得我不努力吗？”和周围的其他留学生相互看了看，又笑了笑，“不过，我跟你说，我比他们更聪明，真的真的。”此时，旁边的几名留学生抱着手靠在墙壁上，有一名非洲来华留学生则走过来从后面抱着访谈对象 S2。“他们很努力，但是他们以后一定会找到好的工作吗？他们太沉闷了，只知道写作业，比如现在，我们来这和你聊天，有人还在宿舍学习呢，你觉得我是坏学生吗？哈哈。”

采访者：“当然不是，我和你一起上过课，我觉得你很有思考能力，很不错。”

从后面抱住访谈对象 S2 的那位非洲来华留学生说道：“对，他很不错，很聪明。”

访谈对象 S2：“哈哈，不不不，你知道吗，更聪明的是他（从后面抱住他，和他玩闹的那名非洲来华留学生），他都已经在工作了。你知道吗？很不错，一个很大的公司，他在那当老师，教英语。”

采访者：“很棒啊！”

周围的留学生聚过来，访谈对象 S2 又看了看周围的人，笑着说：“不要总说我们不努力，我们只是比他们更聪明，嗯……也不是更聪明吧，大家都挺聪明的，只是他们更会学习，或者只会学习。我不一样，我考虑得更多，我告诉你，我现在就有两个想去做的工作。但我还需要好好学习，因为达到了学校的要求，我才有更多的时间去做自己的事情，我有好多自己的事情啊，太忙了。”

学业成就偏低的非洲来华留学生对他们认为的“传统的类型”更多是投去同情，他们承认这类人十分努力，其努力的程度往往是常人的数倍，但这类人失去的是更多的可能性和机会，当他们在既定的一条路奋力前进的同时，从不会认真看路旁的岔道和风景，只会在意或者去想象到达终点的美好画面。学业成就偏低的非洲来华留学生的榜样多是那些打破传统取得成功的人，这类榜样可以是依靠自己的聪明而成功的人，也可以是依靠自己的强壮或者其他天赋、条件取得成功的人；他们可以只是擅长语言的人，可以只是擅长与人交际的人，甚至可以是被一些幸运的机会所照顾的人。在学业成就偏低的非洲来华留学生看来，这些榜样说明了高校教育之外存在的各种可能性，比起挖掘自己的课堂学习天赋，他们更乐意去各种就业环境中碰碰运气，说不定能发挥自己“真正”的天赋，现在的一些不如意的情况只是在为各种将来成功的可能进行尝试。他们更乐意去想象自己在以后职业上获得成功的各种可能性，而不是必须争取在中国高校的教育中获得相应的成功。对于他们而言，来到中国留学也只是他们为将来的成功所做的一种尝试。这种相信不需要太多的努力就能获取成功的方式，被奥格布认为是一种迫于环境压力的生存或替代策略①。他们需要为所面临的失败寻求自身之外的解释，需要在同龄人面对压力的环境下为自己寻求生存空间。他们也想努力去学习，但在这条道路上已经产生过的失败，让他们不像学业成就较高的非洲来华留学生那样容易接纳和内化中国高校教育在向上流动中所带来的激励。因此，他们极度渴望在其他方面证明自己的价值，释放自己的力量。

---

① OGBU J U, SIMONS H D. Voluntary and involuntary minorities: a cultural-ecological theory of school performance with some implications for education[J]. Anthropology & education quarterly, 1998, 29(2): 155-188.

从上面的分析中可以发现对中国高校教育功利价值的信念，还与目标距离有关。学业成就较高的非洲来华留学生肯定中国高校教育所带来的向上流动的价值，但他们大多也清楚在向往的就业机会或者学业目标方面，想要获得成功，还必须有自己的努力，这是一个艰辛的过程，如若自己不够努力，无法克服学习上遇到的困难，那么失败是必然的。他们的目标距离相比学业成就偏低的非洲来华留学生来说比较远，他们能看到追求的目标，也能看到中国高校教育在实现目标过程中的作用，但并不认为这是一个容易实现的过程，需要更多的坚持、勤奋和忍耐。学业成就偏低的非洲来华留学生有两种情况，一是由于生存或替代策略想要在学校教育之外获取成功，在他们看来似乎高校教育体系之外潜藏着更多的成功可能性，只要机会得当，或许随时都有可能成功；二是通过调查了解，他们中有些人到中国留学之前已有明确的职业（当然，学业成就较高的非洲来华留学生中也有这种情况，只是他们如上文所述，对此的态度和行为不同）或者到中国留学的过程中找到了相对不错的就业机会，他们倾向于把得到就业机会当作最终的结果。得到就业机会便意味着追求目标过程的结束，对于继续提升相应的就业能力或者中国高校教育对此结果能再发挥的作用，不再多做考虑。相比学业成就较高的非洲来华留学生，他们的目标距离在这两种情况下显得要近得多。或许有人会问，那为什么他们还会选择到中国来留学呢？这将在后面的分析中作出解释。

三、对中国高校教育的关系解释

对中国高校教育的关系解释主要指向对学校和教职人员的信任度。学业成就较高的非洲来华留学生有一种乐观务实的态度，他们信任中国高校的教育，或者至少信任中国高校教育为他们提供的东西。他们对中国的高校抱有很高的期待，对其促进自身未来的发展也怀有美好愿望。中国良好的国际形象以及迅速发展的经济和教育，使得他们相信这里充满着机遇和优质的资源。学业成就较高的非洲来华留学生倾向于将他们与中国高校以及教职人员的关系解释为合作关系，在取得良好的学业成就从而获取社会成功方面双方有着共同的努力方向，这种合作关系一般是长久且稳定的，一些负面影响学业成就以及社会成功的因素被认为是需要克服的，比如教育资源的不充分利用、不认真上课和复习，或者师资的不完善。双方遵守彼此间制定的秩序和规则，这些秩序和规则被认为是成功的保障而不是束缚。当然，这些秩序和规则是具有生长性的，它们在数代来华留学同胞的影响下逐渐完善，见证了那些成功的历史，也见证了不尊重这种合作关系所带来的惩罚。这些学业成就较高的非洲来华留学生倾向于把这种合作关系以及由其产生的秩序和规则视为一种成功的符号，只要身处其中并为之努力，便可将其兑现为相应的实际价值，这种实际价值可能来自中国政府，也可能来自高校层面或者社会层面。这种对中国高校教育的关系解释，使他们“满怀希望地遵守学校各种秩序和规则并努力战胜所有的学习困难，这种态度和行为自然会使他们能够跨越文化障碍，取得相对较好的学业成就”[①]。

田野调查日记：2021 年 3 月 20 日，天津大学公共教学楼 2 楼一堂中外学生合上的文化课现实记录与课后访谈

① 滕星. 教育人类学通论 [M]. 北京：商务印书馆，2017：536.

老师提问:"昨天布置的文章以及发给大家的材料,都预习了吗?"

有的非洲来华留学生用手挠了挠头,有的则直接说:"啊,对不起老师,我忘记了。"此时,一位非洲来华留学生S9将材料和课本都举起来,并晃了晃,当老师看到后,开心地说道:"老师,我看了!"老师说:"很好,你能为大家读一下第一张材料吗?然后再说说你对这段材料的理解。"S9:"好的,老师。"她在朗读的过程中有两次停顿,停顿时她就用眼睛静静地看着老师,希望获得老师的帮助。老师告诉她正确的读法后,她继续朗读后续内容。朗读结束后,她把材料放下,抬起头甩了甩头发,看着老师说出了自己的理解,虽然只有四五句话,但是声音很洪亮,停顿的时候不再把目光投向老师,而是思索一会继续说。老师说:"非常棒,看得出来你认真预习了,也有自己的理解。"

采访者课后访谈:"你今天课上表现真好,你平时都会认真预习或者复习吗?"

访谈对象S9:"对呀,老师几乎每次都要求我们预习或者复习。"

采访者:"那你怎样看待老师的这些要求?"

访谈对象S9:"我是学生啊,我需要好好学习,如果不预习,我课上可能会花费更多的时间去理解老师说的内容。老师经常说预习的重要性,我以前也不怎么预习,后来身边努力学习的人都预习了,他们上课的时候表现得很好,我也觉得自己应该预习,不然学起来会很吃力。"

采访者:"那你复习的情况呢?"

访谈对象S9:"好好复习啊,不复习会忘记的,你也是学生,应该也清楚吧。"

采访者:"你能谈谈你上课发言或者被提问的感觉吗?"

访谈对象S9:"我觉得你们中国学生好多不敢表现自己,预习了也不想说,为什么呢?我做了应该做的事情,就应该说出来啊。我喜欢发言,也喜欢被提问,这让我这节课学习得更有动力,而且会掌握更多东西,老师也明白我哪些懂了、哪些没懂。"

从上面的田野调查日记中,我们可以看出这名非洲来华留学生对教师的信任度。在相关教师的介绍中,这名非洲来华留学生是一名学业表现比较优秀的学生,她的一些态度和行为非常具有代表性。她与中国高校教师之间的合作关系在这节课中得以放大。她在需要教师提供帮助之时,会向教师发出暗示;面对需要自己努力去克服的地方,则会作出相应的个人表现。她到中国留学之前并不喜欢预习,可是来到中国高校之后,面对一些语言或者文化方面的障碍,不预习会让她学习起来非常吃力,而且这也是教师的要求,有助于自己更好地掌握知识。此外,身边一些同胞所展示出的对教师的信任以及由此获得的良好课堂表现,表明这是一种已被印证了的有效方法,这也让她对教师的要求和建议愈发信任。她配合教师的提问,积极发言,一方面是觉得自己完成了教师布置的任务,展示自己的成果和态度会得到预想之中的肯定或奖励;一方面是觉得按照教师的要求去学习,自己可以把知识掌握得更好,也有利于教师了解自己的情况并帮助自己逐渐走向成功。

在这一分析框架中笔者关注到一个新的现象,使得学业成就偏低的非洲来华留学生的群体特征更加具体和多样,他们的形象也会更加饱满。

在第二个框架对中国高校教育功利价值的信念分析中,学业成就偏低的非洲来华留学生普遍对中国高校教育所能带来的向上流动的价值产生了怀疑，甚至发展出了应对这一问题的生存或替代策略，在这一信念下似乎他们对中国学校教育的关系解释指向不信任的方向显得理所应当。如若这样思考，便只是注意到了当前所呈现出的结果，却忽视了更加重要的这一结果形成的过程。在理性决策论中，信任被认为是人们理性选择的结果，是对投入和收益的理性计算①。但这种理想化的决策并不一定能做到，在作出决策的时候会受到诸如社会关系、环境状况、价值偏向和转变等多方面的影响。当学业成就偏低的非洲来华留学生将自己与中国高校教育的关系解释为不值得信任的时候，他们经历着何种事件以及思想观念的转变？所表现出来的行为又会是什么样的？要对这些问题作出解释，需要对他们选择来中国留学的动机、对中国高校的期望情况、来到中国留学之后经历的具有特殊意义的事件、生成新的关系解释的情况、新的关系解释与原有关系解释的利弊衡量这些关键因素进行调查分析。

在选择来中国留学的动机方面，问卷、访谈以及田野调查显示，非洲来华留学生整体呈现出相对统一的答案，即中国的经济、科技、教育发展较好，条件优越，对他们具有吸引力。

访谈对象 S4："我们很希望来到中国，因为不仅在我们那边，在很多国家的人民眼里中国是一个发展很快的国家，许多媒体都在报道中国的科技、经济和教育发展情况。在我们看来，中国的教育已经有了很大的发展，我可以说要比很多地方好很多，我们觉得在中国能接受一个比较好的教育。"

这是对中国的一个认知前提，这种认知可能来自媒体或者家人和朋友的影响，他们普遍接受、并不抗拒这种事实性的理念。但是通过调查发现，大部分非洲来华留学生留学之前，并未对中国有过很深入的了解，他们的认知多半停留于经济与科技方面，此前大多也没有到过中国，即便到过中国也没有在中国系统性学习的经历。有趣的是，学业成就偏低的非洲来华留学生到中国留学更多是出于自己对自己的要求而非父母或者亲人的要求，如图 1-7 所示。对于他们而言，到中国留学是一幅充满着美好未来的画面，等待他们去探索，尽管这些画面并非他们自己所描绘，但却深深吸引着他们，使得他们对中国高校有着非常高的期待。这是一种没有定型的期待，学业成就偏低的非洲来华留学生大多只是抱有一种朦胧的愿景，他们肯定到中国留学充满着机遇，能得到更多的机会，但具体希望得到什么或者朝着什么方向努力，他们并未有更多的思考。换句话说，他们不清楚中国高校的具体情况，不清楚自己发展的规划，但却坚定地认为到中国留学是美好的，似乎一切都是未知的，但一切都会是如愿以偿的、完美的。这与学业成就较高的非洲来华留学生呈现出明显的不同，学业成就较高的非洲来华留学生选择到中国留学有自己的要求，也有父母或亲人的要求，他们会更好地权衡他人对自己的要求以及自己对自己的要求。虽然和学业成就偏低的非洲来华留学生一样，他们也渴望通过到中国留学得到更多的机会，但他们的动机似乎更加具体，或是为了提升从事心仪工作的能力，或是为了回国后帮助家乡发展，或是单纯为了成为更加博学有知识的人，抑或是成为优秀的医生、律师、工程师、高管、教师等专业人士。这里还需要举出一个

---

① WILLIAMSON O E. Calculativeness, trust, and economic organization[J]. Journal of law and economics, 1993(36): 453-486.

笔者在调查过程中遇到的有趣现象。在问及学业成就偏低的非洲来华留学生来华留学的动机时，他们多半会笑着用大拇指和食指作出代表金钱的动作，或者是给出类似“这里非常好，我想变得更好”之类的回答，但很难得到清晰具体的答案。并且他们在这类问题上显得没有耐心，简单回答完就会和你闲聊他遇到的其他趣事，或者和别的留学生打招呼来转移注意力，逃避这个问题。他们来华留学的动机，相比之下显得“原生”且纯粹，也预示着容易被挫伤，从而发生前后差异明显的改变。

问题4：我到中国学习是因为我的父母或亲人对我的要求。

1. Never or almost never true of me 完全或几乎完全不符合我的情况

2. Usually not true of me 通常不符合我的情况

3. Somewhat true of me 有点符合我的情况

4. Usually true of me 通常符合我的情况

5. Always or almost always true of me 完全或几乎完全符合我的情况

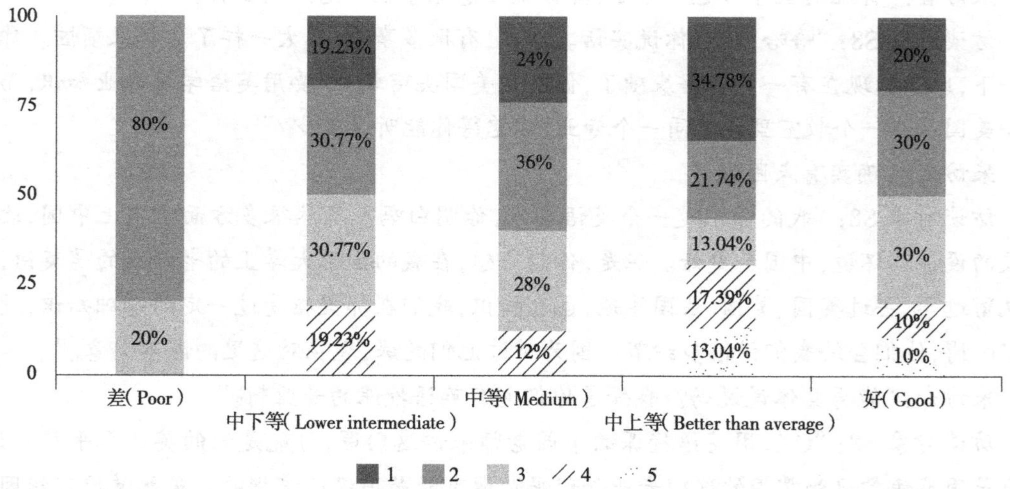

图1-7　学业成就区分下的非洲来华留学生对问题4的反馈(误差因四舍五入所致)

越是朦胧、不确定的动机，往往就越可能带有更高的甚至脱离实际的期待。期待和动机是密不可分的，但是期待又可以分为来华留学前和来华留学后的期待。这里需要注意，并不是说学业成就较高的非洲来华留学生对中国高校的期待不复杂。无论是学业成就较高的非洲来华留学生还是学业成就偏低的非洲来华留学生，对中国高校的期待都包含着诸如学业、生活、情感、人际关系和就业等多种元素。但从整体上来说，学业成就较高的非洲来华留学生对于中国高校的期待表现得更加稳定、贴近实际，而学业成就偏低的非洲来华留学生在此方面则表现得更加多变或脱离实际。在来华留学前期，学业成就偏低的非洲来华留学生对中国高校的高期待与优质且丰富的教育资源以及相比自己国家更多的机遇挂钩，这是两个最大的也是最主要的期待；在来华留学后，他们对中国高校的期待会表现得相对具体一些，转化为对高校和教师的高期待。

田野调查日记：2020年9月14日天津大学留园2楼的迎新工作现场

笔者看到一位自己熟悉的非洲来华留学生LZW也来到迎新现场，便问他："你不是新生啊，怎么过来了？"LZW："我带我的朋友过来，他（S8）今年刚刚入学。"S8很拘谨，站在旁边不说话。笔者问道："手续办完了吗？"LZW："办完了。"笔者看向S8，用简单的英语问了问他对学校的印象，意外的是，S8突然很高兴，不再拘谨，用英语笑着说："学校很棒，很漂亮，老师也很好。"并指了指新生报到流程处的几位老师说："她们帮助了我很多，非常感谢！你们都非常棒！"他朝我竖起大拇指，笑着点头。

2021年9月12日，对S8进行线上视频访谈。

采访者："你好，在迎新工作现场我们见过面，还记得吗？我今天想问问你，当你刚来到这里的时候，对学校和老师的印象是什么？"

访谈对象S8："哦，对的，我记得。"他沉默一会说："就觉得学校建筑、设备、环境都挺好的，比我们国家更现代化一点，虽然我们国家的学校也不差，但是这里确实比我们国家的学校要好。老师们，嗯，也都挺好的，很热心。"

采访者："你在这里学习也一年了，那你现在感觉学校和老师怎么样？"

访谈对象S8："哈哈，我和你说实话。朋友，有很多事情，不太一样了。我很烦恼。你想象一下，比如你现在有一定英语基础了，你要到美国去留学，你要用英语学习专业知识，而且是和美国人在一个教室里学习同一个专业，你觉得你能听懂多少？"

采访者："确实有点困难。"

访谈对象S8："我的国家是一个英语国家，你明白吗？虽然很多方面比不上中国，比如学校的设备和环境，中国会更好。但是，你想一想，在我的国家大学里的老师说的是英语，他们也留过学，去过英国、美国、法国等地，也有知识，我们在那里接受过一定的基础知识，没有语言障碍，他们会给我们讲很多细节。因为听过他们的课，现在对这里的课不满意。"

采访者："能再具体说说吗？我知道你们也有英语授课的专业啊。"

访谈对象S8："OK，用英语授课的中国老师来讲这门课，可能是他的英语水平非常好，但他是用英语学习和掌握的这门专业知识吗？他可能是用汉语掌握的。虽然学校可能因为他的英语水平很高而把这门课给这位老师上，但是他的专业知识有多少呢？还有就是有的老师专业知识很丰富，但是他英语水平不高，他没办法把掌握的东西很好地讲出来，然后我们去问他问题的时候，他可能也会听不懂。如果你是学生，你怎么看待这位老师？"

采访者："好的，我能理解你说的。那你看，你国家的老师也有很丰富的知识储备，然后你们语言又是相通的。按理来说，你在他那儿接受教育也是非常好的，为什么要选择来中国留学呢？"

访谈对象S8："好问题，好问题。第一个是因为可能我们很多人已经把中国看得很高，中国很多方面发展得很好，希望来到中国学习。第二个是中国学校在很多方面，比如说实验室、仪器设备等，可能会比我们那边更全、更好、更先进。所以你要学习一个先进的技术，你肯定会先选择来到中国，对不对？"

采访者："好的，那么我可以理解为因为语言障碍的问题，导致你不信任老师了吗？你有没有想过去努力克服这个障碍？"

访谈对象 S8:“你可以这么说。我当然想过去克服,但是我觉得我没有语言天赋,你要知道在我的国家我的专业成绩是非常好的,现在我也会看一些英文的专业书籍。我的朋友你知道的, LZW,他是专门学汉语的,他也帮助过我,不过老师上课的时候我还是很难听懂,他说我是没有学习第二语言的天赋。但是语言天赋是语言天赋,专业知识是专业知识,你会因为我没有语言天赋,而把我看作不行的人吗?我并不比任何人差。”

从这个案例可以看到,非洲来华留学生对中国高校和教师的高期望状况在经历了一些对他们而言具有特殊意义的事件之后,会发生较大的改变。对于这名非洲来华留学生而言,语言障碍和付出一定努力仍未成功的事件,让他把注意力转移到了教师身上,认为是教师的素质问题导致了他的烦恼,这种从高期望平台的突然跌落让他对目前的学校学习感到失望。这是一个具有代表性的案例,比起对高校期望状况的变化,对教师期望状况的变化,对于学业成就偏低的来华留学生而言更容易发生,也更具有挫伤性。像 S8 这类非洲来华留学生其实素质并不低,但某个在中国高校学习或生活上发生的不如意事件,可能会使得他们的学业成就表现不理想,他们倾向于把这种状况归因于自身之外的因素,相应地,对中国高校的教育模式和规则所表现出的态度与行为反应也就显得与学业成就较高的非洲来华留学生存在差异性。

一种新的关系解释也随即诞生,学业成就偏低的非洲来华留学生起初也像学业成就较高的非洲来华留学生那样把自己与中国高校和教职人员的关系解释为互相信任的合作关系。但是他们把一些难以克服的困难,或是适应过程中遇到的语言障碍,或是学习策略的不适用问题,或是学校教育与就业成功之间不完全对等的关系,赋予了更多自身难以去改变的特殊意义,比如学校的文化环境束缚了他们、教师教学方式让他们不适应、学习策略对新的学习要求不适用或者教师的专业素质不如预期。当他们为在中国高校中的经历赋予特殊意义时,他们此前产生的互相信任的合作关系解释便不再受用于目前所遭遇的困难和障碍情况,相应地,怀疑、反抗甚至对立的关系解释,从他们的角度而言或许更有助于他们摆脱压力,并能在减少付出的同时肯定自己的价值。比起维系原先互相信任的合作关系,在这种新的关系解释的指导下,他们不必为自己难以克服的困难承担太多的责任,甚至完全可以将责任推到学校和教师身上,认为是学校和教师的问题导致自己遇到困难,而非自身不努力。这种新的关系解释也意味着原先抱有的高期待开始降低,在学业方面的自我效能感也开始降低。如图 1-6 所示,学业成就偏低的非洲来华留学生的学业自我效能感相比学业成就较高的非洲来华留学生而言明显偏低,但在具体的调查中,笔者发现这似乎并不影响他们对自己的评价,他们往往会用“聪明”“有能力”“考虑得更多”之类的话语来评价自己。这表明,他们的自我效能感在学业之外的其他方面可能表现得更高,他们更愿意在还未经历过落差或失败的其他方面作出尝试,并倾向于将学业上遇到的障碍和困难归结为高校和教师原因,将学业之外获得的成功归结为自己的原因。这种清晰的界限,使他们相信不必长期为自己学业上的不成功而苦恼,不必在中国高校的教育上付出太多努力也能获得成功。学业成就偏低的非洲来华留学生对中国高校教育的关系解释并非一开始就如此,这是一个动态的生成过程,可能会涉及社会关系、环境状况以及价值偏向和转变等诸多因素,因此,这和他们此前选择来华留学的动机并不矛盾,这两个方面需要放在不同的个体意义时间段,把握特殊事件的意义附加,用联系和发展的眼光来看待这一问题。上述的分析,也正好解释了第二个框架分析中遗留的“为什么他们还会选择到中国来留学呢?”的问题,并从生成—变化—再生成的动态过程中抓住了他们相应的态度和行为反应,呈现出了学业成就偏低的非洲来华留学生对中国高校教育的关系解释情况。

四、对中国高校教育象征的信任度

象征性反应与非洲来华留学生群体对其文化和语言与留学目的地的文化和语言之间差异的解读方式有关,具体来说,就是学习课程、学校文化实践和语言是否对他们自己的文化和语言身份构成威胁,即这些是否象征着对他们的文化和语言身份有害①。在这一分析框架下,从身份危机的角度来看,学业成就较高的非洲来华留学生与学业成就偏低的非洲来华留学生的差异性并不大,虽然他们可能会对某个具体的方面抱有不同的看法,但都不认为到中国留学会对他们原有的文化和语言身份构成威胁。

2021 年 9 月 13 日,对 S2、S5、S6、S7、S10 进行集体线上访谈

采访者:“比如说中国的教育方式,其实大家都有了解,强度比较大,有的时候也比较难,特别是数学。那你们有没有觉得来到中国接受这样的教育就要像中国人那样学,要接受这样的教育就必须得像中国人一样,用他们的学习方式,或者一些类似的行为方式。你们有没有担心像中国人那样学习,慢慢地就变得没有自己的风格了?或者说就会被其他同胞认为自己像个中国人,身份感就降低了,有没有这种情况?”

访谈对象 S6:“朋友,我们不需要比较,我们有自己的风格和行为方式。之前我们聊过,不需要比较,还记得我和你说的吗,老师拿我和东南亚学生比较,我很反感。我们需要自己认可自己,而不是期待被认可。”

其余人表示赞同。访谈对象 S10:“这个问题很容易回答,我身边的朋友都没有这种情况。也可以拿我举个例子,对不对?你知道,我是跟中国人一起学习的,虽然他们会影响到我,但我从来没有失去我的学习风格。我或许会学习他们的勤奋认真,努力做科研,多去实验室,多和导师沟通,但是我在家、在桌子上、在床上也可以学习啊。中国学生或者东南亚学生因为对中国的文化适应度比我们可能要高一些,非洲和中国的文化差异可能要大得多,为了好好学习,我们有时候可能需要去克服这些文化差异,但这只是为了学习得更好,非洲还是非洲,中国还是中国,你能明白吗?”

采访者:“非常感谢,我能理解你的看法。”

访谈对象 S7:“我们来中国学习后不管是回国还是留在中国,留学后基本都会和中国与非洲两个地方保持联系,我们要了解中国文化,也会保持和自己国家的联系,我们是非洲的人民,只是也懂得融入中国罢了。”

访谈对象 S5:“你为什么会这么问呢?真有趣。比如你去美国留学了,你会真的变成美

① OGBU J U, SIMONS H D. Voluntary and involuntary minorities: a cultural-ecological theory of school performance with some implications for education[J]. Anthropology & education quarterly, 1998, 29(2): 155-188.

国人吗？尽管你的一些行为方式变得像他们了，但你还是中国人，你能理解吗？哈哈。”

采访者：“确实，我只是好奇地想知道你们来到中国留学会不会对自己的身份产生敏感？故意地维持自己的身份，而不想去作出一些改变，尽管这些改变或许对你们的学业和成功有很大帮助。”

访谈对象 S10：“哦，朋友，我刚刚不是说了吗？我们会思考，有用的当然要学习啊，我们是学生，不学习的话做什么呢？这并不会让我变成谁，只会让我变得更好。”

访谈对象 S2：“太有道理了。我们和任何人都是有差异的，你觉得我们非洲来华留学生的特点是什么？”

采访者：“我觉得你们很聪明，特别有活力，很热情，相比其他留学生我感觉你们更喜欢与人交谈，哈哈。”

访谈对象 S2：“你看，你很清楚地知道我们的特点，这些是不会变的。但是你也知道，一个人也是会变的，对吧？他变了，周围的人还是知道他是谁，最根本的东西是不会变的。比如，他是谁的父亲，是哪个国家的人。他变得或好或坏，他都知道自己是谁，别人也都知道他是谁。而且我们来中国留学的时间也不长，我们也变不了多少。”

在维系原有的文化和语言身份时，非洲来华留学生并没有对中国高校的教育给予太多的象征性解读，在他们看来无论是出于学校的要求还是出于自身的要求，他们在某些方面作出的态度或者行为上的改变，都不会改变象征着他们身份的最本质的特点。对于他们来说，非洲和中国的差异必然存在，但是从学业成就的角度来分析，他们对自身文化和语言与中国高校教育推崇的教育模式或学习行为所存在的差异的理解却有着截然不同的意义，表现出来的态度和行为反应也不相同，这在很大程度上将他们的学业成就状况区分开来。笔者将借鉴奥格布在象征性反应中所进行的研究，根据调查资料展开进一步的分析。

首先，无论学业成就较高的非洲来华留学生还是学业成就偏低的非洲来华留学生绝大多数都带着“游客模式或者态度”来到中国高校学习文化、语言或者科学技术，由此他们一开始都愿意学习汉语，并遵守学校制定的规则和秩序。这一点非常重要，因为这是中国高校和教职人员的要求，在学业成就较高的非洲来华留学生看来，这是在中国高校教育中取得成功的关键。然而，随着到中国留学时间的增长，对中国高校的教育模式和文化氛围有了更进一步的了解之后，学业成就较高的非洲来华留学生懂得汉语以及遵守学校的规则和秩序很重要，但不足以使他们真正地了解中国高校的教育模式、文化氛围、通向成功的路径以及生成获得成功的更具体的学习方式、态度和行为。进一步帮助他们跨越学业中面临的困难和障碍的是，他们将遇到的文化和语言差异定义为学习上的差异来加以克服。也因此，学业成就较高的非洲来华留学生在“游客模式或者态度”上又增加了一个“学习者”身份。他们愿意包容，不认为学习中国高校推崇的主流教育模式或者学习行为会损害他们的群体身份。这种教育模式或者学习行为可能在中国学生身上体现，也可能在东南亚学生或者其他留学生身上体现，只要是优秀且有助于成功的，他们都愿意去包容和借鉴。他们把这看作成功的附加条件，换句话说，他们认为正在学习的新的技能、语言和行为将使他们以后在社会中取得成功，这是在他们原有能力和身份状态下再添加另外的成功条件，而不是将自己原先的所有成分都进行替换,这也就进一步解释了为何他们在学习态度和行为上有更加积极和优秀的表现。

学业成就偏低的非洲来华留学生,一开始也带着"游客模式或者态度"来华留学,愿意学习汉语,并遵守学校制定的规则和秩序,除了之前三个分析框架中的原因让他们发生改变外,在这一分析框架中将对他们的改变进一步作出解释。

学业成就偏低的非洲来华留学生并没有像学业成就较高的非洲来华留学生那样再增添一个包容性很强的"学习者"身份,他们对"游客模式或者态度"表现得更加"单纯"。这种"单纯"表现为一开始愿意学习汉语并遵守学校制定的规则和秩序的状态,而后在他们对来华留学的经历和感触进行解释时,这一状态则转变成更多的质疑甚至几乎完全抗拒或者对立的状态。他们并没有像学业成就较高的非洲来华留学生那样进行解读和行为选择,以期来实现理想或者获得更美好的未来。通过调查发现,他们或多或少也欣赏学业成就较高的非洲来华留学生的"学习者"身份,但是他们却很难具备这样做的条件,这其中有两个原因:一个原因是他们觉得存在的差异似乎是中国高校和教师强加给自己的;另一个原因也是更重要的原因,是他们将学校教育中的文化和语言差异定义为维系自我意义的标志,而不仅仅是需要去克服的障碍。一方面是因为他们尝试着克服了,但不具备学业成就较高的非洲来华留学生那样的能力;另一方面他们认为如果采用了同样的方式去行动,自己仍然面临失败,那么自己会更有挫败感。这两个原因让他们觉得采用中国高校推崇的主流教育模式或者学习行为,会暴露他们的缺陷,是强迫让他们成为"被认可"的一类人,这对他们而言是对自我意义所做的一种减法,会替代他们原先独特的态度和行为。如访谈对象 S6 多次表明,要求他学习他人的态度和行为是对他的否定,他对这种对自我意义所做的减法表示反感。

田野调查日记:2021 年 3 月 10 日,天津大学公共教学楼 2 楼的一堂中外学生合上的有机化学课以及课后闲谈

上课过程中三名非洲来华留学生的表现吸引了笔者的注意,其中一位经常偷偷用手机发消息;一位则斜坐在凳子上转笔,有时看看老师,有时看看其他人,但是很少看课本或材料,也不做笔记;另一位则一直低着头似乎在课本上写写画画,但几乎很少抬头看老师。老师来到斜坐着转笔的非洲来华留学生身边,他停止了转笔,但仍然斜坐着。老师指了指他的课本说:"你没有预习,也没有做课后作业,你上课能听懂吗?好好做做笔记。"他把笔放下,点了点头。老师不在他旁边以后,他过了一会又开始转笔和左右看看。前排的两名非洲来华留学生并未理会老师刚刚对那位学生说的话,还是认真在看黑板上老师写的笔记。

课后闲谈时,笔者走到课上斜坐着转笔的那位非洲来华留学生旁边,他已经站起来准备走了,我和他一起走出教室,有几位留学生在等他,我向他问到在中国课堂学习的感受。他回答:"每天都有作业,还要坚持预习和复习,太累了,你知道吗?我很累。"旁边的留学生拍拍他的肩膀,笑了笑:"你不累,你都不写作业。"他说:"需要上的课这么多。"走了一会,他又对我说:"你知道吗,我们还有很多测试,你有测试吗?唉,有测试就得再看书,不然不会写。"他摇了摇头,又说:"太累了,我们太累了。"笔者笑了笑说:"我们也有很多学业上的任务要完成。"他笑了笑,不再继续这个话题,问:"你知道这里有什么好吃的地方吗?我朋友

要从北京过来找我，我要带他去吃饭。”

当学业成就偏低的非洲来华留学生用“反抗者”或“意义维系者”来替换“游客模式或者态度”时，他们的具体的态度和行为反应是把中国高校看作中国学生或对中国文化环境适应较好的学生取得成功的机构。如果他们要回国发展，那么学校的要求和作用并不那么大；可如果完全按照学校和教师的要求去做，他们觉得自己会被强迫地同化为他者，与这些适应状况良好的人相比，他们将暴露出更多的缺点，这些缺点在这种要求下是需要努力克服的，但这对他们而言无疑也是很难做到的。这种复杂的情绪和态度导致学业成就偏低的非洲来华留学生的努力减少，具体表现为上课不专心，不进行预习，也不想做课后作业，对平时测试的结果和方式存有更多的质疑，并经常抱怨学业无趣和乏味。通过课堂观察，笔者发现他们在课堂上表现得很安静，似乎也不差，但他们不选择吸收和学习教师或者优秀同学教授的一些学习方法、思考方式以及行为方式。对于他人的劝诫，他们不做明确的正面回应，也不明确表示抗拒，常见的状态就是应付式地点头、挠挠头或者不说话。也有一些学生甚至在课堂或者校园挑战学校和教师，但这只是极少数的情况，因为他们知道将面临的相应惩罚并不轻。

第四节　文化模式理论阐释基础上的价值空间互生模式理论建构

一、文化模式理论阐释力的缺陷思考

1. 放弃了对分析框架中“例外”情况的探讨

奥格布对学业成就差异的研究表明，某些态度和行为适用于群体或群体中的足够多的成员，以形成可见的模式，但并非群体中的所有成员都相信相同的事情或以相同的方式行事。有些人的态度或行为总是与他们所在群体的主导模式不同。文化模式理论的作用是为理解造成学业成就差异的群体内部成员的态度和行为提供分析框架①。因此，无论是学业成就较高的非洲来华留学生还是学业成就偏低的非洲来华留学生，对于他们来说，都有各自群体中形成可见模式的主导模式，但这并不意味着这种主导模式每个人都可以实践它，只是他们中的足够多的人可以将其内化并付诸实践。

这是合理的解释，在人类社会中绝对的统一是做不到的，也是不可理喻的。但是从教育的角度来说，任何学生都有被教育和受到良好教育的资格。按照奥格布对“例外”情况进行研究所做的必需的放弃，无论是对学业成就的差异进行解释，还是通过解释这一问题推出一些有助于改善学业成就的教育策略，都会将这些“例外”的学生拒之门外。在教育发展的历

① OGBU J U, SIMONS H D. Voluntary and involuntary minorities: a cultural-ecological theory of school performance with some implications for education[J]. Anthropology & education quarterly, 1998, 29(2): 155-188.

史进程中，有两种在教育目的价值取向上争论最多、影响最大也最具根本性的理论——社会本位论和个人本位论。持社会本位论的哲学家和教育家主要有纳托普、涂尔干、凯兴斯泰纳等，他们认为教育的目的是由社会需要决定的，培养社会需要的人是教育要追求的根本目的。持个人本位论的哲学家和教育家主要有卢梭、福禄培尔、裴斯泰洛齐等，他们认为教育的目的应当由人的本性和本能的需要来决定，教育的根本目的就是促进人的本性和本能的高度发展。无论是培养社会需要的人还是促进人的本性和本能的高度发展，都没有从教育的一开始就对学生有所放弃，教育的无私和美好也体现于此。放弃对"例外"学生的考虑，对于研究来说在一定程度上是可以接受的，能简化对学生学业成就的分析，但最终会导致失去真正解决教育问题的机会。

不过，这并不是说需要对文化模式理论分析框架下所得出的学业成就较高的非洲来华留学生群体的主导模式以及学业成就偏低的非洲来华留学生群体的主导模式进行否定，而是需要在对主导模式的分析中再加上对"例外"情况的考虑。这也是这一理论的生长点所在。

2. 学业成就偏低的群体被置于悲观、绝望的地位

尽管文化模式理论根据对学业成就差异的解读提出了一些相应的教育问题对策，但是它却或多或少地将学业成就偏低的学生置于一种悲观、绝望的地位，否定了他们接受成功教育的可能性。需要明白的是，与学业成就相关的教育问题虽然明显受到文化模式与价值观的影响，但绝不是一成不变的，一个群体或者一个民族的文化模式以及态度和行为方式是不断受到社会结构与文化的影响而处于变化之中的①。

在此，我们再来回顾学业成就偏低的非洲来华留学生对中国高校教育的态度和行为反应，可以发现他们既对教育成功抱有抽象的信念，又因为更具现实性的经历让他们对此存有质疑并发展出生存或替代策略，表现出与学业成就较高的非洲来华留学生差异明显的学习行为。在关注他们如此的矛盾状态和复杂情绪时，不能忘却他们可能仍处于某种挣扎的状态，也可能因为一些更特别的事件对此前现实性的经历不再赋予对学校和教师批判的特殊意义，而正在生成更加合理的解读。他们是具有主观能动性的，教育人类学对个体成长的关怀也表明需要为学业成就偏低的非洲来华留学生预留生长的空间，他们或许会更糟，需要给予及时且合理有效的关注与指导；或许也会变得更好，需要给予鼓励和支持。同样，即使是学业表现最优秀的非洲来华留学生也会发生改变，面临困顿的处境或复杂的情绪，也需要为他们预留生长的空间。

我们从现实中总结而来的理论，受人类本身认识的局限性和客观物质世界发展的无限性的影响，不可能就是对现实的正确反映，只不过是在某一阶段对某一事物的相应认识而已，随着时代发展，必须不断"扬弃"。而且应该认识到，我们以"梦想"为方向构筑的教育理论，始终会与现实存在鸿沟，正因为教育的"梦想"不能很好地实现，所以那些美好的教育图景才让人着迷，推动着我们不断探索、不断反省，如果鸿沟消失了，"梦想"得以一成不变地

① 滕星. 教育人类学通论 [M]. 北京：商务印书馆，2017：542.

实现，它就会发生内爆，或许最终会导致教育的终结[①]。

克里斯托夫·武尔夫（Christoph Wulf）在其《教育人类学》一书中将教育的“梦想”与现实之间的鸿沟看作教育不断得以前进和发展的动力，在这里我们也可以将学业成就偏低的非洲来华留学生目前对中国高校教育现实的态度和行为与我们所期望的他们对中国高校教育所采取的态度和行为之间的鸿沟理解为我们推动自身教育前进和发展的动力。无论是非洲来华留学生，还是学校和教职人员，都受到“认识的局限性和客观物质世界发展的无限性的影响”，无论哪一方的认识都只不过是“某一阶段对某一事物的相应认识”，都需要去完善。因此，可取的做法便是预留出一个双方可以互动生长的空间，在那里现实性的认知和抽象性的期望仍会存在，但绝不意味着一成不变，这种存续着的差异推动彼此不断探索和反思，而不是将他们摆在带有价值评判的固定不变的位置上。

3. 群体内部生成的成功理论显得整齐划一

在奥格布对于群体内部学业成就差异状况的分析中，群体内部成员间会对学校的教育历史以及帮助他们走向成功的机会有一种内部自我生成的信念，这种信念并非官方的社会政策或者教育观，而带有鲜明的群体特色，他将其提炼为“自我生成的成功理论”，用于解释不同类型的学生学业成功或者失败的原因[②]。借用奥格布的这一理论可以看到非洲来华留学生如果认为他们能通过中国高校的教育获得成功，并坚信高校推崇的主流教育模式或者学习行为能为他们提供向上流动的机会，那么他们便会积极设法克服因文化、语言或价值观等造成的各种障碍，从而迈向成功；反之，他们就会附加更多的特殊意义，有意识地质疑或对抗主流教育模式以及学习行为，从而在学业上更容易失败。“我们必须清楚，在表面上看似整齐划一的教育成功或失败现象的背后，存在着极为复杂的充满矛盾的教育现实问题。”[③]这在一定层面上也说明了学业成就问题不只是学生层面的问题，还有诸如教育理念、使命、制度等层面的问题。

虽然笔者在对非洲来华留学生学业成就差异问题的分析的过程中注意到了这一问题，并增添了许多动态变化的例子和分析，比如区分来华留学前与来华留学后他们对中国高校教育的功利价值信念、关系解释以及教育象征信任度的变化，以期呈现出学业成就差异的动态发展和变化过程，突显教育人类学对文化多样性以及个体独特意义的关注。但是，就整体的分析框架来说，仍未跳脱奥格布的文化模式理论，并未过多解释学业成就较高的非洲来华留学生可能发生的态度和行为反应转变。虽然笔者关注到学业成就偏低的非洲来华留学生的态度和行为反应转变过程，但并未对其可能转向接纳主流教育模式或者学习行为的状态进行过多描述，而是对其从一开始可能接纳主流教育模式或者学习行为的状态转向质疑或对抗的状态更加关注。从差异性解释的区分度来说，这一做法是合理的，能使非洲来华留学生学业成功或失败的态度和行为表现得更加清晰明了，但却在一定程度上降低了对学业成就差异的动态发展和变化过程进行思考的价值，封闭了可能彼此转化的渠道，此外也忽视了随着学生动态发展和变化，学校教育呈现出的相应的发展和变化，这应该是两个互生的环

---

① 克里斯托夫·武尔夫. 教育人类学 [M]. 张志坤，译. 北京：教育科学出版社，2009：23-29.

② OGBU J U. A comparative study of immigrant and involuntary minorities[M].New York：Garland，1991：3-33.

③ 滕星. 教育人类学通论 [M]. 北京：商务印书馆，2017：544.

节，探讨非洲来华留学生学业成就差异无法跳脱中国高校的教育现实情况。

二、价值空间互生模式理论的建构尝试

1. 价值空间互生模式理论的建构过程

“尽管是从超越明显而表面的东西的深描开始，从对于‘到底发生着什么’的一般困惑问题开始——即试图独自行动——我们也不是从思想上白手起家的。并非每一次研究都要全新地创制理论观念；如同我所说过的，理论观念是从其他相关研究那里吸取来的，在吸取过程中又得到订正，而后运用于解释新的问题。”[①] 正如格尔茨（Colifford Geertz）所言，尝试构建的价值空间互生模式理论并非是在本章的研究中全新地创造出来的，它也是对相关研究和理论的借鉴和吸收，只是在它生成的过程中伴随着对新问题的思考，所以其对于本章的研究而言或许更适用于解释新问题。

刘谦在美国费城安卓学校进行的教育人类学的观察对该理论的生成具有重要的借鉴意义。刘谦在观察中认为，“何为教育？教育的使命何在？学校教育是否可以承担教育的使命？都很难有明确的边界和统一的认识，特别是以研究文化规则为己任的人类学，在切入教育领域时，与其说有其明确的学科问题，不如说有其特定的理论取向和研究方法”[②]。因此，在具体的研究工作中，其将教育理解为了一种动态的社会实践过程。这种特定的社会实践的特点在于：第一，具有相对明确的实施方与接收方，即教育者和教育对象；第二，在有意而为的干预实践中，产生的效果可以是直接的和间接的；第三，在评估教育效果时，人性发展和社会属性获得是重要的衡量标准。在分析非洲来华留学生的学业成就之时，文化模式理论也注意到了学校教育的价值与使命，但更多的是关注非洲来华留学生对中国学校教育的信念以及相应的态度和行为，关于学校教育本身对教育使命承担能力的评估并未进行过多分析。刘谦的观察对这一被忽视的问题似乎可以作出说明，并提供了一种可行的解决办法。首先，需要明白关于学校教育对教育使命的承担能力的评估，涉及对教育理念以及教育使命的回答，在教育发展的历史进程中这个问题仍没有明确的边界和统一的认识。其次，这并不意味着教育理念、教育使命或者学校对其的承担能力不重要。如果不将教育者与教育对象进行刻意的割裂，也不必对教育者和教育对象的属性和使命进行刻板的规定。这种“难有明确的边界和统一的认识”的认知恰恰说明了教育理念、教育使命以及学校的教育使命担当因教育者和教育对象的发展而在发展变化。斯图尔特（Stewart）认为，既然教育传递的文化涉及个人的特性，而个人又受到他们和文化背景关系的影响，所以互动就成了个人与他人和社会的会合点[③]。那么不去刻板地限制彼此，而将这一发展变化理解为一种动态的社会实践过程，在这一过程中教育者和教育对象有一个互生的价值空间，双方的互动和意义生成以及解释更像是一种人际关系的处理，而非规则和秩序的制定与遵守，这种视角的转化将使学业成就的变化过程更具人性和社会意义。

---

① 克利福德·格尔茨. 文化的解释 [M]. 韩莉，译. 南京：译林出版社，2008：30.

② 刘谦. 教育的社会文化土壤：基于美国费城安卓学校的教育人类学观察 [M]. 北京：光明日报出版社，2016：7

③ STEWART E C. An overview of the field of intercultural communication[C]. Washington, D. C.: SIETAR, Georgetown University, 1973:3-24.

这里我们肯定了中国高校、教职人员与非洲来华留学生间有一个互生的价值空间，现在还需要探讨这个空间里的价值传递和有效解读问题。因为教育的一种意义便在于将人类所积累的知识在有效的时间内进行高效率的传递。“当人们将自身的文化、知识与规则代代相传之时，什么是值得花时间去传递的，则体现出人们对于传承价值的具体判断。”[①] 从教育者层面来说，这种对于传承价值的具体判断是经过历史和社会筛选和认定的，没有太多需要质疑的空间。但是从教育对象层面来说，在本章的研究中特指非洲来华留学生，他们对此的判断受到诸多因素的影响，这在文化模式的分析框架中作出了比较清晰的说明。但在此处，需要更进一步，既不放弃“例外”学生，也不把学业成就偏低的非洲来华留学生潜移默化地置于悲观或绝望的境地，需要关注的是非洲来华留学生生存在这个价值空间所需的条件。“如果说，对个体需要的承认是一种潜在的意识形态和世界观；个体实践的自由空间，是这一意识形态投射在实践领域的表现；那么，从意识到行动之间，还必须存在着实现特定价值观、意识形态的时空场景与物质条件。”[②] 也就是说，如果把非洲来华留学生与中国高校的关系理解为一种在双方约定俗成的价值空间里的特别的人际关系处理模式的话，中国高校需要给予非洲来华留学生文化资本支持，而非洲来华留学生对这段关系的认知、接纳和实践便需要一定的文化资本权衡，比如时间成本、信任成本、身心健康成本和集体利益。

以上叙述似乎比较抽象，这里举例说明这种文化资本支持和权衡可能发生的过程。在中国高校，教育的节奏十分紧凑，教师的教学计划和安排不会轻易受到干扰，时间是事先通过教学分析安排好的。即使课程内容和授课方式在划分好的时间单元里可以有一定程度上的灵活性和多元性，但很难为成绩不理想的非洲来华留学生在面对群体的教学环节中提供专门的、充足的帮助。一方面成绩相对优秀的学生已经基本掌握所学内容，多次呈现已学知识可能会使他们产生疲态和乏味感；另一方面在明确的教学计划安排下，必须及时推进具体的教学进度，以确保知识讲解的完整性以及师生之间时间成本的可接受性。教师在这一模式下为保证个体在教育中获得最大发展所发挥的作用是有限的，集体的利益先于个体。这在一定程度上也就意味着学习成绩不理想的学生，如果自身不发挥能动性，课前不预习，课后不复习，学习不主动，方法不改善，可能会在环环相扣的教学过程中越来越吃力，使得“跟不上”“太难了”“学不会”成为抱怨的口头禅。也就是说，在这个价值空间里非洲来华留学生和中国高校层面都有各自需要完成的一定的任务，也都会面临局限，关键是对这种任务和局限的处理办法，即中国高校层面对文化资本支持的程度和理念，非洲来华留学生对文化资本权衡后的抉择和行为，在很大程度上会影响非洲来华留学生的学业成就状况。

需要进一步明确的是，尽管把非洲来华留学生与中国高校的互动模式看作具有生长性的价值空间内的一种人际关系处理模式，但不能否认的是高校在这一模式中占据主导地位，是相对强势的一方；非洲来华留学生更具主体性，不过却是相对弱势的一方。在这种状态下，要使这个价值空间朝着健康的方向生长，使非洲来华留学生与中国高校之间建立牢固且彼此信任的人际关系，则更需要高校层面把握话语和交际距离的敏感性，并引导非洲来华留

---

① 刘谦.教育的社会文化土壤：基于美国费城安卓学校的教育人类学观察 [M].北京：光明日报出版社，2016：79.

② 同上书：78.

学生进行利于学业成就改善的有意义的信息解读。“无论是社会学习课关于美国政体知识的传递,还是写作课上保护大白鲨的环保故事,抑或是课堂上的活跃谈论,其用意不仅在于让学生了解相关信息,更指向这些知识之于信息接收者的意义。在学校,教师对学生行为的规训通常以表扬、批评、多次强调的方式加以引导。要使这样的引导有效,双方需要对这一领域的认知符号、意义解读有着相当的默契和相互信任。否则,很可能形成尽管教师殚精竭虑地强调,但因学生的认知框架失之对话,从而并不能对学生行为产生影响。”① 先看引导层面,刘谦所做的教育人类学观察似乎解释了高校层面的引导理念:重视文化、知识和规则的传递意义,而非传递数量;建立彼此信任的认知符号和意义解读。从这个层面来说,非洲来华留学生的学业成就状况有差异,但中国高校对非洲来华留学生的教育仍具有较大的生长空间,通过有效的引导能缩小差异,使多数人的学业成就往所期望的良好局面发展。

有效引导需要注意对话语以及交际距离的敏感性,如若把控不当,有的非洲来华留学生会对教师的指导表现出抗拒,并不愿和教师建立具有更多意义的交际关系,尽管这些指导和交际关系有益于其发展。以下对一位具有多年留学生教育经验的教授的访谈,对丰富价值空间互生模式理论的这一环节作出了说明。

采访者:“孟老师,打扰您了。我想请教一下您对教师和学生之间通过教学互动建立的人际关系的理解。我觉得这种人际关系包括了知识传递,也包括了一种社会层面的互动意义。根据您的教学经验,您觉得这种师生关系有没有更深层次的内涵或者更需要关注的价值?”

访谈对象 T3 孟老师:“教师与学生的关系既不可远,也不可过近,应保持一种适当距离。学生性格、国籍也不一样,他们心里的交际距离也不一样。上课的时候教师一般保持相同距离对待学生,课后和一些学生的人际关系可能就比较近,亦师亦友。课堂为了保证知识的传授效率,‘友’的成分应该控制,‘平等原则’是一种教学策略,一种对老师的应然要求。老师要有耐心,对学生没有亲疏之分,在经过一段时间的观察之后,对学生有更全面的评价。课上更多的是教学策略,课下更多的是交际策略。”

高校和教师帮助非洲来华留学生建立这种意义解读,进行有利于学业成就改善的有效引导时,需要关注价值空间内的“舒适区”,通过教学互动建立彼此需要的人际关系,认识到在课上和课下有教学和交际成分上的差异。课上也需要师生交际,但更多的是教学成分,课下也需要教学,但更多的是交际成分。这也是高校和教师处于主导地位所相应承担的高要求。非洲来华留学生在学业成就上的差异,在这一环节也相应地既体现在课上,也体现在课下。

访谈对象 T1 张老师:“虽然课下非洲来华留学生和我的联系不算太多,但是课上我们不只有教学,也有类似于你说的人际交往,我觉得这对于保证教学质量和他们的学习质量来说很重要。你会看到,学业表现相对优秀的非洲来华留学生与你的交际成分更多,表现得更加积极活跃。和这类学生在课堂上配合,你也会更舒适,效率也更高,也能影响到其他不愿配合你的人,但起初你也要获得他们的这种认可。”

① 刘谦. 教育的社会文化土壤:基于美国费城安卓学校的教育人类学观察 [M]. 北京:光明日报出版社,2016:134.

访谈对象T2温老师："根据我对一些非洲来华留学生的了解，他们更喜欢跟教师对话或者跟教师互动。单纯地一味靠讲，他们感觉很乏味，学习兴趣不高。但互动并不意味着他们就和你建立所谓的人际关系了，要想这种人际关系真正对他们的学业成就发挥作用，既涉及他们的主体性，也涉及教师的引导。不过，就我的经验来看，教师应该承担更多的责任。"

访谈对象T6吕老师："和非洲来华留学生建立良好的社会人际关系，在日常互动过程中帮助他解决学业问题，能弥补课堂教学上的不足，价值很大啊。比如我们建了一些微信群，学生有任何问题都可以在群里提问和讨论，如果还是不懂的话，他们还可以跟老师沟通，我可以给他们答疑。当他们有一些学习或者生活上的困惑的时候，我们也会相约见面沟通，这个还是非常好的。"

访谈对象T5张老师："2020年我带的一位非洲留学生是中国政府奖学金的获得者，学业成就从各方面来说都不错。从我指导他的过程来看，他的学习态度非常好，每次主动联系老师，然后有任何问题，都会约时间见面商量。比如自己的研究题目、研究进展、研究中的困惑等，包括学校生活中遇到什么问题都能及时与我沟通，甚至比一些中国学生与我沟通的态度更积极，这可能与我之前对他的一些科研困难和生活疑虑的指导和关心有关吧。"

在上面的访谈中，无论是国际中文教师还是非此专业的教师都对教学互动的人际关系价值给予了肯定，也表现出了非洲来华留学生学业成就差异在这方面的差异体现。这种人际关系的建立，不仅促进了知识的有效传递，也更容易对非洲来华留学生对中国高校和教师的态度和行为反应产生影响。

以上论证基本明确了非洲来华留学生学业成就变化过程中所蕴含的具有互生性的价值空间以及其中的人际关系处理模式，并探讨了这一模式涉及的文化资本支持与权衡过程，以及教师有效引导的实践理念与价值。现在，需要对价值空间互生模式理论中非洲来华留学生在学业成就表现中的主体性进行更多的解释。

马燕坤在《人类学与非洲》一书中对主体性进行了说明："自我主体性并非抽象的，也并非定型不变的，而是能够表述内在、具备自主之韵、拥有内生动力及秉持固有轨迹的客观存在。"[①] 也就是说主体性并非"空中楼阁"，不可触碰，它既是可以表露出来的，又是在不断发展变化着的。对于学业成就的研究来说，这种主体性的表露是需要一个场域的。在阐释主义者眼里，学校是一个充满了符号与互动的场域，是人们共同生活发挥主体性的地方[②]。对于非洲来华留学生来说，他所来到的中国高校便是他需要表露自我的场域。那么，在教师努力让理想的学业成就价值观和行为模式占据主导地位的时候，那些学业成就偏低的非洲来华留学生的主体性何去何从呢？克拉克洪（Kluckhohn）认为："当个人或群体表现出始终如一的选择定向时，那始终如一的选择就生动描绘出了或隐或现的价值系统。只要变异的价值系统不压倒主导的价值系统，主导的价值系统就可以和变异的价值系统在同一文化里并存。"[③] 这也就说明了在文化模式理论中学业成就偏低的非洲来华留学生与学业成就较高的非洲来华留学生的价值观念以及相应的态度和行为反应的差异并存局面，他们并不是要去

① 马燕坤.人类学与非洲[M].北京：中国社会科学出版社，2019：5.

② 沃尔特·范伯格，乔纳斯·F.索尔蒂斯.学校与社会[M].李奇，等译.4版.北京：教育科学出版社，2006：100.

③ KLUCKHOHN. Culture and behavior：collected essay of Clyde Kluckhohn[C]. New York：Free Press，1962：237-238.

战胜或者并不可能去战胜高校和教师所推崇的主流价值观念，他们也需要生存在这个价值空间内。虽然他们的表现异于主流价值系统，但因为不足以对主流价值系统构成威胁，所以被选择“包容”。但在这种并存局面中，存在进一步互相转化的可能性，主流价值系统里的学业成就较高的非洲来华留学生可能会向变异价值系统转变，而变异价值系统内学业成就偏低的非洲来华留学生可能会转向主流价值系统。

总的来说，价值空间互生模式理论的核心理念便是将非洲来华留学生学业成就的差异和变化看作一种动态的社会实践过程，这一过程中有一个对于中国高校以及非洲来华留学生具有互生性的价值空间。在这样的价值空间内，双方的互动、意义生成以及解释则被视为一种特殊的人际关系处理，涉及文化资本的支持与权衡过程、高校和教师有效引导的实践理念与价值以及非洲来华留学生主体性的发挥和价值系统转向，并最终指向学业成就差异的最小化，而非像文化模式理论那般极力划清学业成就差异表现的界限而忽视乃至消除了学业成就状况转化的可能性。价值空间互生模式理论的逻辑如图 1-8 所示。

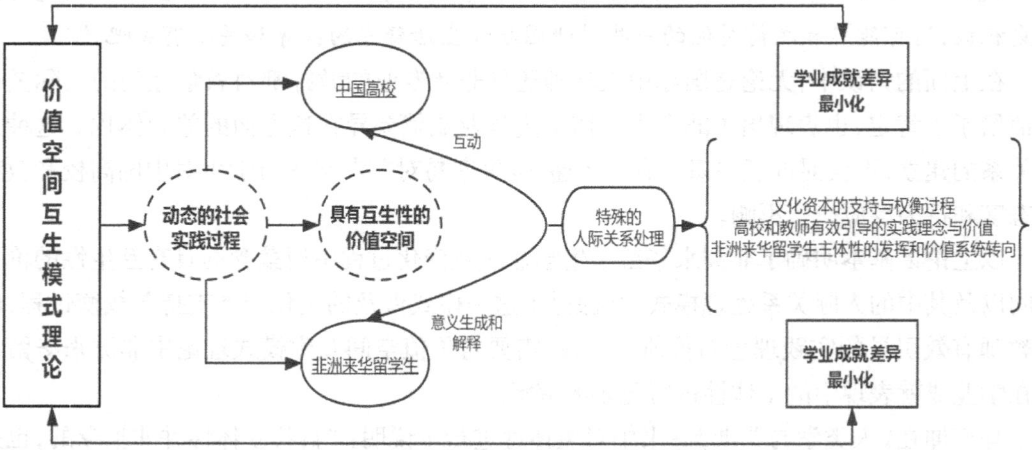

图 1-8 价值空间互生模式理论的逻辑

2. 新理论与文化模式理论相比，对于本研究的可取价值

文化模式理论从学业成就差异的前提出发，秉持界定差异表现和解读差异的原则，清晰具体地呈现出了非洲来华留学生对中国学校教育的态度和行为反应。在总结群体内部不同的主导模式时，虽然不可避免地具有某些缺陷，但确实对学业成就的群体内部差异情况有较强的解释力。正如奥格布自己所言，文化模式理论的重要目标是解释群体在学业成就上的差异，该理论不是教学理论，因为它几乎不涉及针对学校和教师的策略①。

价值空间互生模式理论作为笔者在非洲来华留学生学业成就问题研究过程始终一直尝试建构的理论，主要针对文化模式理论在学业成就问题上的缺陷以及对教育策略的忽视问题展开探讨，它在文化模式理论对非洲来华留学生学业成就问题的分析以及其他可供借鉴的研究和理论的基础上，聚焦新的问题，对新的问题更具有解释力。如图 1-8 所示，价值空

① OGBU J U，SIMONS H D. Voluntary and involuntary minorities：a cultural-ecological theory of school performance with some implications for education[J]. Anthropology & education quarterly，1998，29(2)：155-188.

间互生模式理论并没有从一开始便划分出学业成就好坏的两类群体，它承认文化模式理论中所作出的学业成就差异呈现和解释，但其宗旨并不是单纯追求界定出非洲来华留学生学业成就上的差异表现，而是在看到他们学业成就差异情况的同时追求通过何种方式打开学业成就动态转化的渠道，以期实现学业成就差异的最小化。可以说，追求非洲来华留学生学业成就差异问题的两极化，以及追求非洲来华留学生学业成就差异问题的最小化，便是两种理论最根本的区别。此外，价值空间互生模式理论将中国高校作为非洲来华留学生学业成就问题的重要参与者来看待，对二者的互动与合作给予了更多的期待，也因此更具有教育策略上的意义。

此外，在文化模式理论四个框架的分析中可以看到学业成就偏低的非洲来华留学生所面临的根本问题是对中国高校和教职人员的不信任，他们相应的态度和行为反应也出于此。这种不信任使许多学业成就偏低的非洲来华留学生难以为在中国高校的教育模式中获取成功付出全部的努力，这是关于非洲来华留学生学业成就的研究中的关键问题。但是，文化模式理论对于学业成就差异缺乏中间动态转化可能性的划分，思考的是群体之间存在的差异，而非将其个体人员之间的差异。在借鉴该理论的时候，容易将非洲来华留学生个人在中国高校中的表现和行为建立在一类群体成员的基础上，而非将其视作更具主体性的个人。价值空间互生模式理论的意义在于，帮助教育工作者理解为什么非洲来华留学生个体在遵循其群体的行为模式时可能会在课堂内外表现得如此不同，更加关注他们的主体性所带来的学业成就状况改变的可能性。因此，价值空间互生模式理论或许不具备群体主导模式的清晰对比和划分，但却更关注个体变化、发展和成长的可能性。

综上，需要说明的是对于本章的研究而言，文化模式理论和尝试建构的新理论——价值空间互生模式理论都具有相应的可取价值，也都具有各自的特点和不足之处。只能说文化模式理论更具对非洲来华留学生学业成就问题的阐述性和解释性，价值空间互生模式理论更具对非洲来华留学生学业成就问题改善的教育策略意义。从教育愿景的角度而言，前者指向教育现实问题呈现，后者指向教育现实问题的变化、发展和改善。因此，在后续对改善非洲来华留学生学业成就问题状况所进行的教育策略探讨中，"问题"层面主要来源于文化模式理论的贡献，而"教育策略"层面主要来源于价值空间互生模式理论的贡献。

第五节　改善非洲来华留学生学业成就问题的教育策略

一、建立学业成就多方动态评价机制

非洲来华留学生的学业成就问题虽然是教师的教学和发展与非洲来华留学生主体的学习和发展的有机共生问题，但是无论怎么看待学业成就的生成过程或发展变化过程，总需要对其进行一个评测，以便非洲来华留学生更好地思考自己目前的学业成就状态，同时帮助教

师更好地理解非洲来华留学生学业成就上的差异状况,从而改善教育环节。目前的学业成就评测机制大多依赖教师在教学行为开始前对学生进行的诊断性评价、在教学过程中进行的形成性评价以及在教学完成时进行的总结性评价,这一方面阐释了教师在教学环节和质量把控中所扮演的重要角色和主导地位,但另一方面无疑也增加了教师的工作负担。对非洲来华留学生的学业成就问题的研究,应该将教师对其的学业成就评价作为中间环节,而在评价的开始环节,侧重于对非洲来华留学生进行生源地表现的评估,以期与其到中国留学过程中的表现进行对比和分析,帮助教师和非洲来华留学生更好地反思他们的态度和行为发生的前后变化;在评价的结束环节,应该将同学、家庭、社会以及非洲来华留学生的自我评价纳入其中,与教师对其进行的学业成就评价相辅相成,全面呈现出非洲来华留学生的文化和生活经历。

具体而言,在教育人类学的视域下,对学业成就的评价和分析不再是单纯地呈现出类似于以往研究的四个主要影响因素——学习环境适应情况、学习动机、学习策略以及自我效能感方面的实验科学数据,而是关注和反思这些影响因素下的态度和行为反应,以及其背后所折射出的价值信念体系。对于教师和非洲来华留学生而言,这种关于非洲来华留学生在中国高校的教育场域生活图景式的刻画,更容易被理解和接受,是一种开诚布公的反思,而不会有面对数据时产生的陌生感。但无论如何,也需要提供一个大体的维度以便各方开展实践。在《教育——财富蕴藏其中》一书中,科学全面地提出了面向21世纪的教育的四大支柱:“学会认知,即获取理解的手段;学会做事,以便对自己所处的环境产生影响;学会共同生活,发现他人,为实现共同目标而努力;学会生存,即前三者学习成果的主要表现形式。”[①]这四个维度更能体现教育人类学所提倡的人性和社会意义,彰显的是一种走向科学的人道主义,对于其中创造性的关注以及承担社会义务的态度,是走向教育所要培养的“完人”的关键条件。可以看到这四个维度对于学校教育的期望以及对于学校场域的突破,不仅指向学校教育,而且指向社会生活,不仅指向非洲来华留学生个体,而且指向人类社会的全局发展。若要让这四个维度发挥出应有的价值,对非洲来华留学生的学业成就评价作出更具人类关怀性以及个人主体性的转变,仅仅靠高校或者教师是不够的,需要多方的动态参与。我们需要具备这样的一种关怀或者教育人类学精神:非洲来华留学生的学业成就问题从学校场域中诞生,但对其改善的愿景以及对学生成长成才的教育诉求已突破了学校场域,需要具有更宽广的视野,否则不仅仅是对学业成就的局限,也是对个体发展的局限。诚然,这需要一个漫长的过程,以逐渐充实这四个维度里面的内容,或者在这种更具发展意义的多方动态参与过程中又将生长出新的维度。不过,正是因为对教育和个人成长的美好愿景,才得以推动教育不断完善。

二、建立可靠的信任关系

在文化模式理论的分析中,可以看到学业成就偏低的非洲来华留学生对于接受中国高

---

① 联合国教科文组织. 教育:财富蕴藏其中 [M]. 联合国教科文组织总部中文科,译. 2版. 北京:教育科学出版社,2014: 53-59.

校的教育在其获取成功上的重要性有着抽象的信念,这种抽象的信念与他们对来华留学过程中的具体经验认知和解读产生矛盾,使他们对学校教育的成功价值存有更多的质疑,也难以为此付出全部的努力,这种矛盾的心理最终指向对中国高校的不信任,特别是对高校教师的不信任。因此,帮助他们建立信任感是中国高校教师要面临的首要任务。要从整体上改变他们对整个中国高校教育体系的文化价值观念并不是一件容易办到的事情,但教师却可以在他们和非洲来华留学生之间首先建立起一种可靠的信任关系,并逐渐辐射到更大的层面。这是文化模式理论对非洲来华留学生学业成就问题的启发,具体怎么做则需要发挥价值空间互生模式理论的作用。

首先,必须注意到文化知识传承价值的学生导向。对于教师而言,向非洲来华留学生传授什么样的文化知识以及做到何种程度,是其对非洲来华留学生个人成长和发展所提供的文化资本支持。这必然涉及教师对非洲来华留学生发展能力的信任水平以及对他们自身文化的尊重程度。相关教师应该对他们有一个明确的、双方约定俗成的高标准,并通过鼓励性的手段表达对他们实现这种标准的期望。采用这样的方式传递出一种信息,即教师信任他们有能力做得更好,不会要求他们变成某一类人,而是相信他们在原有的基础上能创造更多的成功条件。让知识传承的价值立足于学生层面,而非立足于生硬的教学任务和标准,非洲来华留学生才会更容易接纳这种文化资本支持,并采取有利于其学业成就改善的文化资本权衡抉择和行为,从而更多地肯定教师所提供的文化资本支持对其人生成功带来的重要价值。

其次,关注并帮助非洲来华留学生进行榜样角色模型的选择。在借鉴文化模式理论对非洲来华留学生学业成就差异问题进行分析时还引出了一个值得关注的问题——榜样的选择和信念。榜样的选择和对其的信念深深影响着非洲来华留学生对中国高校教育功利价值的信念,准确地来说,这是一种关于他们希望成为什么样的人以及中国高校的教育在使他们成为什么样的人中的作用的信念,对不同榜样的模仿和比较也深深影响着非洲来华留学生的学业成就表现。榜样的选择至关重要,不能只靠缺乏人生履历的学生来完成,教师需要帮助他们仔细选择值得钦佩和效仿的角色模型,仅仅让非洲来华留学生接触某一类特定的成功人员是不够的。从价值空间互生模式理论的角度来看,这涉及教师的有效引导问题,需要在彼此互动的人际关系发展过程中对榜样所代表的价值体系生成双方具有默契和信任度的认知符号和意义解读。因此从这个角度来说,教师在划定榜样的角色模型时,需要明白榜样所传递的是中国高校对于帮助非洲来华留学生实现人生成功的价值,而不是理想主义式地劝导他们接受中国高校的教育便意味着一定会成功。如若他们在现实状况中由于某种缘故遭遇一定程度的失败,由此所产生的态度和行为反弹可能使得理想主义式的做法得不偿失。对于非洲来华留学生而言,中国高校是一个相对陌生的环境,与高校教师的话语和交际距离也相对中国学生而言较远,因此从彼此交际过程的“舒适区”中选择既具有非洲来华留学生文化和语言身份,又具有中国高校主流价值观念的中间角色作为榜样模型不失为一个拉近彼此信任距离的好方法。

最后,需要进行关于教育目的和学习行为的开诚布公式的讨论和评价。要想获得一个价值互生的学校生活空间，需要彼此有更多的理解。关于教育目的，非洲来华留学生可能更多地被置于被动的地位，帮助他们进行教育目的的思考与讨论能减少他们对中国高校教育价值体系的对抗或者矛盾情绪。而对他们的学习行为进行评价，有利于他们认知自己的这种行为会如何影响学业成就，也有利于教师理解此类行为产生的原因并和他们协商进行改善的策略。在这种开诚布公式的讨论和评价过程中，非洲来华留学生或许更愿意将教师视为值得信任的合作伙伴。

三、价值空间互生式教学

研究非洲来华留学生的学业成就问题，并不仅仅是要呈现出差异状况，最终的诉求是追求学业成就差异的最小化。尝试建构价值空间互生模式理论的目的也在于此，它为学业成就的动态变化和发展提供了渠道——以一种类似人际关系处理的模式，通过对主流教育价值系统的充分探讨、交流与理解，在教师与非洲来华留学生以及非洲来华留学生群体内部之间建立起彼此信任的联系。在教育策略层面，为了促进非洲来华留学生学业成就的良好发展，这一理论强调关注非洲来华留学生主体性的发挥以及价值系统的转向。具体而言，在教学方面需要做到以下两点。

首先，无论是在课上还是在课下都需要肯定非洲来华留学生的主体性，由此主体性才有得以发挥的可能。教师在教学中应该承认并理解非洲来华留学生的文化、语言以及学习行为反应等诸如此类代表个人主体意义的方面，向非洲来华留学生展示出教师对他们的文化和个人经历的尊重和认可，让非洲来华留学生意识到即使在相对陌生的学校环境中，他们也能得到肯定，使得他们随着陌生感的降低，主体性的发挥也越来越真实且普遍。一种可取的做法是，将非洲来华留学生所属地的文化历史和生活风貌带入课堂教学，并鼓励他们结合个人生活经历进行分享和交流。这种做法既能帮助教师了解非洲来华留学生的文化和生活经历，也能向他们传达出教师对他们的文化和生活感兴趣，有助于他们获得文化认同感，从而消除可能存在的疑虑，为在中国高校的教育模式下获取成功付出更多的个人努力。此外，这一做法相比编著内容跨度庞大、体系复杂的旨在追求适用于非洲来华留学生的国别教材而言，在中国高校场域中显得更加合理且有效。在针对相关教师的问卷和访谈中，这一做法也更容易被接纳。

其次，关注主体性发挥所带来的价值系统转向，及时有效地促进非洲来华留学生的价值系统向高校以及社会认可的主流价值系统转变。教育涉及教与学两方面，肯定非洲来华留学生学业成就表现上的主体性，意味着肯定他们自我发展的可能性，但不能忽视主体性发挥的随意性与不规则性所带来的负面影响，需要教师对其进行有效引导。在教学环节中，允许他们学业成就差异的存在，鼓励存在差异的双方在教师主导的课堂活动中进行互动与交流。但需要注意的是，教师在这种活动中并不是扮演着“介入者”或者“规训者”的角色，而是他们双方沟通的桥梁，帮助双方用自己的文化价值观去解释教学活动中出现的过程、内容、情境以及学习态度和行为，在对彼此独特性进行理解的时候，帮助他们有意识地放下刻板印象，拓展价值系统生长的空间。具体来说，就是在选择保留自我独特性的同时，学习到学校所推崇的主流文化和教育模式的价值观以及走向学业成功的新的可能途径。对学业成就较高的非洲来华留学生来说，教师在这一过程中发挥的是稳固和强化他们原有价值系统的作用；对于学业成就偏低的非洲来华留学生来说，教师在这一过程中发挥的作用是促成他们选择可以接受的转变方式，正确解读中国高校对于他们走向成功所起到的作用。在教师与非洲来华留学生学业成就差异群体共同组成的价值空间内，可以通过对高校教育价值体系以及取得社会成功的途径进行充分探讨，来促进非洲来华留学生强化或逐步适应主流的教育价值体系，以达到改善低学业成就、缩小学业成就差异的目的。

第六节　结语

一、回顾与总结

随着非洲来华留学生数量的激增，应根据国际国内的留学发展形势实现从“提高人数”向“提高质量”的转变，使非洲来华留学生从人数优势转变为人才角色优势。学业成就问题作为影响非洲来华留学生教育质量的一个关键因素，需要足够的重视。对学业成就问题的研究并非简单的数据呈现，从教育人类学的视角来看，非洲来华留学生的学业成就问题不只是一个结果体系，更包括一定时期、一定文化背景下主体经过学习所产生的行为和态度上的改变。本章的研究对习以为常的现象进行深层次的描述和解读，在把握学业成就差异的同时，引导非洲来华留学生和相关教师开诚布公地反思自身在学校教育场域中的态度和行为，理解这些因素对学业成就表现的影响，最终旨在实现学业成就差异最小化，改善非洲来华留学生教育质量，提高中国高校的影响力，进而促进中非各领域合作的顺利开展以及扩大中国文化的世界影响力。

本章的研究的具体工作如下。

第一，在研究视角和方法上借鉴教育人类学与学业成就相结合的研究，在研究问题点的思考上借鉴非洲来华留学生的相关研究，并在研究开始之前对这两方面的相关研究进行了系统的梳理与分析，思考了两方面研究的价值与不足，进一步提出了需要在本章的研究中致力解决的问题。在此基础上，说明了教育人类学视域下非洲来华留学生学业成就问题研究的目的与意义。

第二，验证对学业成就问题影响较大的四个教育学上的因素在非洲来华留学生群体中也有所体现，以及非洲来华留学生群体内部学业成就差异明显的现状。本章的研究考虑了教育学领域中已经相对成熟的学业成就量化研究，证明了非洲来华留学生也具有此类研究呈现出的类似的情况，因此不再对这一领域进行重复研究，而是运用教育人类学的视角与方法进行了更深层次的现象思考。

第三，在访谈和田野调查工作中借鉴文化模式理论对非洲来华留学生的学业成就问题进行思考。在研究的相应环节的呈现中主要列出了几次重要的访谈和田野调查的内容，实则在具体的写作过程中，与有的访谈对象进行了多次访谈，也对相关学生进行了一些拓展思路的访谈和观察。田野调查中不是只有观察，还有结合访谈对问题的进一步思考。在此基础上，结合文化模式理论的四个主要分析框架对非洲来华留学生的学业成就差异问题进行了阐述与解读。

第四，在文化模式理论的阐释基础上对非洲来华留学生的学业成就问题进行再思考。在具体的田野调查和访谈工作中，反思文化模式理论存在的一些缺陷，在对学业成就差异的阐述与解读的基础上，致力于追求学业成就差异的最小化。因此，结合新问题、新思考，在对研究资料以及以往研究和理论的借鉴与吸收过程中尝试性地提出了价值空间互生模式理论，并根据富有留学生教学经验的相关教师的建议，将这两种理论结合起来提出了改善非洲来华留学生学业成就问题的教育策略。

二、创新与贡献

首先，将教育人类学的视角和方法带入愈发受到重视的关于非洲来华留学生学业成就问题的研究中，对非洲来华留学生学业成就问题表现出来的态度和行为进行了阐述与解释，对非洲来华留学生主体给予了更多的关注，充实了中国高校环境中非洲来华留学生学业成就问题方面相对缺乏的学术资料。其次，在相关理论的运用和阐释过程中进一步反思了理论缺陷，针对新问题、新思考，尝试性地提出了更具教育意义的新理论——价值空间互生模式理论。此外，将这种新理论与文化模式理论对于非洲来华留学生学业成就问题的可取价值进行分析，并在教育策略中进一步结合，使得本章的研究不仅是对非洲来华留学生学业成就问题的呈现、阐释与反思，也是对非洲来华留学生学业成就差异最小化的教育追求，真切地希望进一步提高非洲来华留学生的教育质量，提高中国高校的影响力以及中国文化的传播力，推动中非教育合作的良好发展。最后，可以发现从教育人类学的视域对非洲来华留学生的学业成就问题进行分析，具有现象性阐述与解读的意义，相比以往研究更具对非洲来华留学生的主体性的关怀与学业成就问题根源上的解决意义。

三、不足与总结

"研究的确建立在已有研究的基础之上；但这并不是说它们开始于其他研究的停止之处，而是说由于掌握了更多的信息，由于概念更加深化，它们更加深入地研讨同样的问题。每一次认真的文化分析都是从纯粹的开始出发，都在其理智冲动耗尽前所能达到之处结束。"① 虽然本章的研究在教育人类学的视域下对非洲来华留学生的学业成就问题进行了阐述与解释，也延伸和拓展了文化模式理论，尝试性地提出了价值空间互生模式理论，并进一步提出了一些旨在改善非洲来华留学生学业成就的教育策略，但仍存在以下不足。

第一，虽然在研究过程中反思了文化模式理论对非洲来华留学生学业成就问题阐释上的缺陷，但对非洲来华留学生学业成就问题所表现出来的态度和行为反应进行阐述和解释

① 甘阳. 文化：世界和中国 [M]. 北京：生活·读书·新知三联书店.1987：291.

时，仍未能完全规避这些缺陷，部分阐释有待进一步的验证与研究。

第二，在研究过程中针对新问题、新思考尝试建构新理论，虽然新问题和新思考来源于中国高校内非洲来华留学生学业成就的实际情况，但新理论的提出和建构过程却不乏西方教育人类学以及符号学、社会学的影子，并非完全做到本土化，所以其对实际问题的解释力以及教育策略的实际价值有待进一步商榷和验证。

第三，由于研究能力和条件的局限，虽然关注到了非洲来华留学生学业成就差异情况转化的可能性，但未能对具体的转化现象和渠道进行阐述，对于理论和现实的对接意义来说，这是有待进一步深入和细化的地方。

第二章

来华留学生身份认同问题研究
——以天津大学非洲来华留学生为例

2016年教育部印发《推进共建"一带一路"教育行动》,为推动区域教育合作与交流融合提供了契机。在"中非合作论坛"等合作机制的促进下,越来越多非洲留学生来华交流并日益成为国际高等教育关注的焦点。由于非洲来华留学生的文化背景和教育传统与我国的情况具有较大差异,其在我国经历着一个跨文化教育的过程,其身份是基于"留学生""跨文化者"与"非洲人"的多重属性而呈现的。目前有关来华留学生身份问题的研究较少,而非洲来华留学生又是中非国际教育合作中不可忽略的一分子,对他们的身份认同问题进行探讨很有现实必要。基于此,本章以天津大学非洲来华留学生为研究对象,运用深度访谈法及跨文化教育的相关理论方法探究非洲来华留学生的身份认同问题。第一节除了阐述研究思路、研究对象和研究方法以外,还分析了已有研究的不足及本章的研究的意义,重点综述了国内外身份认同理论,阐释清楚了本章写作的肌理结构。第二节分析了非洲来华留学生文化融入与社会适应中的现存问题,并提出相关对策。第三节分析了非洲来华留学生在日常生活交际中的文化习惯,非洲来华留学生在跨文化环境下会进行群体分类,并在获致刻板印象后进行身份协商,这种自我规训解构了其母体文化身份,形成了非洲来华留学生独特的跨文化身份。第四节阐述了非洲来华留学生的族裔文化背景对其身份认同的多元影响。第五节对本章内容进行了梳理和总结,展望了未来的研究路向。

通过研究笔者发现,在对非洲来华留学生的身份研究中,尤其需要关注其身份认同的流动性和弹性特征。在摆脱早期的文化融入困境后,非洲来华留学生原生性的族群文化认同会局部解构,他们在与中华文化的互动中会建构起新的身份认同。文化融入与适应的实质是身份认同,数年的在华留学生活会改变非洲来华留学生的身份认同结构。我们需要从跨文化教育的角度出发理解非洲来华留学生的身份认同问题,为来华留学生的文化融入与中华文化认同等现实性问题提供更多学术思考。

第一节 绪论

一、研究背景与缘起

在现代化背景下，教育建设作为国家综合实力及国际竞争软实力的重要部分，逐渐受到世界各国重视。2013 年 9 月和 10 月，习近平总书记先后提出共建"丝绸之路经济带"和"21 世纪海上丝绸之路"重大倡议，即著名的共建"一带一路"（The Belt and Road）倡议，依靠中国与共建国家的多边合作机制，拓宽合作路径和渠道，加强多国经济、政治及文化建设的互动。2016 年教育部印发《推进共建"一带一路"教育行动》，为推动区域教育合作与交流融合提供了契机。在中非合作论坛等的促进下，越来越多非洲留学生来华交流并成为国际高等教育关注的焦点。2018 年 9 月 3 日，国家主席习近平出席中非领导人与工商界代表高层对话会暨第六届中非企业家大会开幕式并发表题为《共同迈向富裕之路》的主旨演讲，强调中国支持非洲国家参与共建"一带一路"，愿同非洲加强全方位对接，打造符合国情、包容普惠、互利共赢的高质量发展之路，共同走上让人民生活更加美好的幸福之路①。在"一带一路""跨国留学教育合作"等的支持下，我国与非洲各国的留学交流越发密切，来华留学教育逐渐成为推动中非国家关系构建的重要环节，非洲自然成为我国跨国留学交流合作的主要生源地之一。

1956 年，根据中国—埃及文化合作协议，4 名埃及留学生来到中国学习美术、哲学和农业。此后，随着非洲国家相继取得民族独立以及中非国家间关系的建立和发展，中非教育交流与合作也不断发展。截至 1966 年底，共有 14 个非洲国家的 164 名留学生来华学习。20 世纪 70 年代，共有来自 25 个非洲国家的 648 名非洲学生在中国学习。改革开放以来，中国已向国外派遣 34 万余名留学人员，同时接受了 34 万余名外国留学生来华学习，与世界上 160 多个国家和国际组织签订了双边或多边教育交流与合作的协议②。2000 年 10 月，中非合作论坛（Forum on China-Africa Cooperation）第一届部长级会议在北京举行，这次会议不仅有助于中非国际关系建设，也从微观层面上促进了中非跨国教育合作。

中国与非洲各国地处不同的大陆，在自然条件、文化习俗、语言等方面存在诸多不同。非洲（Africa），全称阿非利加洲，拥有 54 个国家，包括埃及、尼日利亚、南非、肯尼亚等国，目前已有 53 个国家与我国建立了正式外交关系。伴随中非留学合作的顺利开展，拥有不同文化背景的非洲来华留学生如何适应我国文化环境并实现身份认同，也逐渐引起学界和社会的关注。作为天津大学国际教育学院的一名研究生，笔者依托国际教育学院的资源及信息获取优势，深度参与并观察了非洲来华留学生的日常生活与学习历程。本章以天津大学非洲来华留学生（包括本科生、硕士研究生及博士研究生）作为个案研究对象，通过运用深度

① 习近平出席中非领导人与工商界代表高层对话暨第六届中非企业家大会开幕式并发表主旨演讲 [N]. 人民日报，2018-09-04(1).

② 贺文萍. 中非教育交流与合作概述：发展阶段及未来挑战 [J]. 西亚非洲，2007(3)：13-18，79.

访谈法及跨文化教育的相关理论，力图分析非洲来华留学生在我国留学生活的现状与问题，以微观导向宏观、以局部导向整体，发掘规律并提出对策，为非洲来华留学生的文化融入及社会适应等问题提供学术对策。

二、研究目的与意义

随着21世纪全球商业与经济格局的迅速扩张，世界各国人力资源的跨区域流动和生活空间转换，技术、文化与思想在不同空间的传递已成为新常态。跨文化教育作为市场选择和知识传递的双重媒介，在跨国留学合作背景下逐渐成为当前国际教育人才流动的工具性指标。国际留学教育潮流下的流动人口（留学生群体），是跨国流动人口中比较特殊的一个群体。对于我国而言，虽然非洲留学生和国际移民一样需经历与东道国社会文化的互动过程，但从时间特点、国籍属性、留学动机来看，大部分非洲来华留学生属于阶段性的教育流动群体，而非传统意义上的移民，并且相当比例的非洲来华留学生是在本硕期间进行的留学实践，因此非洲来华留学生是在非洲母体文化的影响中成年的，他们先赋性地拥有鲜明的族裔文化特征。另外，他们在与中国社会成员的互动中，接触到的是异质性较强的他者文化；作为外来群体，他们不得不进行策略性的身份协商和角色适应，与中国社会的跨文化互动给他们带来了较为特殊的身份体验和生命经历。

在跨文化教育背景下，非洲留学生群体在身心层面会发生变化。在移居到某个陌生的教育环境中时，他们可能会产生认同危机，会经历失语、抑郁、疏离感、孤独等不可预知（Unpredictable）的社会体验①。有研究认为：来自东道国的凝视（如刻板印象、主观偏见、身份排斥等）不仅影响着留学生与其他社会群体之间的互动，也影响着留学生的身份认同过程，为了减轻文化不适和实现身份融入，留学生往往会策略性地进行跨文化协商和身份建构，从而塑造"新自我"（New Self）②。在跨文化背景下，身份认同受"人地互动"（Human-land Interaction）空间关系的影响，个体通过教育流动转换到另一个空间时，他们开始与这个空间发生双向互动，并将此空间的环境文化融入身份认同过程中。"人地互动"是身份认同的关键组织结构，不同的个体或群体会在与外部环境的互动中挖掘各种可以填补自我认同结构的当地文化元素，由此构建出新的身份认同。就此而言，特殊地区的经济、政治及文化等因素会对迁入个体或群体的身份认同产生影响，身份认同的调适与建构是空间转换与文化融合的过程。

虽然非洲来华留学生的群体规模较小，但其在长期与中国社会的互动过程中逐渐形成了带有自身亚文化风格的社群，其区别于我国的主体文化圈，二者在跨文化互动中持续发展。在非洲来华留学生与他者的文化互动中其身份认同不断改变，并且根据空间位置和事件情境不同而变化。非洲来华留学生来自不同的国家、族群及家庭，拥有不同的个人经历、性格特征及文化背景，这些要素都与其身份认同密切相关。在跨文化教育背景下，大量非洲

---

① BERRY J W. Psychology of acculturation: understanding individuals moving between cultures[M]. Newbury Park: Sage, 1990:232-253.

② MASTRO D E, BEHM-MORAWITZ E, KOPACZ M A. Exposure to television portrayals of Latinos: the implications of aversive racism and social identity theory[J]. Human communication research, 2008,34(1):1-27.

留学生奔赴我国谋求高学业成就和高层次的国际学术经历。从这个角度来看，非洲来华留学生需要进行东道国融入尝试，即在我国的文化、生态、政治、经济背景下进行文化融入与适应的实践，需要在身心双重层面上进行协商与调适从而适应我国社会。近年来，有关来华留学生群体的跨文化适应、汉语教育、就业实践的研究迅速增加，许多学者根据已有研究继续挖掘，相关研究内容更加多样化。但是，目前对来华留学生身份认同问题的研究相对不足。从本质而言，文化融入与适应的实质是身份认同，非洲来华留学生的自我认同并非恒常不变的，他们在我国长达数年的学习生活会改变他们的身心归属及文化认知结构，对这一问题进行理论结合实际的探究，有助于更好地挖掘非洲来华留学生的文化适应与文化融入问题的本质。因此，本章以天津大学非洲来华留学生（本科生、硕士研究生及博士研究生）为研究对象，基于当前中非国际教育合作的制度背景，综合运用深度访谈法和跨文化教育理论深入阐释非洲来华留学生的身份认同问题，为来华留学生的教育管理、文化融入等问题提供实践启示。相关研究逻辑与流程概念图如图 2-1 所示。

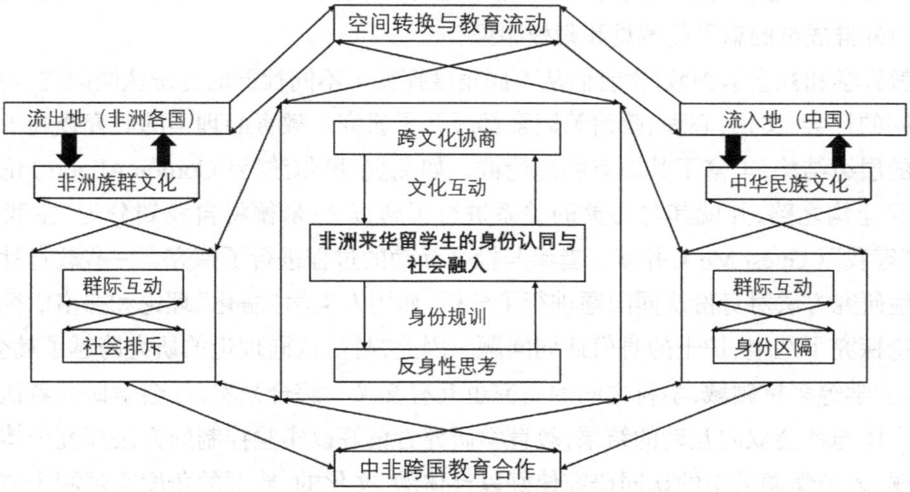

图 2-1　研究逻辑与流程概念图

三、文献综述

1. 身份认同研究

身份认同（Identity）是西方文化研究的重要领域之一，它受到后殖民主义等的特别关注。西方及国内学界已对社会各群体（少数民族、移民、农民工、大学生、教职工等）的身份认同问题有了理论联系实际的探索。但是，基于留学生群体身份认同的研究相对较少，处于待挖掘的阶段。

身份认同源自拉丁文“idem”（为同类的意思），后期逐渐发展为“identity”一词，这个词反思“我”（Me）是谁？源自何方？又要变成什么样子？身份认同作为西方文化研究的重要领域，拥有多重含义：一是等价性与类同性；二是认可与认同；三是本我、自我。身份认同的内涵早期以哲学范式为主，依照不同的研究模式而被划分为三种类型：一是以个体自我为核心的启蒙身份认同，二是社会本位下的社会身份认同，三是后结构主义理念下的新型身份认同[①]。依照西方文化研究的逻辑，社会系统好比紧密排布的蜂窝(Honeycomb)，在每个蜂窝中，不同的个体必然要遥控自己所在的蜂巢与其他家园建构社会关系，并遵循一系列社会规范，确立自己的社会分工角色。身份认同植根于西方民族国家发展的结构性矛盾，研究范式主要有种族主义、历史主义、后殖民主义、文化唯物论、女权主义、少数话语等。显而易见，身份认同关涉诸多社会发展要素，譬如习俗、心理、价值观、语言、民族、肤色、性别、思维模式、阶级等。在现代身份认同研究领域，各种派系交互融合，直至今天身份认同理论仍在继续发展。

身份认同理论由社会学家菲利普(Philip)在20世纪末期率先提出。他认为，黑白人种在社会互动过程中存在类型化的区别，身份认同是社群成员间共享的内群化的社会分类[②]。差异性的身份建构过程制约着不同群体成员的实践，其中包括群际互斥、群内成员的相互吸引等[③]。内群与外群成员之间的实践是不同的，内群成员之间通常受制于共同的社会规则(Social Rules)[④]。这种群体规则的差异不仅凸显了不同群体身份认同的差异，而且易引发内群成员对外群成员的扁平化偏见和刻板印象。

在教育学和社会学领域，学者们从不同角度探究了不同社群的身份认同问题，对影响其身份认同的社会、文化、心理、政治等因素都展开了研究。教育心理学的研究拔高了身份认同理论的层级结构，丰富了其原有的理论群。如戈登·奥尔波特(Gordon Allport)论述了个体的自我建构之路，并就其与心灵的关系进行了解读[⑤]；米德将自我划分为“主我”(Lord Me)与“客我”(Guest Me)，并就二者参与社会互动的过程进行了探究。一些教育社会学者结合质性研究方法对身份认同问题进行了分析，如用人类学“濡化”理论和弗洛伊德的精神分析理论探究了医生、护士的身份认同问题。因此，身份认同理论的研究跨越了社会学、教育学、人类学等多重领域，学科之间的研究也互有交叉。综合来看，社会学研究者认为身份认同是个体与社会双向互动的结果，教育学研究者偏好以实验控制的方法探究个体的身份认同问题，人类学领域中的认同研究偏好以整体的、文化的、族群的角度来观测个体或群体对其身份属性的分类与认同。

由于身份认同主体及研究条件的复杂性，学术界关于这一问题的研究较为庞杂，其中一大关注热点为“身份排斥”，这是从社会参与的理论视角进行的研究。西方学者从身份排斥的角度对城市流动人口、街角青年、老龄群体、农村儿童的身份认同问题进行了研究。有学者认为，身份排斥即个体在陌生环境中生活却没有完全融入这个环境的经济、文化、生产活动中，参与不足甚至遭到地方民众的排斥和抗拒[⑥]。身份排斥因此包含了社交关系、地缘、业

---

① 张淑华，李海莹，刘芳. 身份认同研究综述 [J]. 心理研究，2012，5(1)：21-27.

② PHILIP M. Biracial identity and social marginality[J]. Child and adolescent social work，1990，7(4)：319-337.

③ TURNER J C. Rediscovering the social group：a self-categorization theory[M].Oxford：Basil Blackwell，1987：33-48.

④ MULLEN B，BROWN R，SMITH C. Ingroup bias as a function of salience，relevance，and status：an integration[J].European journal of social psychology，1992，22(2)：103-122.

⑤ NICHOLSON I A M. Gordon Allport，character，and the “culture of personality”，1897-1937[J].History of psychology，1998，1(1)：52-68.

⑥ 任远，邬民乐. 城市流动人口的社会融合：文献述评 [J]. 人口研究，2006(3)：87-94.

缘、文化、政治等层面的内容，西方学者认为身份排斥是身份认同障碍的主因，通过加强社会参与可以强化弱势群体的身份认同。国内学者黄匡时、崔岩、杨菊华等人以流动人口为案例，从身份认同和社会参与的视野对身份认同进行了概念阐释。他们指出城市生活中的流动群体需要通过积极参与和协商共建等策略获取“公民权”，要发挥身份建构的主体性，主动与城市社区环境进行互动，完成调适①。

身份是社会位置和社会流动的标志，认同强调的是特定群体的归属。身份认同集中回答了三个问题——我是谁？我要迈向何方？其他人怎么看待我？同时也表现了自我认同结构的两个对照面，即心理认知与相伴而生的实践②。身份认同由身心实践两个层面构成，包括主观认同以及由他人对主我的期望而形成的符号性认同。身份认同是社会的产物，它是个体与其他群体进行互动而建构出来的符号表达。身份认同具有交互性，同一阶段的主体可以在不同情境下产生不同层次的身份认同。身份认同和角色认同也具有交叉性关系，特定场景下身份认同等同于角色认同，但角色认同更突出社会行动者对自己责任的承载③。

身份建构(Identity Construction)理论认为，身份是由社会建构的，身份是持续演变的社会建构与人际互动的交互，身份建构是社会、文化、历史、政治及经济等层面的综合建构过程④。身份建构理论认为，身份是无意识社会行为，是在主体与他者社会互动过程中建构的，是一个指向自我认同的过程，社会行动者并非孤立地进行实践，而是将实践指向他人，在他者期望中反身性地进行身份建构。自我认同仅仅是身份协商的开端，他者对主体的期望和认可对身份建构更加关键，身份建构有时是人际竞争和博弈的产物。只有他者和社会共同参与身份建构，身份认同才能在各方力量中取得平衡⑤。

2. 国内对来华留学生群体身份认同问题的相关性研究

目前有关来华留学生身份问题的理论和实证研究相对较少，缺乏系统化的理论分析。赵嫚通过个案访谈分析了来华留学生的身份认知和社会互动过程⑥。潘静采用定性研究法探讨了来华留学生身份认同与第二语言习得之间的关系⑦。张世蓉等认为，汉语习得水平对来华留学生自我认同的建构有积极影响⑧。赵孟超指出，东干族留学生的文化适应与身份认同是互动的，留学时长和动机对该群体的身份认同有显著影响⑨。

虽然关于来华留学生身份认同的已有研究较少，但是有关非洲来华留学生跨文化适应、汉语言学习、社会融入、中华文化认同、学位培养等方面的研究较为详细，已形成一定规模。以“中国知网”和“万方数据库”为分析工具，以“来华留学生”为相关主题词，分别对1995—

---

① 崔岩. 流动人口心理层面的社会融入和身份认同问题研究 [J]. 社会学研究，2012，27(5)：141-160.

② 陈映芳.“农民工”：制度安排与身份认同 [J]. 社会学研究，2005(3)：119-132.

③ 王宁. 流散文学与文化身份认同 [J]. 社会科学，2006(11)：170-176.

④ CERULO K A. Identity construction：new issues，new directions[J].Annual review of sociology，1997，23：385-409.

⑤ VIGNOLES V L，REGALIA C，MANZI C，et al. Beyond self-esteem：influence of multiple motives on identity construction[J].Journal of personality and social psychology，2006，90(2)：308-333.

⑥ 赵嫚. 来华留学生身份认同个案研究 [J]. 语文学刊，2013(24)：104-106.

⑦ 潘静. 英语国家来华留学生的身份认同与汉语学习之间的关系研究 [D]. 南京：南京大学，2016.

⑧ 张世蓉，王美娟. 高校留学生文化身份认同研究 [J]. 海外英语，2018(1)：175-178，180.

⑨ 赵孟超. 东干族留学生跨文化适应与文化身份认同的研究 [D]. 兰州：西北师范大学，2020.

2020年的相关文献进行梳理和分析，经过文献比较笔者发现，有关来华留学生的研究主要聚焦于跨文化适应、学术适应、跨文化交际、社会融入等层面，跨文化适应的相关研究共计968篇，主要关注由生活习俗和文化差异（譬如饮食、天气、人际交往、语言等层面的差异）等产生的文化不适问题。学术适应的相关研究共计47篇，主要关注留学生汉语教育、传统文化学习、学术参与等层面的问题，相关研究多采用问卷调查、SPSS等进行基础定量分析。跨文化交际的相关研究共计670篇，主要关注留学生与东道国成员文化交际及互动等方面的问题，此方面的研究多采用社会人类学的相关理论，关注由中非文化差异产生的沟通障碍和习俗融通的问题。社会融入的相关研究共计22篇文章，主要关注留学生通过社会参与如何实现东道国社会融入及面临的障碍等问题。

对于非洲来华留学生而言，相当比例的研究关注的都是跨文化适应和汉语学习的基本情况。其中，关于跨文化适应的研究多数聚焦于汉语结构及语言文化适应过程，国内学者在借鉴国外跨文化辐射理论模型的基础上，对其进行了探究。雷文文通过运用问卷和定量统计软件得出结论：汉语学习动机是影响非洲留学生东道国社会融入的重要因素，非洲留学生在汉语学习和运用的策略上，具有显著的个体差异[①]。刘祥以武汉理工大学为场域，运用田野调查法探究了非洲留学生的跨文化适应过程。其分析指出，阻碍非洲留学生跨文化适应的主要因素有：学业、心理、语言沟通等层面上的因素。尽管他们来自不同的国家，但是他们在与东道国成员的互动中往往会产生共同的问题[②]。

易佩等运用问卷调查法对湖南某高校非洲留学生的跨文化适应能力进行调查，并提出相关对策[③]。云嘉妮以63名非洲留学生作为研究对象，利用基础定量方法和访谈法，从多个维度探究了他们的跨文化适应问题。其得出结论：影响非洲留学生学术适应和社会融入的主要障碍是社会排斥和偏见、汉语沟通和饮食起居问题等[④]。

冯超指出，非洲来华留学生的中华文化适应实际上是一个“再社会化”的过程。他认为，非洲来华留学生群体适应中国高校生活需具备两个基本条件：第一，完善社会支持网，促进非洲来华留学生在地化地融入当地文化生活；第二，提升跨文化适应能力，自发构建良性的身份认同机制，从而具备与当地社会持续互动的能力。因此，非洲来华留学生的跨文化适应包含了主客两个层面的内容，需要从社会环境和主体身份认同两方面入手进行调适[⑤]。

从中非国际关系构建、留学生身份认同和社会融入等角度来探究非洲留学生的跨文化适应、教育管理等问题的研究，也有较多成果。黄佳静等立足中非国际关系友好发展的背景，以浙江师范大学中非大学生社团为例，探究其如何促进非洲留学生的社会融入与跨文化适应，留学生如何通过参与社团活动来改善汉语能力和心理适应能力等[⑥]。肖娴等从中非跨国教育合作的现状出发，分析了非洲来华留学生的跨文化适应问题及其影响因素，提出要营

---

① 雷文文. 来华非洲学生的汉语学习动机与学习策略研究 [D]. 广州：暨南大学，2011.

② 刘祥. 武汉理工大学非洲留学生跨文化适应研究 [D]. 武汉：武汉理工大学，2012.

③ 易佩，熊丽君. 非洲来华留学生跨文化适应水平实证研究 [J]. 沈阳大学学报（社会科学版），2013，15（3）：364-368.

④ 云嘉妮. 在华非洲留学生的文化适应调查 [D]. 长春：吉林大学，2013.

⑤ 冯超. 来华非洲留学生的社会支持网与跨文化适应研究 [D]. 金华：浙江师范大学，2014.

⑥ 黄佳静，李育球. 大学社团对来华留学生跨文化适应的意义：以浙江师范大学中非学生交流协会为例 [J]. 世界教育信息，2015，28（22）：57-61.

造多元化的社会支持网络和情感支持体系，以实现留学教育管理的规范化发展[①]。

陈秀琼等通过对校内外的多位非洲留学生的留学动机、文化适应、学业成就方面的访谈和统计调查发现，非洲留学生与高校教育的“二元结构”正在发生变迁，即从他们被动适应东道国环境转向一种兼容和共存的“新二元结构”，其认为非洲留学生的社会融入与其身份认同息息相关，其中汉语学习状况、外部支持状况与他们的身份认同存在正相关联系，改变汉语教育结构或改善课程设计，从而激发他们的学习动机，有助于帮助他们形成良好的跨文化适应机制，这个过程需要高校、社区和社会三位一体的协作[②]。

胡玉婷等通过智力问卷及社会适应定量方程调查，得出结论：身份认同是留学生社会适应过程中重要的中和机制，而文化、心理或经济层面的社会适应是环环相扣的，文化层面的适应是高校生活的基础，心理层面的适应是在地化流动与定居的内在要求，反映的是留学生融入本土文化的深度。只有具备了文化与心理的双重适应，才能使来华留学生全面融入本土。因此，“适应”与“融入”不是单方面的社会互动，它应从留学生主体与高校客体两个层面上协同进行[③]。

从中非国际教育合作、学位培养、专业设置等宏观层面来探究非洲留学生社会融入和教育管理等问题的研究也较为丰富。贺文萍从中非教育合作的角度入手，指出中非教育合作面临的显在困难：具有高水平跨文化事业能力的教师不足、对外汉语教育的投入不足及由此导致的中非教育高水平发展后继乏力问题[④]。

卡塔玛·玛斯卡拉等认为，教育作为中非国际关系构建和文化交流的重要媒介，是非常值得关注的领域，需要及时梳理中非教育合作的历史渊源和脉络，在此基础上充分拓展双方跨国教育合作的空间；挖掘高校在跨文化传播、培养非洲国际人才方面的潜力，利用高校的跨文化教育来促进中非国际关系向更好的方向发展[⑤]。程伟华等通过对非洲留学教育现状的研究，发现来华留学生的学位培养及认知培育方面的欠缺，并在分析原因的基础上提出改进策略：实施海外交换计划、打造关键学科领域、扩大奖学金覆盖体系、加强推广、明确目标导向等手段，以期培育“中国通”等跨文化非洲人才[⑥]。段胜峰在总结西方理论的基础上，探究了非洲来华留学生的汉语学习现状及跨文化交际问题，提出了针对留学生汉语学习和东道国文化适应的改善策略[⑦]。

李安山等认为，随着中非国际关系的友好发展，来华的非洲人社群逐渐成为学术界密切关注的一个特殊群体。而留学生作为来华非洲人社群的第二大群体，其社会融入和跨文化适应等问题也需要关注。其通过对非洲来华留学生文化适应、社会融入、汉语学习等方面的文献的分析发现：非洲来华留学生对中国社会文化的认可度越高、认同感越强，越会从积极

---

① 肖娴，张长明. 非洲来华留学生跨文化适应问题与对策 [J]. 高教学刊，2016(15)：9-10，13.

② 陈秀琼，龚晓芳. 来华非洲留学生跨文化学业适应调查与分析 [J]. 教育评论，2018(9)：55-59.

③ 胡玉婷，洪建中，刁春婷. 跨文化沟通能力对来华留学生抑郁的影响：身份认同差异的中介作用 [J]. 心理科学，2019，42(4)：942-948.

④ 贺文萍. 中非教育交流与合作概述：发展阶段及未来挑战 [J]. 西亚非洲，2007(3)：13-18，79.

⑤ 卡塔玛·玛斯卡拉，徐家玲，李强. 探究中国与非洲教育合作：以非洲视角 [J]. 外国教育研究，2009，36(1)：50-53.

⑥ 程伟华，董维春，刘晓光. 非洲来华留学研究生教育问题与对策 [J]. 学位与研究生教育，2012(8)：54-58.

⑦ 段胜峰. 非洲来华留学生教育管窥：历史、发展与现状 [J]. 湖南社会科学，2015(6)：199-203.

的意义和角度来促进中非关系发展和中国在国际上的声望的提升[①]。

四、研究方法与思路

1. 文献研究法

文献研究法是对现有前沿研究成果进行系统性的梳理与总结的方法，包括提出假设、文献分析、文献搜集等五大环节，文献研究法是典型的定性研究方法，具有跨越时空、操作简易、低成本、耗时短、精准度高等特点。对于本章的研究而言，首先应通过对身份认同理论的梳理分析打好研究基础；其次是梳理分析有关非洲来华留学生身份认同、文化适应、社会融入的文献，并对不同时期的文献进行类型化的比较研究，指出已有研究的创新与不足之处，为本章的后续研究指明方向。

2. 深度访谈法

深度访谈法是教育人类学在田野调查过程中的标志性研究方法，它在捕捉问题实质、深入问题核心、拉近与研究对象的关系等方面独具特色。在本章中，我们需要对天津大学在校非洲来华留学生进行较为全面的访谈调研，同时兼顾对其他国家留学生及社区居民的访谈工作。将来华时间在 5 年以上的非洲留学生作为“关键报道人”，进行半结构式的重点访谈，访谈时长控制在 2~3 小时，访谈人数控制在 10~30 人。对来华留学 2~5 年的非洲留学生可进行群体讨论式的类型化访谈，访谈时长控制在 1~2 小时，访谈人数控制在 40~50 人。此外，也要灵活结合街边随机访谈、微信民族志和个性化访谈等手段，拓展研究范围。在访谈过程中，需要把握好研究者的客观理性立场，避免陷入种族问题、政治偏见等是非纠纷之中。

3. 问卷调查法

问卷调查是一种省时省力和反思性强的基础定量研究方法。笔者用问卷星来制作问卷并通过微信平台进行问卷的发放工作，问卷调查对象主要为在天津大学留学的非洲来华留学生。笔者作为天津大学国际教育学院的一名研究生，与天津大学非洲来华留学生及相关社团组织成员皆有一定的田野联系，依托笔者个人的社会关系网络进行问卷的发放和回收工作。在问卷设计方面，要事先有条理、结构化、系统化地设置好问卷内容，根据实际情况将问卷发放给非洲来华留学生，并加强对调查对象的关注，保留好调查对象的联系方式，做好问卷的回收与归纳总结工作。

本章的研究结构与方法论如图 2-2 所示。

---

① 李安山，沈晓雷. 非洲留学生在中国：历史、现实与思考 [J]. 西亚非洲，2018（5）：61-89.

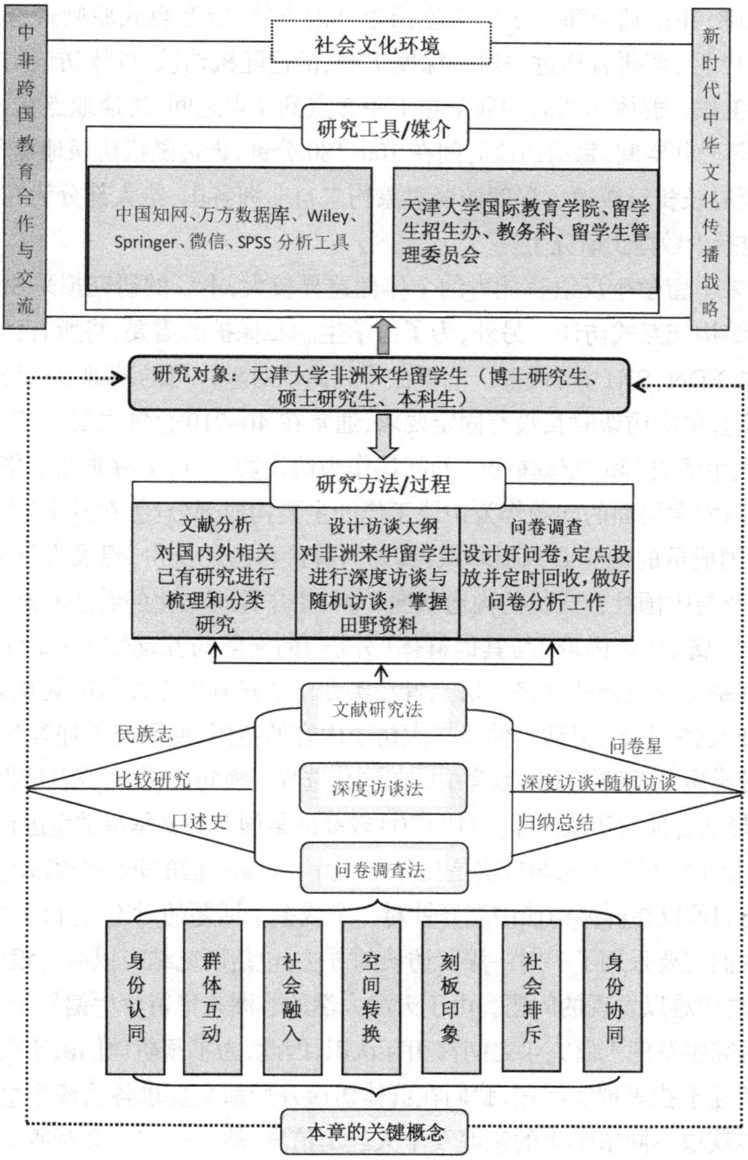

图 2-2 本章研究结构与方法论

五、访谈对象及研究脉络

基于研究对象的可掌控度，本章选取的访谈对象为天津大学目前在读的非洲（阿尔及利亚、安哥拉、坦桑尼亚、刚果（布）等 46 国）留学生。依据研究逻辑，同时考虑调研资料的可归纳性及客观性，访谈对象均为 20 岁以上的本科生、硕士研究生及博士研究生。同时，由于本章的研究关注的是跨国教育流动背景下留学生的身份认同问题，考虑到旅居他国的时长与周期会影响研究对象在中国社会的融入指标，并且对研究群体的自我身份认同造成进一步的影响，因此，本章的研究拟将来华留学时长为 2 年以上 5 年半以内作为样本筛选的原则，以期最大限度增强研究的内部可控程度。另外，本章的研究在抽样调研过程中严格遵循目标定向原则与可测性原则，并得到天津大学留学生招生办的支持，以互惠式原则遴选调研群体。在2020年3月—12月，调研者通过一对一深度访谈、街边随机访谈、群体访谈与参与式观察等方式开展访谈工作。群体访谈时间通常在下午2点到7点之间，访谈地点在校内咖啡厅、图书馆或自习室等公共空间，每组访谈时间在100~180分钟，街边随机访谈地点不定，访谈人数较多，每次访谈时长相对较短。深度访谈对象均来自非洲各国，绝大部分为在读本科生或硕士研究生，也包括少数博士研究生。

由于非洲来华留学生汉语言能力的个体性差异较大，本章的研究拟采用中英混合的交流形式进行半结构交互式访谈。另外，为了留学生隐私保护的需要，将所有访谈对象的姓名用英文字母（如EDN、SJH等）代替。笔者在得到访谈对象许可的基础上对访谈过程进行了录音和笔记整理，单次访谈时长没有固定要求，通常在40~210分钟之间。访谈伊始，研究者先以关于“个人生活史”和“家庭概况”的问答作为访谈切入点，了解非洲来华留学生的基本情况。接下来以六大层面的问题作为访谈工作的主要构成部分：①在日常生活交际中，如何看待来自东道国成员的偏见或刻板印象；②如何看待自己的身份，想成为什么样的人；③汉语学习的情况及与中国社会成员的沟通状况；④对中华传统文化的看法和态度；⑤在中国生活过程中自身所属群体（内群）与其他群体（外群）的交际与互动情况；⑥与母国社会的联系，包括通过网络媒介进行的联络。研究者在实际访谈过程中会注重问题意识的发掘，以上述六大层面的问题为主干，灵活延伸及扩大访谈内容的范围，使研究更加客观和具体。

所谓“群分类聚”，反映了不同取舍中的趋同化选择。换句话说，研究者依据客观研究实际为研究对象选择适合他的访谈群体。对同质性较高的某国非洲来华留学生进行一对一深度访谈或群组讨论式访谈，研究方法与现实是契合的。由于同属一国的非洲来华留学生的组内相似度较高，所以我们可以在群体访谈中展开针对一个或多个话题的讨论等互动过程。对于比较复杂的话题，我们主要采用了一对一深度访谈的方法，包括研究结束以后的跟踪访谈等，以获取在正式访谈之中难以发现的问题。由于天津大学的非洲来华留学生偏好于内群交际，很多本科生、硕士研究生及博士研究生之间都相互认识，因此，为了预防他们由于彼此熟悉而产生的访谈失真、相互干扰等现实问题，我们在群体访谈开始前会要求各访谈小组填写半结构化问卷卡，以基本获取不同留学生的家庭及个人经历信息，然后研究者会对所有访谈小组进行编号，开始群体小组讨论。因此在访谈过程中，笔者总体上采取了一对一深度访谈+群体访谈+街边随机访谈的形式，将质性研究方法的优势充分发挥，结合一对一深度访谈的私密性与群体访谈的实证性，将微观与宏观结合，对非洲来华留学生身份认同问题有一个整体性把握，获取更好的研究效果。

第二节　互动与调适：非洲来华留学生的身份融入困境及其调适

一、非洲来华留学生群体面临的身份融入与认同困境

人是社交性和多元化的，在人与社会、人与人、群体之间的互动中，我们总是以不同的视角在尝试着进行身份融入。身份融入是社会团结基础上的社会成员之间的整合与互动的过程，强调对社群内部规约的遵守，身份融入也可分为就业融入、心理融入、文化融入和生活融入，不同社群、家庭和文化的个体在身份融入中的表现是不同的。从本质而言，身份认同需要个体在社会空间中自发地追求某种认同，通过协商和调适等环节找到自己与所属群体的共性。

在跨文化教育背景下，随着生活和教育空间的转变，非洲来华留学生从非洲各国到中国的跨区域流动带来的是新的民俗文化、价值观念、行为方式等的冲击，这种文化震撼促使非洲来华留学生的身份认同嬗变，尤其是对那些在我国留学时间长达5年以上的非洲学生来说。我国拥有数千年民族混居融合历史，文化从未中断过，这种多民族共有的异质性文化汇聚在一块，形成了具有多民族特色的中华民族共同体文化。对来华留学和生活的非洲留学生而言，他们要面临的不仅是居住和饮食上的挑战，更面临着母体文化与东道国文化的冲突和融合及其对个体认同的影响。

留学生作为国际流动人口中的主要群体，相较于东道国居民，他们的身份认同问题总是更为突出。其主要原因有二。其一，从身份认同的角度来看，非洲留学生需要对自我身份进行接纳和调适。他们从非洲各国流动到东道国，从族群特征突出的部落型“县域”迁移到大城市，相伴而生的不仅是居住空间、学习环境等身体经验上的变化，还会产生心理层面的、更加隐晦而深刻的问题，包括“我过去是谁”“我现在要成为什么人”“别人怎么看我”等有关个体认同的问题。其二，留学生来到东道国，以“局外人”的身份与东道国成员社交互动，逐渐成为东道国社会的边缘群体。特别是非洲留学生，笔者在田野调查中发现，许多非洲留学生是少数族裔，带有原始部族文化的烙印，大部分来自非洲发展中国家，他们的母体文化与东道国主流文化差异较大，身份与所在环境无法协调，因此，很多留学生会通过参与群体活动来实现身份融入，但在特定场景下，比如自己孤身一人时，他们又回归自己原初的身份，以维持自己对母国的文化认同。

生活和教育环境的转变带来的身份焦虑时刻伴随着非洲来华留学生，他们在中国为实现身份融入和文化适应，需要持续性地进行身份的协商和调适，通过反身性的思考、与中国社会成员的互动、主动学习汉语等策略重新建构个体认同。非洲留学生抵达东道国，特别是与非洲地域文化差异较大的中国，首先面临的是语言沟通的障碍。族群语言是非洲留学生

身份认同的符号和标志，其能否获得与东道国相吻合的社会身份，与其对语言的掌控能力密切关联。非洲留学生在自己的圈子里交际时，识别族群身份的象征性标志，除了他们的外形肤色以外，比较重要的就是语言了，很多非洲留学生往往根据"地方话"的使用来界定族群身份，并以此衡量彼此之间的亲密程度。

语言的协商相当多元化，受非洲留学生身份认同的内在结构影响。对于非洲来华留学生而言，特别是来自东非、南非的多族群国家的非洲少数民族学生，地方性语言的情境性应用是其身份协商过程中的常有事件，这里的地方性语言的情境性应用分为工具性和情感性两类。第一类是工具性语言应用，主要指在高校实验室、工作区域或图书馆等公共空间，留学生主要是以标准英语或汉语进行交际，从身份认同的角度看，首先，这可以加速他们的身份融入，为实现个体认同奠定基础；其次，留学生通过运用当地语言或标准英语，有助于获得东道国成员的认同，因此更容易被当作"自己人"，从而再建构自我认同。第二种是情感性语言应用，主要指非洲留学生所属族群和地方的方言运用。这种地方性语言是留学生熟悉的交流工具，承载着其家庭和族群历史悠久的文化记忆，因此，虽然其不能作为在东道国社会的沟通工具，但是却可以作为非洲留学生群内交际的"文化屏障"，为其自身的先赋性族群身份认同提供了保护和支持。留学生主要在东道国公共空间和工作区域使用工具性语言，而在自己的社群圈子内通过运用情感性的地方语言，使得自身的族群文化在教育移民流动中获得基本的维持和延续，从而在东道国社会保持自身群体的边界，维持基本的心理安全和文化空间。

从本质而言，身份认同的前提是文化融入，而文化认同是身份认同的基础。在非洲留学生融入我国社会的过程中，其面临的主要困境就是由文化资本的不足导致的身份认同困境。非洲留学生作为中非两国留学合作的媒介，不仅承受着非洲母体文化与中华文化的互动与冲突方面的挑战，也面临着非洲社群文化的解构与再建构的选择。非洲来华留学生有其特殊的语言交流方式、族群历史记忆、家庭生活轨迹，他们脱离熟悉的亲属关系支持网络，迁移到陌生的中国高校，感受到社交规则、文化习俗和互动场景的变化，自我认同结构与所处环境不协调，容易产生文化融入和身份适应的障碍。

笔者在天津大学发放了调查问卷[①]（图 2-3），成功回收的 98 份有效问卷显示非洲来华留学生身份融入的首要问题是语言交流障碍（58.82%），其他是文化习俗不适应（41.18%），在中国缺少朋友（35.29%），由于生活环境变化而导致的融入性障碍（32.35%），价值观差异（29.41%），难以融入同学群体（23.53%），学术适应困难（20.59%），留学期间产生的经济问题（8.82%）等。在访谈过程中问及非洲来华留学生对中国传统文化的看法时，绝大部分人都表示了好奇和赞许，但是他们也承认自己很难理解中国的文化逻辑和行为模式，这是造成他们产生融入性障碍的重要因素。由于社会支持的缺乏，非洲来华留学生在我国面临着生活空间的转换和亲属支持网络的脱嵌，他们在陌生的气候、饮食、文化和群体环境下，容易产生倦怠、抑郁和焦虑等负面情绪，许多非洲来华留学生因此在生活实践中过于依赖自己的老乡或同胞。因此，在身份认同方面，他们将自身放置于相对边缘化的位置上，同时由于跨国教育流动的阶段性和跨文化特征，非洲来华留学生在社交互动和文化习得方面存在边缘化

① 问卷发放对象为天津大学非洲各国留学生。

和自我保护的倾向，这无形中增加了其身份融入与文化适应的难度。

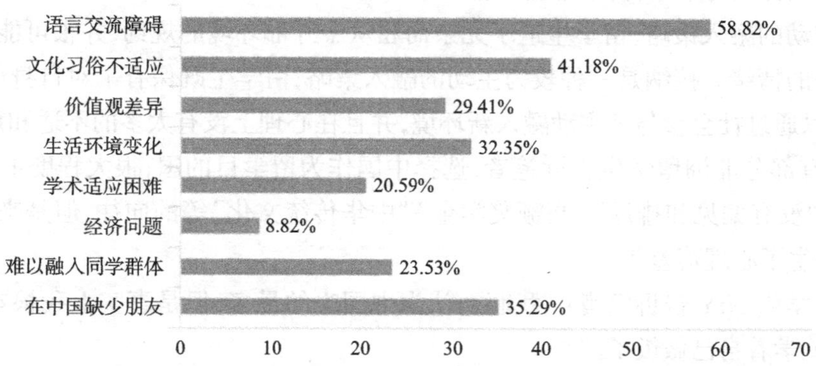

图 2-3　"空间转换"背景下天津大学非洲来华留学生的身份融入困境

身份融入理论认为，身体的融入是个体熟悉陌生环境的首要环节和前提。当个体进入新的文化环境时，就脱离了自身的舒适圈。在场域的切换中，身体的感受是最直观和迅速的，经由熟悉的文化场域进入陌生环境，身体难免会处于不适应的焦虑状态中。这种焦虑感也表现为对东道国文化的心理反感、对失去熟悉住所和食物的恐惧、对旅居他乡的厌烦和疲劳、社交频率降低等。对于来华留学时长在 1~3 年的非洲留学生而言，这点尤为明显。

"这里的冬天冷得简直让人无法出门，夏天又热得让我心烦意乱，不开空调根本没法看书学习。"（肯尼亚留学生，YBH）[①]。与我们刻板印象里的非洲"炎热—寒冷"两重天的情况不同，非洲留学生对中国气候的不适应，影响了他们的出行实践。"12 月到 2 月的白天，如果不需要去实验室，我会待在宿舍学习，一整天都不怎么出门。"（埃及留学生，OTR）[②] 很多非洲来华留学生因对气候不适应而待在宿舍学习，这就阻碍了其社会交际和信息获取，无益于他们的社会融入。身体层面的社会融入问题还表现在饮食习惯层面，来自博茨瓦纳的留学生 YN 说："因为我至今都没有学会用筷子，我感觉在食堂用餐很难为情，每次在食堂买了饭我都是带回宿舍食用，我的室友也是如此。"[③] 尼日利亚留学生 EUB 告诉我："我吃不惯海鲜和辛辣的食品，当实验室聚餐时，我总会避开这些食物，时间长了，我就显得非常不合群，后来同学们聚餐也很少叫我了。"[④]

除去身体层面外，心理层面的适应也是身份融入的关键，表现为对异质性社会文化的接纳感和归属感。非洲来华留学生在身份融入过程中经常面临这样的困惑：虽然自己逐渐熟悉了中国的社会习俗和饮食文化，但是在深层价值观方面却难以使其与本土主流文化达成一致。影响身份融入的主要因素还有民族中心主义。相关研究表明，在民族中心主义的视角下，个体以自己的价值观和准则去看待他人的文化，带有偏见地去看待他者的行为举止，常常下意识地提高自身文化地位而贬低其他人的文化，这种民族中心主义会阻碍双方的沟通和理解，阻碍个体及群体的身份融入。

① 访谈对象：YBH，肯尼亚留学生。访谈地址：天津大学图书馆，访谈时间：2020 年 12 月 1 日下午。
② 访谈对象：OTR，埃及留学生。访谈地址：天津大学学生活动中心，访谈时间：2020 年 12 月 3 日晚。
③ 访谈对象：YN，博茨瓦纳留学生。访谈地址：天津大学海棠书院，访谈时间：2020 年 11 月 14 日晚。
④ 访谈对象：EUB，尼日利亚留学生。访谈地址：天津大学海棠书院，访谈时间：2020 年 11 月 14 日晚。

在陌生的文化环境下，留学生可能会面临三种选择：反抗、妥协及接纳。反抗是一种尖锐和直接的文化应对策略，留学生会自我封闭，或者以极端的方式宣扬自己的母体文化。妥协是一种被动的融入策略，留学生迫于无奈而屈从于外部环境的规约，并很可能产生压抑、不满或愤怒的情绪。接纳是一种较为主动的融入策略，留学生既保有了对自身母体文化的认同，又可以通过社会参与来主动融入新环境，并且在心理上没有太多的不适和焦虑。在群体访谈中，有部分非洲留学生告诉笔者，选择中国作为留学目的国，很大程度上是对"舌尖上的中国""没有偏见和排斥""高额奖学金""中华传统文化"等的向往，但是来了后，他们很多人都产生了心理落差[①]。

贝宁留学生 NIY 告诉笔者："我起初认为中国吃的最多，但是事实上我根本吃不惯食堂，后来我就学着自己做饭了。"[②]

阿尔及利亚留学生 TB 说："中国是一个传统意义上非常重视礼仪规范的国家，但是我在公众场合总看到有人大声喧哗和抽烟，这使我感到非常困惑。"[③]

安哥拉留学生 RVG 告诉笔者："我想学好汉语，以融入当地社会，但是实验室的同学们只是埋头做实验，大家都不怎么跟我说话，我也没有特别要好的中国朋友，有一段时间我甚至都有了休学的念头。"[④]

肯尼亚留学生 WCJ 说："有时我在图书馆自习，有些同学会刻意坐在离我较远的位置，与我保持距离，这使我感到非常沮丧和尴尬。"[⑤]

身份认同本就包含了个体控制和社会建构的多重影响[⑥]，无论是在心理还是身体层面上，许多非洲留学生的身份融入过程充满了坎坷和不适，这既有其自身文化资本不足的原因，也与新时代教育移民的制度背景有关联。跨国教育流动给予了非洲留学生重构自我认同的机会，在文化适应期，非洲留学生开始以"局内人"的身份获取对东道国的文化依赖，开始在新的环境中进行身份建构。文化适应某种程度上改变了他们在社会网络中的位置，重构了其角色适应机制，但非洲留学生的跨文化能力、家庭背景和性格等都是差异较大的，其母体文化与东道国文化也存在区隔，若非洲留学生试图依据旧有的习俗逻辑进行跨文化实践，就无形中增加了其对东道国社会认同的难度。空间转换背景下非洲来华留学生的身份融入过程如图 2-4 所示。

① 访谈对象：多位非洲留学生（群体访谈）。访谈地址：天津大学留园，访谈时间：2020 年 10 月 24 日下午。

② 源自笔者《2020 年天津大学非洲留学生访谈集》，访谈对象为 NIY，贝宁留学生。2020 年 9 月 23 日下午，天津大学学五食堂。

③ 源自笔者《2020 年天津大学非洲留学生访谈集》，访谈对象为 TB，阿尔及利亚留学生。2020 年 9 月 12 日下午，天津大学图书馆。

④ 源自笔者《2020 年天津大学非洲留学生访谈集》，访谈对象为 RVG，安哥拉留学生。2020 年 9 月 20 日上午，天津大学学五食堂。

⑤ 源自笔者《2020 年天津大学非洲留学生访谈集》，访谈对象为 WCJ，肯尼亚留学生。2020 年 9 月 9 日下午，天津大学学三食堂。

⑥ COSER R L，GIDDENS A. Modernity and self-identity：self and society in the late modern age[J].Social forces，1991，71（1）：229.

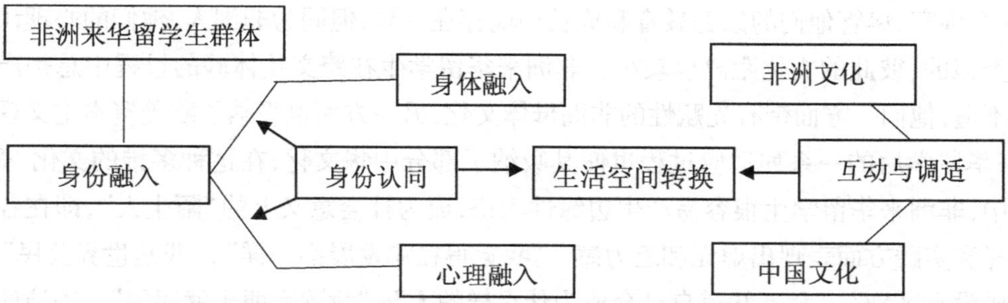

图 2-4　空间转换背景下非洲来华留学生的身份融入过程

二、非洲来华留学生流动性的生活经历对其身份认同的影响

1971 年，我国恢复了联合国席位，直至 1978 年改革开放开始前，我国接收了来自坦桑尼亚、刚果、南非、乌干达、肯尼亚等国的非洲学生，中非跨国教育合作态势良好并向前发展。目前，中非更加重视跨国留学合作，随着越来越多非洲留学生来华交流学习，他们在长期的跨文化生活中难免会遇到一些困难，这在其与当地成员跨文化交际方面表现得尤其明显。

从权力距离的角度来看，中华文化与非洲文化都属于权力距离较大的类型，以传统儒家文化为主体的传统中华价值体系，以时空距离和血缘关系来衡量亲属关系和伙伴关系的远近，费孝通先生所提出的“差序格局”就是典型例证。我国也注重等级观念，“一日为师终身为父”体现了师徒之间的权力距离。而在非洲国家，以部落文化为族群根基的宗族观念是非常浓重的，族长和家长等拥有较大权力，男性权力远大于女性，女性社会地位相对低下，地缘和血缘联系远远大于一般的业缘关系。但是，随着殖民时代的结束和全球化的发展，欧美国家带来的现代文化和价值观念给非洲大陆带来了文化压力，促使非洲大陆的原生性族群文化逐渐解体和变迁。尽管历史悠久的族裔文化是非洲文化重要的组成部分，但受欧美价值观影响的非洲留学生在社交互动方面也表现出精确性和“肯定”与“否定”二分的对立性，区别于我国注重中庸和相对笼统的社交方式，非洲学生几乎将“thank you”带入各种场景，而中国学生在家人和好兄弟之间却较少说“谢”。我们认为过多的口语式感谢会拉开彼此的距离，造成疏离感，对于亲人而言，谢意在嘴上是不用多说的，而对非洲学生而言，“谢谢”就是对自身谢意的表达，说“谢谢”是基本习俗。

齐美尔（Zimmer）在 1908 年提出“陌生人”（Stranger）概念，用以指代生活于社会边缘，与主流的政治、经济及文化要素等相互区隔的外来流动人口。罗伯特· E. 帕克（Robert Ezra Park）在齐美尔的基础上提出“边缘人”（Marginal Man）的概念，帕克认为边缘人是处于两种不同社群交界处的人，这种人拥有混合的人格类型（Personality Type），虽然兼有两个社群的文化特点，但并不完全属于任何一方。斯通奎斯特（Stonequist）指出，教育流动、跨文化体验、婚姻等都可能使正常的个体成为“边缘个体”。当个体出于某种原因不得不适应和融入两种或多种不同的伦理和经济文化群体时，边缘性人格就会应运而生，同时由于社会排斥和偏见等因素，边缘人往往处于多维度的心理矛盾之中。

天津大学的非洲来华留学生主要来自肯尼亚、坦桑尼亚、尼日利亚、乌干达、中非、贝宁等46个国家,尽管他们的家庭教育和成长环境存在差异,但同为非洲人,他们的心理认同结构是类似的,彼此的文化距离也较小。非洲来华留学生在跨文化体验的过程中总是产生分化和不适,他们一方面带有先赋性的非洲母体文化,另一方面也吸纳了欧美资本主义现代文化,来华留学后的一系列适应过程也使其吸纳了部分中华文化,在这种多维的文化"杂糅"过程中,非洲来华留学生很容易产生边缘性人格,成为社会意义上的"陌生人",即在各种人生选择和实践方面表现出虚无和乏力感。"我觉得在哪发展都一样","我是世界公民","人类本质没有区别","我不知道自己会成为什么样的人","我读完博士就回国"① 等访谈中的话语表现出非洲来华留学生母体文化身份的"流变"和对"新身份"的认知不明。

"边缘人"的概念体现了跨国教育流动背景下非洲来华留学生潜在的自由及未来的不可预知性。留学生是"流浪者",他们虽在东道国生活数年,却来去自由,他们并非真正意义上的"陌生人",他们会通过跨文化互动短暂停留在某个地方,参与当地社会的文化生活,但他们的未来却几乎不受当地社群影响。因此,无论留学生在何种维度上参与了当地生活,他们作为一个跨文化的"流动群体",并没有失去抽身离开此地而去异域发展的可能性。与他们交际的群体只是能在"当下"这个时间点上确定他们的身份,却无法将他们视为自始至终一直存在的亲密成员而发展长期的关系。

"边缘人"这一概念体现了非洲来华留学生复杂多元的生命历程,他们与当地人的文化距离某种程度上源自其"陌生人"的过往经历,即他们拥有的当地人不甚熟悉的生命史。非洲来华留学生是具有独特生命历程和族裔文化背景的群体,他们既是来自异域的"局外人",也是旅居他乡的"陌生人"。在经济层面上,他们在当地没有房产等不动产资源;在文化层面上,他们的历史和过去也不在此。即便非洲来华留学生通过就业定居于当地,即便他们与地方社区成员存在一定程度上的交往关系,他们也很难在亲缘、业缘或地缘的层面上与当地社群建立深层和长期性的关系。这是由于他们过去没有参与当地职业分工、宗族关系及地域文化建设的社会过程,他们的生命历程都在异域。

在笔者的深度访谈中,许多非洲来华留学生认为通过与中国学生或当地居民建立友谊关系,可以很快地促进其身份融入的实现,降低在中国由于社会支持不足而导致的文化震撼和心理不适,自身的跨文化体验越顺畅,就会越少感受到来自当地社会成员的排斥和偏见②。"我有一个中国好朋友,他不仅教我汉语,还给我介绍其他朋友,我因此习惯了这里的一切生活,毕业后我打算在这里工作定居了。"(尼日利亚留学生,YBG)③ 从本质而言,非洲来华留学生在中国的社交和友谊建构可以概括为三种模式:第一是血缘和地缘意义上的友谊联系,指非洲来华留学生与同国家、同族群或同肤色的同学之间的"老乡"关系,这构成他们社交圈的基础范畴,也是其重要的心理依托;第二是在地化社交支持网络,指非洲来华留学生与中国学生、当地社区成员、高校行政人员、教师等建立的友谊关系,它构成非洲来华留

① 源自笔者《2020年天津大学非洲留学生访谈集》,访谈对象为多位非洲来华留学生(群体访谈),2020年9月13日下午,天津大学留园。

② 源自笔者《2020年天津大学非洲留学生访谈集》,访谈对象为多位非洲来华留学生(群体访谈),2020年9月25日下午,天津大学海棠书院。

③ 源自笔者《2020年天津大学非洲留学生访谈集》,访谈对象为YBG,尼日利亚留学生。2020年8月13日下午,天津大学图书馆。

学生的在地化社交网络;第三是多点互动式社交模式,指非洲来华留学生在网络社交媒体上与世界各国成员产生的“浅层”友谊关系。在田野观察中,笔者发现不少非洲来华留学生对于“老乡”或所谓的“同胞”有相当高的文化依赖程度。他们经常结群出行,可以共用一台电脑,在额度不大的情况下相互借钱甚至不需要偿还。但是对于其他国家的来华留学生,他们又保持了相当的文化距离,仅停留在礼貌性问候或初级的学术互动等层面。由于群内交际的内聚性和封闭性特征,非洲来华留学生在内群互动中逐步边缘化,形成亚文化风格的社群,这个社群虽然强化了他们在我国的社会支持,但是也无形中增加了其文化融入的困难,为其在我国社会网络中的身份位置赋予了“边缘人”的意涵。

因此,“边缘人”象征着非洲来华留学生生命史中新旧历程的矛盾。非洲来华留学生有不属于此地的族群记忆和生命根基,这段过去的经历与目前的跨文化生活无法协调,他们因此处于两种文化的夹缝之中。非洲来华留学生来自传统的非洲社群,其先赋性的生活习俗在与现代资本主义文化及中国传统文化的接触中逐渐消解,他们遂从闭合的母体文化圈内解放出来,得到解放的非洲来华留学生在长达数年的跨国教育流动中逐渐融入地方的礼俗规约。但是,这种融合并非一蹴而就的,正如罗伯特· E. 帕克所说的亚裔留学生对自我的陈述:“既不想脱离自己赖以成长的社群,又因排斥和偏见而无法被新的社群完全接纳。”① 因此,居于两种文化夹缝之中的张力塑造了非洲来华留学生的身份意识。因此,非洲来华留学生的生命历程充满了弹性和动态性,他们进入中国并与其社会成员接触,在母体文化与东道国文化的交互中,非洲来华留学生开始获致身份层面的脱域与分化,逐步融入中国的文化环境并通过参与其社群生活从而建构新的认同结构。

三、非洲来华留学生身份融入与自我认同困境的突破

身份认同包括主体建构和社会形塑两种模式,这两种模式是双向互动的。主体建构需要留学生个体对自我身份的认知和感悟,而社会形塑需要社会结构对身份认同的参与支持。西方移民理论认为,跨国流动群体的身份认同由他者(Others)认同、自我(Self)认同、群体认同(Group Identity)三个层次组成,他者认同是其他社群对移民群体的态度与评价;自我认同是移民群体对自我承担特定社会角色的情感认同;群体认同是移民群体对所属社群的心理认同②。非洲来华留学生作为中非跨国教育合作的媒介,带有鲜明的非洲母体文化特征,但是长达数年的跨国留学生活也会逐渐改变他们的认同结构,他们在与当地社群的互动中潜意识地进行着身份的协商与调适。在特定的情境下,由于族别观念、外形肤色、思维方式、生活习俗等差异性因素,非洲来华留学生会与中国社会成员形成身份区隔,他们在许多场景下倾向于与自己的小群体,即非洲学生进行社交。长此以往,这种群内交际的互动模式不但无助于非洲来华留学生与中国学生的信息互通,还会阻碍他们融入当地环境。许多非洲来华留学生表示:“我一般只和室友或同胞同学一起活动,平时我不会主动和其他国家的

---

① 胡锦山. 罗伯特·帕克与美国城市移民同化问题研究 [J]. 求是学刊,2008(1):133-137.

② 李明欢. 20 世纪西方国际移民理论 [J]. 厦门大学学报(哲学社会科学版),2000(4):12-18.

留学生说话。”①

随着生活空间从非洲转换到天津大学，生活场域的变化带来的是某些文化符号的在地化呈现。在特定的文化情境下，非洲来华留学生表现出较为明显的母体文化特点，这首先可以从他们的衣着服饰上看出来。他们的着装很好地呈现了他们的自我身份认同。在年度的高校活动和各种晚会上，我们可以看到许多非洲来华留学生穿上带有族裔文化特色的服饰，进行公开的民族文化展演。在高校国际文化节这种大型的留学生才艺展示活动上，非洲学生通过服饰来展示自己的国家文化和族群特征。民族服饰在日常生活中的功能与身份认同相联系，但是也在无形之中形成了文化区隔。夏天，身着各种花纹衬衫、带有族群图腾的外套的非洲来华留学生三三两两地走在校园内，难免会引起一些人的好奇和侧目。

来自化工学院的南非留学生 OT 告诉我："这种穿搭在我们国家是很正常的，是一种民族文化的展示，也是我们个性的表达。但是，我发现总有人盯着我们看，还有一些人偷瞄我们，一开始我们很尴尬，后来我也明白他们只是好奇，并没有恶意，但是，在我们国家，这样直接盯着别人看是不太礼貌的。"②

有研究表明："流动群体的身份认同主要由声望地位、权利与情感认同构成，情感认同是对外来移民所属社群的总体认同，声望地位则是受其他社群尊重且受移民国政府认可与保护的身份合法性象征。"③ 皮埃尔·布迪厄（Pierre Bourdieu）认为："身份认同是多元和有张力的，包含了价值取向、社会评价和个体内生情感三个层次，日常生活中养成的惯习是控制个体实践的'场域'，个体需要在惯习所建构的场域之中进行身份协商和调适。"④ 对于非洲来华留学生而言，他们在华生活学习，在陌生的场域中面临着不同维度的社会排斥、文化濡化、文化互动转型等现实问题，这些问题归根结底是身份认同的塑造过程。非洲来华留学生如何塑造良好的认同结构，进而实现在中国社会的文化适应和身份融入，这实质是需要他们通过身份的协商和调适来提升文化适应能力，而提升汉语文化素养、增加汉语文化资本便是有效路径之一。很多非洲来华留学生通过学习汉语并主动了解中国传统文化知识，缩小了与中国同学的文化距离。"我经常参与天津大学的汉语文化传播月活动，我的汉语能力因此提升很快，也通过这些活动结交了不少中国朋友。"（布隆迪留学生 RTN）⑤

非洲来华留学生还应遵守在华留学期间的社会秩序和校规校纪，维持好自我身份位置的客观和理性立场，避免给地方社会治理增加麻烦。另外，非洲来华留学生需要借助族群历史记忆来维护自身的族群认同，这是维护自我积极认同的重要环节。非洲来华留学生来自不同的国家和族群，原生性的族群记忆对于他们的身份建构有着积极作用，对于维护其心理健康和自尊、促进其学术适应和身份融入的实现等都有着正向的意义。"每当我感觉没人说

① 源自笔者《2020 年天津大学非洲留学生访谈集》，访谈对象为多位非洲来华留学生（群体访谈），2020 年 9 月 29 日下午，天津大学学生活动中心。

② 源自笔者《2020 年天津大学非洲留学生访谈集》，访谈对象为 OT，南非留学生。2020 年 8 月 18 日下午，天津大学海棠书院。

③ 胡韬. 流动少年儿童社会适应的发展特点及影响因素研究 [D]. 重庆：西南大学，2007.

④ 李全生. 布迪厄场域理论简析 [J]. 烟台大学学报（哲学社会科学版），2002，15（2）：146-150.

⑤ 源自笔者《2020 年天津大学非洲留学生访谈集》，访谈对象为 RTN，布隆迪留学生，2020 年 9 月 24 日早晨，天津大学多功能厅。

话和孤独时，我都会自己一个人看看有关祖国的宣传电影，这给我很大的心理安慰，总是能缓解我的焦虑。”（博茨瓦纳留学生 PMN）①

社会记忆理论认为：“族群记忆指特定社群后天的文化接纳和习得，它通过家庭教育、社区教育和学校教育等方式传承，传承方式有口传心授、面授及濡化等。”② 来自非洲各国的留学生带着母国的族群记忆来到中国，在新环境下面临着“记忆断层”的危机，在面对文化不适和身份区隔时，他们需要回归自己的原生态族群环境，搭建跨越族群边界的桥梁，从而在文化维度上承接家族、世代性的集体记忆，稳步实现在我国的文化适应和社会融入。因此，非洲来华留学生应当积极参与高校的社团活动，通过参与汉语文化节、中华文化传播月、汉语国际交流、中外文化交流等社团活动来拓宽社交范围，加强与当地社会成员的文化互通，缩小与我国社会成员的文化距离，建立在地化的社会支持体系。

另外，非洲来华留学生需要提高情绪应激能力。他们不同于亚裔来华留学生，后者拥有与我国较为相似的文化传统和认同结构。相对而言，非洲来华留学生的先赋性母体文化与中华文化相比具有较大的区隔性和差异性，他们在跨文化实践中更容易产生认同障碍，譬如缺乏安全感、缺乏自我认同、容易焦虑和抑郁等。因此，除了加强与高校成员的联系以外，非洲来华留学生还应保持与母国社会的联络，通过社交媒体的跨区域互联互通来稳固异地的心理支持体系，提升自身的情绪应激能力。

非洲来华留学生的数量增长是文化边界开放和教育流动的结果，他们作为一个流动的社群，也是中非国际关系友好的象征性符号，是跨文化教育背景下形成的特殊群体，具有流动性、阶段性、混融性等显著特征。他们的身份是其在社会网络中某个位置的结构性呈现，是受国际关系、东道国文化环境、个体实践等因素影响的社会结构，是弹性和流变的，而非稳定的先赋性认同，它充满了张力。在留学生的身份标签之内，还存在深刻的本真性，即本我。非洲来华留学生需要在跨文化实践中进行积极的身份协商，重新审视来到异国他乡谋取高学业成就的自我，摆脱应然的束缚，寻觅身份实践的实然价值。

非洲来华留学生要实现在中国的身份融入，需要增强对汉语听说和中华文化的把握和认知，但是熟练掌握汉语技能的非洲来华留学生往往较少，在媒体和电视节目中，我们经常可以看到非洲朋友的身影，那便是早期相对于其他非洲社群成员较早掌握汉语的群体，这批人顺利成为中非文化互通的使者和媒介。但由于非洲来华留学生个体性格、留学动机和文化资本的差异，他们融入当地社会的程度也取决于其自身对中国的心理认同和接纳程度。

身份认同受到社会制度及个体认知的综合影响，身份是文化协商和调适的产物，由于非洲来华留学生身份位置的阶段性、流动性和弹性特征，他们在中国先赋性地获致了相对特殊的身份位置，即“局外人”和“边缘人”的身份属性。目前，随着中非教育合作的良性发展，妥善处理好非洲来华留学生的身份位置和文化交际问题，推动其建构在地化的身份认同结构，对留学教育管理和社会治理显然有着积极的意义。而推动建构在地化身份认同结构的前提就是社会支持网的建构，社会支持网意味着不同个体之间结构化的社群关系，非洲来华留学

① 源自笔者《2020 年天津大学非洲留学生访谈集》，访谈对象为 PMN，博茨瓦纳留学生，2020 年 9 月 5 日下午，鞍山西道星巴克（时代数码广场店）。

② 彭兆荣，朱志燕. 族群的社会记忆 [J]. 广西民族研究，2007（3）：72-78.

生的社会支持网就是他们得以在中国获得的各种资源性支持，比如文化、经济、心理等层面的结构性支持。

因此，我们可以从社会支持理论中汲取经验，通过建构东道国社会支持网来为留学生的身份认同提供支持。非洲来华留学生在其祖国依托先赋性的血缘和地缘关系来进行文化实践，随着他们迁移到中国留学，生活空间的转换意味着他们脱离了原有的亲属支持体系，面临着陌生环境带来的压力。来自中国的社会支持与非洲来华留学生的心理健康有直接关联，在缓解其心理焦虑、消解其身份融入障碍、增强其文化互动能力等方面具有积极作用。社会支持既包括物质上和经济上的直接支持，也包括情感上和心理上的间接支持，不同的支持反映了留学生在东道国社会适应过程中的不同需求。

从跨文化教育的角度来看，社会支持有助于缓解非洲来华留学生在中国遭遇的社会脱嵌问题，提升其文化适应能力。非洲来华留学生需要处理好非洲母体文化与东道国文化之间的分野问题，进而实现积极的自我认同建构。实现这一目标需要当地社会各主体的多元协作，留学生社会支持的主体有政府、高校、教职工、同学、社会组织等。其中，高校作为留学生跨文化实践的主要场域，需要通过心理疏导和文化关怀提升其身份适应能力，促使其建构积极的个体认同；通过社团活动、多元文化教育、就业指导等策略提升非洲来华留学生的文化实践能力，通过互联互通的跨文化共建活动来增进彼此的文化理解；通过开设心理辅导课程，如情感补偿课程和跨文化心理课程，引导非洲来华留学生缓解心理焦虑，促进其文化融入。另外，比起高校，来自母国的原生性支持也是促进非洲来华留学生保持积极自我认同的要素，非洲来华留学生需要灵活借助社交媒体与家庭成员、亲属伙伴等保持密切联络，维持良好的文化资本水平和情绪适应能力，以应对在留学期间可能遇到的社会排斥和文化不适。

第三节　区隔与融合：非洲来华留学生的日常生活交际与身份协商

一、非洲来华留学生日常生活交际中的群体分类

身份认同理论认为，个体通过类型化比较对自身的所属群体产生认同，并产生内群（Inner Group）和外群（Outgroup）的身份区隔（Identity Partition）意识，个体通过维护所属群体的集体意识来提高环境适应力，个体认为内群是安稳和相对高级的，这是群际比较的结果。身份认同的本质是群体成员身份的横向比较，身份认同是在内群与外群的比较中获得的。对于非洲来华留学生而言，他们所依附的内群不仅在无形中给他们划定了实践准则和秩序，也界定了他们在中国社会网络之中的身份位置，他们要维持某种形象或寻求某种认同就要进行内群化交际。

认同理论认为：“身份认同是个体在与社会长期互动中逐步建构的对自我情感、态度、

行为的管理机制。”① 非洲来华留学生的身份认同是他们自己的圈子作为内群,并在与外群社会互动时所获得的有关身份地位、声望、思维与身份实践的认知,以及相伴而生的对“我属群体”所具有的责任、情感接纳、功能与实践的反馈。非洲来华留学生会主动进行群体比较,用以彰显内群的文化异质性,这种比较的结果就是个体更加积极地依附于群体,群体化实践使其利益和心理得到满足,所以非洲来华留学生在社交互动中表现出明显的内群偏好。高校为了方便管理,通常将非洲来华留学生与中国学生从住宿上分开,这就首先在物质条件上为非洲来华留学生的群体划分提供了依据。根据笔者的田野调查,在留学生住宿区,绝大部分非洲来华留学生偏好于和自己同肤色、同民族或同楼层的同学打交道,并对不同楼层的同学产生初级性的群体排斥,这表明在非洲来华留学生的社群里,也细分出了很多微型社群,由于非洲来华留学生语言交流、外形肤色、族裔文化的异质性,他们有着较强的群体依赖和边界划分意识。

在跨文化教育背景下,非洲来华留学生在文化融入方面容易产生障碍和焦虑感,因此较为依赖群内交际。他们在长期的内群互动过程中逐步形成在地化的亚文化社群,体现出初级亚文化群体特有的内卷性和区隔性特征,在生活娱乐、信息互通与学术交流等方面都倾向于内群互动,从而形成内卷化的族群边界。因此,虽然非洲来华留学生因为外界的刻板印象而感到心理不适,但总是可以从内群中获取慰藉与能量,从而维持积极的身份认同。来自化工学院的南非留学生 SJH 曾对笔者说:“实验室的生活非常枯燥,充满压力,很少有人主动找我聊天。因此我每周末都要到我在校外的非洲朋友租的房子那里,住上两天,放松一下,这是我在天津大学上学期间最主要的娱乐方式,缓解了我的生活压力。”②

由于内群与外群的边界区分,非洲来华留学生在日常生活实践中倾向于从内群中摄取资源和能量,从中获取心理安慰和人生发展建议。在笔者的有关群体互动的问卷调查中,不少非洲来华留学生表现出鲜明的群内交际倾向:80.9% 的非洲来华留学生认为非洲学生社群是他们重要的社交媒介和精神依托,68.5% 的人表示平时只和非洲同学去图书馆自习,50.3% 的非洲来华留学生每周末都会参与“自己人”举办的群体活动,75.7% 的非洲来华留学生没有中国朋友,他们了解中国社会的方式是和非洲同胞聊天。来自建工学院的非洲来华留学生 KL 曾对笔者说:“我们的汉语并不好,很多时候不太明白别人的意思,有时候我一说汉语,他们就会像看外星人一样看我,这样一来我就非常害羞。而中国学生又很少主动用英语和我们交流,所以我们干脆就只和‘自己人’交流。”③

非洲来华留学生对汉语交流具有普遍的畏难心理,因而缺乏与中国同学社交互动的主动性,这种“社恐”倾向某种程度上挫败了他们谋求东道国文化融入的积极性,也强化了他们的群内交际的偏好。

社会排斥的存在也影响着非洲来华留学生的身份实践。达伦多夫(Ralf G. Dahrendorf)

① 周晓虹. 认同理论:社会学与心理学的分析路径 [J]. 社会科学,2008(4):46-53.

② 源自笔者《2020 年天津大学非洲留学生访谈集》,访谈对象为 SJH,南非留学生,2020 年 10 月 11 日下午,天津大学学生活动中心。

③ 源自笔者《2020 年天津大学非洲留学生访谈集》,访谈对象为 KL,肯尼亚留学生,2020 年 10 月 25 日下午,星巴克(时代数码广场店)。

认为，社会排斥主要指少数群体在某个社会网络联结点上受到的主流社群的无形排斥，并因此抱团取暖，逐步发展为内卷化的社会团体[①]。科塞（Lewis Coser）也认为，"社会排斥既是群体互动的权力表达，也是一个划分群体边界的过程，各种隐性或显性的文化规约则是社会排斥的动力来源，社会排斥与群体的精神心理层面密切相关"[②]。在与中国民众的互动中，非洲来华留学生通常在潜意识层面以类同性作为心理标尺，把社交对象范畴化区分为"我"与"他者"，即内群与外群。也就是说，非洲来华留学生对于外群与内群在身份地位、规模组织、结构功能上的差异较为敏感，对二者在共同目标取向方面的相似性则熟视无睹。因此，非洲来华留学生通常会对优势群体产生结构性的排斥心理，并因此推动了群内互动和群外区隔惯习的形成。

从比较文化的视角来看，非洲来华留学生通常很难理解我国"差序格局"的文化品格。我国有相当强的集体观念，注重细微的人际关系，"在家靠父母，出门靠朋友"表明了我们的社交逻辑。但我们这种对集体意识的重视与非洲来华留学生的群体互动理念是截然不同的，由于跨国留学教育的阶段性和流动性，加之非洲来华留学生自身的母体文化是族裔特征鲜明的，他们在文化融入过程中难免产生障碍，因此他们对内群有着先在性的心理依赖。而我们在人际交往中，遵循的是内外有别的原则，我们待人接物注重礼俗并重，既展示了礼貌又显得热情。但是这种热情通常带有"距离控制"的意味，我们注重关系的亲疏远近，对待挚友或兄弟时，我们说话会很直接，有时甚至缺乏隐私尊重；在对待陌生人时，我们既礼貌又保持了相当的距离感。很多非洲来华留学生主观化地认为中国同学厌恶他们，对他们保持了过分的距离感，但又不得罪人，表现得过于礼貌，实际上这只是中国人对待"局外人"的客观性态度。

费孝通先生认为，中国人先赋性地有着"差序格局"的等级观念，也就是我们对待他人有一个远近亲疏的心理序列结构，对待"局外人"冷漠而礼貌，对待"自己人"热情甚至缺乏隐私控制。我们的友谊很大程度上是围绕家人、兄弟、同学等主体展开的，对于非洲来华留学生而言，哪怕关系再好也需要保持一定的文化距离，因此他们很难理解我们的文化逻辑。泰费尔（Tajfel）的社会同一性理论认为："身份认同源于个体对所属群体身份的共识，当发生'身份区隔'时，个体对'内群'心理依赖会迅速增强。"[③]因此，个体为获取社会同一性，会在结构层面上对内群与外群进行横向比较，并通过外群歧视及内群偏好建立积极的自我认同，从而获取心理支持。从中观层面上看，非洲来华留学生在日常生活实践中也是依据内群与外群的划分对"自我"和"他者"进行范畴化区分，并在横向比较下建构有助于内群认同的交流模式，他们关注的是内群层面的个体如何利用当前跨国留学所获得的资源来满足自身需求，并在内群交际中实现身份认同，完成跨文化教育过程中身份建构的理想化目标。

二、非洲来华留学生在跨文化环境中的身份协商

霍米·巴巴（Homi K. Bhabha）认为，两个拥有不同文化背景的群体在接触时会产生文化

① 苑国华. 达伦多夫的社会冲突思想及其当代启示 [J]. 中南大学学报（社会科学版），2011，17（2）：72-76.

② 王彦斌. 科塞与达伦多夫的冲突论社会学思想比较研究 [J]. 思想战线，1996（2）：1-7.

③ 张莹瑞，佐斌. 社会认同理论及其发展 [J]. 心理科学进展，2006（3）：475-480.

对话的问题，对话产生的场域在二者交界的空间区域，这个空间区域既是不同文化交流互动的边界，更是一个“协商”（Negotiate）的场域，不同社群的身份意识和文化要素在这个场域里互动和融合，形成一种经过“协商”后的新文化[①]。对于非洲留学生而言，其身份认同首先受留学动机、母体文化、个体性格等因素的影响，其次受东道国文化、社会组织、社群成员等的影响，这些复杂多元的内外部因素协同建构了非洲留学生的身份协商机制，在非洲母体文化与东道国文化双向互动的充满张力的过程中，初步呈现出一种跨文化协商（Intercultural Negotiation）的身份建构过程。

身份建构理论认为，身份源自社会，个体通过与社会互动建构自我认同[②]。正如爱米尔·涂尔干（Émile Durkheim）所言，个体的思维、文化、行为等都是集体意识（Collective Consciousness）的呈现，社会是集体意识的唯一源头，社会给予了个体身份认同[③]。非洲来华留学生的身份意识首先来自其来华留学的直观动机——获取高学业成就，因此，“留学生——短期移民”的身份属性在其进入中国之前就已通过内省性的跨文化协商被组织起来了，这是一个身份调适和建构的过程。在调适层面，通过教育流动而暂居中国的非洲来华留学生，首先要面临的是母国亲属关系的变动，如与家庭、族群、同伴等的疏离和脱域。这种跨区域流动导致非洲来华留学生从原生性的社群关系之中被脱嵌出来，集中呈现了其社会支持和心理认同方面的虚无。“这种跨国留学历程有时是令人失语的和充满虚无感的，原来的亲属关系和社会支持都没有了。”（莫桑比克留学生，FIL）[④]

在跨文化教育层面，非洲来华留学生迁移到中国生活数年以后，不论其是否接纳来自当地社会的身份排斥，从文化互动转型的视角来看，他们的身份认同都会产生不同维度的嬗变：原来的“尼日利亚人”“埃及人”“摩洛哥人”等“非洲人”的身份属性，变成了“边缘人”，原来的“居民”身份转换为“留学生”身份。在身份建构的张力之间，悬而未决的是跨文化的身份协商过程，较为明确的留学动机有时会使“非洲人”身份的显著性超越“边缘人”。在深度访谈过程中笔者发现，在陌生环境带来的压力和自我理想化的情境下，部分非洲来华留学生偏好于将自己称作“地球村成员”，即将自己的“非洲人”身份淡化。“选择中国作为留学目的地只是出于个人学业成就获取和风俗文化吸引，与选择欧美国家或者其他地方留学没有太大差异。”（摩洛哥留学生，PON）[⑤]

从身份建构和跨文化协商的视野来看，“地球村成员”具备更宏观和模糊的意涵，似乎弥合了非洲来华留学生的身份张力，有助于缓解其在陌生环境下产生的心理焦虑和文化震撼，但这种缓解对策仅仅是片面的和暂时性的，当他们面临突发性的身份排斥或社会偏见时，很可能会产生身份认同方面的分化与矛盾。因为他们暂时失去了母国的社会支持，又缺乏与中国社会成员跨文化交际的基本经验，同时也不愿意被当地社会“同化”，因此比较容

① 王宁. 叙述、文化定位和身份认同：霍米·巴巴的后殖民批评理论 [J]. 外国文学，2002（6）：48-55.

② 张萌萌. 西方身份认同研究述评 [J]. 云梦学刊，2011，32（2）：28-33.

③ 渠敬东. 涂尔干的遗产：现代社会及其可能性 [J]. 社会学研究，1999（1）：3-5.

④ 源自笔者《2020 年天津大学非洲留学生访谈集》，访谈对象为 FIL，莫桑比克留学生，2020 年 11 月 1 日下午，星巴克（时代数码广场店）。

⑤ 源自笔者《2020 年天津大学非洲留学生访谈集》，访谈对象为 PON，摩洛哥留学生，2020 年 11 月 3 日下午，天津大学学三食堂。

易产生认同困惑，成为一个身份界定不明的自我理想化的“多元文化主义者”。

在身份反思的过程中，非洲来华留学生很快意识到自己“边缘人”的结构性身份特征，他们开始通过内省和外部参与的途径进行身份建构，使“非洲来华留学生”身份与“边缘人”文化身份互动和对接，并为这种协商性的跨文化身份谋取中国的社会认同，主要方式有参与高校社团活动、加强汉语学习、主动参与在华社交活动、参与网络社群互动等。

在中国留学数年，除了获取更高的研究生学位以外，还能拥有更加宽广的文化视野，得到更加国际化的社群认同和文化归属。中国传统文化兼容并包，没有种族歧视问题。在中国留学可以为自己人生历程增加新的篇章，丰富自己的海外经历。（尼日利亚留学生，OYH）①

“边缘人”的身份意味着全新的人生体验，本身就具备反思和重建的意义，我们可以暂时摆脱家庭期望、母国文化、族群关系、同辈压力、宗教等固有关系的约束，我们可以真正意义上地发展自己，成为自己欣赏的人。（卢旺达留学生，IYC）②

这种对跨文化身份的反思性认知，让非洲来华留学生在社交互动和文化适应等方面比亚洲及欧美等的国家的来华留学生表现出更加具有适应性和能动性的跨文化经验，从而稳定有效地实现文化融入。但是，其身份认同依然是存在张力和不确定性的，即使部分非洲来华留学生已经决定未来定居中国，他们也不一定能够弥合非洲母体文化与中华传统文化的结构性差异。

在奔赴东道国谋求高学业成就之前，非洲留学生的个体认同很大程度上是被母国社会模塑的，受到亲属关系、家长期望、同辈压力等的约束。随着社交媒体的发展，传统的纸媒影响下的社交习俗逐渐遭到消解，非洲留学生既在现实生活中，即“线下”进行人际互动，也利用网络社交媒体，即“线上”进行社交。在网络社区里，非洲留学生的身份具有显著的流变性，他们争论、结社的行为总是非常普遍的。他们通过媒介赋权、发表评介等身份抗争手段创建自己的身份领域，利用新媒体赋权使身份建构常态化。笔者通过与埃及、刚果（布）、中非等国的非洲来华留学生的网络民族志访谈了解到，许多非洲留学生热衷于使用一种叫瓦次艾普（WhatsApp）的线上交流软件，当然他们也会用微信（WeChat）、油管（YouTube）、脸谱（Facebook）等社交软件发表言论、发布小视频。这种虚拟的线上交流体现了非洲来华留学生无处不在的身份抗争，是其宣泄留学过程中焦虑、孤独、无助等私密性情感，并寻求伙伴关系和外部社会支持的亚文化实践行为。

瓦次艾普和中国的微信很像。通过瓦次艾普的自动搜索功能，我们认识到很多其他学校的非洲朋友，有天津师范大学、天津外国语大学、天津工业大学的留学生，我们会定期聚会，这种网络交流加深了我们在海外的联系。（埃塞俄比亚留学生，TSW）③

不少在华的非洲同学比较内向，或者可以说是害怕社交。他们日常生活中除了和室友

① 源自笔者《2020 年天津大学非洲留学生访谈集》，访谈对象为 OYH，尼日利亚留学生，2020 年 11 月 5 日下午，天津大学学生活动中心。

② 源自笔者《2020 年天津大学非洲留学生访谈集》，访谈对象为 IYC，卢旺达留学生，2020 年 11 月 18 日晚上，天津大学留园。

③ 源自笔者《2020 年天津大学非洲留学生访谈集》，访谈对象为 TSW，埃塞俄比亚留学生，2020 年 11 月 7 日下午，天津大学学生活动中心。

交流以外，很少和其他国家的学生打交道，有一些人宅在宿舍沉迷于游戏。因此，网络就成了他们社交的重要窗口。（科特迪瓦留学生，PNT）[①]

相较于欧洲国家，在中国留学是非常幸福的，我们希望以后可以定居中国。美国的种族歧视问题比较严重，使我们感到畏惧。虽然我们有去欧美国家留学的机会，但大部分人还是会选择中国，中国有着温和包容的社会环境，在国际上的形象非常正面，并且天津大学非常关心留学生，这让我们感到信赖。（阿尔及利亚留学生，MCY）[②]

相对于来自东道国社会的刻板印象以外，非洲留学生也承受着来自母国的刻板印象和偏见性评价，这种“局内人”的视野某种程度上对非洲留学生的身份认同产生了消极的影响，在访谈过程中有非洲留学生失望地告诉笔者：“网上有些非洲朋友对留学并不了解，他们经常对我们作出一些贬义性的评论，认为我们出国留学是不爱家乡、崇拜异国文化的表现。”（乍得留学生，TM）[③]

由于非洲来华留学生在汉语学习方面存在困难，我们的学术压力很大，特别是硕士阶段，有繁重的论文任务。其实我们大部分人都想回国，为祖国经济建设做贡献。而一些人认为我们出国留学是背弃祖国，他们好像认为我们永远不会再回去了，我真的很困惑，出国留学难道不是一件光荣的事情吗？（布基纳法索留学生，DUB）[④]

上述访谈内容反映了非洲来华留学生的身份认同受母国和中国社会两重力量的影响。非洲来华留学生既面对着来自中国社会的刻板印象，也承受着母国社会话语体系的影响，他们在跨文化互动中无意识地将“非洲人”身份强化，放大了来自东道国的主观性评价，而在接纳自身作为一个教育流动群体的跨文化形象上缺乏能动性。汉语交流是非洲来华留学生跨文化交际的基础，在英语作为国际通用语和非洲来华留学生偏好群内交际的现实情况下，很多非洲来华留学生的汉语学习积极性不足，他们在与中国社群成员建立长期性的友谊关系方面缺乏动力，因此面临着社会支持乏力的问题。对母体文化的依赖从集体表象的角度强化了非洲来华留学生的“局外人”身份。带有族群图腾和民族特色的衬衫、夜生活习惯、带有部落口音的英语等相对难以适应中国环境而表现出的文化习俗，在非洲来华留学生的身份建构中表现得尤为突出，文化互动的乏力反映了其作为“局外人”难以融入当地环境的现实。

从跨文化协商的视角来看，非洲留学生的认同障碍在于其对自我身份的认知与他者对其身份的认知的维度不同：非洲留学生更为重视“跨文化学习者”这一模糊和国际化的身份，对于东道国社会而言，其“局外人”身份可能更加显著，这种社会偏见无疑阻碍了他们的跨文化实践及学术适应。因此，需要推动非洲留学生在文化协商方面的认知维度转向“跨

① 源自笔者《2020年天津大学非洲留学生访谈集》，访谈对象为PNT，科特迪瓦留学生，2020年10月26日下午，星巴克（时代数码广场店）。

② 源自笔者《2020年天津大学非洲留学生访谈集》，访谈对象为MCY，阿尔及利亚留学生，2020年10月22日晚上，天津大学留园。

③ 源自笔者《2020年天津大学非洲留学生访谈集》，访谈对象为TM，乍得留学生，2020年10月20日下午，星巴克（津投广场店）。

④ 源自笔者《2020年天津大学非洲留学生访谈集》，访谈对象为DUB，布基纳法索留学生，2020年12月2日下午，天津大学操场。

文化者”,帮助其树立具有正向意义的跨文化身份并促进其身份协商的视域互融。虽然非洲留学生不需要与母国社会划清界限,或是被东道国社会“同化”,但必要的文化融入是建立在留学生与他者和谐交际之上的基本前提。尤其是非洲来华留学生的身份认同本就处于中国文化与非洲母体文化双重张力的推拉状态之中,因此通过合理的跨文化协商,促进非洲来华留学生跨文化身份与非洲人身份的互动与融合,才是较为中层化和理性化的协商策略。

三、非洲来华留学生在接纳刻板印象中的身份反思

在吉登斯(Anthony Giddens)的语境中,反身性(Reflexivity)不仅意味着社会结构对身份的弹性塑造,也意味着权力之于身份实践的微观化影响,反身性包含了“个体自反性”和“社会结构”两重维度,个体通过反身性来获取身份认同并与所处环境协调①。对于非洲来华留学生而言,他们的身份具有先赋性的“边缘人”属性,在与我国民众的互动中,由于文化和肤色的结构性差异,非洲来华留学生容易获致刻板印象,这种刻板印象经过社会建构会逐渐形成一种非洲来华留学生作为“局外人”及我国民众作为“局内人”的身份区隔。

身份排斥是米歇尔·福柯(Michel Foucault)的语境中日常生活中的微观权力呈现。福柯认为,权力是随着环境变化而流动循环的关系,权力在社会网络中是位置不定的,是结构性的产物②。由于跨文化的不对称性,当非洲来华留学生感知到这种结构性排斥时,通常会采取回避、反抗、妥协或主动适应的策略,他们在接纳排斥的过程中进行了自反性的身份思考,在身体化的反思中改变日常生活实践,在保存非洲母体文化的同时也接纳并适应了中国传统文化。在跨文化交际过程中,个体不会完全抛弃自己根基性的母体文化,而是在适应新文化中反身性地调适自我,在两种文化之间找到平衡点。因此,非洲来华留学生的身份规训是阶段性的和日常化的,表现出“压力—整合—前进”的动态趋向,获致刻板印象并进行身份的反思与规训是其生命历程中的常态化事件。

从跨文化教育的视角来看,留学生来到中国留学和生活,也带来了其自身的群体性文化,他们以社群的形式迁移到中国社会,这些社群因为具有与中国主流文化下截然不同的风俗习惯和生活方式,因此趋向于形成边界分明的群体。非洲来华留学生是来华非洲人中的第二大群体,虽然其并未在名义上组建任何团体,但是他们的生活圈子是相对区隔化的,并在结构功能上自给自足,是带有“局外人”特质的社群。

曼纽尔·卡斯特(Manuel Castells)认为,文化差异不仅造成认同障碍,还会误导群体价值观,造成群体关系的紧张。在文化差异情形下,东道国成员在与非洲留学生的互动中通常是谨慎的,非洲留学生作为外来群体,则很容易将这种互动逻辑理解为社会偏见。社会排斥理论认为,排斥与偏见是不平等的社会互动模式,其核心特征是对特定群体的简化分类(Classification),这种分类方式通常与事实情况不符③。无论是从地域文化还是阶层的视角来看,社会排斥和偏见都是先在性的。譬如,我们普遍认为中国人是中庸保守而含蓄的;美国人是开放的;日本人习惯于遵从等级秩序等,这种主观评价总是不够准确的。虽然我国文

① 安东尼·吉登斯. 社会的构成 [M]. 北京:中国人民大学出版社,2016:67-70.

② 陈炳辉. 福柯的权力观 [J]. 厦门大学学报(哲学社会科学版),2002(4):84-90.

③ 杜建政,夏冰丽. 心理学视野中的社会排斥 [J]. 心理科学进展,2008(6):981-986.

化兼容并包,但是相对于东南亚国家的留学生而言,在外形肤色、文化、语言等方面异质性较强的非洲来华留学生还是更容易获致社会排斥和刻板印象,非洲来华留学生会根据这种刻板印象调适自我的行为,可以说这种社会排斥对他们的社会实践有着结构性的影响。

在深度访谈过程中,在中国生活了4年多的尼日利亚留学生MRV告诉我:“我外出乘坐公交时,在车上总有人盯着我看,还有小孩子好奇地想抚摸我的胳膊。虽然我明白这是一种好奇心理,并没有什么恶意,但是这种非常直接的‘凝视’让我很紧张,在后来我就不敢乘坐公共交通工具出行了,尽量步行或者骑共享单车。”① 上述访谈内容反映了非洲来华留学生对于公众凝视的不适应和抵触,来自我国社会的刻板印象结构性地对非洲来华留学生的日常生活实践产生影响,反映了留学生与东道国成员信息不对称及群体关系紧张的现实问题。

天津大学肯尼亚留学生OUN无奈地告诉笔者:“肯尼亚拥有复杂多样的历史文化,很多人不了解,他们认识非洲的方式主要通过媒体或一些欧美电影,我身边有中国同学问我生活的地方是不是部落社会?是不是一夫多妻制,可以生很多小孩?这种带有偏见的交谈方式总是让我很尴尬,所以我逐渐不与中国同学聊天了。”②

来自天津大学建筑学院的坦桑尼亚留学生UHN说:“我已经与坦桑尼亚政府签订了劳工合同,未来我回国会找到一份很好的工作,但是我跟其他人谈及这个事情时,他们都不相信我,他们觉得原来非洲学生也会学习建筑学,‘我以为你们都只是四肢发达的体育运动明星!’我当时就很有挫败感。非洲学生难道不能成为‘学霸’吗?因为这种刻板印象的存在,我对自己要求也很严格,我除了待在设计院学习,专心于科研事务以外,别的什么都不想,因为想多了也会影响情绪和学习状态。”③

天津大学国际工程师学院的尼日利亚留学生KNT说:“在中国留学的过程中,来自其他群体的‘凝视’和刻板印象,都是常态化的事情。当然了,有时这种刻板印象会影响到我的生活情绪,但是它对我自身也是一种约束。正是由于这种文化上的差异和偏见,我才会更加严格地要求自己,监督自己的日常行为举止。虽然我没有当地朋友,但是我把时间都耗在实验室里,感觉也还行。我现在觉得,我们作为来自非洲的学术交流者,应该采取一种更加中立客观的态度来看待自己目前的身份和处境。”④

上述访谈内容体现了由于中非文化和社交逻辑方面的差异,许多非洲来华留学生在中国面临着适应和融入的结构性障碍,外部凝视和刻板印象在一定程度上影响到他们的日常生活情绪。跨文化理论认为,个体作为社会行动者具有反思特质,反思性的社会实践使得个体的行为在特定时空条件下呈现出连续性和不间断性。非洲来华留学生深深卷入复杂而动

① 源自笔者《2020年天津大学非洲留学生访谈集》,访谈对象为MRV,尼日利亚留学生,2020年12月19日下午,天津大学国际教育学院。

② 源自笔者《2020年天津大学非洲留学生访谈集》,访谈对象为OUN,肯尼亚留学生,2020年12月23日上午,天津大学国际教育学院。

③ 源自笔者《2020年天津大学非洲留学生访谈集》,访谈对象为UHN,坦桑尼亚留学生,2020年9月18日上午,天津大学留学生宿舍50斋。

④ 源自笔者《2020年天津大学非洲留学生访谈集》,访谈对象为KNT,尼日利亚留学生,2020年9月24日下午,天津大学国际教育学院。

态的中国社会文化圈。在非洲来华留学生参与中国文化语境下的人际交往时,他们并非仅仅以“局外人”的形象来旁观中国社会运转,而是或深或浅地参与其中,并对自己的身份位置进行自反性的调适。在这个接纳刻板印象的动态过程中,文化异质性较强的非洲来华留学生会依据自身的母体文化逻辑来理解他们脑中所想的中国社会,这无形中将基于信息不对称前提下的文化误解逐步放大,虽然刻板印象在某种程度上促使非洲来华留学生更加严格地要求自己,使其积极规训自己在中国的言行举止,但是也增强了其对中华文化认同的障碍性,为留学生的教育管理带来了潜在的问题。

加纳留学生 NUY 说:“在中国留学和生活其实是一个重新认知自我身份的过程。因为首先我们是接纳中国政府管理和学校教育的学生,我们必须适应当地风俗。其次我们也代表着非洲大陆的形象,所以我们比较在意别人对我们的看法,虽然说非洲留学生基数很大,而且各国学生的家庭和文化背景也不一样,但是我们也不想因为有那么一两个地方做得不好,或者有个别人不遵守这里的规则,让大家对我们产生不好的印象和评价。”①

从身份实践的角度来看,非洲来华留学生潜意识之中将刻板印象作为身份实践的指南,并依据其对自我进行常态化的身份规训,这无论是从构建东道国社会认同层面上还是从与其他社群交往过程中的身份建构层面上来看,都是有积极的内省意义的。这种对偏见和刻板印象的接纳促进了非洲来华留学生的身份规训和自我监督,实现了积极的、在地化的身份协商。非洲来华留学生在身份规训中逐步完善其跨文化身份,社会评价则成为他们身份认同的内省机制。来自马里的留学生 HTM 说:“正是由于大家对我们的误解和刻板印象,我们才变得更加勤奋和谨言慎行。我平时在公共场合都会注意约束自己的言行举止,虽然我汉语不好,但我平时会非常努力地学习汉语,为的是能和更多朋友交流,融入当地社会环境。”②

泰费尔和约翰·特纳(John Turner)的研究认为,主流社会中的少数群体更容易发现自我的非主流特征,因而对自我的身份位置会尤其关注③。当非洲来华留学生在中国生活数年后,会潜移默化地形成“局外人”的身份意识。来自外界的主观性评价也无形中增强了非洲来华留学生与中国社会成员的区隔感,强化了其身份的流动特征。

来自药学院的埃及博士研究生 OZY 曾经告诉笔者,尽管他已在中国生活了 4 年,还是会有一种不可言说的身份困惑。“这种刻板印象来自很多层面,无论是衣食住行还是语言交流,都会让我有疏离感。有些同学会不停地问我一些奇怪的问题,比如说你这衬衫上是图腾吗?你们是用手吃饭吗?还会说诸如你的汉语发音很有意思等。即使我们明白这并无恶意,甚至是一种友好的表现,但是我们依然比较尴尬,因为随意询问或者调侃别人,对我们来讲是不礼貌的表现。虽然我在中国留学 4 年了,但我依然觉得我和周围同学之间有距离

① 源自笔者《2020 年天津大学非洲留学生访谈集》,访谈对象为 NUY,加纳留学生,2020 年 9 月 26 日上午,天津大学留学生宿舍 50 斋。

② 源自笔者《2020 年天津大学非洲留学生访谈集》,访谈对象为 HTM,马里留学生,2020 年 9 月 5 日上午,天津大学国际教育学院。

③ 黄匡时,嘎日达. 社会融合理论研究综述 [J]. 新视野,2010(6):86-88.

感。”①

加纳留学生 RB 对刻板印象有着较为透彻的认知。他说：“刻板印象与非洲国家在西方主流媒体报道中塑造的阶层形象有关，许多中国本土居民缺乏渠道和信息资源去深度了解非洲世界的真实样态，自然对‘体形高大’‘黑皮肤’‘操着奇怪英语’‘穿着奇异’的非洲留学生抱有一定程度的偏见。”②

因此，来自其他社群的刻板印象影响着非洲来华留学生的文化理解及信息接收、加工和编码过程，非洲来华留学生通过对日常生活实践的意义阐释来理解刻板印象的信息编码，当其被主观分类为某一群体成员时，有关这一群体的刻板印象就会激活。在接纳刻板印象的过程中，非洲来华留学生自反性地进行身份建构，自反性身份建构隐含着身份规训的工具理性特点，这种工具理性也是福柯所阐释的微观权力在留学生约束自我和跨文化协商中弥合母体文化与东道国文化差异的呈现。自反性身份建构意味着非洲来华留学生的身份认同是悬而未决的和动态化的，非洲来华留学生作为独立的社会行动者，他们每天都处于多重的反身状态中。这既包括他们与中国同学的日常生活互动，在自我与他者之间构成的互动结构，也包括自身对这种互动以及其他社会性评价和刻板印象的监控和反思。反身性意味着身份认同并非固化的和稳定不变的，而是恰恰同非洲来华留学生的日常生活实践以及对这些生活实践的阐释密切关联，他们的身份认同就是在这种阐释循环之中得以再生产的。

第四节　认同与呈现：非洲来华留学生的族裔文化认同及其身份呈现

一、非洲来华留学生的族裔文化认同对其身份的影响

对于非洲来华留学生群体而言，其原生族裔文化与东道国文化存在互动与对接的问题，非洲来华留学生的族群认同或母体文化与东道国的社会认同既存在张力也存在融合的可能，而作为自变量的文化认同是维持其身份归属的重要因素，认同不仅关乎非洲来华留学生的跨文化实践过程，也与其身份定位密切关联。

20 世纪 90 年代，国内学术界开始运用西方的族群（Ethnic Group）概念来阐释本土的社会问题。孙九霞认为，族群认同的广义内涵是对某一独立国家的文化认同，即国家认同，狭义的族群认同则指民族国家内成员对自身所属社群的认同，即民族认同③。周大鸣认为，群体态度是族群认同中的核心要素之一，积极的族群认同表现为社会成员对自身族群的文化、

① 源自笔者《2020 年天津大学非洲留学生访谈集》，访谈对象为 OZY，埃及留学生，2020 年 9 月 6 日晚上，天津大学留学生宿舍 50 斋。

② 源自笔者《2020 年天津大学非洲留学生访谈集》，访谈对象为 RB，加纳留学生，2020 年 10 月 2 日下午，天津大学学生活动中心。

③ 孙九霞. 试论族群与族群认同 [J]. 中山大学学报（社会科学版），1998（2）：3-5.

语言、习俗等的自信，它不仅对内群成员起到了较强的聚合作用，同时也对外群成员形成了排斥[①]。但是，消极的族群认同是内群成员以排斥的心态看待本社群的文化及语言，这种消极的认同模式使得部分族群内成员在许多情境下会刻意隐匿自身的族群身份。在特定情境下，非洲来华留学生会极力维护自身的民族认同，会对其母国的经济建设和发展情况进行过于夸张的描述，表现出过度的自信，这实际上是一种无声的文化对抗。在对非洲来华留学生的深度访谈中，很多时候，当笔者还未问及访谈对象母国的情况时，他们经常主动打开手机播放坦桑尼亚或者肯尼亚等国的宣传视频。"你看，其实我们国家非常繁荣，它并不像媒体所报道的那样贫穷和落后，我们也有遍地林立的高楼大厦和经济发展中心，我们也有名校和世界知名文化遗产！"（乌干达留学生，QBI）[②]

南非的软件工程博士 ORN 告诉笔者："我们南非在脱离殖民统治以后迅速发展，现在已经是非洲第二大国家。拥有非常发达的工业、能源和交通，我在天津大学上完博士以后打算回到南非发展，希望能为祖国经济建设尽一份力。当然中国发展更快，中国文化也很有魅力，但是南非紧随其后，南非以后也不差。"[③] 非洲来华留学生当然是心系祖国的，实际上，任何旅居在外的留学生都会突出自己的民族认同。但是，不同于东南亚、欧美等的留学生，非洲来华留学生在谈及祖国和自身的家族血缘时，表现得尤为敏感，会反复陈述"我们那里和媒体报道的不一样"，"我们国家经济建设非常发达"，"我们出国留学只是出于学术考量"等[④]。

族群认同理论中的原生论强调代际传承的稳定性、先赋性和绵延性，其不会因为个体进入异文化环境而轻易改变[⑤]。工具论强调族群认同的情境性和个体认同的策略性，个体在身份建构中有目的地进行选择，从而建构特定的认同结构，工具性利益是个体认同的主要指南[⑥]。实际上，族群认同的走向既受原生性因素的影响，也受目前环境和利益需求的控制，个体或群体认同是工具性因素与原生性因素的有机互动，在特定情境下，人们的认同策略和实践是有差异的。天津大学的非洲来华留学生来自不同的非洲国家，尽管他们的家庭、宗教、文化、性格之间存在差异，但是在我国社会长期生活，同为"非洲人"的身份属性使其在先赋性的族群认同上产生较强的一致性，他们彼此之间的文化距离较小。在访谈中，有非洲来华留学生表示："虽然我们身在异国他乡，但是我们有自己的精神纽带，在家乡的时候，我们其实并没有很深的团体和民族的观念，但自打来到中国留学以后，有关国家、族群的认同和感情反而更深了。"[⑦]

---

① 周大鸣. 论族群与族群关系 [J]. 广西民族学院学报（哲学社会科学版），2001（2）：13-25.

② 源自笔者《2020 年天津大学非洲留学生访谈集》，访谈对象为 QBI，乌干达留学生，2020 年 8 月 9 日上午，天津大学操场。

③ 源自笔者《2020 年天津大学非洲留学生访谈集》，访谈对象为 ORN，南非留学生，2020 年 10 月 11 日下午，天津大学体育馆。

④ 源自笔者《2020 年天津大学非洲留学生访谈集》，访谈对象为多位非洲来华留学生（群体访谈），2020 年 10 月 15 日晚上，天津大学学生活动中心。

⑤ 弗里德里克·巴斯，高崇，周大鸣，等. 族群与边界 [J]. 广西民族学院学报（哲学社会科学版），1999（1）：3-5.

⑥ 袁娥. 民族认同与国家认同研究述评 [J]. 民族研究，2011（5）：91-103.

⑦ 源自笔者《2020 年天津大学非洲留学生访谈集》，访谈对象为多位非洲留学生（群体访谈），2020 年 8 月 20 日晚上，天津大学学生宿舍 50 斋。

上述访谈内容反映了非洲来华留学生的先赋性族群认同在中国社会环境下的再现和强化，但是，由于他们母体文化的异质性和留学动机的复杂性，有相当一部分群体并没有拘泥于先赋性的族群身份，而是在与当地人的互动中尝试建构第二重身份，即“跨文化成员”身份，这部分群体表现出较强的旅居他国的意愿，在文化融入方面障碍较小，社会适应能力相对较强。摩洛哥留学生 KF 告诉笔者：“我有很多中国朋友，通过和他们聊天我掌握了汉语，我觉得中国人特别友好，中国文化也很有魅力，有时候我并没有觉得自己是个外国人，身边的人都对我很好。我打算以后定居中国，毕业后我计划在北京找一份英语教育的工作，生活在这里真是太幸福了。”①

从语言和族群渊源的角度来看，非洲民族可依据其发音谱系分类为四大语系，即闪含语系、苏丹语系、科依桑语系及班图语系。属于闪含语系的民族也被历史学家和人类学家称作闪族（Semites），他们主要居住在北非地区，包括摩洛哥、苏丹和埃及等区域②。苏丹语系的掌握群体在族群类别上属于尼格罗人种（Negro Race），特征是四肢修长、躯干精瘦、肤色黑褐色相间。这类族群主要分布在撒哈拉以南的独立国家，包括部分西非沿海区域。班图语系的掌握族群主要分布在赤道以南，直达南非。这一语系涉及区域广、民族多、数量大。实际上，非洲来华留学生私下通常使用本族群的方言进行交际，这就与主要使用美式英语的其他国家的留学生形成了较大的文化距离。尼日利亚留学生 UN 表示：“虽然都是说英语，但是其中差别也很大，很多亚裔、欧美国家的留学生难以明白我们的意思，时间长了，我们就不跟他们多说话了。”③ 同样的，在访谈中笔者发现，来自博茨瓦纳和布基纳法索的非洲留学生联系非常密切，原因在于他们共同使用了苏丹语系中的地方语言。“在天津碰到说一样方言的同胞，总是让我们感觉亲近。”（布基纳法索留学生，JHY）④ 因此，语言不仅是交际工具，也是形成文化屏障的媒介，同族群或同地域的留学生语言差异小，先赋性的文化距离也小，原生性认同也更加趋近，更容易抱团发展。

非洲人民有着较长的反殖民历史，第一次世界大战时期，阿尔及利亚、贝宁、安哥拉、喀麦隆以及南非的许多区域都爆发过反殖民的民兵武装起义。第一次世界大战结束后，东非大部分国家和北非的埃及基本取得独立，第二次世界大战结束后，非洲各民族反抗欧美资本主义统治取得了较大的成果，南非和西非的民族国家建设运动蓬勃发展，从部落到国家之间密切合作，20 世纪 90 年代左右绝大部分非洲国家都摆脱了资本主义殖民统治。非洲灿烂的反殖民历史给非洲人包括今天的留学生群体，留下了民族国家建设初期的族群历史记忆，这些历史记忆是留学生维持积极自我认同的动力机制，为留学生自信独立、谋取高学业成就提供了内生动力。有肯尼亚留学生告诉笔者：“我的爷爷参与过第二次世界大战，他是一个民兵，虽然后来身体不好了，早早去世，但是他老人家以前给我们讲的故事我们都没忘记，年

---

① 源自笔者《2020 年天津大学非洲留学生访谈集》，访谈对象为 KF，摩洛哥留学生，2020 年 8 月 13 日下午，天津大学操场。

② 蒋俊. 部落、部族、族群与民族：非洲研究中主要人群概念的辨析与定位 [J]. 世界民族，2020（5）：77-88.

③ 源自笔者《2020 年天津大学非洲留学生访谈集》，访谈对象为 UN，尼日利亚留学生，2020 年 8 月 26 日下午，天津大学学三食堂。

④ 源自笔者《2020 年天津大学非洲留学生访谈集》，访谈对象为 JHY，布基纳法索留学生，2020 年 8 月 28 日上午，天津大学操场。

轻人一定要多吃苦，现在时代好了，中国政府给了我们特别好的留学优惠条件，我们更要严格要求自己，不能把西方媒体单方面宣称的好吃懒做和闹事的形象呈现给大众，要严于律己。做一个骄傲的非洲人。”[①] 非洲各民族反殖民的历史为非洲留学生的身份认同注入了族群身份记忆，是其维持高水平族群认同的先决条件。正如卡拉（J. Carla）所说，族群是由宗族亲属系统衍生出来的社会关系和组织，族群的认同和维持需要借助社会记忆与家族历史来唤醒集体记忆以促进身份建构[②]，非洲留学生的个体认同便在族群认同之中变迁与发展。

从跨文化教育的意义上讲，留学生在东道国通常享有较好的教育扶助资源，因此本不属于弱势群体，但是在一种想象中的弱势地位的观念下，非洲留学生在跨文化交际方面表现出显著的内群偏好，但是在东道国生活与学习的数年历程中，非洲留学生也逐步建立起对东道国的文化依恋和象征性认同，这种跨文化的体验和他们的母体文化认同融合发展，结构性地呈现了他们的身份认同。族群记忆是特定族群身份意识的结构性呈现，每个族群都有自己特定的生活记忆，这些记忆是社群成员在早期的生活交流中通过象征性的身份实践建构的。特定的社会记忆被族群共同体内的成员所共享，对相似文化生活和族群记忆的共享是族群认同的前提条件，在非洲留学生的个体叙事中，传统的社群关系和宗族关系是其身份认同的基础结构，一直贯穿在其跨文化教育历程中。对于非洲留学生来华留学的数量日趋增长的这一现实而言，不论他们是出于追求高学业成就，还是由于中华文化的吸引或是奖学金的吸引等，在中国生活过程中他们都会潜意识地回溯自己的族群历史记忆，而这很大程度上诠释了其在中国的群体身份建构和内群交际的行为规律和理由。当这些附加了非洲来华留学生早期社会记忆和生活习俗的象征性符号被他们带入与中国社会成员的社交互动中的时候，先赋性的族群社会记忆自然会成为其应对中国文化压力的心理支持体系，这也是引导其在中国进行身份实践的象征性行动指南。

二、非洲来华留学生族群身份记忆的隐匿与情境性呈现

族群身份记忆是特定族群对“内群”的心理认同和情感依托的集合。族群身份记忆的隐匿和重现通常是在不同的族群互动交际和边界聚合的过程中达成的，由此而关联到的族群身份建构过程体现在两大层面：在特定情境中的身份认同及作为自我意识层面的身份建构过程[③]。族群身份的消解与重现也包含了族际互动过程中其他民族对本族群的评价和在更广阔的社会空间内本族群所在区域各方利益主体对本族群的态度，族群身份意识的建构也包括族群成员对“内群”的情感认同及对所属社群文化的先赋性认同。对于非洲来华留学生而言，无论是在社交互动还是群体位置层面，其族群身份都被清晰地界定为跨区域流动的“短期移民群体”。

从本质上看，由于非洲来华留学生在我国社会系统中处于“局外人”的位置，加之其母国文化传统及肤色体质差异下的深层的族别观念构拟了非洲来华留学生的群内交际的社交

---

① 源自笔者《2020年天津大学非洲留学生访谈集》，访谈对象为KVN，肯尼亚留学生，2020年8月29日下午，天津大学学生活动中心。

② 李鹏涛，车能. 殖民统治与族群的形成：二战以来西方学界的非洲族群研究评述[J]. 非洲研究，2016，8（1）：35-50.

③ 马戎. 社会学的族群关系研究[J]. 中南民族大学学报（人文社会科学版），2004（3）：5-15.

偏好，在数量上占据主体地位的我国民众的身份反而作为一种不言自明的，即背景化的身份而被非洲来华留学生所忽略了。在群体访谈中，有非洲留学生反映："我们来天津大学主要是为了提升学历，我们并不在意其他人对我们的看法和评价。实际上，外界对我们的评价会影响到我们的学习状态和情绪，因此我们有时会刻意减少与当地人的接触。"① 很明显，部分非洲来华留学生以学术交流作为理由，将自己与当地民众区隔化，形成一种隐性的文化屏障。但是我国民众身份位置的背景化和自在化，并不意味着其与非洲来华留学生的群体互动就不存在，在留学教育过程中，我国多元一体的中华民族共同体文化体系以一种隐晦的、更具渗透性的方式隐匿于非洲来华留学生的母体文化身份之中。

差异之处在于，非洲来华留学生先赋性的族群身份属性及对个体身份的再建构意识，往往是根据文化场景的变化而消解和再现的。在内群交际模式下，非洲来华留学生的族群身份并不迫切需要其他社群的认定。而在社会融入过程中，非洲来华留学生的族群身份需要从内群互动及刻板印象的枷锁中突破，成为能够被其他社群识别的身份意识，则应以在族际互动之中所习得的东道国社会文化为工具，获得再建构和重现，以至有可能被他们有意识地纳入早期母国塑造的认同结构之中。"我在中国跟着老师傅学会了太极拳，太极拳倡导的做事中庸平和、为人处世顺势自然的道理让我很佩服，这也逐渐成为我日常生活中的准则，回国以后我甚至不太习惯身边同伴过于直接的交际方式了，我觉得在中国这几年的留学经历可能改变了我的思维方式。"（尼日利亚留学生，YHN）②

毋庸置疑，非洲来华留学生的身份建构离不开族群身份记忆的情境性呈现，他们的身份建构与特定的文化场景密切关联，虽然非洲来华留学生的身份具有先赋性和族群性，但是在我国长达 3~5 年的留学历程中，其族群身份意识的变迁并非仅受制于某种单一化的文化情境，而是随着留学生对于自我认同的调适而产生变化。来自肯尼亚的博士生 MUB 表示，在我国留学的这四五年期间，他们最初的留学动机不但已经发生变化，而且他们对家乡的依恋也相对减弱了③。

当笔者问及一位坦桑尼亚留学生对自己身份的看法时，他说："我既是坦桑尼亚人，也是独一无二的社会存在，我觉得国籍身份其实并不能完全清晰地界定我目前的生存状态，我觉得自己比较多元化，我就是一个多元文化的独立个体。"④ 以上访谈内容说明了非洲来华留学生个体认同结构的嬗变，他们的母体文化身份认同与东道国的文化认同有着融合发展的潜在可能，从"坦桑尼亚人"到"多元文化的独立个体"，反映了非洲来华留学生不再囿于单一的身份认同，而渴望拥有多重维度下的身份，表现了其在跨区域教育流动背景下的身份抗争及内心对于建构新身份的渴望。

---

① 源自笔者《2020 年天津大学非洲留学生访谈集》，访谈对象为多位非洲留学生（群体访谈），2020 年 9 月 20 日下午，天津大学学生活动中心。

② 源自笔者《2020 年天津大学非洲留学生访谈集》，访谈对象为 YHN，尼日利亚留学生，2020 年 8 月 26 日晚上，星巴克（时代数码广场店）。

③ 源自笔者《2020 年天津大学非洲留学生访谈集》，访谈对象为 MUB，肯尼亚留学生，2020 年 8 月 10 日下午，天津大学学五食堂。

④ 源自笔者《2020 年天津大学非洲留学生访谈集》，访谈对象为 KHF，坦桑尼亚留学生，2020 年 10 月 14 日上午，天津大学学生活动中心。

随着对外开放和跨区域人口流动,不同民族、阶层群体之间的族际互动已成为我国社会文化运行的常态。中华人民共和国成立以后,我国逐步形成“大杂居、小聚居”民族交往格局,由于我国文化多元一体的特殊性,不同族群之间并未形成泾渭分明的社交边界,而呈现出“混溶”的多民族交互融合状态,这种相对多元的族际交往状态并不像单一民族国家大众与精英阶层之间由于物质资源占有和权力的差距而表现出相对突出的阶层分化意识。不同群体成员在族际互动中逐渐形成对某人或事物的符号性认同,在情境性价值共同体的规约下以某种一致性的思维习惯来认知外界。这种日常交流生活中的互动如果与特定族群利益没有冲突时,则通常会以心理一致性惯习的方式形塑族群之间交往交融的潜在结构。

认同结构的固化意味着族际互动的过程并不一定需要彰显鲜明的族群身份差异,其更大程度上是以被特定场景所约束的方式内化于身份认同的深层结构之中。即便是对于文化异质性突出的非洲来华留学生而言,其在华的一系列身份实践也会使得其内部社群成员的族群身份意识处于或明或暗的动态张力之中。譬如,在访谈中笔者发现,大多数非洲来华留学生只有在与关系紧密的朋友或同胞的交流中才会吐露真实的心理感受,一般的社交场景下他们更多地将自己作为学术交流者,很少会刻意彰显自己的族群身份。所以,在常规化的交际情境下,族群身份意识会被他们有意无意地隐匿起来。“总有中国学生问我们想不想家,我们通常都回答说,我们喜欢国际交流,这是一种对学术的追求,但是,只有在和自己的同伴在一块儿的时候,我们才会承认自己的孤独和思乡之情。”(埃及留学生,AJH)①

20 世纪 70 年代后期,族群认同理论有两大派别:一是原生论,二是情境论。原生论认为族群认同源自先赋性的血缘与地缘关系,族群归属是个体认同的必要条件。情境论则强调族群认同的灵活性以及根据文化场景转换而改变的动态性。对于非洲来华留学生在中国的文化实践而言,情境论可以解释他们如何运用族群认同的工具性指标实现自身的留学期望。非洲来华留学生为了适应中国的社会环境,可以通过群体间的联结建构族群认同,并将民族性视为身份认同的文化资本。

虽然受留学教育政策的影响,非洲来华留学生的族群认同也带有阶段性和流动性,而非稳定不变,但是其族群身份意识在不同的留学阶段也有不同的表现,当非洲来华留学生强调将社会融入作为某种既定目标,比如说想定居中国时,那么其族群身份意识会得到某种程度的隐匿。另外,族群身份意识的隐匿与呈现也需要有目的性和指涉性,它涉及族群之间的群体差异并和特定族群情感或利益相关联。对于非洲来华留学生而言,“内群”与“外群”之间的结构性差异总是与群体利益归属及群体心理认同的维护密切关联,随着在中国的社会互动的循序渐进,非洲来华留学生的族群身份意识亦会因其协商性策略的不同而隐匿或者呈现。“当有人跟我们谈论起非洲的时候,我们总是表现得很团结和自信,甚至会夸大祖国的经济和社会建设情况。当然我们本来是爱国的,但是在外打拼学习,不能让其他国家的留学生看扁我们,因此我们可能会表现得有些过于敏感。”(苏丹留学生,ABY)②

① 源自笔者《2020 年天津大学非洲留学生访谈集》,访谈对象为 AJH,埃及留学生,2020 年 11 月 19 日晚上,天津大学留园。

② 源自笔者《2020 年天津大学非洲留学生访谈集》,访谈对象为 ABY,苏丹留学生,2020 年 11 月 3 日下午,天津大学海棠书院。

在深度访谈中,笔者发现天津大学的许多非洲来华留学生是少数族群,他们在日常生活交际中总是强调共同的部落和族群归属,由共同的生活条件和文化而形成强有力的联结纽带。这是非洲来华留学生个体认同之中最基本的身份关联,也是维持其群内互动和团结的重要因素。因此,跨国留学生活的目的性及在中国文化实践的场景性便成为非洲来华留学生隐匿与呈现其族群身份意识并建构自我认同的充分和必要条件。在社会互动过程中,非洲来华留学生族群身份意识的隐匿与情境性呈现也体现为其在文化自觉基础上以群内交融和群外协商性交流的方式来维护自身的母体文化身份,而族群认同则通过非洲来华留学生在中国的亚文化实践得到呈现,族群认同以母体文化认同作为前提,相似的文化根基便成为非洲来华留学生呈现族群身份意识的先赋性条件。

从本质而言,族群认同的出现早于国家认同,非洲来华留学生以族群认同作为其身份认同的先赋性基础。非洲作为世界体系中快速发展的一个区域,有着历史久远的族群互动和社会记忆,并离不开共同文化背景下的主体性身份传承,非洲来华留学生作为身份传承的有机主体,在中国进行文化实践时,其文化主体性及族群身份记忆时而呈现时而隐匿,这一过程可能是无意识的,也可能是有意的。从非洲来华留学生社会化的角度来看,社群认同是其早期的认同形式。由家庭和伙伴所构成的初级认同为他们提供了先赋性的行为指导和思维逻辑,随着非洲来华留学生在中国跨文化实践的多元化和交往群体的扩大,他们也逐渐有了多样化的群体归属,他们可以在不同文化场景下具有不同维度的身份认同。非洲来华留学生的身份认同正如他们所具有的族群身份记忆一样,是一个多维度交互的认同系统,反映了他们在中国生活实践中的阶段性、场景性和流动性,这也是一个族群身份记忆隐匿和情境性呈现的动态化过程。

第五节 结语

2016 年教育部印发的《推进共建“一带一路”教育行动》,为推动区域教育合作与交流融合提供了契机。在“中非合作论坛”等国际平台的促进下,越来越多非洲留学生来华交流并日益成为国际高等教育关注的焦点。跨文化教育对中国与非洲的国际关系发展具有良性作用,而身份认同则是非洲来华留学生在我国积极进行跨文化实践的基础,也是其文化融入的前提。从身份认同的视角来看,非洲来华留学生与我国社会成员之间的区隔主要在于对不同层次身份意识形态的认知上的差异:非洲来华留学生更重视“跨文化者”这一国际化身份,而对于我国社会而言,他们的“局外人”的身份可能更为明显。双方在身份认知方面的差异产生了一些跨文化冲突问题。因此,有必要推动非洲来华留学生在文化实践方面的认知转换到“跨文化者”,帮助其建构具有正向意义的跨文化身份并加强其对中华文化的认同。非洲来华留学生作为留学在华的流动人口,其在社会网络中的身份位置包含着“局外人”的意涵,高校需要注意到非洲来华留学生留学动机中突出的学业成就获取主导下的身份建构，从他者的视角去理解其文化实践，并借助社团活动、课堂教育、中华文化传播平台等做好相关的跨文化教育工作。非洲来华留学生是带有文化多样性的、对中非国际教育合作关系发展有积极意义的文化媒介。因此，着力建构起有效的跨文化协商机制，改变现有的偏见性评价机制，在当下中非国际教育良性发展的背景下尤为迫切。

身份认同是一个学科交叉性强并富有张力的概念。非洲留学生与东道国的关系是复杂交织的，他们身处于庞大的社交网络之中，面临着政治、经济和文化的群体边界划分及身份归属的多种抉择，因此其身份认同充满了不确定性，他们在与东道国社会的互动中构建出的身份未必是其最终的身份归属。社会的多重样态也意味着非洲留学生面临着身份认同的多种选择，而单一化的身份认同往往是产生文化冲突的原因之一。在不同的社交场景下，由于身份认同中的习俗、文化、宗教、思维等因素，非洲留学生倾向于与其他社群形成区隔，采取群内交际与群外区隔的做法，保持弹性的群体边界。虽然全球教育资源的跨区域流动加快，不同群体间的边界逐步被打破，但是文化上的区隔依然存在。在中非国际关系良性发展的背景下，非洲来华留学生的社会交际逐步呈现出社群化的趋势，对他们而言，固守单一的认同意识会导致其产生文化融入的障碍。这就敦促非洲来华留学生去理性认知自己的身份和灵活调适认同结构，保持身份认同的多元化和弹性，不刻意去追逐某种认同结构，避免因为坚持某种认同意识而获致心理焦虑和身份区隔。

作为跨文化的流动群体，非洲来华留学生的文化适应问题可能是表层的，其背后的根源性问题是其先赋性的非洲母体文化身份与后塑性的跨文化身份互动而产生的分野与融合问题。因此，在今后的研究中，我们不仅要关注留学生文化适应及语言习得方面的问题，也需以本体性的视角关注其在我国社会网络之中身份位置的异质性和流动性，注重培育留学生对我国的文化认同，推动其建构积极的后塑性跨文化身份。中华民族传统文化是多元包容的文化系统，非洲来华留学生对我国的文化认同与我国文化软实力建设密切关联，形塑他们的文化认同对促进中华文化海外传播和中非国际关系发展有举足轻重的作用。非洲来华留学生不仅留学在华，其个体发展也与中非国际关系建构有着微妙联系。当前需要加强深度访谈和相关文化教育理论的运用，深入了解非洲来华留学生在日常生活实践中的身份协商和认同归属过程，综合运用深度访谈、微信民族志、问卷等研究手段深入把握其在我国社会网络之中面临的身份区隔和角色定位问题。需要把非洲来华留学生身份研究放在中非国际关系发展的视野中，探讨其在我国留学面临的多重身份选择：包括族群和社群的认同、民族国家的身份认同、语言和文化的认同及东道国的文化认同等。在推动形成非洲来华留学生身份研究的某种既定框架之前，需要基于非洲来华留学生的日常生活实践、文化背景、中非跨国教育合作的多元分析，为这些流动群体的身份在我国社会网络中寻觅到一个合适的角色定位，并推动其形成身份认同。这既有教育学身份研究领域在学理探索方面的需要，也有中华文化对外传播、留学生中华文化认同等现实问题解决的迫切性。

第三章

共建“一带一路”倡议下来华留学教育的现存问题和解决之道

共建“一带一路”倡议在 2013 年提出，中国同共建国家合作，继承和发扬丝绸之路精神，创造共赢的良好合作环境，给来华留学事业带来了新机遇。通过共建“一带一路”倡议的推行，全球留学格局也发生了变化，国际留学生向中国流动的趋势明显。“一带一路”的建设迫切需要具备专业知识和跨文化交际能力的复合型应用人才，而来华留学生是中国培养的重要人才资源。中国政府对来华教育事业很重视，每年向共建国家提供大量奖学金名额，以扩大相互间留学生规模与开展合作办学。由于共建“一带一路”倡议的支持力度大，来华留学生的数量陡增，2017 年与 2013 年相比，来华留学生增加了 13 万人次。中国高速前进的同时需要与各国建立紧密的合作关系，作为留学教育事业前锋的高校招生办公室要考虑如何加大招生力度，而高校要为迎接大批入校的留学生做好准备。面对来华留学生的国别和地域跨度大，每所高校在招生、管理和教学等方面都面临着各种亟待解决的难题，如招生力度、管理制度与人员配置、教学与教务管理、留学生住宿、留学生适应性、学习障碍等方面的问题。

本章围绕来华留学教育管理培养机制、教育教学、留学生的日常生活和适应性问题展开论述，从现状、存在问题和解决办法入手进行研究。笔者利用自身是留学生的优势，以各国留学生为研究主体，了解目前留学生教育现状和留学生所面临的问题和适应方式。这其中特别值得关注的是英文授课质量问题、中国政府奖学金设置的限制性问题、留学生社会适应问题。本章通过对问题的分析来思考相应的对策，从共建“一带一路”倡议的角度，凸显来华留学教育的竞争优势，为来华留学教育的可持续发展提出中肯的建议，对创造更好的留学环境和拓展来华留学教育市场具有一定的意义。

第一节　绪论

一、研究背景

（一）选题缘由

“一带一路”被看作将中亚、南亚和东南亚连接起来并进一步发展中国与欧洲贸易往来的纽带。在共建“一带一路”倡议的推动下，与中国形成良好互动的国家增多，截至 2023 年 6 月底，中国与五大洲的 150 多个国家、30 多个国际组织签署了 200 多份共建“一带一路”合作文件，增进了国与国之间的经贸往来和文化交流。

随着共建“一带一路”倡议的提出以及党的十八大的召开，中国不断加大对来华留学生中国政府奖学金的投入，且在招收规模上有进一步扩大的趋势。教育部 2017 年 3 月的数据表明，中国政府奖学金向“一带一路”沿线国家和中国周边国家倾斜，2016 年的来华留学生生源国家和地区为 205 个，按照地域来划分，分别是东亚、南亚、东南亚、中亚、西亚、中东欧、东欧、北非和撒哈拉以南的非洲。

1. 共建“一带一路”倡议的提出及来华留学教育与之关系的分析

共建“一带一路”倡议是继承和发扬丝绸之路精神，把中国发展同沿线国家发展结合起来，创造共赢的良好合作环境，实现共同发展、共同繁荣的重要途径。共建“一带一路”倡议的提出，也给来华留学事业带来了新机遇。据统计，2016 年共有来自 205 个国家和地区的 442 773 名各类外国留学人员在中国 31 个省、自治区、直辖市的 829 所高校、科研院所和其他教学机构中学习，比 2015 年增加 45 138 人，增长比例为 11.35%（以上数据均不含港澳台地区）。其中，中国政府奖学金生 49 022 人，占来华生总数的 11.07%；自费生 393 751 人，占来华生总数的 88.93%①。

共建“一带一路”倡议之所以得到众多国家的支持，实际上是与中国整体实力，尤其是经济实力的上升密切相关的。从国家层面来看，共建“一带一路”倡议对提升国家软实力有着重要的作用，同时也推动着国内大学和高等教育朝着世界一流大学的方向迈进。文化具有先导性，来华留学生是中华文化传播最直接的载体，无论是短期的语言交换生还是长期学习的学历生，他们在中国的感受直接影响了他们对中国的认知和情感，他们也充当了国与国之间的文化纽带。国际留学生群体是巨大的人才资源库，中国政府致力打造“留学中国”品牌。国家发展改革委、外交部、商务部 2015 年联合发布了《推动共建丝绸之路经济带和 21 世纪海上丝绸之路的愿景与行动》，中国每年向沿线国家提供一万个政府奖学金名额，以扩

---

① 2016 年度我国来华留学生情况统计 [EB/OL].（2017-03-01）[2017-09-21]. http://www.moe.edu.cn/jyb_xwfb/xw_fbh/moe_2069/xwfbh_2017n/xwfb_170301/170301_sjtj/201703/t20170301_297677.html.

大相互间留学生规模，开展合作办学。据美国的国际教育学会发布的 2015 年留学生流动性研究报告显示，中国继美国和英国之后，成为全球第三大留学目的地国，占国际留学生市场 8% 的份额，赶超德国（7%）和法国（7%）①。

早在 20 世纪 80 年代初，时任美国总统的里根提出了提供奖学金、接收来自发展中国家留学生的计划。当时国会议员中反对的呼声很高，议员们对用国民的税金资助来自发展中国家，特别是社会主义国家的留学生提出了异议。但其实欧美等的发达国家很早便开始通过教育交流对外输出本国文化和价值观，向世界各地传播其文化影响力。中国同样也有优质的教育资源以及源远流长的历史文化，在推进大学的国际化进程中可择优吸收和培养国际留学生，丰富留学生的生源国，以加深各国之间的教育交流并提升国际竞争力。"一带一路"建设是让沿线国家成为参与者与受惠者，也是中国开展和平外交最为重要的策略。

2. 来华留学教育围绕共建"一带一路"倡议进行人才培养的重要性

共建"一带一路"倡议非常值得赞赏，不过中国也需要处理好各国之间的关系和利益。在分析共建"一带一路"倡议下来华留学生增长情况时，也要看到国与国之间的政治关系、经贸合作。随着共建"一带一路"建议的推进，外贸进口、能源、交通、通信和工程发展等领域的双边合作都取得了巨大的进展，中国与合作伙伴之间的进出口贸易也促进了周边国家经济的发展。各国必然权衡过支持与不支持共建"一带一路"倡议的结果，就投资环境而言，有坚实的中国投资做基础，还有基础设施方面的支持，这不仅能刺激国家经济的复苏，还能为往后长远的合作提供无限的可能；从现实层面考虑，只有以经济互补为重点，才能拥有政治、文化、教育、媒体舆论等合作的可行性，并且实现双边关系互惠互利、友好交往以及可持续的长期发展。

"一带一路"建设，需要大量的具有专业知识和技能的人才，同时还需要掌握几种语言，特别是通晓区域语言的人才。这种复合型人才的培养理念早在 20 世纪 80 年代便已提出，"一带一路"的建设迫切需要国内推行复合型应用人才培养的方案，培养的人才还需要具备很强的跨文化交际能力以及国际视野。

来华留学生教育的发展已有 60 多年的历程，从以前到现在，来华留学生都是中国对外交流与合作的重要桥梁。"一带一路"建设要实现互联互通，语言互通是重要的基础，来华留学生教育就是"引进来"和"走出去"最好的通道。中国政府提供大量的奖学金来培养人才，在全球开设了不少孔子学院，同时也与多国保持着贸易合作伙伴关系，多边合作范围广阔。来华留学生作为中国培养的人才，能将所学投入共建"一带一路"倡议所涉及的合作服务领域的可能性更高。因此，高校亟待建设复合型应用人才培养体系。

3. 目前存在的问题和解决办法

基于以上背景，面对规模庞大的留学生，中国各高校需要吸纳更多的留学生，提高在校留学生比例。在吸纳量突增的情况下，笔者从几个方面探讨了目前来华留学生教育中存在的突出问题，先简单地划分为招生（留学生来华以前）、管理（留学生来校报到）和教学（留学生在校学习）三方面的问题。研究对象是以招生和管理工作者为主的中方代表，以及"一

① 马佳妮. 欧美发达国家留学生教育发展探析 [J]. 比较教育研究，2016，38（7）：58-63.

带一路”沿线国家的来华留学生群体。来华留学生的国别和地域跨度大、国情不一、语言障碍等问题，使得每所高校的招生、管理和教学都面临或正面临各种亟待解决的难题，如管理制度与人员配置、教学与教务管理工作、留学生住宿、留学生适应性、学习障碍等方面的问题。

在分析问题的基础上，通过调查分析，笔者将在文中提出解决办法。来华留学生作为进入中国生活并体验中国文化的群体，他们带着外来眼光审视和观察，往往存在着与本国进行对比并希望能为本国存在的一些问题找到可能的更好的替代性方案或先进经验的想法。通过具体的田野研究，我们可以从文化人类学的视角理解不同国家留学生来华的心态和目的，进而达到进一步促进文化相通和交流的目的。

（二）研究意义

随着“一带一路”建设的推进，中国的崛起使其在地缘政治博弈中发挥出巨大的作用，全球留学格局也发生了变化，国际留学生向中国流动的趋势明显加强。

来华留学教育发展的各个环节相互影响、相互作用并相互制约。随着社会的发展和变迁，各时期来华留学教育存在的问题都各不相同，但是来华留学教育的目标始终聚焦国家层面和社会层面的长远需要，即增进中国与各国之间的交流和友谊，同时肩负起促进国与国之间“命运共同体”的经济贸易投资和基础设施建设。本章对共建“一带一路”倡议下来华留学教育存在的问题进行研究，笔者利用自身为留学生的身份深入留学生群体做实地的田野调查工作，利用心理学的“同体效应”① 缩短个体间的心理距离，引起情感上的共鸣，以走近留学生的内心世界。

在理论意义上，本章的研究是笔者通过与留学生群体的接触和交流，实现对“同体效应”的深入发现和理解，试图提出留学生教育发展的路径和方法。在实践意义上，本章的研究旨在从高校的角度和来华留学生自身的角度，了解目前留学生教育的现状和留学生所面临的问题，并提出相应的策略，寻求有效的解决途径。

对此，笔者提出了一个假设：“一带一路”沿线国家多为发展中国家，区域的社会发展和经济状况可能不如中国，大量获得奖学金的来华留学生毕业后更可能选择留华工作或继续攻读更高层次的学位。这对于提升高校中高等教育培养层次而言，是利大于弊的。越来越多的国际留学生认可了中国高校的学位制度以及培养模式。爱德华·霍尔曾提出“文化中最重要的是认同作用”。从文化认同的角度来看，留学生们能够积极融入中国的文化圈，并对中国文化产生较强的认同感从而产生归属感，想继续留下，这就是最理想的“跨文化认同”。

本章的研究目的是对不同国家留学生进行调查和访谈，了解共建“一带一路”倡议下来华留学教育发展的优势、劣势和存在的问题，为完善来华留学工作提供可行的建议和理论指导。

① 指对方将自己视为同类人。

（三）写作的重点和难点

本章的写作重点是来华留学教育目前面临的问题和建设性的对策，写作难点在于搜集深度访谈资料，前期需要花费大量时间对“一带一路”沿线国家的来华留学生进行田野调查，深入了解他们来华留学的动机和申请途径，以及来华后面临的各种问题。此外，笔者还对来华留学生招生处、留学生管理工作人员以及教师进行了深入的访谈。在拟定田野采访大纲时，因不了解管理工作的复杂性，加之一些数据具有保密性，可能面对资料挖掘不够、面谈采访流于形式等问题。采访完成后，笔者将访谈资料整理成文档，推动研究的进行。

二、文献综述

（一）国内关于该内容的研究现状

“一带一路”留学教育的相关研究是目前较新的研究课题，2017 年笔者开始研究时，国内关于此内容的研究的文献不多，到 2019 年初“一带一路”留学教育相关的研究文献增加了 3 倍。从中国知网上搜索“一带一路”“来华留学教育”关键词，最初仅能查找到 45 篇相关文献资料，而到 2019 年 2 月中旬能查找到的相关文献已有 139 篇、相关硕士论文 3 篇[①]；在万方数据上能查到 14 篇相关内容的文献，后期能查到 85 篇。现有的相关研究主要围绕五大方面的内容展开：第一，基于来华留学教育发展变化的大数据分析；第二，对来华留学生管理的研究；第三，对共建“一带一路”倡议将会面对的挑战和问题作出具体分析，并提出促进来华留学教育的发展策略；第四，从适应新需求的角度，建议优化办学及完善制度；第五，从实践的角度分析来华留学生的跨文化适应状况。

早在 20 世纪 90 年代，有学者便开始对留学生教育管理工作展开研究，一直到 2005 年一些学者开始关注留学生的跨文化适应问题，2010 年以后的研究热点是留学生现状分析和对策分析以及高校发展国际化的课题，自 2013 年提出共建“一带一路”倡议以来，来华留学教育如何服务“一带一路”建设成了研究热点，关注点在于如何培养创新型和复合型人才。虽然切入点不同，但是对来华留学教育存在问题的研究已经有近 30 年的基础，在留学生自身存在的问题、留学生行政管理策略、高校国际化培养模式、高校品牌效应等方面，不少学者已经做过大量的研究，并提出了具有前瞻性的策略，以上研究都能作为本章研究的基石。

第一，通过来华留学教育的发展，我们可以一目了然地看到来华留学生的发展特点和趋势，包括生源国别、学习层次、学习专业、资助渠道等。政府和高校可以通过数据分析来制定方针政策、完善工作机制、创新培养模式、改善资助体系，从而为日渐壮大的留学生教育做好应对措施。刘志民、刘路、胡顺顺分析了“一带一路”沿线 73 个国家高等教育大众化发展情况及其目前的发展阶段和水平[②]。同时，在面对不同生源地的学生时也该采取不同的招生策

① 柳琳琳.“一带一路”视域下辽宁来华留学教育研究 [D]. 大连：辽宁师范大学，2017；赵艳玲.“一带一路”沿线国家在华留学生跨文化适应研究 [D]. 荆州：长江大学，2017；陈曦.“一带一路”国家来华留学生文化距离、文化适应策略和文化适应的关系研究 [D]. 杭州：杭州师范大学，2016.

② 刘志民，刘路，胡顺顺.“一带一路”沿线 73 国高等教育大众化进程分析 [J]. 比较教育研究，2016，38（4）：1-8.

略，比如孙慧莉等在研究了影响来华学历生选择国内高校的因素及获取择校信息的可能途径后，发现教学质量、奖学金以及校园安全是影响江苏省来华学历生的三大因素，也发现部分来自亚非国家的留学生因经济情况制约，获取择校信息的难度比其他大洲的学生更大，所以提出了因地制宜的招生策略[①]。方宝从 1999 年至 2013 年的东盟来华留学生大数据中总结出以下几点：东盟国家的学历生数量虽然不断增加，但存在硕博学位的留学生比例偏低、获奖学金的留学生数量偏低等问题[②]。从发挥"一带一路"区位优势的角度出发，"发展策略应结合沿线国家的资源特征和经济诉求，根据各省份与沿线国家贸易往来的密切度和贡献度，建立省份之间彼此联系、相互结盟的'集体化'策略模式吸引来华留学生源"[③]。以沿线国家的地缘性来华留学教育推动策略而言，陈丽等认为中亚、南亚等区域的发展中国家以及中东欧国家作为具有潜力的经济地区，中国政府应加大力度在上述地区推行来华留学支持政策。

共建"一带一路"倡议下，我们关注国与国之间的教育和其他各层面的互动往来，通过共建"一带一路"倡议所倡导的文化先导性，积极开展来华留学教育工作。关于来华留学教育的意义，有学者曾探究过东南亚、南亚的来华留学生在"一带一路"建设中的作用，认为可以通过来华留学生将"一带一路"建设所带来深远影响的相关信息和信念传递到其所在地区，为两地经济发展建设争取合作与支持。海外华人经过代代耕耘，在当地的影响力不小，语言障碍不大，马佳妮、周作宇认为应积极鼓励华人子女来华留学，并创建"华人华侨奖学金"[④]。也有学者认为东南亚、南亚的留学生是特殊的群体，并亲切地称之为"知华者"，因为他们有着特殊经历，所以在培养计划上有必要进行一定意义上的探究。

第二，在促进来华留学工作的发展策略上，学者们提出了不少对来华留学生教育与管理的建议，如结合学校实际情况，加强招生、调动行政管理积极性、强化服务意识等。游菲、殷雪莉都提到了随着来华留学生规模不断扩大，原有的保姆式管理方式的弊端暴露，管理压力增大，原来的管理方法已经无法适应留学生工作的迅猛发展；在相应的规章制度以及配备辅导员的情况下，对留学生的管理应逐步实现留学生自我管理的模式。另外，安然的高校留学生管理者及汉语教师跨文化沟通能力培养模式研究给了我们很大的启示，她的研究揭示了高校人员与来华留学生在留学影响认知上存在较大差异，高校人员具有一定的跨文化沟通能力，能够以多元文化视角来处理国际学生教育问题，将有利于促进中国高等教育打造出高水平的国际教育平台[⑤]。也有学者认为有必要先加强教师队伍的建设，提高教学质量，在挖掘学科优势的同时给予教师外语培训、海外研修、学术交流等机会。

第三，"一带一路"横跨亚非欧，覆盖地域广阔，尤其沿线国家多数是新兴经济体和发展中国家，所以在实施与推进共建"一带一路"倡议的过程中也存在相应的挑战与问题。程伟

---

① 孙慧莉，李忠明. 来华学历生择校影响因素及择校途径研究：以江苏省为例 [J]. 高教探索，2017(8)：82-89.

② 方宝. 近十五年来东盟国家来华留学生教育的变化趋势研究：基于 1999~2013 年相关统计数据的分析 [J]. 比较教育研究，2015，37(11)：77-86.

③ 陈丽，伊莉曼·艾孜买提."一带一路"沿线国家来华留学教育近 10 年发展变化与策略研究 [J]. 比较教育研究，2016，38(10)：27-36.

④ 马佳妮，周作宇."一带一路"沿线高端留学生教育面临的挑战及其对策 [J]. 高等教育研究，2018，39(1)：104.

⑤ 安然. 跨文化传播与适应研究 [M]. 中国社会科学出版社，2011.

华曾分析过发展“一带一路”沿线国家来华留学生教育所存在的机遇和挑战，从培养模式到生源质量，来华教育发展仍需要继续完善内部体系，进而发展来华留学的品牌①。刘宝存和张继桥提出了一些关键性问题，如“一带一路”沿线国家来华留学生的学历培养层次集中于本科学历、区域和国别结构失衡、中国政府奖学金分配失衡等问题②。贾兆义认为，部分“一带一路”沿线国家教育基础较弱，经济发展水平不高，同时教育政策和教育合作渠道仍不完善，学历学位标准联通亦存在困难，可能会因为封建保守的发展环境影响来华留学教育的发展③。语言是沟通和了解的桥梁，目前“一带一路”沿线国家的官方语言有 40 多种，而中国高校能够教授的外国语种仅 20 种，这方面的发展远不及欧美国家对外国语种的研究和教授，有学者倡议应积极引进相关语种的专业人士前来任教和交流，更好地吸引和培养“一带一路”沿线国家的来华留学生。也有学者客观地评析了中国国内目前的高等教育和服务质量，认为中国高校在招收留学生的学科专业的层次与类别上缺乏明晰的界定，来华留学生的社会服务支持体系尚不完善，总体而言缺乏适应市场需求的运作模式。

此外，为了增加来华留学生的数量，不少高校也增设了全英文授课的专业学位。孙岚和魏建华分析了实行过程中出现的问题。调查研究表明，尚未成熟或处于起步阶段的全英文授课专业面临很大的瓶颈，如教师英语授课能力不强、留学生难以获得英文学习资源等，同时还存在生源国的学位认证的挑战④。李浩和孙进的研究指出接受全英文授课的留学生的就读体验报告还提到了以英语授课的教学欠缺深度、课程信息不透明等⑤。

第四，共建“一带一路”倡议要求高校在人才培养方案中建立新的培养模式。来华留学生是各国重要的储备人才，也是国与国之间政策、经济、文化交流与沟通的重要桥梁。为了适应培养国际化复合型人才的需要，陕西高校的学者也探讨了如何开展人才培养的交流与合作来服务“一带一路”建设，其中包括“全方位推动同沿线国家的教育文化交流、合作设立国别或区域研究机构、推动沿线国家设立孔子学院的工作”等。从适应共建“一带一路”倡议的需求角度出发，高等教育国际化也要与国民经济海外发展相伴随，双向互动的发展也有利于中国培养“走出去”战略需要的人才。徐美、熊佳全等则打破惯性思维方式，提出充分利用国外优秀的教育资源，建议同英语国家姊妹院校开展学分互认等 2+2 联合培养，从而提升高校教育的核心竞争力⑥。也有学者提出在留学生培养中应重视不同学科的融合与交叉，拓展留学生深层次的跨文化视野，创造“外语 + 专业”的人才培养模式，并增设“一带一路”建设背景、实施重点和沿线国家历史文化、社会经济、民族宗教等知识内容。来华留学教育的课程与教学的丰富性与多样性，不仅能吸引更多留学生选择学位课程，也能提高高校课程

① 程伟华.“一带一路”沿线国家来华留学生教育发展机遇、挑战及应对策略：基于 2005—2014 年统计数据的实证分析 [J]. 高等农业教育，2017(3)：88-93.

② 刘宝存，张继桥.“一带一路”沿线国家来华留学学历教育：地位、问题与对策 [J]. 北京教育(高教)，2017(5)：11-14.

③ 贾兆义. 来华留学教育服务“一带一路”建设的路向研究 [J]. 世界教育信息，2017，30(11)：10-15.

④ 孙岚，魏建华. 来华留学生外语授课国际化专业满意度调查研究：以浙江科技学院为例 [J]. 赤峰学院学报(自然科学版)，2013，29(10)：230-233.

⑤ 李洁，孙进. 中国高校全英文授课项目留学生的就读体验调查：北京师范大学的个案研究 [J]. 教育学报，2014，10(6)：110-117.

⑥ 徐美，熊佳全，唐莹娟，等. 来华留学生全英文授课本科专业发展现状及思路：以北方工业大学为例 [J]. 对外经贸，2016(3)：152-154.

质量、形成特色教学优势。

关于来华留学生的跨文化适应现状和面临的挑战，朱国辉等做了深入的研究，提出了高校应帮助留学生提高文化适应能力的整合与同化策略，让留学生尽早适应新环境，缩短文化距离，进而对东道国的文化产生认同感①。

综合上述，在共建"一带一路"倡议提出以前，众多学者、专家已经对来华留学教育发展做了大量微观与宏观的研究，如教育现状探析、教育管理若干问题与应对策略研究、国际教育比较分析、跨文化适应调查研究等，以上的研究都可以作为来华留学教育服务共建"一带一路"倡议研究的基石。随着来华留学生规模的扩大，国别区域的复杂性以及官方语种的多样性使得各界面临的工作难度也随之提高，无论是对高校或是留学生自身，跨文化的冲击都带来了新的挑战。结合各国来华留学生对各种问题的实际体验，笔者希望通过本章的研究对上述问题做些探讨并找出解决对策。

（二）国外关于该内容的研究现状

国外对"一带一路"沿线国家来华留学生的研究比较少，更多的是对中国的经济和国家实力的关注。有学者全方位研究了中国软实力的提升对阿拉伯国家来华留学生数量和积极度的影响，也提出了中国高校培养计划所存在的问题和相应的建议②。

另外，国外很早就已经有研究国际化高等教育发展的相关课题。研究内容包含了全球高等教育留学生流动趋势、高等教育面临的问题和挑战、某国的高等教育趋势以及国际上高校转型的成功案例等。我们可以发现国外最前沿的研究报告，但凡是与高等教育相关的研究课题，都与"国际化""国际视野""政策和机遇""经济发展""跨国交流""专项人才""高学历倾向"相联系。一些学者提出在全球化的激烈竞争中，一国高等教育发展的水平和能力能够说明该国的实力，所以各国都想方设法投入大量资源来发展高等教育，提升高等教育水平吸引更多留学生③。

有学者曾研究了中国、荷兰和日本三个非英语国家的大学如何与国际接轨并发展国际化课程，研究发现随着扩招国际留学生的需求的增加，英文授课的专业课程开始增加，但中国大学的英文授课的博士培养仍然较少，可以预见将来的发展趋势是跟国外大学有更多的双联课程④。也有学者认为国际化的趋势导向是发展跨国高等教育，而中国政府应顺应时代潮流并适应全球高等教育环境的复杂性，考虑中外合作办学机制并建立起新的监管体系⑤。一些学者分析了美国高等教育的成功案例后，总结出以下几点：①强而有力的机构支持，包括有远见的领导并愿意支持全球范围内的学习计划；②增加有助于拓展全球视野的学术活

① 朱国辉. 高校来华留学生跨文化适应问题研究 [D]. 上海：华东师范大学，2011.

② GAO S Q. China's soft power in the Arab World through higher education exchange[D]. Boston：Wellesley College，2015.

③ NORAIN M L，NOORIAH Y. Universiti pembangunan modal insan dan penumpuan ruang komuniti berpendidikan tinggi di Malaysia：suatu ulasan Kritis[J].Journal of social sciences and humanities，2012，7(2)，308-327.

④ HUANG F T. Internationalization of curricula in higher education institutions in comparative perspectives：case studies of China，Japan and The Netherlands[J].Higher education，2006(4)：521-539.

⑤ MOK K H，XU X Z. When China opens to the world：a study of transnational higher education in Zhejiang，China[J].Asia pacific education review，2008，9(4)：393-408.

动和课外活动;③学院能够提供制度性支持,为自下而上的学习和接触提供国际化交流的机会;④学生自发组织社团,帮助提高文化意识并与当地社区加强联系①。

此外,国外学者也关注到1978年至2011年间中国学生出国留学发展的比例迅猛提高,几乎涵盖了所有学科。这也说明了中国国内高等教育的供需比例失调,有学者再次提出对外合作办学,引进国际化教育理念、课程和教学人员,以培养更多具有国际化视野的人才来满足社会和经济发展的需要②。国际化是大学迈向世界一流大学的必经途径,而教学主体——教师国际化的能力体现的就是院校的教学水平和科研能力。一些学者提出高校教师是否具有国际化的能力是高等院校必须认真审视的事情,因为教师必须面对和支持拥有不同文化背景的学习者。一些学者也提到成功的国际化,涉及了对教师的支持和为其提供国际交流的机会,无论是参加国际学术会议交流或是派遣教职人员到国外讲学、研究或带领游学团等,都可以使教师拓宽国际视野并直接使学生受惠。

综上所述,有学者提出,高等教育的国际化是社会教育向全世界的发展,也是顺应全球化的必然结果。对于欠发达的国家,高等教育国际化可以帮助他们引进先进的理念和技术,加快现代化进程。这能够很好地阐释为何国外对高等教育国际化那么重视③。在共建"一带一路"倡议下,正因为高校背后有政府作为坚强的后盾,所以来华留学教育的发展也为中国高等教育迈向国际化创造了机遇。

三、研究方法和思路

(一)研究方法

本章采用田野调查法、问卷调查法、文献研究法,对研究对象进行有计划的系统了解,并对调研资料进行分析、综合、比较和归纳。资料收集的方法和意见咨询的思路如图3-1所示。

1. 田野调查法

按照拟定的调研提纲采访天津大学国际教育学院的管理工作者、"一带一路"沿线国家的留学生,采访时间为一小时至一个半小时,调研提纲会提前发给受访者,以便其为采访做准备。笔者会采集采访过程中的录音和照片,力求调研的真实性和日后的田野场景还原。笔者的田野调查时间主要集中在2018年3月至5月,以及11月至2019年1月,其间也做了田野回访和补访。受访者为2017年和2018年期间天津大学在校留学生,分别有学历生和非学历生,以及管理工作者和教师。此外受访者中也有来自天津大学国际教育学院的教师和行政人员,笔者在周一至周五的办公时间到办公室与教师进行预约采访。因行政教师较忙碌,笔者尽量在最短的时间内询问目前有关留学生的现有管理方法等。

---

① CARLOS E J. Global learning in American higher education strategies for developing global citizens in an era of complex interdependence//[M]. ALTMANN A, EBERSBERGER B. Universities in change: managing higher education institutions in the age of globalization[M].New York: Springer, 2012: 82-83.

② CAI Y Z, YAN F Q. Supply and demand in Chinese higher education[J].Higher education in BRICS countries: investigating the pact between higher education and society, 2015: 149-169.

③ VALIULIS A V, VALIULIS D. The internationalisation of higher education: a challenge for universities[J]. Global J. of Engng. Educ. , 2006, 10(2): 221-228.

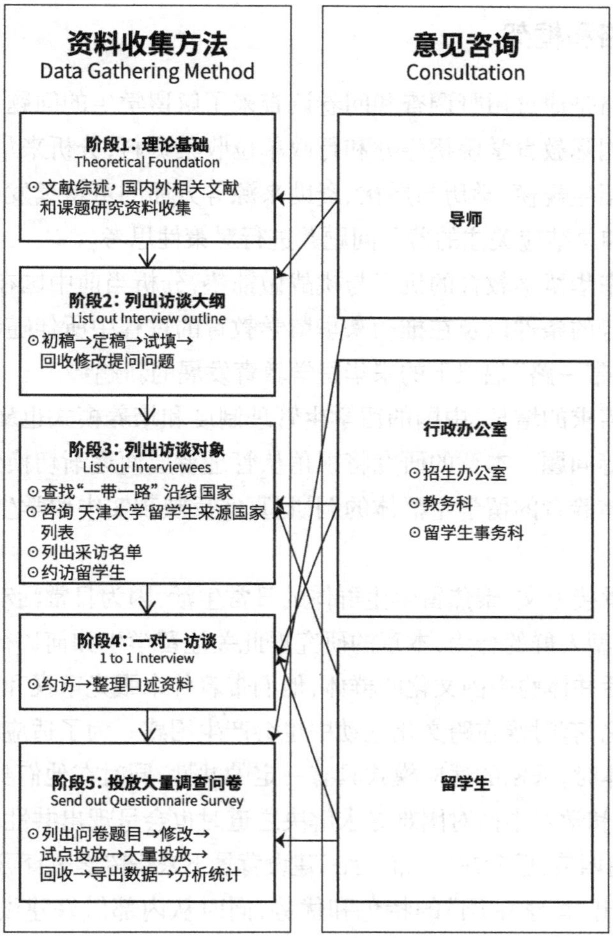

图 3-1　本章研究方法（笔者绘制）

2. 问卷调查法

问卷调查是田野调查的辅助，笔者用问卷星制作问卷并且通过微信平台发放问卷，回收306份问卷。由于自填式问卷调查具有无法控制的回答质量问题，并可能会对调查结果产生影响，形成偏误，所以须筛选调查对象来填写调查问卷。问卷的发放时间为2018年5月至6月，调查对象为在华的外国留学生，分别来自天津大学、天津中医药大学、上海交通大学、北京外国语大学、清华大学、北京师范大学、暨南大学、华侨大学、武汉大学、中国美术学院等10所高校。笔者为马来西亚留华同学会的理事，与上述10所高校中的8所高校的留学生代表或留学生会干部成员皆有密切联系，通过委托他们所在学校的力量组织发放和回收问卷。

3. 文献研究法

搜集文献以做文献综述，从积累文献的过程中提炼出自己的观点，文献数据也能作为本研究的基点。另外，外文文献的搜集可以帮助了解国外对相关课题最新的研究进展，对本章的研究有着重要的意义。

（二）研究思路和框架

本章的研究思路是通过田野调查和问卷调查来了解留学生的问题和需求，用同样的方法面向处在一线的国际教育学院招生办和行政单位收集资料，分析来华留学生教育发展的策略，包括生源国、招生规模、学历与层次、资助来源等方面的可持续发展策略。同时，结合文献研究法来分析和总结应关注的若干问题并进行对策性思考。

本章的研究以来华留学教育的机遇与挑战做铺垫，分析当前中国在国际教育市场中创造来华留学教育优势的条件以及在推动来华留学教育的过程中所伴随的问题或挑战，从宏观角度分析共建“一带一路”倡议下的来华留学教育发展的新趋势。

随着来华留学需求的增长，中国的留学生管理制度和培养模式也暴露出现实操作还跟不上预期改革需求等问题。本章的研究将视角从管理者层面逐渐切换到留学生群体，通过对作为在华求学的体验者的留学生群体的调研，真实反映现实中留学生管理和培养模式上存在的问题。

本章第四节将承接上文，聚焦留学生群体的日常生活，因为日常活动是社会行为的一部分，能够反映不同类型人群的行为，本章的研究据此关注留学生如何进行跨文化适应。留学生作为进入中国生活并体验中国文化的群体，他们带着外来眼光审视和观察中国，也常将中国和其祖国进行对比，有时候在跨文化互动中也会产生困惑。为了适应环境，留学生在尝试融入不同的文化群体时，采取的适应模式具有一定的共性，同时在他们身上也存在群体独特的文化模式，在生活和学习中面对困难寻求解决之道时也会呈现出共性的文化特征。

第五节将承接前四节，思考在“一带一路”建设背景下来华留学教育可持续发展的对策，其中最为关键的是突出“留学中国”的特色和优势，同时从内部做好建设，跟国际接轨、与时俱进。

本章的框架如下。

第一节，绪论。共分为三个部分：研究背景、文献综述以及研究方法和思路。首先阐述了为什么要对这个内容进行研究，并且围绕共建“一带一路”倡议的提出以及来华留学教育与之的关系进行分析；其次论证来华留学教育围绕共建“一带一路”倡议进行人才培养的重要性；最后发掘存在的问题并提出解决的思路。

第二节，共建“一带一路”倡议下发展来华留学教育的机遇和挑战。其中包括来华留学生背景和现状的调查，以及来华留学教育目前的机遇和挑战。

第三节，共建“一带一路”倡议下来华留学教育管理机制和培养模式的问题。从教育管理机制的角度探讨仍需进一步完善的管理工作：首先是官方的公开统计数据不完善，其次是住宿环境无法满足人性化需求，最后是来华留学奖学金分配存在问题。此外，从教育培养模式方面探讨学历人才培养的问题、留学生对学科培养的适应性反馈以及全英文授课中存在的问题。

第四节，来华留学生的跨文化适应和文化冲突分析。主要分析来华留学生的日常生活以及跨文化适应情况，反思留学生面对的文化冲突现象。

第五节，共建“一带一路”倡议下来华留学教育可持续发展的对策思考。首先是发挥中国具备的发展来华留学教育的竞争优势，其次是创造良好的留学环境、拓展来华留学教育市场、提高留学生教育管理水平，最后是完善留学生教育教学体制等。

第六节，结语。

四、常用学术词汇

1. 来华留学生

本章高频率出现的词汇，沿用中国常用的“来华留学生”“外国留学生”“留学生”等称谓，指的是非中国国籍、在中国留学的外国学生，学历生与非学历生都统称为“来华留学生”。

2. 国际学生

外国文献常用“国际学生”“外国学生”等称谓，近期的文献中“国际学生”使用的频率最高。本章在阐述全球的留学生流动时，使用的是“国际学生”的称谓，指的是以学习为目的、到留学目的国学习的外国学生。

3. 文化距离

文化距离是因存在地理和空间的距离，缺少文化共同点而产生的文化陌生感和距离感，不过地理距离不等于文化距离，文化距离侧重的更多的是彼此文化上的沟通和理解。

4. 刻板印象

刻板印象是人们对外在世界的普遍认知现象，是对人和事物形成的比较概括笼统的看法，其在一定程度上能帮助简化认知信息的处理。

5. 权力距离

权力距离源自霍夫斯泰德（Hofstede）文化维度理论，其作为一种在社会文化群体中普遍存在的文化模式，会对人们的社会行为形成影响。据此，社会可分为高权力距离社会和低权力距离社会。高权力距离的社会强调对权威的服从和尊敬，意味着社会中有明显的上下等级权力，一般出现于重视群体价值高于个人价值的文化体系中。

6. 教育信息化

教育信息化是指在教育领域中运用现代技术，如多媒体、网络、数字、人工智能等信息技术，以实现优化教育教学的目的。

第二节　共建“一带一路”倡议下发展来华留学教育的机遇与挑战

中国的来华留学教育事业真正迈入教育国际化是自改革开放以后。刘宝存、张继桥对改革开放四十年教育对外开放做过专题研究，根据国家政策的实行和变迁将中国发展来华留学教育分为四个阶段:恢复探索阶段,初创发展阶段,调整规范阶段,提升完善阶段[①]。

前两个阶段,为了国家经济建设的快速发展,以国家公派出国留学为主,发展来华留学教育主要是为了满足国际认同和对外政策的政治需要。随着出国留学和来华留学的人数出现较大的逆差,而且中国出国留学的精英人才归国比例偏低,中国的高等教育发展亟须与国际接轨,因此中国政府大力发展来华留学教育,积极招收国际学生。改革开放以后,来华留学教育的办学主体从政府转向高校,高校拥有了更大的办学自主权,拥有了管理的灵活性。2013 年,习近平主席提出共建“一带一路”倡议,教育部出台了《推进共建“一带一路”教育行动》和各种指导性文件,成立了高校联盟并设立专项奖学金,促进来华留学教育实现高质量发展。在这个背景下,来华留学教育的发展充满了机遇和挑战,从内部要补齐之前就一直存在的短板,不断优化来华留学教育,真正落实教育对外开放。

一、共建“一带一路”倡议下来华留学生背景和现状分析[②]

(一)来华留学生背景和现状的调查

1. 来华留学人数增长明显

共建“一带一路”倡议提出以来,沿线国家来华留学生的生源数量增长明显。2016 年来华留学生的相关统计表明,全球来华留学生生源国排名前 10 位的是韩国、美国、泰国、巴基斯坦、印度、俄罗斯、印度尼西亚、哈萨克斯坦、日本和越南。生源增长主要来自亚洲、大洋洲和非洲国家(见表 3-1),其中亚洲的生源大部分来自韩国、泰国、印度尼西亚、日本、越南、老挝、蒙古、马来西亚,大部分为“一带一路”沿线的亚洲国家。其中享受中国政府奖学金的留学生为 49 022 人,占来华生总数的 11.07%;自费生 393 751 人,占来华生总数的 88.93%。2016 年获奖学金留学生人数排名前 10 的国家有:巴基斯坦、蒙古、俄罗斯、越南、泰国、美国、老挝、韩国、哈萨克斯坦和尼泊尔,其中“一带一路”沿线国家奖学金生占比 61%,比 2012 年提高了 8.4 个百分点[③]。来华留学生主要流向国内重点大学,2016 年的来华留学生大数据显示,北京市、上海市、江苏省、浙江省和天津市这 5 个省、直辖市是留学生分布最多的地方,其中北京市 77 234 人,上海市 59 887 人,江苏省 32 228 人,浙江省 30 108 人,天津市 26 564 人[④]。

表 3-1 按洲别统计的 2016 年留学生生源数量

洲别	总人数 / 人	占总数百分比 /%	比上年增长人数 / 人	同比增长 /%
亚洲	264 976	59.84	24 822	10.34
欧洲	71 319	16.11	4 573	6.85
非洲	61 594	13.91	11 802	23.70

① 刘宝存,张继桥. 改革开放四十年教育对外开放政策变迁的历史考察 [J]. 高校教育管理,2018,12(6):1-13.

② 娄缃旖,马知遥. “一带一路”倡议下发展来华留学教育的机遇与挑战 [J]. 甘肃民族研究,2018(2):23-33.

③ “一带一路”沿线国家来华留学生数据增幅明显 [EB/OL].(2017-03-01)[2017-10-11]. http://www.moe.edu.cn/jyb_xwfb/xw_fbh/moe_2069/xwfbh_2017n/xwfb_170301/170301_mtbd/201703/t20170302_297943.html.

④ 2016 年度我国来华留学生情况统计 [EB/OL].(2017-03-01)[2017-10-11]. http://www.moe.edu.cn/jyb_xwfb/xw_fbh/moe_2069/xwfbh_2017n/xwfb_170301/170301_sjtj/201703/t20170301_297677.html.

续表

洲别	总人数 / 人	占总数百分比 /%	比上年增长人数 / 人	同比增长 /%
美洲	38 077	8.60	3 143	9.00
大洋洲	6 807	1.54	798	13.28

资料来源：中华人民共和国教育部 2016 年来华留学生数据统计①。

2. 来华留学生的学历层次在不断提高

学历教育是高等教育中含金量较高的层次。一国的留学吸引力和留学质量主要体现于该国留学生的学历结构。衡量留学目的国的高等教育质量时，学历教育（本科教育、硕博研究生教育）比非学历教育（短期进修、短期交流）受到更多重视。留学生选择到目的国接受为期较长的学历教育，意味着该国的高等教育质量是受到认可和信赖的。整体来看，中国的来华留学生学历层次也在逐步提高。

从学历生和非学历生的增长对比看，随着中国综合实力的提升、政府大力支持和推动来华留学教育的发展，2005—2017 年，来华留学生的人数保持在高速增长的状态，2005 年的来华留学生人数是 141 087 人，而 2017 年来华留学生人数达 48.92 万人，翻了 3 倍多，尽管数据显示学历生的比例仍然低于非学历生，但是学历生从 2005 年的 44 851 人（31.79%）攀升至 2017 年的 241 500 人（49.37%），增长了约 19.6 万人次（见表 3-2）。从生源上分析，亚洲学生仍然是来华留学生的主要来源，他们更青睐在中国攻读学位课程。

表 3-2 2005—2017 年来华学历生和非学历生人数

年份	学历生		非学历生		来华总人数 / 人
	人数 / 人	百分比 /%	人数 / 人	百分比 /%	
2017 年	241 500	49.37	247 700	50.63	489 200
2016 年	209 966	47.42	232 807	52.58	442 773
2015 年	184 799	46.47	212 836	53.53	397 635
2014 年	164 394	43.60	212 660	56.40	377 054
2013 年	147 890	41.48	208 609	58.52	356 499
2012 年	133 509	40.66	194 821	59.34	328 330
2011 年	118 837	40.61	173 774	59.39	292 611
2010 年	107 432	40.53	157 658	59.47	265 090
2009 年	93 450	39.23	144 734	60.77	238 184
2008 年	80 005	35.80	143 494	64.20	223 499
2007 年	68 213	34.89	127 290	65.11	195 503
2006 年	54 859	33.72	107 836	66.28	162 695
2005 年	44 851	31.79	96 236	68.21	141 087

资料来源：笔者根据中国教育部官方统计数据整理。

① 2016 年度我国来华留学生情况统计 [EB/OL].（2017-03-01）[2017-10-11]. http://www.moe.edu.cn/jyb_xwfb/xw_fbh/moe_2069/xwfbh_2017n/xwfb_170301/170301_sjtj/201703/t20170301_297677.html.

据教育部统计(见表3-3),2017年在华接受学历教育的外国留学生共计24.15万人,占来华生总数49.37%,比2016年增长31 534人;非学历留学生共计247 700人;硕士和博士研究生比2016年增长18.68%,共计7.58万人。学历生的增长对留学生规模和质量保证具有重要意义,说明了中国在高等教育事业上的改革和完善取得了明显的成绩。方宝曾指出,接收国的国际地位、社会状况、经济水平、教育质量、文化认同、学术荣誉、留学费用、生活条件、留学规模、奖学金等方面的优异表现都能成为留学教育发展的重要推动力①。

表3-3 2014—2017年来华学历生人数和增幅

年份	本科/人	硕士/人	博士/人	学历生共计/人	学历生占比/%
2017年	—	75 800		241 500	49.37
2016年	146 099	45 816	18 051	209 966	47.42
2015年	131 227	39 205	14 367	184 799	46.47
2014年	116 404	35 876	12 114	164 394	43.60

资料来源:笔者根据中国教育部官方统计资料整理。

尽管"一带一路"沿线国家的来华留学学历生呈快速增长趋势,但也出现国别分布不均的现象。刘宝存、张继桥指出,印度、巴基斯坦、泰国、越南、哈萨克斯坦、俄罗斯、印度尼西亚、蒙古等8个沿线国家的来华留学学历生均超过5 000人,占"一带一路"沿线国家来华留学学历生规模的比例分别为13.0%、12.9%、9.2%、8.2%、6.4%、6.0%、5.9%、5.7%;以色列、捷克、希腊、立陶宛、科威特、文莱等24个国家的来华留学学历生均不超过70人,合计852人②。这说明"一带一路"沿线国家和区域间仍然存在很大的差异性,按其高等教育和经济发展需求,中国高等教育宣传和吸引力对这些国家仍然不足。

从外国学历生所带动的良性循环看,《教育概览2016》的数据显示,中国所接收的学历教育国际学生占同层次在校生的比例偏低,本科生占0.36%,硕士研究生和博士研究生分别占2.3%和3.9%(见表3-4)。这反映了中国高校的国际化水平有待进一步提升。田辉对高等教育留学生国际流动趋势和来华留学发展做了对策分析③,魏浩、赖德胜对留学生选择留学目的国的文化因素做了实证研究,重点考察了发达国家流向发展中国家和发展中国家流向发展中国家两种情况,研究表明一国的文化商品出口规模越大,越能吸引国际学生到本国就读,而流往留学目的国的群体数量越多,两国间的文化联系越强,留学生选择到该国留学的可能性越大④。

① 方宝.近十五年东盟国家来华留学生教育的变化趋势研究:基于1999~2013年相关统计数据的分析[J].比较教育研究,2015(11):77-86.

② 刘宝存,张继桥."一带一路"沿线国家来华留学学历教育:地位、问题与对策[J].北京教育(高教),2017(5):11-14.

③ 田辉.高等教育留学生国际流动趋势与来华留学对策分析[J].大学(学术版),2010(4):26-32.

④ 魏浩,赖德胜.文化因素影响国际留学生跨国流动的实证研究:兼论中国扩大来华留学生教育规模的战略[J].教育研究,2017,38(7):55-67.

表 3-4　按国统计的 2016 年留学生学历层次占比

单位:%

国家	所有类别国际学生	短期高等教育课程（职业学校）	本科及同等学历	硕士及同等学历	博士及同等学历
澳大利亚	17.97	13.3	13.1	40	34
英国	17.46	5.5	13.7	37	42
法国	9.78	4.4	7.3	13	40
加拿大	8.98	9.0	8.1	14	27
德国	7.07	0.0	4.4	12	7
美国	3.87	2.0	3.5	9	35
日本	3.52	3.4	2.5	8	19
中国	0.46	0.36	—	2.3	3.9

随着中国政府对来华留学项目的财政资助力度的增大,来华留学生完成本科学历后,继续在中国读研、读博的趋势也越来越明显。2018 年来华留学基金委开放留学生硕博连读奖学金的申请,鼓励在读研究生继续攻读博士学位。博士研究生的培养是高等教育的最高层次,也是高校办学水平的重要标志。长远来看,培养优质的博士留学生生源可提高学校的知名度,还可就近引进智力支持、推动科研产出,再为高校吸引优质生源,从而形成良性循环。这些博士留学生毕业以后可作为海外人才引进,留在中国工作,贡献所学;抑或是学有所成回国发展,长时间的在华学习经历让他们对中国文化和中国人的处事方法有所了解,能为自己的祖国和中国间的和平友谊作出贡献。

3. 来华留学生国别多元化

随着共建“一带一路”倡议的推进,来华留学生源国也有了新变化。2016 年出现新突破,来华留学生源国家和地区总数为 205 个。其中,来华留学人数最多的 15 国中(见表 3-5),“一带一路”沿线国家来华留学生已占 143 002 人[①]。与 2015 年相比,来华留学生增长最快的生源国依次为老挝、巴基斯坦、印度尼西亚、泰国、蒙古、印度、俄罗斯(见表 3-6)。2012—2016 年,排名前 15 的国家基本变化不大,韩国来华留学生数量每年都居榜首,泰国连续四年蝉联第三,印度连续两年蝉联第四,而巴基斯坦自共建“一带一路”倡议提出以后,来华留学生人数上升较快,与印度留学生人数不相上下。由此可见,“一带一路”沿线国家的留学生是来华留学生的主力军。

表 3-5　2012 —2016 年来华留学生人数最多的 15 国 *

排名	国别来源				
	2012 年	2013 年	2014 年	2015 年	2016 年
第一	韩国	韩国	韩国	韩国	韩国
第二	美国	美国	美国	美国	美国

① 指泰国、印度、巴基斯坦、俄罗斯、印度尼西亚、哈萨克斯坦、越南、老挝、蒙古、马来西亚留学生。

续表

排名	国别来源				
	2012 年	2013 年	2014 年	2015 年	2016 年
第三	日本	泰国	泰国	泰国	* 泰国
第四	泰国	日本	俄罗斯	印度	* 印度
第五	俄罗斯	俄罗斯	日本	俄罗斯	* 巴基斯坦
第六	印度尼西亚	印度尼西亚	印度尼西亚	巴基斯坦	* 俄罗斯
第七	越南	越南	印度	日本	* 印度尼西亚
第八	印度	印度	巴基斯坦	哈萨克斯坦	* 哈萨克斯坦
第九	巴基斯坦	哈萨克斯坦	哈萨克斯坦	印度尼西亚	日本
第十	哈萨克斯坦	巴基斯坦	法国	法国	* 越南
第十一	法国		越南	越南	法国
第十二	蒙古		德国	德国	* 老挝
第十三	德国		蒙古	蒙古	* 蒙古
第十四	马来西亚		马来西亚	老挝	德国
第十五	新加坡		英国	马来西亚	* 马来西亚
来华留学生人数	328 330 人	356 499 人	377 054 人	397 635 人	442 773 人
分布院校	690 所	746 所	775 所	811 所	829 所
国家和地区数	200 个	200 个	203 个	202 个	205 个

*“一带一路”沿线国家以 * 表示。2013 年教育部公布的数据只有前十的排名。

资料来源:笔者根据中国教育部官方统计数据整理。

表 3-6　2015 年和 2016 年排名前 15 的国家来华留学生增幅 *

国别	2016 年	2015 年	增幅
韩国	70 540 人	66 672 人	5.80%
美国	23 838 人	21 975 人	8.48%
* 泰国	23 044 人	19 976 人	15.36%
* 印度	18 717 人	16 694 人	12.12%
* 巴基斯坦	18 626 人	15 654 人	18.99%
* 俄罗斯	17 971 人	16 197 人	10.95%
* 印度尼西亚	14 714 人	12 694 人	15.91%
* 哈萨克斯坦	13 996 人	13 198 人	6.05%
日本	13 595 人	14 085 人	-3.48%
* 越南	10 639 人	10 031 人	6.06%
法国	10 414 人	10 436 人	-0.21%
* 老挝	9 907 人	6 918 人	43.21%
* 蒙古	8 508 人	7 428 人	14.54%

续表

国别	2016 年	2015 年	增幅
德国	8 145 人	7 536 人	8.08%
* 马来西亚	6 880 人	6 650 人	3.46%

* "一带一路"沿线国家以 * 表示。

(二)来华留学生留学动机和选择趋向分析

1. 国际学生跨国流动趋势

研究来华留学生数据的同时,笔者也关注了全球国际学生跨国流动的发展,研究吸引国际学生选择留学目的国的因素,对中国高校而言,具有很重要的参考价值。据经济合作与发展组织(Organization for Economic Co-operation and Development,OECD)发布的数据,2016 年全球有超过 500 万学生在其祖国以外的国家接受教育,国际学生流动的主要目的国仍以北美和西欧等的发达国家为主,其中美国和加拿大两国接收的国际学生占总数的 30%①。中国则继续保持第三大留学目的国的位置,2016 年接收了国际学生共 442 773 人。各国在吸引国际学生的政策上都各具特色,最为突出的竞争优势便是发达国家对教育资源的建设和投入。

政治局势、政策对留学教育的支持度和拥抱程度会成为主要优势。纵观 2016 年的国际学生流动趋势,美国和英国虽然位居第一和第二,但是其总体的国际学生人数呈下降趋势。全球化智库(CCG)分析其原因:特朗普当选美国总统以及英国启动脱欧程序等事件,给传统留学目的国带来了巨大的冲击②。国家政策变化所造成的留学费用的调整会主观地影响国际学生的选择。国际教育协会做了统计数据(见表 3-7),2016—2017 年,世界八大留学目的国——美国、英国、中国、澳大利亚、法国、加拿大、俄罗斯和德国,吸纳的国际学生总数达 3 533 999 人,而美国和英国的留学生增速有所放缓,中国、澳大利亚和加拿大的国际学生自 2016 年起有增长的趋势,2016—2017 年中国的国际学生较 2015—2016 年的同比增幅上升了 5.9 个百分点,这表明中国政府奖学金的支持力度起了明显的推动作用。

表 3-7　全球八大留学目的国接收国际学生人数及增长情况

排名	国家	2014—2015 学年人数 / 人	2015—2016 学年人数 / 人	2016—2017 学年人数 / 人	2014—2015 学年同比增幅 /%	2015—2016 学年同比增幅 /%	2016—2017 学年同比增幅 /%
1	美国	974 926	1 043 839	1 078 822	10.0	7.1	3.4
2	英国	493 570	496 690	501 045	2.6	0.6	0.9
3	中国	377 054	397 635	442 773	5.8	5.5	11.4
4	澳大利亚	269 752	292 352	327 606	9.2	8.4	12.1

① 中国留学发展报告(2016)[EB/OL].(2016-09-28)[2017-11-12]. www.ccg.org.cn/archives/33407.

② CCG 发布《中国留学发展报告(2017)》蓝皮书 [EB/OL].(2017-12-18)[2018-01-04]. http://www.sohu.com/a/211332807_800517.

续表

排名	国家	2014—2015 学年人数 / 人	2015—2016 学年人数 / 人	2016—2017 学年人数 / 人	2014—2015 学年同比增幅 /%	2015—2016 学年同比增幅 /%	2016—2017 学年同比增幅 /%
5	法国	298 202	309 642	323 933	1.3	3.6	4.6
6	加拿大	239 665	263 855	312 100	13.1	10.1	18.3
7	俄罗斯	250 251	282 921	296 178	—	13.1	4.7
8	德国	218 848	235 858	251 542	6.8	7.8	6.6
八大留学目的国总人数		3 122 968	3 322 792	3 533 999	6.91	6.40	6.36

资料来源：Institute of International Education，Inbound and outbound students mobility flows[1]。

海外留学经验会使个人受益。英国社会学家（Rachel Brooks 和 J.Waters）指出国际学生的流动与教育在国家或地域间的流动密切相关，留学生会考虑海外留学和毕业后在当地就业的可能性以及所学专业对未来就业的优势，与此相关的是出国留学是否能给家庭名声和收益带来实际好处。有海外资格证书通常能获得更丰厚的酬劳，在职务晋升方面也创造了有利的条件，因为雇主更偏爱有海外留学经验的人，这样的人往往在竞争中更容易脱颖而出[2]。简单而言，它直接关系到留学生的个人收益。当海外留学的成本变得可负担，并且对将来的经济收益有正面影响，同时留学还有一定的体面性，海外留学就会成为主导性的文化交流模式。

不过，随着一国教育质量的提升，其出国升学率会下降。英国文化协会于 2018 年曾对未来十年的出国留学率做了预测，认为未来十年出国留学的学生数量的增速将会大幅度放缓，研究表明增速放缓的原因主要是各国都加大了对高等教育的投资力度，所以未来会有更多学生选择留在本国接受高等教育，过去学生选择出国留学很大的原因是国内的高等教育水平不够好。预计到 2027 年，接受高等教育的人数平均每年将增加 1.5%，与此同时加入争夺留学生的国家也会随之增多。发展高等教育的国家越多，年轻人的选择也更多。这也意味着英、美、澳等传统热门的留学目的国，也许无法单靠高等教育的质量来拉动国际学生的增长率[3]。预计到 2027 年，中国和印度将迎来史上最高的留学生增长率。

来华留学教育将持续蓬勃发展。共建“一带一路”倡议是一项长远计划，中国将大力发展高等教育，吸引更多留学生。遍布全球的孔子学院是推广汉语的重要举措，据统计，截至 2016 年 12 月，全球 140 个国家已有 511 所孔子学院和 1 073 个中小学孔子课堂。杜克-昆山大学的执行副校长曾表示，学生选择到中国留学的原因很多，亚太地区的经济正在蓬勃发

① Institute of International Education. Inbound and outbound students mobility flows[EB/OL]. [2018-02-10]. https://www.iie.org/research-initiatives/project-atlas/explore-global-data/.

② BROOKS R，WATERS J. Student mobilities，migration and the internationalization of higher education[M].New York：Palgrave Macmillan，2011：9-12.

③ ELLIE BOTHWELL. Global student mobility growth “to dwindle over next decades” [EB/OL].（2018-01-31）[2018-03-10].https：//www.timeshighereducation.com/news/global-student-mobility-growth-dwindle-over-next-decade#survey- answer.

展，意味着有众多的就业机会，而跨文化和语言的优势将提升整体的竞争力①。

2. 影响留学生选择的因素

从国际学生来源国和留学目的国两方面的推拉效应来分析，推拉元素包含国际影响力、政治局势、经济水平、文化历史、高等教育资源和质量、综合排名、奖学金等。姚海棠、姚想想利用多元回归模型分析了1996—2010年国际学生选择中国作为留学目的国的影响因素，两国间的经贸合作、国家GDP（国内生产总值）的差距、两国间高等教育学历互认协议的签署、留学经费等因素都会对来华留学的吸引力产生显著影响②。

笔者在天津大学、天津中医药大学、上海交通大学、北京外国语大学、清华大学、北京师范大学、暨南大学、华侨大学、武汉大学、中国美术学院共10所高校发放了调查问卷，以在校留学生为对象，成功回收的306份有效问卷显示，来华留学生选择中国的最主要的原因是想出国留学（55.05%），其次是对中国文化感兴趣（40.77%），中国的国际影响力（36.24%）和奖学金的吸引（33.45%）两个影响因素不相上下。其他原因还有：认为中国的高等教育比其祖国好（27.87%）、父母或朋友的推荐（26.83%）、中国的留学成本比较低（21.25%）、中国的学位文凭有价值（18.47%）、到中国留学是一种趋势（17.77%）、增加毕业后的收入（16.72%）、对中国高校的认可和信赖（15.68%）以及留学申请比较容易（15.33%），如图3-2所示。田野调查中问及留学生对“中国现在是一头醒来的狮子”这句话的看法时，不少留学生表示认同，这也说明了中国的发展在国际上具有很大的影响力，在这些国际学生的留学目的国名单里，中国是首选或最终选择。此外，中国的政治局势稳定，并且积极地展开外交行动，对教育发展的扶助力度很大，同时来华留学生也会受到中国的高等教育质量和奖学金的吸引。

图3-2 来华留学生选择中国作为留学目的国的原因

另外，来华留学生毕业后的选择去向也值得探讨，如图3-3所示，在问卷调查中，毕业后选择继续升学的占比41.11%，选择留在中国找工作的占比38.68%，选择回国工作的有47.39%，没考虑好的有21.95%。选择继续升学留在中国读硕士的比例有65.71%；目前在读硕士生想留在中国攻读博士学位的比例为43.24%。想留在中国找工作的人大部分都表示

---

① BHARDWA S. Why more students are choosing to study in China[EB/OL].（2018-02-07）[2018-03-10].https：//www.timeshighereducation.com/student/blogs/why-more-students-are-choosing-study-china.

② 姚海棠，姚想想. 来华留学生影响因素研究[J]. 现代商业，2013（14）：255-257.

对中国的就业情况和就业环境不了解，受到在华不能打工的限制，在华的留学生一般没有太多对中国就业环境的深刻认识，35.14% 的人选择毕业前再投简历，24.32% 的人则选择如果找不到工作就回国；而 4.5% 的人毕业后打算留在中国创业。不过，中国对外国高端人才引进计划的实施，以及鼓励优秀外国留学生毕业后在华创业的政策的推进，将会为来华留学的发展带来更多正面的影响。

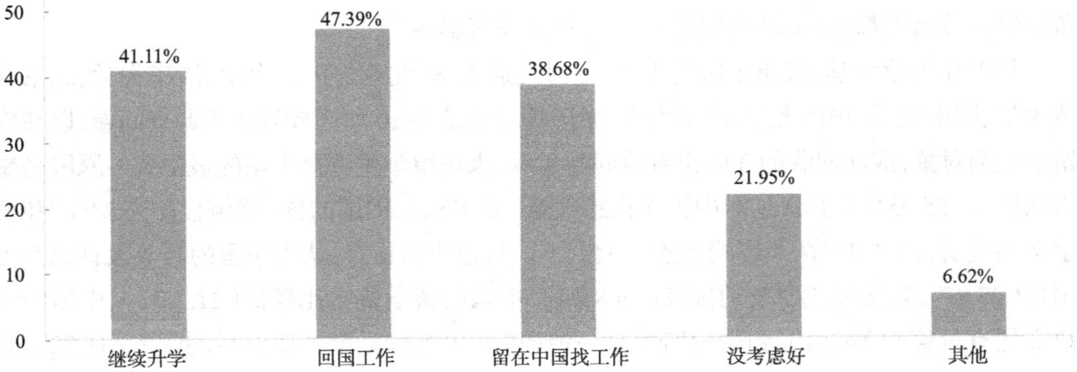

图 3-3 来华留学生毕业后的去向选择

二、来华留学教育面临的机遇

上文分析了来华留学生的增长趋势以及吸引留学生来华的推拉力因素，而来华留学教育最大的机遇就在于巨大的来华留学需求。程伟华曾关注过"一带一路"沿线国家来华留学教育所面临的机遇和挑战①，"留学中国"无疑已逐渐形成中国独有的品牌，中国逐步推动高校教育走向国际化。机遇伴随着挑战，从国家政策扶持到国际教育合作，从培养模式到生源质量、管理体系等，可见未来三到五年内，来华留学教育发展的重心将逐步集中于质的提升。

（一）来华留学教育的机遇

"一带一路"横跨亚欧非大陆，东亚轴线是活跃的经济区域，欧洲轴线是经济发达区，还有经济发展潜力巨大的中南轴线。"一带一路"建设地区按区域和经济社会发展状态可分为东亚、东南亚、南亚、中东欧、东欧、中亚以及独联体国家。在发展来华留学的潜力上，东亚、东南亚、南亚和中亚地区更具优势，这些区域与中国一直都有紧密的联系，人文交流更为深入广泛，地理空间接近，同时当地政府与中国有密切的教育合作往来，来华留学的招生工作也更贴近当地国情。

1. 学历学位互认协议的签署

2017 年 4 月，相关报道指出，中国与 46 个国家和地区签订了学历学位互认协议，其中

① 程伟华."一带一路"沿线国家来华留学生教育发展机遇、挑战及应对策略：基于 2005—2014 年统计数据的实证分析 [J]. 高等农业教育，2017（3）：88-93.

24 个是"一带一路"国家[①]。学历学位互认协议的签署,可以从根本上解决国际学生来华时学历学分衔接的问题,学位文凭的认可对留学生归国工作的权益也有所保障,为国际学生的流动提供了极大的便利,更有利于推动来华留学教育的发展。

2. 中外合作办学机构和项目增多

为了积极响应国家教育开放的战略,教育部发布了《推进共建"一带一路"教育行动》,以提高留学教育的质量,满足人们对高质量教育的需求。中外合作办学既是将国外知名大学"引进来"的良机,也是中国高校"走出去"的机会,通过引进名校强校的优质资源,迈向高质量的教育建设。据中国教育部统计,截至 2017 年 9 月经审批或复核通过的中外合作办学机构和项目共计 2 593 个,其中本科及以上学历层次的机构和项目共 1 288 个[②]。截至 2016 年,中国高校已在境外开办了 4 个机构和 98 个办学项目,分布在 14 个国家和地区,大部分在"一带一路"沿线地区。4 个机构分别是厦门大学马来西亚分校、老挝苏州学校、云南财经大学曼谷商学院、北京语言大学东京学院,开设的专业包括中国语言文学、中医药、中医针灸、中国传统武术、体育教育学、工商管理、法律、教育学、烹饪工艺与营养学等[③]。

中国与东南亚毗邻,早在 20 世纪 90 年代,便先后建立了"东盟大学联盟"(现已发展为东盟及中日韩大学联盟)、"亚太大学联盟"(1995 年)、"中国—东盟教育合作委员会"、"中国—东盟工科大学联盟"、"中国—东盟海洋大学联盟"等长效合作机制。中国也特别注重和东南亚国家开展各种合作办学,在新加坡、马来西亚、老挝、泰国都有海外分校,并且设立合作项目。同时,中国在东盟国家建有孔子学院。东南亚国家与中国在教育领域的合作具有先导性作用,中国也成了东南亚留学生最主要的留学目的国。

3. 政府加大奖学金投放力度

中国政府奖学金对扩大来华留学生规模起着明显的作用,资助类别广泛,涵盖了学历生和汉语或专业进修生。2017 年,共 5.86 万名来华留学生被授予中国政府奖学金,占来华留学生总数的 11.97%,比 2016 年增加了 20.06%。其中学历生占奖学金生总数的 88.02%。2015 年获中国政府奖学金的 24 251 名学生来自"一带一路"沿线国家,占比为 59.7%。此外,中国教育部也设立了"丝绸之路"中国政府奖学金,每年资助 1 万名沿线国家新生,培养更多来华优秀人才。由此可见,"一带一路"沿线国家的留学生获全额奖学金的比例已经远超其他国家,中国针对来华的高端人才还另外设置了不少特别奖学金项目和优秀留学生奖励金项目。

中国政府来华留学卓越奖学金项目设立于 2014 年,是为了加快高层次人才资源储备和杰出青年人才培养而开设的 1 或 2 年学制的全英文授课硕士项目,涵盖了法律、公共卫生、

---

① 建设"一带一路"中国教育做了啥 [EB/OL].(2017-04-20)[2018-03-22].http://www.moe.gov.cn/jyb_xwfb/xw_fbh/moe_2069/xwfbh_2017n/xwfb_170419/170419_mtbd/201704/t20170420_302903.html. 签订协议的 24 国:波兰、立陶宛、爱沙尼亚、拉脱维亚、匈牙利、罗马尼亚、保加利亚、捷克、泰国、越南、菲律宾、马来西亚、印度尼西亚、哈萨克斯坦、土库曼斯坦、吉尔吉斯斯坦、乌兹别克斯坦、亚美尼亚、俄罗斯、乌克兰、白俄罗斯、斯里兰卡、蒙古、埃及。

② 努力开创教育开放发展新局面 [EB/OL].(2017-12-21)[2018-03-22].http://www.moe.gov.cn/jyb_xwfb/moe_2082/zl_2017n/2017_zl73/201712/t20171221_322106.html.

③ 建设"一带一路"中国教育做了啥 [EB/OL].(2017-04-20)[2018-03-22].http://www.moe.gov.cn/jyb_xwfb/xw_fbh/moe_2069/xwfbh_2017n/xwfb_170419/170419_mtbd/201704/t20170420_302903.html.

国际经济合作、中国学、对外经贸法律、"亚投行"国际金融、工商管理以及基础设施工程等，除了提供全额资助、生活费、安置费、保险，甚至还提供一次性往返机票。这个奖学金项目有很强的针对性，吸引了大批来自"一带一路"沿线国家公务部门的公职人员、各类机构和企业单位的高级管理人才、高校和科研机构的精英。

据《中国留学发展报告（2017）》统计，部分省份还设立了专门面向"一带一路"沿线国家的奖学金项目（见表 3-8）。北京市率先试点推行"一带一路"奖学金项目，获得青睐的项目包括了英文授课、北京市高校重点学科、特色专业、联合培养和校际交流等项目，入选的项目每年将获得 25 万元的资助。甘肃、湖北、重庆、澳门、香港也设立了专项奖学金，以吸引更多优秀的"一带一路"沿线国家来华留学生，奖学金总额最多达到每年 500 万元。江苏、贵州、广州、云南则针对东盟国家留学生设置了专项奖学金，积极扩大东盟国家留学生规模，目前有不少东盟国家留学生愿意先来学汉语，然后再选择进入相关专业学习，东盟国家学历生的规模占来华留学生的绝大比例。

表 3-8 中国各省设立的"一带一路"沿线国家的专项奖学金项目

省（直辖市、特别行政区）	奖学金项目	适用对象	金额	设立时间
北京	外国留学生"一带一路"专项奖学金	"一带一路"沿线国家全日制本科生或研究生以上	本科生 2 万元、硕士生 3 万元、博士生 4 万元	2016 年
甘肃	甘肃省丝绸之路专项奖学金	"一带一路"沿线国家本科生、研究生及长期进修生	总额 500 万元	2016 年 10 月
湖北	湖北省政府"一带一路"留学生奖学金	"一带一路"沿线国家学历生、汉语进修生、预科生	总额 500 万元	2016 年
江苏	茉莉花东盟国家奖学金	东盟国家职业教育留学生	总额 300 万元	2016 年
重庆	重庆市外国留学生市长奖学金"丝路"专项	"一带一路"沿线国家中高级管理人员和技术技能人员	总额 500 万元	2016 年
澳门	"一带一路"奖学金	广东、福建籍学生及"一带一路"沿线国家留学生	—	2017 年
香港	"一带一路"奖学金	泰国、印度尼西亚本科留学生	每人最多 12 万港元	2017 年
贵州	中国 - 东盟海上丝绸之路奖学金	东盟国家留学生	每人 6 000 元到 20 000 元	2017 年
广西	东盟国家留学生奖学金	东盟国家留学生	总额 1500 万元	2011 年
云南	东盟留学生奖学金	东盟国家留学生	本科生 3 万元、硕士生 3.5 万元、博士生 4 万元	2004 年

资料来源：《中国留学发展报告（2017）》①。

4. 加快推进非通用语学习和培训

为了实现"一带一路"语言相通、与相关国家和区域进行深入沟通与对话，对外语人才的需求也呈现出多样化的特点。2016 年，中国公派了 42 个非通用语种的 1 036 位人员出国

① 王辉耀，苗绿. 中国留学发展报告（2017）[M]. 北京：社会科学文献出版社，2017：161-162.

学习培训，填补了 9 个国内非通用语种的空白。共建“一带一路”倡议使小语种人才成为新兴需求，为了培养更多能够走向企业和民间的小语种人才，小语种专业也大量开设，一些已有专业的布点数量也迅速增加。

“一带一路”沿线国家来华留学生具有国别优势，甚至精通好几种通用语或非通用语，同时能熟练掌握汉语和中国文化精髓。在多方位挖掘现有非通用语人才资源的需求上，高校可以考虑招收已完成学位攻读、具有相关专业知识的留学生留校当非通用语教师，实现培养、引进、储备相结合。在此基础上，政府应提供相关政策支持，进一步改善非通用语人才稀缺的问题。

（二）积极扩大教育对外开放

2015 年，中央全面深化改革领导小组第十九次会议审议通过了《关于做好新时期教育对外开放工作的若干意见》，会议强调，教育对外开放是中国改革开放事业的重要组成部分，要提高教育对外开放质量和水平，自觉服务“一带一路”建设等[①]。对外开放的最大好处就是资源共享，优质教育资源包括教学理念、教学模式、培养方案、教师技术、教材等，引进国外高质量的教学资源可以缩短发展中国家和发达国家的教育差距。优质教育资源中包括人才资源，为了培养国内的全方位人才，有必要引进国外优秀专家学者来承担培养任务，因此我们需要实行更开放的人才政策。

在世界一流大学和世界一流学科建设的背景下，中国高校有比较大的办学自主权。在国家政策的支持下，中国高校将培养符合社会需求的高素质专门人才列为首要任务，引进更多优秀外国人才并公派优秀人才到海外学习，以加快提升高等教育的水平和质量。“一带一路”建设对人才的需求，对高层次人才培养起到了支撑的作用。除了学术研究影响力，国内高校也要重视科技创新能力的提升，全方位培养各行业的特色人才，近年来也有不少优秀的校企结合的培养方案，将学习与企业实践结合，培养社会所需的、跟市场接轨的实用型人才。

高等教育必然走向国际化，教育服务国际化的形式很多，包括国际合作办学、联合培养项目、特许项目、学分转移和设立国外分校等形式。以下这几种中外教育合作方式已经存在：①外国高校在中国设立分校；②联合学院合作办学；③双学位课程；④联合培养项目；⑤中国在海外设立分校等。

中国政府自 1978 年以来也出台过一些中外合作办学的政策，以扩大高等教育的对外开放。从 1985 年发展至 2012 年，中外合作办学项目和机构的数目达到了顶峰，但这其中也存在各种漏洞和弊病，所以，2012 年以后发展中外合作办学项目的脚步也逐步放缓，相关部门做了整顿和规范，扫除了很多非法办学的机构和项目，潜在的威胁和风险大大降低。为了进一步规范中外合作办学的秩序，中国教育部在中外合作办学监督工作信息平台上，定期更新教育部审批和复核的机构和项目名单，从监督和管理上尽量做到信息透明化，方便民众获取更可靠的信息。唐永辉指出，相对于国外目前的国际合作办学成果，中国基于高等教育水平

---

① 习近平主持召开中央全面深化改革领导小组第十九次会议 [EB/OL].（2015-12-09）[2018-03-22].http://news.12371.cn/2015/12/09/ARTI1449657713606273.shtml.

以及现行政策，比较难吸引国外一流大学的合作方进入中国，同时还有合作办学地域分布不均等问题[①]。

1. 中国大学在海外设立分校

不少“一带一路”沿线国家的高等教育至今发展得仍然比较慢，多数国家急需引进优质的教育资源提高本国高等教育水平。中国和“一带一路”沿线国家积极策划并设立海外分校，中方努力拓展同有关国家和地区的教育界的交流合作，采用不同的形式向沿线国家输出高等教育资源，不少沿线国家也积极邀请中国大学入境设立分校。据英国无边界高等教育观察组织的研究，海外分校或校区一般有五种建构模式：①由学校本部独立建置；②海外校区与当地私人企业合作；③由当地政府负担全部经费；④向私立部门租借相关资源；⑤学术合作伙伴关系。

中国大学在海外设立分校的目的是发展和扩大中国与有关国家的政府、大学、当地组织和企业等的深入合作，同时输出教育资源，传播文化。随着“一带一路”建设的推进，越来越多的中国企业走出国门，企业里长时间驻扎的员工也会把孩子带出去，为海外分校建设创造了发展环境和机遇。

中国高校在国外开办分校起步得比较晚，在海外建设分校也要考虑政治、经济、文化等方面的差异，花费巨大，所以中方采用的方法多为学术合作，与当地大学合作设立办学机构，以及在专业层面与国外高校合作实施联合培养项目，即“3+1”“2+2”等项目，且目前效果显著。此外，中国高校在东盟国家马来西亚、老挝、柬埔寨等设立了海外分校，如海外独立建校的厦门大学马来西亚分校；也有与当地私人企业共同合办的老挝苏州学校；还有中国提供资金援建的柬埔寨桔井大学。北京大学汇丰商学院牛津校区于2018年正式启用。此外，在欧洲的海外分校还有同济大学佛罗伦萨校区，主要以暑期课程、短期培训为主。

2. 外国高校纷纷来华设立分校

出于对高等教育国际化的发展和经济增长的需要，中国也欢迎国外知名大学来华设立分校。国外大学的进驻，对高校体系的改革有着很大的作用。在全国中外合作办学的大学中，一些大学具有办学实力强、办学特色突出的优势。在学科设置上，这些合作办学的大学各具特色，充分发挥了适应共建“一带一路”倡议以及地区经济社会发展的需求，并体现了双方办学优势，顺利完成学业的学生能够获得两校的毕业证书。

三、来华留学教育面临的挑战

1. 各省需要充分发挥区位优势吸引来华留学生

目前，中国不同地区的教育水平存在较大差异且存在区域发展不均衡的问题。“一带一路”建设提倡“区域互通互联”，中国各省市应该结合自身在“丝绸之路经济带”中的战略定位，充分发挥区位优势和地方特色，吸引更多来华留学生。不少地方都率先作出了引领行动，如甘肃省面向中亚、南亚和西亚国家加强招生宣传，增加奖学金名额，开展中外合作办学、学者双向交流合作，并建立中亚、南亚和西亚的国别与区域研究基地。云南、广州、贵州

① 唐永辉. 高等教育国际合作办学项目的现状、问题与对策 [D]. 湘潭：湘潭大学，2015.

地处中国南部，与东盟国家有紧密的合作关系；东北地区与蒙古国、俄罗斯毗邻，可以开展更多合作办学的项目，加大优质教育资源支持；上海、北京、江苏、澳门、香港等城市具有一定的开放性和教育国际化优势，与海外知名院校有不少交流合作项目，可考虑建设更多特色培养课程，吸引更多高层次的储备人才。

有政策的支持，各地各校应充分发挥自身地理和学科优势，并致力于改善来华留学生在华留学体验与高校办学质量、办学条件、管理和服务体系；同时，也要建立对来华留学生中介进行严格审核的机制，对鱼目混珠的中介要有所防范。

2. 高校师资国际化水平仍不够高

高质量的人才培养方案对师资质量的要求很高，但目前高校师资国际化水平仍然不够高，根据 2016 年全国第四轮学科评估结果，全国参评学科专任教师 51 万人中，只有 29% 的教师具有海外交流的经验①。高校可以通过外部引进和内部提升来达到师资水平国际化的目的，还可以通过国家人才项目，以优厚的待遇条件吸引并鼓励海外留学人才回国工作，引进外籍特聘教授，以壮大高校中的海归教师和外籍教授人才队伍。在中外合作办学的基础上，国际高质量教育资源不断增多，有利于国内教职人员参加国际化教育培训和项目合作，如针对教职人员的联合培养项目等。通过学术合作与交流，高校派遣国内教师参与访问和调研实践，也能为教师提供良好的工作发展机遇。

《中国留学发展报告（2016）》对中国留学回国人员发展情况做过调研，2016 年海归在教育科研领域就业人数只占 10.8%，而来华留学教育需要更多具有国际视野的教师，特别是精通非通用语的语言人才，教育领域的人才需求是非常大的。除了可以加大对“一带一路”沿线国家外籍教师的引进力度，还可以让沿线国家优秀的来华留学博士毕业生、博士后留校工作，在留住人才的同时也能增加具有国际视野的外籍教师数量，为共建“一带一路”倡议下教育领域的长远发展打下基础。

3. 需加强英语授课专业的建设力度

英语是国际通用语，加强英语授课专业的建设力度意味着会有更多的留学生会被吸引，特别是中东欧国家、非洲国家和独联体国家的留学生。开设更多英语授课专业，对高校而言，可能会带来更大的经费负担，师资也会面临短缺，这是不可避免的问题。不过，每年都有大批海外留学人员回国，海外也有不少优秀的华侨子弟，而中国高校的就职环境对他们具有很大的吸引力，建议大力引进这批优秀人员填补全英文授课岗位空缺，加快提升英语授课课程的质量，提高来华留学生就读的满意度。

中国国内英语授课专业目前仍然处在建设阶段，能够承担起全英文授课任务的在职教师不多，在授课质量、教学深度等多方面仍未达到国际水平。2014 年全国开设英文授课课程的院校只有 15%，而调研显示 90% 的攻读学位课程的留学生更青睐英文授课课程，其中发展中国家的学生对其的青睐度高于平均水平②。主要原因是对他们来说汉语不好学，而且短时间的汉语学习之后即进入专业课的学习，对很多留学生而言都很吃力。

---

① 张烁. 全国第四轮学科评估结果出炉：学科建设彰显“中国效应”[EB/OL].（2018-01-18）[2018-03-25].http://www.moe.gov.cn/jyb_xwfb/s5147/201801/t20180118_325016.html.

② 2014 年来华留学调查报告 [EB/OL].[2018-03-25].http://www.eol.cn/html/lhlx/content.html.

4. 留学生在华就业政策尚需完善

随着中国的快速发展，不少留学生适应中国环境以后，毕业后就想留在中国工作，甚至在华安家。中国（教育部）留学服务中心曾对来华留学生做过调查，来华留学生在华就业的意向很高，95% 的留学生希望留在中国工作，其中 64.7% 的留学生希望在中国企业的海外机构工作[①]。实际情况是，留学生在华就业政策尚需完善，大部分毕业生面临学习签证到期但转工作签证太困难而只能回国的窘境。

2017 年，《人力资源社会保障部 外交部 教育部关于允许优秀外籍高校毕业生在华就业有关事项的通知》发布，中国对优秀外籍高校毕业生在华就业问题做了调整[②]，允许境内高校和境外知名高校取得硕士及以上学位且毕业 1 年以内的外国留学生和外籍人士，在华申办外国人就业许可证。北京、上海、广州、浙江等也在试点实施短期实习以及优秀毕业生就业创业等政策。但是，相关政策在学历条件、在华停留年限、实习单位等方面还存在诸多限制。李秀珍和孙钰建议，为满足条件、有留华就职意愿的毕业生延长在华签证，以及实习后提供就业签证[③]。苗绿也建议借鉴国外发达国家“留学—实习—工作—永久居留”的方案，留住宝贵的人才资源。

5. 简化申请流程，实行线上提交申请材料

留学生在申请在华高校前，需要填写并提交一式两份的纸质申请材料。如果再加上申请奖学金的材料，留学生需要邮寄投递更多的纸质材料。虽然中国国家留学基金管理委员会开通了网申系统，但来华留学生仍需要先通过系统报名申请中国政府奖学金，扫描并上传所有资料，最后还要打印一式两份的申请材料并邮寄到高校招生处。在这方面，中国应该借鉴绿色无纸化的办公模式，让申请者通过线上系统提交申请材料、交纳报名费，使申请流程更加简单快捷，同时提高工作处理效率。

6. 完善奖学金评审系统

为了积极发挥奖学金的效益和作用，中国国家留学基金管理委员会要求各高校每年对来华留学生进行年度奖学金评审，留学生需要填写自我评估表并交至学院教务办公室，学院根据学生的综合表现（学习成绩、学习态度、考勤、在校表现等）进行评估，再将结果上报基金管理委员会，一般至少耗时 2 个月。在实际操作中，虽然留学生只需要填写并提交自我评估表和在校荣誉表现相关证明资料，但教务处的评审流程采用的是人工式审核，既耗时也无法保证准确性。在评估项目中建议加入导师或教师考评，多一个角度反馈被考核者的真实情况，这对教务处的审核工作会更有帮助。另外，建议实施评估系统的线上运行，学生将申报所需资料通过校园网络系统提交，教务处通过数据分析即可立刻筛选出学生的学习成绩、考勤等资料，加快评审工作的效率。

---

① 来华留学生如何在华求职就业（人在中国）[EB/OL].（2016-12-30）[2018-03-29].http://www.ndrc.gov.cn/fzgggz/jyysr/jqyw/201612/t20161230_836663.html.

② 政策调整之前，外国留学生要在中国获得就业资格必须具有两年境外相关工作经验。

③ 李秀珍，孙钰. 外国留学生在华就业政策改善方案 [J]. 洛阳师范学院学报，2015，34（1）：125-128.

第三节 共建"一带一路"倡议下来华留学教育管理机制和培养模式的问题

一、来华留学教育的管理机制问题

前文曾提到来华留学的学历生人数近年来呈快速增长的趋势，2017 年共吸引了 24.15 万名学历生赴华留学，其中硕士和博士研究生达到 7.58 万人，比 2016 年增长了 18.62%；各类来华留学生在中国 31 个省、自治区、直辖市的 935 所高等院校学习；来华留学生的学科专业分布方面，学习文科类专业的学生占 48.45%；而学习工科、管理、理科、艺术、农学的学生的同比增幅超过 20%。从现有数据来看，学历生的占比在逐年提高，这与中国政府不断加大中国政府奖学金的投入并向"一带一路"沿线国家倾斜奖学金分配、对高层次人才培养机制的优化调整息息相关。

现有关于来华留学教育管理机制的研究已经很全面，研究思路多数为现状说明、提出问题和提供解决对策。研究内容可分为四大方面：第一，反思来华留学教育管理制度；第二，对管理观念的探讨；第三，对教学管理问题的探讨；第四，地方性来华留学教育管理的特点。2011 年以来，不少学者都提出了来华留学教育管理中应该加入绩效反馈机制以及规范评估监督系统，实现多向沟通。在对来华留学教育管理机制的研究中，笔者主要着墨于较少学者注意的问题：首先是官方统计数据不完善，其次是住宿环境无法满足人性化需求，最后是奖学金分配中存在的问题。

（一）官方统计数据不完善

目前，有关来华留学教育的官方统计数据很少，而且概括笼统、更新慢，缺失较早年的数据，暴露出了统计数据不完善的问题。事实上，对大数据的掌握是非常有必要的，特别是对来华留学生的学科专业分布、学科表现、顺利取得学位人数等进行逐年的大数据分析具有关键作用。首先，"一带一路"沿线各国发展形式和政策导向都不一样，国家实际需求会对出国留学的精英人才的学科专业选择产生影响；其次，各个国家的留学生因学习方法的不同会在学科培养的适应性方面有不同的表现；最后，顺利取得学位的毕业生人数的大数据分析能够很好地反映奖学金项目的实施效果。上述有关方面的数据都是目前公开的官方数据中缺失的（或许是未公开的，也或许是真正缺失的），但是这些数据都是将来做更深入的分析应掌握的基础资料。

招收国际学生的数量是考量高校国际化进程的必要指标，学历生的培养水平能说明高水平教育的实力。问题是，中国高校在国际学历生的培养中缺乏有效的淘汰机制，即来华留学生的学历教育有些是宽进宽出，导致本科或硕士学位都比较好"糊弄"过去，有必要继续加强考核机制，以保证学位授予的质量。在华学习的本、硕、博学生究竟有多少人顺利取得学位，因为数据的缺失而无法获知，所以无法对国际学生的培养质量做深入的探讨。

中国与发达国家在留学教育的激烈市场竞争中面临着新挑战。在科技革命和产业变革引领的新时代，面对绿色节能、人工智能、新能源技术、新材料技术、互联网信息技术等前沿科技领域的人才需求，发达国家也在积极加强大学和科研机构、企业的合作，整合资源并培养新兴产业所需人才。这说明在经济社会发展的需求下，一国的高等教育学历层次和学科类型结构是紧密相连的，特别是在共建“一带一路”的背景下，能够促进国民经济和社会发展的专业是备受青睐的。近几年，中国一级学科数量的增加，推动了来华留学教育的发展，当然在这方面中国还有很长的路要走。

2016—2017 年留学目的国排行第一的为美国，赴美的国际学生人数为 1 078 822 人，其中本科生占 439 019 人，硕士和博士研究生占 391 124 人 ①，学历生的占比达到 76.95%，比赴华的国际学历生的占比高出了 27.56%。国际教育协会的数据显示，国际学生热衷的专业依次为工程（21.4%）、工商管理（18.6%）、数学和计算机科学（15.5%）、社会科学（7.5%）、生物科学（7.12%）、美术和应用艺术（5.7%）、健康专业（3.2%）、英语专业（2.8%）、通信与新闻学（2.03%）和其他专业（16.15%），如人文学科、法学、教育学、农学等。数据统计也显示，商学、人文学科、社会与科学、自然科学与数学、教育学这几大学科都是美国大学院校受学生欢迎的专业 ②。而在中国的来华留学教育相关的官方公开数据中并没有如上这些详尽的数据。

（二）住宿环境无法满足人性化需求

1. 公共空间建设的必要性

考虑到生活习惯等的不同，中国高校普遍把留学生和中国学生的住宿分开。留学生有专门的宿舍楼，以便学校能够更好地管理，许多高校都会尽可能照顾来华留学生的需求。中国高校里的留学生宿舍楼基本优先考量的是休息的环境，建筑内部空间包括前台、房间、洗衣房、公共厨房，不是所有的宿舍楼都设置有公共活动空间。公共空间建设承载着重要的社会功能，能够促进交流——交流思想、交流共同点、交流信息、增进感情、维持关系，从而建立起社交圈，使处于同一个社区环境中的人产生凝聚力，更加团结互助。从现有的住宿环境来看，留学生宿舍缺乏这样的空间，它超出了物质享受的范围，属于一种精神需求。

笔者根据留学生的反馈以及自身感受后的思考，认为公共空间的建设是有必要的。从人类学的角度来看，人类行为的认知和情感因素在很大程度上会受到文化氛围的影响 ③，我们通过感知模式等的深层文化意识去观察和反馈，用类似于学习自己文化的方式来学习和理解异文化，对现有不断变化的环境作出调适以达到适应的目的。在跨文化的交往中，各个国家的留学生的信仰不同、背景不同，他们的行为会产生微妙的差别，而这些差别是产生文

① Institute of International Education.Open door reports on international educational exchange[EB/OL].（2018-09-18）[2018-10-30].https://www.iie.org/Research-and-Insights/Open-Doors/Data/International-Students/Academic-Level.

② U.S. Department of Education, National Center for Education Statistics. Higher education general information survey（HEGIS）[EB/OL].（2019-01-21）[2019-03-10].https://nces.ed.gov/programs/digest/d17/tables/dt17_318.20.asp.

③ 袁同凯. 教育人类学简论 [M]. 天津：南开大学出版社，2013：70.

化冲突的重要原因，除了双方间的相互尊重、宽容和适应，高校也应该从客观的角度考虑如何帮助留学生化解这些冲突，所以在一楼建设公共空间十分必要。

以天津大学留学生宿舍为例，宿舍分为单人间和双人间，单人间的宿舍楼如友园和留园拥有大厅和教室等公共空间，但是双人间的宿舍楼里却没有。每栋楼都应该设立满足现代需求的公共空间，如健身房、多功能活动室、舞蹈室或音乐室等。考虑到学生的活动时间会随着四季变化而增减，冬天待在室内的时间更长，为了方便学生进行多样化的活动和交流，多功能活动室可以是放映新闻、中国电影或纪录片的场所，也可以是留学生兴趣社团的活动场所；舞蹈室或音乐室可以作为演出彩排、音乐爱好者表演和交流的场所。此外，有些国家之间的时差比较大，留学生晚上想跟家人视频聊天，他们便可以到公共空间，不会打扰到室友或其他寝室的同学。公共空间是一个满足精神需求的场所，更是一个社交文化空间，以人为中心设置，承担着各类艺术活动、社团活动、群体活动的需要，能够提高人文环境的质量。

2. 现有校内住宿环境无法满足不同需求

以一些高校的住宿环境为例，它们采用的是住宿、教育和生活结合的模式，在这种注重开放式体验的环境中，留学生拥有的选择权较多，学生在宿舍里经常组织各种特色活动，如学术研习、电影欣赏等。哈佛大学的宿舍楼集合了公共空间、图书馆、学术和文化娱乐活动设施；斯坦福大学则拥有不同主题的公寓楼，学生经常可以到不同的公寓楼参加自己喜欢的活动[①]。这些高校对在校住宿的留学生的管理模式的核心是重视跨文化交流和激发学生自主融入环境的意愿，这是非常值得中国高校学习和借鉴的。

"对有家庭和孩子的博士生来说，最好是住在校外才不会影响楼里其他的学生，但是现在的校外住宿津贴只有 1 000 元[②]。学校宿舍的房间很紧张，我建议不提供免费住宿，而是提高每月的津贴，有足够的钱我更容易在外面找房子住。"（孟加拉国留学生，环境与科学工程专业博士研究生二年级，中国政府奖学金生）[③]

被访者是携同妻子和孩子一起来华生活的博士生，被安排住在留学生宿舍楼，一家人包括 2 个不足 4 岁的孩子，生活在普通的双人间里很狭仄，孩子有时候还会自己打开房门溜出房间，在走廊里玩耍。我们都能理解孩子好玩、爱探索周围一切的天性。笔者向住在同一楼层的留学生打听，部分留学生表示孩子们随意在走廊和楼梯口玩耍奔跑，除了有安全问题，再有就是影响了他们的休息，表示带着孩子的留学生更应该考虑在校外租房子。基于目前中国政府奖学金博士生的校外住宿津贴标准是 1 000 元，所以被访者表示他们只能选择继续住在宿舍里，相应地，只能尽量限制孩子们的活动范围。从这个侧面可以了解到，校外住宿的津贴还是比较低的。被访者也提了一个建议：取消提供免费的宿舍，提高每个月的津贴，学生可以根据自己的需求来选择在校内或校外住宿。

---

① 林彬. 中美学生事务管理的比较 [M]. 北京：知识产权出版社，2014：64-66.

② 中国政府全额奖学金关于住宿费的说明：为中国政府奖学金生提供免费宿舍或发放住宿费补贴。住宿费由学校统筹使用。按学校规定在校内住宿的，由学校提供免费宿舍，一般为双人间；经学校批准，选择校外住宿的，可按月或季度获得学校发放的住宿费。标准为：本科生（预科生）和硕士研究生（普通进修生）700 元人民币 / 月、博士研究生（高级进修生）1 000 元人民币 / 月。资料来源：http://www.campuschina.org/zh/content/details1003_122933.html.

③ 摘录自本人《2018 天津大学留学生访谈录》，2018 年 4 月 13 日晚上 11 时，留学生宿舍 50 斋，访谈对象为 MHM，孟加拉国留学生。

校园里像上面这位孟加拉国的博士生一样的留学生也有不少，他们都有同样的特点：25~35 岁，已婚，伴侣来华陪读或一同攻读学位，身边带着至少一个孩子，为政府奖学金生（享免费住宿）。他们也有同样的需求：想要有更合适的住宿环境。

3. 成立大学生服务中心将成为未来的趋势

参考一些高校的大学生服务中心，如慕尼黑大学和哥廷根大学设有专门提供给有家庭的学生的公寓和宿舍，在一些住宿区还有托儿所（图 3-4），另外还有不同户型的宿舍以满足申请者们不同的需求[①]，大学生服务中心的学生宿舍还提供了方便残疾人生活的设施设备，如轮椅斜坡、电梯等，保证残疾学生也能够获得平等的权益，为他们的生活提供便利[②]。学生们只要按照申请指南提前上网申请即可。这些高校从以人为本的角度出发，形成了很多值得借鉴的办学和管理经验。中国高校也应该考虑建造多户型的学生宿舍楼，比如单人房、双人房、家庭房等，申请者可以按照自己的需求进行申请。目前，中国政府奖学金生的宿舍是统一调配的，并且一般为双人间，对留学生的特殊需求还是尽量满足的，这是中国式的人性化管理的一面。随着时代的进步，留学生的规模越来越大，建造多户型的学生宿舍楼是更加可行的方案。其实，成立大学生服务中心这样的公共事业机构是高校未来走向可持续发展的必经之路，为学生和社区提供生活、健康、文化等的支持，从而形成"高校—社区—社会"完整的服务体系。

图 3-4　德国慕尼黑大学（阿格尼斯街）学生宿舍底层的托儿所，在校学生可以将幼儿放到这里托管

（三）奖学金分配中存在的问题

在发展来华留学教育上，中国教育部为国际学生提供了各种类型的奖学金项目，奖学金

① Munich Student Union. Accommodation with a child[EB/OL].[2018-10-22].https：//www.studentenwerk-muenchen.de/en/student-accommodation/life-in-a-student-halls-of-residence/accommodation-with-a-child/.

② Munich Student Union. Accommodation students with a disability or chronic illness[EB/OL].[2018-10-22].https：//www.studentenwerk-muenchen.de/zh/studieren-mit-behinderung/wohnplaetze-fuer-studierende-mit-behinderung-oder-chronischer-krankheit/.

的种类包括：中国政府奖学金、地方政府奖学金、孔子学院奖学金，其他还有高校奖学金、企业奖学金等。设置奖学金的目的是吸引更多优秀的留学生源，以提高教育质量，并扩大中国的对外合作关系。中国教育部委托国家留学基金管理委员会管理的中国政府奖学金的覆盖面最广（从普通进修生至博士研究生），在奖学金项目、奖学金名额、奖学金数额等方面均占主导地位[①]。目前中国共有289所高校承担了中国政府奖学金留学生培养任务[②]。

2017—2018年，天津大学“一带一路”沿线国家的在校留学生共706名，奖学金生为500名，自费生为206名。其中，中国政府奖学金生人数为432人，天津市政府奖学金生人数为38人，孔子学院奖学金人数为9人，以及天津大学外国留学生奖学金生人数为21人。从数据进行分析，享有奖学金的学生占70.8%，而其中享受中国政府全额奖学金的学生占61.19%，占了大多数。天津大学是国家“双一流”建设高校，拥有自主招生权利，对外国留学生的奖学金申请有很大的自主审核权。笔者就地采访了40位该校来自“一带一路”沿线国家的留学生，大部分学生都是中国政府奖学金的获得者，同时也是在校学位学历生，奖学金的激励机制对他们来华留学明显发挥了积极作用。笔者与被访者做了以下方面的探讨：奖学金是否和来华留学动机紧密相连，奖学金申请的难易度，奖学金实施的效果，奖学金生的年度审核等。对此，笔者根据访谈内容整理了享受奖学金的学生的意见，从中梳理出以下几大观点：

①来中国留学最大的原因是拿到了中国政府奖学金；

②中国的奖学金不难申请；

③奖学金的种类和额度会影响对高校的选择；

④对于高校提供的奖学金额度以及高校的名气、排名，大部分申请者优先考虑前者；

⑤主要通过在校的朋友或者同胞了解奖学金的信息，自己再上网查资料，大部分都是自己申请；

⑥对东盟国家的学生而言，出国留学是比较有面子的事情，目前读研比较吃香；

⑦对东盟国家的学生而言，中国的高等教育水平比其本国的更好；

⑧工商管理专业的学生，到中国留学会更好；

⑨中国经济崛起；

⑩中国的消费水平很合理，每月补贴的生活费绰绰有余，可以安心上学，不必担忧经济问题；

⑪ 如果能申请到奖学金，会继续读研或读博；

⑫ 应该善用奖学金，给真正的人才提供奖学金，奖励优秀人才，留下人才；

⑬ 毕业后想继续读，但是如果申请不到奖学金，就会考虑回国就业；

⑭ 欧美国家也有奖学金，但名额少，也很难申请，中国提供的奖学金名额一年比一年多，申请门槛不算高。

---

① 李家军.来华留学生奖学金项目优化管理研究：以广西大学留学生奖学金项目为例[D].南宁：广西大学.2013.

② 留学中国.中国政府奖学金[EB/OL].http://www.campuschina.org/zh/content/details1003_122933.html.

1. 奖学金对来华留学动机的影响

奖学金是否会对国际学生来华留学动机产生影响？根据田野调查，笔者发现这个影响达95%。来华留学生选择到中国留学，首先是对中国高等教育质量认可，对所学习专业认可，还有就是奖学金的巨大吸引力。来华之前，留学生获取信息的渠道一般是同胞、朋友、老师以及高校门户网站，不过留学生还是很依赖英文版的介绍的。来华留学生一般会同时申请几所中国高校，他们会对比高校的综合排名、所学专业的排名、高校所在的城市、申请的难易度（初步以成绩和对汉语水平的要求做判断，过后会想办法联系在校的朋友或同胞获取更多信息）、科研实力、收到录取通知的时间、奖学金种类和金额等，最后申请者大多会在奖学金和录取结果之间做衡量和取舍，另外奖学金的额度会成为他们选择高校时的最重要考量。

"被天津大学录取的同时，我也被香港理工大学和浙江大学录取了，但是天津大学给我的奖学金金额比较高，最后我选择了天津大学。"（马来西亚留学生，化工专业，天津大学化工学院留学生奖学金生）①

"跟在校的同胞打听过中国大学的情况，我同时申请了几个大学，看哪个大学录取我并且提供奖学金。"（泰国留学生，跨文化教育专业，中国政府奖学金生）②

"对共建'一带一路'倡议不太了解，但知道中国有很多奖学金项目，未来几年内会想办法回到中国升学，无论是奖学金或是自费。"（乌兹别克斯坦留学生，语言交换生，乌政府奖学金生）③

"我高考的成绩很好，已经被河内有名的大学录取了，后来父亲的朋友建议我申请中国的奖学金项目，我打算如果申请不到就留在河内上大学了，幸运的是后来被天津大学录取了，还有全额奖学金。"（越南留学生，信息管理专业，中国政府奖学金生）④

"我申请了天津大学、华东师范大学、武汉大学，天津大学是最快跟我联系录取的。去年（2017年）我申请过孔子学院奖学金却失败了，本来还很灰心来不了中国，今年（2018年）成功拿到中国政府奖学金，我才燃起来华留学的希望。"（越南留学生，语言学及应用语言学专业，中国政府奖学金生）⑤

来华留学项目大部分都是全日制项目，留学生需要脱产学习，不同城市的消费水平会对留学成本产生影响，奖学金对留学生具有较强的拉力作用，特别是硕博项目的申请者。受社会和年龄的影响，申请者一般拥有相对稳定的工作，再深造是个很重要的决定，在能够保障目前的生活和未来就业的条件下赴中国脱产学习，资金上必须得到保障，所以成功获得奖学

---

① 摘录自本人《2018天津大学留学生访谈录》，2018年4月14日晚上9时30分，留学生宿舍50斋，访谈对象为CSF，马来西亚留学生。

② 摘录自本人《2018天津大学留学生访谈录》，2018年3月30日下午3时30分，留学生宿舍50斋，访谈对象为WM，泰国留学生。

③ 摘录自本人《2018天津大学留学生访谈录》，2018年4月2日下午4时06分，留学生宿舍50斋大厅，访谈对象为WB，乌兹别克斯坦留学生。

④ 摘录自本人《2018天津大学留学生访谈录》，2018年4月9日下午2时30分，留学生宿舍50斋，访谈对象为RYX，越南留学生。

⑤ 摘录自本人《2018天津大学留学生访谈录》，2018年4月11日下午3时，留学生宿舍留园大厅，访谈对象为FYX，越南留学生。

金是其中一个重要的来华学习动机。

2. 奖学金的申请问题

根据中国教育部国际合作与交流司关于中国政府奖学金的管理规定，“申请上述中国政府奖学金者原则上应具有相应的汉语水平；汉语水平达不到学习要求者，可安排最长不超过 2 学年的汉语补习，其中需要汉语补习的本科生和硕士、博士研究生的奖学金期限相应延长”①。中国政府奖学金的申请对语言的要求比较宽松，即便申请的时候汉语水平为零基础，或无汉语水平考试（HSK）成绩也有获得奖学金的可能，不过留学生必须有至少一年的汉语补习并且在学年结束后完成 HSK 四级考试才能入中文授课的专业学习。这一年的汉语补习期限内留学生每月也能够获得相应的生活津贴，本科生 2 500 元，硕士生 3 000 元，博士生 3 500 元，所以中国政府奖学金对留学生而言有着很大的吸引力。在语言要求这一点上，欧美高校严格要求英语水平测试成绩，在申请阶段必须提交雅思或者托福成绩，假设没有这些成绩，且不说被大学拒之门外，更别说申请国际学生奖学金或其他奖学金了。对比之下，中国政府奖学金更像是善意的资助，而且资助的力度特别大，特别是对“一带一路”沿线国家的资助倾斜很大。

2017 年，中国新增了“丝绸之路”中国政府奖学金项目，每年向“一带一路”沿线国家提供 1 万个新生奖学金名额。2017 年，共有 5.86 万名奖学金生赴华留学②，中国成为全球第三大留学目的国。中国对外国留学生的吸引力不仅是奖学金比较容易申请，而且奖学金种类还特别多，国别覆盖面大。中国政府奖学金的申请方式会根据奖学金的项目不同而不同。

①国别双边项目：向所在国派遣部门提出申请。

②高校自主招生项目：向承担此项目的中国高校提出申请。

③长城奖学金项目：向所在国联合国教科文全国委员会提出申请。

④中国—欧盟学生交流项目：向中国驻欧盟使团教育文化处提出申请。

⑤中国—AUN 奖学金项目：向东盟大学（AUN）秘书处提出申请。

⑥太平洋岛国论坛项目：向太平洋岛国论坛（PIF）秘书处提出申请。

⑦世界气象组织项目：向世界气象组织提出申请。

每个奖学金项目的名额都不同，申请者之间的竞争激烈程度也会不同。以中国驻马来西亚大使馆的国别双边项目为例，2017—2018 年的国别计划名额仅为 10 个，中国—东盟交流专项奖学金名额共 50 个，这还是 2016 年中国政府给马来西亚新增的 50 个名额③。尽管名额有限，但是符合条件的申请者仍然可以通过多个申请渠道来申请来华留学的奖学金。申请者可以一边申请大学，一边向中国国家留学基金管理委员会或高校递交奖学金的申请材料。如果申请者被多个项目或多所学校推荐录取，仅会保留一所学校、一个项目的奖学金资格。而英美国家的奖学金，一般都会要求申请者先拿到申请院校的录取通知，才有资格申

---

① 教育部国际合作与交流司关于中国政府奖学金的管理规定 [EB/OL].（2001-07-30）[2018-06-07].http://old.moe.gov.cn/publicfiles/business/htmlfiles/moe/moe_850/200409/553.html.

② 2017 年 48.92 万名外国留学生在中国高校学习 [EB/OL].（2018-04-02）[2018-06-07].http://edu.cnr.cn/list/20180402/t20180402_524183792.shtml.

③ 2017/2018 学年中国政府奖学金国别项目申请开放 [EB/OL].（2017-02-02）[2018-06-07].http://www.fmprc.gov.cn/ce/cemy/chn/sgxw/t1435382.htm.

请奖学金。相较之下,中国政府奖学金的申请条件较简单。

中国政府奖学金是根据学习年限提供的,也可以称作新生奖学金。对于那些错失申请中国政府奖学金机会的学生而言,他们第一年通常自费留学,第二年继续申请中国政府奖学金或者高校奖学金。碍于中国政府奖学金是按学位年限提供的,这点让很多优秀的自费生感到惋惜。如果不受这个条件限制,更多成绩优秀、在校表现优异的学生将有机会申请中国政府奖学金。

3. 奖学金项目实施后出现的问题

上文提到来华留学生的汉语水平考试成绩如果不达标,就必须到指定的院校进行汉语补习,补习的时间包括在奖学金年限中。2014 年 9 月 1 日中国国家留学基金管理委员会提高中国政府奖学金的资助标准后,奖学金的激励效果更大了,留学生可以无后顾之忧安心地学习。每所院校对留学生的汉语水平要求不一。以天津大学为例,对于理工科本科生和研究生,要求 HSK 四级达到 180 分以上,文科要求 HSK 五级达到 180 分以上,成绩合格后入专业学习。参照北京大学对奖学金生的语言要求:对于理工科本科生和研究生,要求 HSK 六级达到 200 分以上,文科要求 HSK 六级达到 210 分以上,参加汉语补习的留学生还必须经过面试,考核合格的学生才可以开始专业学习;未达到语言要求的学生,需延长汉语补习年限或转入其他学校。

实际的情况是,留学生来自不同的国家和地域,他们的语言体系有的和汉语的语言体系相差甚远,即使经过一年的汉语补习也不一定能熟练地掌握汉语,特别是在听力和阅读写作上,这往往需要几年的语言积累。不少大一的留学生新生都表示理工科专业的学习难度特别大,尤其大一大二的课程特别繁重。下文中,被访者提到的作弊现象也是在无法熟练掌握汉语的情况下延伸出的问题。

“要说能拿到奖学金的标准,我觉得如果是中文授课专业本科的话,要求 HSK 五级是合理的,但如果申请研究生,那就应该要求 HSK 六级才有资格争取奖学金。现在的情况却是这样:申请者没有 HSK 成绩,也能拿到奖学金先补习汉语一年,然后明年直接入专业学习。问题是,他们只学了一年的汉语,刚开始上课很多都听不懂,有些课还挂科,还出现作弊的情况。特别是那些靠作弊的同学分数比我还要高,我心里会很不平衡。”(韩国留学生,工商管理专业,中国政府奖学金生)①

“我们化工学院的奖学金分为一等奖和二等奖②,每年都会根据学生的成绩重新评估一等奖或二等奖,全科及格是一等奖的基本要求,按照学生的总平均分排名。我认为很公平合理,不过为了能得到或维持奖学金,出现了另一种情况,我看过班上同学跟老师求情,说自己很需要奖学金来维持生活,还厚颜无耻地说自己平时很努力学习,但其实他是班上作弊最严重的学生之一,让其他同学觉得很不公平。”(马来西亚留学生,化工专业,天津大学化工学

① 摘录自本人《2018 天津大学留学生访谈录》,2018 年 4 月 21 日凌晨 12 时 40 分,留学生宿舍 50 斋 201 室,访谈对象为金某某,韩国留学生,经与当事人商量,此处用化名。

② 天津大学化工学院留学生奖学金(ISBCE)是天津大学的专项奖学金,只限于英文授课专业。一等奖学金资助标准为学费 2 万元,生活津贴 2 400 元 / 月;二等奖学金资助标准为学费 2 万元,生活津贴 1 400 元 / 月。

院留学生奖学金生)[①]

在留学生的班上,以成绩作为考核标准本来就很公平合理,而且还有促进留学生积极进取的重要意义。被访者提到的作弊现象不只存在于个人,有时甚至存在于群体中。不可否认,作弊是留学生自身水平和品格问题,但是一些中国教师对留学生以睁只眼闭只眼的放任姿态默许这样的行为。考核的目的就是为了测试学习者的知识储备和能力,而作弊是不诚信的行为表现,属于道德问题。其实即便是外国留学生,只要参与了作弊或者学术造假,都应面对书面警告或者被开除的风险。对留学生的培养应该是多方面的,包括道德品质,因此面对作弊的行为应该严加制止并且绝不容许发生。此外,针对留学生语言能力薄弱的短板,应该加强留学生在大一至大四期间的汉语言基础教学,继续开设汉语言课。除弹性处理留学生的考核方式以外,还应该严抓作弊问题,杜绝歪风,以做到公平公正。

4. 奖学金生的年度审核问题

根据相关规定,每年须对外国留学生奖学金生进行年度审核。审核目的是规范管理来华留学奖学金,培养品学兼优的人才,发挥奖学金激励外国留学生努力学习的作用,提高他们遵纪守法、团结友好的自觉性。在田野调查中,被访者还提到了对来华留学生的年度奖学金进行审核的方式太宽松,只要能找到老师签字即可,学院的审核也不会太过为难学生。笔者也就此采访了一些高校相关学院的教务处,负责老师表示年度奖学金的审核是综合评估学生各方面的表现,包括学习、出勤、平时表现以及导师评价等。学院每年都要审核大批的中国政府奖学金生的申请,所以都会特别重视导师的评价。除了极少数被开除并取消奖学金资格的特殊案例,学院对学生们的审核还是比较宽松的。对于导师评价和签署意见的部分,笔者建议不妨参考上海交通大学的做法:导师在收到学生提交的填写完毕的年审表格后,完成导师意见的填写,并将年审表格装入信封,密封后于骑缝签名,亲自或委托学生送交到所在院系办公室[②]。导师评价很重要,一般由导师、班主任或科任教师来填写,他们是最了解学生学习情况的人,往往能够客观地评价学生的在校表现,给相关部门的审核提供参考,所以导师评价这个部分是绝不能马虎的。

对于在学习年限内已获得奖学金的学生是否有资格继续享有奖学金的问题,被访者表示:"应该善用奖学金,给真正的人才提供奖学金。奖励优秀人才,留下人才。水平太差、不认真学习的就不应该继续享有奖学金。"[③]对此,笔者采访过教务处,针对经常缺课、不交作业、学习态度有问题的学生,学院会根据科任教师的反映采取停发奖学金的管理措施作为警告,在这之前,教务处仍然会以宽容的姿态多次约谈留学生,试图找出问题并且帮助他们,事后还会持续跟踪观察。因此,停发奖学金的举措是极少采用的,通常是作为一种劝诫手段,留学生如果愿意改正并且态度良好,积极完成学业,学院会补发之前停发的奖学金。对留学生的管理,大部分高校都尽量先辅以劝导并且给予留学生机会,只有在不得已的情况下才会

① 摘录自本人《2018 天津大学留学生访谈录》,2018 年 4 月 14 日晚上 9 时 30 分,留学生宿舍 50 斋 210 室,访谈对象为 CSF,马来西亚留学生。

② 2017 年上海交通大学国际研究生奖学金年度评审通知 [EB/OL].(2017-03-23)[2018-06-07].http://isc.sjtu.edu.cn/CN/show.aspx? info_lb=68&info_id=808&flag=68.

③ 摘录自本人《2018 天津大学留学生访谈录》,2018 年 4 月 6 日下午 3 时 30 分,留学生宿舍留园 B 区 204 室,访谈对象为 ZQX,越南留学生。

采用劝退或开除的手段。

5. 高校自主招生项目奖学金的审核问题

笔者结合自身经历发现,新生报到的时候,只需要带着录取通知书和来华签证申请表即可办理相关手续。经过向招生办了解,如果申请者提交的是预计毕业证明,报到的时候需要带着毕业证书原件;如果申请者已经是毕业生,招生办已收到了公证过的毕业证书,开学报到的时候就不需要再次审核证书原件了。这是为了节约更多审核的时间成本,让报到的流程更简洁。值得关注的是,大部分申请者会在自己的国家对毕业证书进行公证,做公证的渠道也是五花八门的,因此公证的信服力和效力也值得怀疑。笔者认为,建立完善的审核评估体系将有助于加强规范化管理,报到的时候加入审核毕业证书原件的流程是非常有必要的。

"高校自主招生项目的中国政府奖学金生,到学院报到的时候,院方有必要再次审核文件,让同学拿出证书的原件,因为有的学生并没有本科毕业证就在这里上研究生,有几个人的本科毕业证实际上是假的。"(也门留学生,工商管理专业,中国政府奖学金生)①

二、来华留学教育的培养模式问题

(一)学历人才培养未跟上时代需求

"一带一路"建设需要大量能适应经济社会发展需要的高素质人才。中国政府制定了很多有效的奖学金方案,用以吸引国外高水平的青年人才来华学习,为未来的发展储备各学科的知识人才。据教育部的官方统计,2017 年,"一带一路"沿线国家留学生有 31.72 万,中国各高校也积极对接教育部,扩大对沿线国家留学生的招生规模,并改革培养模式落实国家政策。

中国高校对来华留学生的学历教育培养采取全日制教育模式,授课语言为汉语,也开设了英语为授课语言的专业。选择汉语授课专业的留学生如果汉语水平达不到学习要求,学校可以提供必要的汉语补习。殷军②在 2007 年便已提出外国留学生学历教育中存在的问题,但直到 2018 年还存在同样的问题:第一,留学生的水平层次不同,而且专业基础薄弱;第二,学科培养更多停留在理论基础;第三,受汉语能力影响,留学生无法深入学习专业知识;第四,留学生群体在高校中处于边缘化状态。

1. 留学生的水平层次不同,专业基础薄弱

各国的教育发展情况不同,开设的课程的深浅度也有差异,所以同一个班里不同国籍的留学生的水平会有较大差异。以理工科为例,必修课中涵盖了数学、物理、化学、计算机等课程,大部分留学生在自己的国家都修过这类科目,但是学习内容的深广度不同,所以水平会存在较大的差异,即使是在专门为留学生开设的班里,留学生个体的水平仍会存在差异。

另外,某些学院也会专门为留学生开设数学课,以较慢的授课进度降低课程难度,确保留学生能跟上进度。从学术专业性的层面而言,这样是降低了学历标准,但这些适时调整的

---

① 摘录自本人《2018 天津大学留学生访谈录》,2018 年 4 月 9 日下午 4 时 30 分,留学生宿舍 50 斋,访谈对象为 A 同学,也门留学生,经与当事人商量,此处用化名。

② 殷军. 外国留学生学历教育过程中的若干问题与对策 [J]. 高等理科教育,2007(4):141-144.

方针却受到留学生青睐。其一是在一定程度上帮助他们破除了学习语言为非母语而带来的障碍,其二是能在一定程度上改变他们学不来想放弃的想法。

2. 学科培养更多停留在理论基础

专业知识构建在理论基础之上,这点是毋庸置疑的。在培养的过程中,教师不能一味照本宣科地讲解教材上的理论,应该引导学生,激发学生主动探寻、思考和解决问题的积极性。时代在变化,旧的理论也会被新的理论淘汰,教师在引导学生学习理论内容的时候,应注重培养学生的思考能力,引导学生提出疑问,这样才能发现新的问题或激发新的观点。在本科学习阶段,大一大二的课程以理论课为主,这个阶段可以合理安排理论＋实践机会,使学生通过亲身实践来加深对所学内容的理解,活学活用更能引发学生对问题的思考。关于理论课的教学,不少学者都做了课堂教学改革的探寻,通过改变授课形式、增加互动,激发学生对理论课的学习兴趣,帮助他们打下扎实的理论基础。

3. 受汉语能力影响,无法深入学习专业知识

大部分来华留学生的短板是汉语能力,选择汉语授课专业的留学生中有不少人都是汉语零基础,他们必须在短短一年的汉语补习中熟练掌握汉语,并达到 HSK 四级的水平。对于各院系的专业课和公共课,留学生与中国学生一起上课,留学生经常会出现上课听不懂、作业写不出来、考试无法作答的情况。

除此之外,专业课的学习还需要通过自习以及大量阅读来积累专业知识,不少留学生对阅读中文书籍仍然存在一定的心理障碍,特别是理论类书籍、期刊论文、研究类的专业书籍,有些必读的书目确实艰涩难懂,留学生需要花费更多的时间理解和消化。不过,阅读是深度学习的必经途径,阅读量也决定了学习者对所学知识的挖掘深度。

另外还有一种比较特殊的情况,即留学生选择的是英文授课专业,但是因各种原因,院方将其调剂到中文授课专业。抱着尝试的心态,加上中国政府奖学金中包括了汉语补习期间的奖学金,所以留学生也愿意接受调剂。不过,专业学习期间,他们仍然会面对上述的情况。

4. 留学生群体在高校中处于边缘化状态

由于关系到涉外工作,高校对外国留学生群体的校内住宿采取统一、集中的管理,留学生住在单独的留学生楼,不与中国学生混住。中国学生出入留学生楼也是有着严格的规定的,这就不太利于通过语言伙伴进行学习。从学习语言渐进到深入了解中国文化、民族文化,需要较长的时间,除了课堂中的接触,生活中的打交道也会对理解和融入新文化圈子有很好的帮助。

此外,笔者通过观察和对留学生进行访谈发现,留学生群体对校内的学术活动通常是不知情的。留学生的消息来源较少,信息闭塞,相较于国际时事,他们对学校里发生的事情往往后知后觉,有些是活动结束以后通过学校或学院的活动报道或是其他同学告知后才知晓的。其源头是留学生不知道怎么关注校内的消息,此外就是高校对于消息的传达力度仍然不够。建议高校借助科技手法将信息资源整合,比如开发相关应用软件,将校内动态活动和新闻整合起来每天更新,如校内各院校即将开展的专题学术研讨会、学术论坛、学术讲座,学校社团的对外公演、校级比赛，等等。

（二）留学生对学科培养的适应性反馈

来华留学生选择到中国留学，大部分都希望通过在中国的学习提高自己的能力和就业竞争力。关于留学生学历教育的培养，目前对来华留学生的课程设置考虑得更多的是文化融合和交流，对留学生的学科培养不再仅限于将国际学生安排在同一个班，也为他们提供了与中国学生一起上课的机会，以促进留学生和中国学生的文化交流。

在推进高等教育国际化的过程中，中国的高等教育应当发挥融合中西、取长补短的优势，鼓励学生自我探索、勇于表达自己的观点，并敢于通过实践证明自己的论点。中国自改革开放以来，很多思想观念潜移默化地受到了西方文化的影响，特别是在理解和尊重西方和东方的差异上，中国表现出了惊人的高接纳性，这源自深厚的中华文化所具有的包容性，这也正是中国教育的优势。对“一带一路”沿线国家来华留学生的学科培养也要从国家和地方的发展需要出发，并且运用体现学科交叉的教学方法，培养学生的跨文化视野。简单而言，高等教育的目的就是强化学生在未来社会生存的关键技能。

留学生都是自主选择他们感兴趣的专业、方向以及就读的高校的，在这方面他们掌握着很大的主导权。进入专业学习以后，留给他们的选择余地就很小了，大部分时候学生被动地接受各种制度规章、课堂模式、教学方法、学习任务等。留学生的地域文化习惯和文化价值观与所在学校其他学生的差异越大，则其适应的强度也越大，特别是对在华时间尚短的留学生来说。

留学生开始中文授课专业的学习后，仍然会面对几个较突出的问题：上课没办法听懂（41.57%）、跟不上老师的教学进度（40.78%）、无法理解课堂上老师跟学生们开的玩笑（36.47%）、没办法看懂教材（30.2%）、无法独立完成作业（27.84%）、非常依赖翻译软件（21.57%）、无法直接用汉语写作（16.86%）（图 3-5）。25.49% 的学生表示考试较难，有华裔留学生表示没有上述问题。以上调查结果基于问卷中 255 人次的有效回答统计得出。留学生投入学习的积极性与学习动机有密切关系，学习动机强烈者能较好地克服学习上遇到的障碍，通过向老师或同学求教以及个人努力解决课业难题。学生个体的学科基础和语言水平也会影响其学习经历，部分留学生口语表达能力欠佳，对自己的发言缺乏信心，课堂上跟不上进度，却不知道如何开口求助，进而影响了学习的积极性，逐渐失去信心。有的课程比较难，要求学生有一定的基础，或者课前做好预习。面对学习压力，以下是留学生所采取的学科适应策略（按学习动机由强到弱依次排列）[①]：“积极找同学辅导”，“跟同学一起做作业”，“找师兄师姐帮忙”，“约几个留学生一起找老师”，“请老师再降低作业难度”，“上网找答案”，“借同学的作业抄”，“到考试时再想办法”。

① 留学生的学习适应策略为笔者访谈时收集的。

选项	小计	比例
上课没办法听懂	106	41.57%
没办法看懂教材	77	30.2%
跟不上老师的教学进度	104	40.78%
无法独立完成作业	71	27.84%
无法理解课堂上老师跟学生们开的玩笑	93	36.47%
无法直接用汉语写作	43	16.86%
非常依赖翻译软件	55	21.57%
考试经常不及格	23	9.02%
对学习失去信心	35	13.73%
以上都不是 [详细]	65	25.49%
本题有效填写人次	**255**	

图 3-5　留学生开始中文授课专业的学习所面临的问题(统计软件截图)

要了解留学生对学科培养模式的适应性,需考虑留学生的期待和需求,就此笔者开展了留学生对所在大学的课堂教学质量满意度的调查(图 3-6)。教师的课堂教学水平是其中一个影响学生学习体验的因素。教师是学科培养的关键人才资源,教学质量满意度调查也可以称作教学反馈。笔者将满意程度设定为“满意 / 同意”“还可以”“不满意 / 不同意”是考虑到设置这三个选项会更直观。其中的“还可以”选项可以被视为还不错以及没有意见,研究结果发现选择“满意”和“还可以”的比例更高,说明留学生对课堂教学质量的满意度较高。学生的课堂体验具有综合性,教师的专业知识储备、授课方法、课堂互动、课堂活动安排、学生的操练机会、课程的实用性、作业布置的合理性等都会对学生产生影响。留学生希望有更多的实习机会,建议将合理的实践加入课程设计中。

(三)全英文授课项目的质量未达国际化水平

在全球化的推动下,中国为了提高高等教育的竞争力,制定政策吸引更多的青年人才来中国求学,特别是“一带一路”沿线国家每年前往中国求学的学生人数不断增长,其中不少是学历生。同很多非英语国家一样,中国也开设了不少全英文授课的学位课程,中国教育中心还为部分全英文授课的高校免费提供申请服务,申请者的手续费全免。对于申请全英文授课的外国学生而言,他们不用花费时间和精力学习汉语,并且也不要求 HSK 成绩。然而,与其他非英语国家一样,中国高校开展全文英授课项目也存在一定的挑战。

题目	满意/同意	还可以	不满意/不同意
老师的专业知识	190(62.09%)	109(35.62%)	7(2.29%)
老师的授课水平	164(53.59%)	125(40.85%)	17(5.56%)
老师能带来新的启发	140(45.75%)	131(42.81%)	35(11.44%)
老师经常组织不同的课堂活动	101(33.01%)	149(48.69%)	56(18.3%)
老师很注意跟学生的互动	118(38.56%)	147(48.04%)	41(13.4%)
老师会强调课堂纪律	107(34.97%)	169(55.23%)	30(9.8%)
老师会考虑到不同文化背景的差异	119(38.89%)	140(45.75%)	47(15.36%)
课堂气氛轻松愉快	122(39.87%)	151(49.35%)	33(10.78%)
课程很实用	115(37.58%)	159(51.96%)	32(10.46%)
学生有机会能展示自己的创意和想法	117(38.24%)	152(49.67%)	37(12.09%)
理论课-喜欢“老师多讲”的教学模式	111(36.27%)	149(48.69%)	46(15.03%)
实践课-喜欢“互动发言”的教学模式	140(45.75%)	148(48.37%)	18(5.88%)
能激发学习的动机和兴趣	107(34.97%)	172(56.21%)	27(8.82%)
作业布置得很合理	110(35.95%)	165(53.92%)	31(10.13%)
有充分的实习机会	79(25.82%)	165(53.92%)	62(20.26%)
小计	1840(40.09%)	2231(48.61%)	519(11.31%)

图 3-6 课堂教学质量满意度分析（统计软件截图）

全英文授课项目对不谙汉语的留学生有很大的吸引力，留学生选择全英文授课项目的另一个原因是可以用英文进行论文写作。由于选择英文授课专业的学生都是外国留学生，所以教师需要以纯英文来授课。在这方面，接受全英文授课的马来西亚留学生和韩国留学生的反馈是这样的：“教师的专业水平还是很高的，但是英文表达能力有限，老师给我们上课的方式是照着课本简单念两句，然后看相关的视频，几乎每堂课都如此。后来我们去旁听中文授课，才发现中文授课时，老师可以滔滔不绝地讲，内容会讲得更深入。”

笔者以天津大学选择英文授课专业的留学生为调研对象，对课程质量做了调研，以探寻外国留学生对英文授课专业课程质量的看法（表 3-9）。25 位调研对象都是全英文授课专业的本科生，让他们为英文授课质量的满意度打分，问卷采用了 5 级量表的形式。调研的内容涵盖了课程的实用性、授课方式、授课教师的语言能力、师资、新教育技术的应用、对留学生的门槛要求、对留学生实践能力的重视度等。调研结果显示，外国留学生认可教师高水平的专业知识，但是对教师的授课方式却不太认同，认为老师的英语口语能力较差，以至于无法清晰、深入地传授知识，使授课仅停留在表面的讲解。针对口语能力问题，具有海外（新加坡、美国等）留学经验的中国籍教师的英语口语表达能力比没有留学经验的中国籍教师更强。留学生更倾向于高校聘用外籍教师来担任全英文授课专业的老师。

表 3-9　外国留学生对全英文授课项目的看法

题目	非常满意	满意	没有意见	不满意	非常不满意	平均分
英文授课课程是学院的品牌课程	3(12%)	11(44%)	7(28%)	4(16%)	0(0%)	3.52
教师的专业知识很丰富	5(20%)	11(44%)	5(20%)	3(12%)	1(4%)	3.64
部分教师的英语表达能力有限	0(0%)	8(32%)	9(36%)	7(28%)	1(4%)	2.96
教师能够深入讲解知识点	2(8%)	7(28%)	12(48%)	1(4%)	3(12%)	3.16
授课方式灵活生动	3(12%)	6(24%)	8(32%)	6(24%)	2(8%)	3.08
授课方式一般是照着课件念	2(8%)	3(12%)	8(32%)	10(40%)	2(8%)	2.72
英文授课内容跟中文授课内容差异大	2(8%)	5(20%)	11(44%)	5(20%)	2(8%)	3
外籍讲师阵容强大	5(20%)	7(28%)	4(16%)	6(24%)	3(12%)	3.2
课程的实用性强	1(4%)	9(36%)	7(28%)	6(24%)	2(8%)	3.04
经常举办研讨会和交流会	2(8%)	6(24%)	8(32%)	6(24%)	3(12%)	2.92
充分应用先进的教学资源	4(16%)	8(32%)	10(40%)	2(8%)	1(4%)	3.48
大量采用慕课等现代教育技术	4(16%)	4(16%)	8(32%)	6(24%)	3(12%)	3
重视对留学生实践能力的培养	2(8%)	7(28%)	8(32%)	7(28%)	1(4%)	3.08
鼓励留学生的创新思维	3(12%)	3(12%)	10(40%)	7(28%)	2(8%)	2.92
留学生的入学门槛较低	4(16%)	4(16%)	10(40%)	5(20%)	2(8%)	3.12

从课程的实用性而言，学生的满意度还是较高的，不过学生认为课程中应该再加入实践培养内容，希望拥有更多参与学术研讨和交流的机会。关于授课内容，不少留学生认为全英文授课的内容太浅显，跟中文授课的内容相差甚远。

除了奖学金的吸引和不需要 HSK 成绩的申请要求，不少留学生选择全英文授课专业的原因是与国际接轨。可是从学习者角度来看，英文授课只是换了一种语言，但上课模式仍然是传统的中国式的教科书 + PPT 讲演，包括考试也是中国的应试模式，对创新思维和实践能力的培养不太重视，这与留学生所期盼的“与国际接轨”的想法相差甚远，所以就产生了很大的落差感。

从宣传的角度来看，对英文授课专业的宣传应尽量做到位，但从现实来看，部分宣传内容存在误导性，比如中文授课专业获得的成就，被直接套用到英文授课专业上。英文授课专业的招生网站上写明此专业受到牛津和剑桥的权威机构承认，并且具有很高的公信力，还有联合培养计划、交换学生计划、双学位计划等。但实际上，这些培养计划不对外国留学生开放。

总的来说，截至目前全英文授课专业仍有很大的改进空间，对中国教师而言，要以一门外语来讲授专业课程并非容易的事情。高校的学科专业和科研成果或许在国内和国际上获得过不俗的成绩，但并不意味该门学科从师资和授课内容上已经准备好迈入全英文授课的阶段。在这点上，教师的英语口语能力无疑是最大的短板。目前最有效的方式是聘用外籍教师，另外全英文授课专业的中国籍教师至少应该具备雅思 7 分或托福 90 分以上的成绩，才能保证高水平的授课质量。

第四节　来华留学生的跨文化适应和文化冲突分析

跨文化适应的概念率先被人类学家关注。雷德菲尔德（Redfield）、林顿（Linton）和赫斯科维茨（Herskovits）提出，文化适应指拥有不同文化背景的人接触陌生的社会和生活而产生的文化模式的变化，包括单向或双向发生的变化。贝利（Berry）指出文化适应具有交互性和关联性，在参与的社会成员中会出现文化的融合和同化，有时还会出现认同的逆转与文化的回归。金荣渊（Young Yun Kim）认为跨文化适应是一种动态的过程，个体通过对陌生的或发生变化的文化环境进行重新定位，尝试与这些环境再建立互惠互利、相对稳定和良好的关系。关于跨文化适应周期，美国文化人类学家奥博格（Kalvero Oberg）首次提出了文化休克的概念，并提出了跨文化适应的四阶段模式（蜜月阶段—挫折阶段—恢复阶段—适应阶段）。与此类似的是阿德勒（Adler）的五阶段模式假说（接触阶段—不统一性阶段—整合阶段—自治阶段—独立阶段）。其他影响较深远的理论还有加拿大学者约翰·贝利（John Berry）的跨文化适应模型、新西兰学者科琳·沃德（Colleen Ward）的文化适应过程模型、挪威学者斯韦勒·利兹格德（Sverre Lysgaard）的U曲线模式以及在此基础上演变出的约翰·葛兰霍恩和珍妮·葛兰霍恩（John T. Gullahorn and Jeanne E. Gullahorn）的W曲线模式。考虑到旅居者再次回到阔别已久的祖国，还要再经历一次文化适应的过程，W曲线模式也适用于本章关于留学生来华留学的文化适应以及毕业回国后的再适应过程。

当留学生尝试适应新的环境时，他们便开始以他者的眼光来看中国的社会群体的生活方式和群体价值观，从个体的角度开始对异文化进行审视和观察。各个民族的文化存在差异，社会成员的思想结构受到社会历史和环境影响，这决定了他们观察、组织和理解客观事物的方式不同，这种认识上的差异决定了文化上的差异①。适应是一种人类的本能，每个人在生活中都会产生不断适应新环境的需要，使自己的心理活动和行为方式更符合环境变化和自身发展的需求。在跨文化环境中容易出现的不适应问题大致可分为五类，也普遍存在于来华留学生中：对自然环境的不适应、对物质环境的不适应、对社会环境和文化习俗的不适应、对人际关系和社会地位的不适应、对学术环境的不适应。

一、来华留学生的日常生活及跨文化适应分析

我们日常生活的世界是人与人产生沟通的经验世界，“我们所处的日常生活和日常活动都是社会行动组织结构的一部分，是普遍的社会和文化秩序的表达。不同的人有不同的日常生活，要想了解某人的日常生活是如何被塑造的，就要了解他们所处的社会本身是如何被形塑和组织的。当我们开始思考从社会和社会结构如何作用于日常生活和不同类型的人

① 童恩正. 文化人类学 [M]. 上海：上海人民出版社，1989：33.

群的行为,就能够脱离只将日常生活视作一地鸡毛般琐碎的常态观点。假设,我们没能理解在日常生活里,不同群体的人们处于什么状态的话,我们就不能理解一个社会,或者它的某一特定的部分是如何运作的。因此,要理解日常生活的更深层意义,就要对不同种类的日常经验及发生其中的社会环境进行一种社会学式的理解。另一方面,正因为日常生活可以告诉我们许多关于社会的事情,其结果就是,对日常生活的观照能够让我们发现特定社会和社会中特殊的方面是如何运作的"①。

"在复杂的社会中,每个人生活于其中的文化情景是多元的,并且是交叉重叠的。人们的行为取决于不同的文化中,长期以来生活其中的社会和养育他们成长的特定社会群体所形成的文化。"② 笔者分析的来华留学生的日常生活包括日常作息、衣食住行、学习生活、课余生活、日常适应、日常交往。通过日常的社会接触,笔者发现,留学生们愈发关注自己的身份与归属感,更加注重与其他群体的特质区分与互动关系。本节的研究关注文化间的差异对来华留学教育所造成的影响。

"人类活动不断重复形成模式而习惯化。习惯化的活动被视为当然,为人类活动赋予意义。习惯化活动的类型化(typification)生成制度。……当来自不同文化的人相遇,他们都依其先前的社会经验在假设对方活动的意义。他们各自的活动不断重复,也将彼此的行为定型于某种意义模式上予以了解。"③ 通过观察,我们发现一些被我们认为是习以为常的观念,其实只能适应于特定的社会或文化。

(一)衣食住行的跨文化适应

来华留学生从踏上中国大地时,他们就已经开始了"文化冲击"的经历。首先是陌生的语言环境,刚下飞机找不着路,买车票无法听懂要付多少钱,水土不服造成身体不适,去医院看病从挂号开始就遇到种种难题,等等,因为语言障碍和对当地的不熟悉,来华留学生遇到了不少难题。中国的社会环境和深层文化,中国人待人处事的方法,对来华时间不长、不了解中国文化的留学生而言,会让他们产生各种困惑和不解,在跨文化交际中可能会不注意文化中的礼节规矩而引起不快或误解。进入陌生的环境,我们都需要经历这种适应和调整的过程。从日常生活方面的衣食住行来关注跨文化适应,有助于我们了解留学生为适应中国社会环境所采用的调试方法,从中我们也能够发现留学生的适应和调试带着自身文化的典型性。

1. 留学生的着装体现自我身份认同

每年的校级活动文化节和新年联欢晚会上,留学生都有机会穿上民族服装登台演出以及做展示。走在校园里,留学生穿着具有民族特色的衣服,三三两两或者一群人结伴走着,他们多半是要集体出席活动或者刚参加完活动。在异国他乡,身穿民族服饰更能够体现国家和民族精神,旁人争相与他们合照的举动也能增强留学生的自我身份归属感。从服饰特征而言,越是隆重、色彩浓烈、穿戴复杂、需要完整配饰、会暴露较多皮肤的民族服装越是很

① 戴维·英格利斯. 文化与日常生活 [M]. 北京:中央编译出版社,2015:9-11.

② 同上书:18-19.

③ 赵万里,李路彬. 日常知识与生活世界:知识社会学的现象学传统评析 [J]. 广东社会科学,2011(3):198-205.

少作为留学生平日的外出服。这是因为某些国家、某些民族也只有在重大节日时才穿上民族服饰，其在日常生活中的功能被淡化。我们发现越是生活化的民族服装一般越符合当地的气候和地理环境，如泰国和缅甸学生的校服是清凉的纱笼；越南人常穿奥黛。穆斯林着装在伊斯兰国家是日常服饰也是正装，在特殊节庆、做礼拜、重要场合等都会穿，所以印度尼西亚、巴基斯坦、孟加拉国的学生日常穿的民族服装，深具国家特色。

来华的朝鲜学生左胸处都会佩戴胸章，对他们而言这是将国家和荣耀佩戴在身上，左胸口处有心脏，是最重要的位置，国家与荣耀影响着他们的思想行为，做事情也先考虑集体利益和国家利益。一枚小小的胸章，在日常生活中潜移默化地影响个人到集体的自我身份认同，也体现出坚守国家尊严的内涵。

在课堂教学中，教师反映夏天的时候留学生上课穿拖鞋，虽然有些学校明令禁止穿拖鞋上课，但是每隔一段时间仍然会看到穿拖鞋上课的留学生。据笔者的访查发现，巴基斯坦的民族服装中包括名为“chappal”（乌尔都语）的拖鞋。热带国家的留学生在自己的国家也习惯穿拖鞋出门，除非是必须穿包鞋的场合，在大多数的场合他们更习惯穿拖鞋。

留学生来中国之前，大部分都会做好相应的准备。从衣物上来说，他们会带着自己常穿的服装以及为冬天添置的保暖衣物。在服饰打扮上，留学生的着装风格特别是夏装更能够体现出国家特色。因为夏装轻薄好带，而冬天的衣物因为比较厚重、占空间，所以留学生冬天的衣物包括羽绒服、棉袄、毛衣、外套、裤子、围巾等大部分都会来到中国后再添置。购买的渠道主要是网络和商店，从质量和价钱两者来衡量，留学生不会太追求质量和品牌，属于价格派，因为他们留学时间有限，毕业后也不会考虑将厚重的冬装带回国。因此，留学生夏天的着装多数是自备的，所以更具国家特色。

服饰是一种文化，也能影响人的精神面貌。留学生具有群体性的鲜明着装特征，这种特征能够反映其国家的时代文化、地域色彩、群体审美观，同时也能够反映其内在的精神文化和社会价值观，通过与异文化群体的交际互动实现自我身份认同，强化对文化集体的依附心理。

2. 留学生的食之生活具有重要的社交意义

来华留学生的宿舍楼或公寓里一般会配有公共厨房，留学生可以自己做饭。在适应异乡饮食文化的过程中，他们至少还能够靠自己的厨艺来缓解思乡情。同胞较多的留学生群体，特别是亚洲学生，更偏好一起做饭、一起吃饭、聊天唱歌，有时候是大家伙一起做，有时候轮流做，在均摊伙食费的同时还能够凝聚感情。留学生的用餐时间经常是不固定的，比如晚饭时间有时候会在傍晚六点到八点间，有时候会在九点到十一点间。

可以说身处异乡，使留学生很注重情感交流，如同中国人讲究在饭桌上交流情感、拉近感情，留学生也会如此，特别是宿舍里也同样住着同窗、同学、同胞。在社交心理需求下，他们经常会团聚在一起拉近彼此的感情，无论是一起做饭还是聚餐的人自带一道亲自烹饪的菜与大家分享（美国称“potluck”），或者是外出就餐（一般会找好一些的西餐馆），留学生都很看重联络感情的聚餐气氛。笔者调研发现，留学生与留学生群体聚餐的次数要比留学生与中国同学聚餐的次数多，原因是心里更放松，在聚餐时越是能够运用自己熟悉的母语或第二外语，他们越能够谈论自己的事情，越能引起人们的关注，增强自信心与社交舒适感。

另外，初来乍到的留学生对中国饮食的第一印象来自学校食堂以及周边的餐饮小食店。总的来说，留学生对中国菜还是喜欢的，中国菜中至少会有一两道他们特别喜欢的。有的学生则不太适应中国的饮食，习惯自己做饭，经常会多做几天的量，放冰箱里冷藏，下课回房间用微波炉加热再吃。饮食的不适应主要源自口味和主食的差异。笔者帮助过一位非洲刚果（金）的留学生，她刚到中国三天，因水土不服连喝水都会吐，最后因脱水而抽搐，情况危急送医。后来，她的同胞陪伴和帮助她，连着一个月给她做饭和送饭，帮助她度过了水土不服的困难时期。

在留学生面对饮食适应困难时，自己做饭是最好的选择。公共厨房这个空间也成为一个交流情感的地方，厨房中经常出现的是一些熟悉的面孔，所以在香料味、咖喱味和大酱汤味中，留学生跟左邻右舍交换美食和烹饪心得也是常见的。此外，因为经常做饭，周边的菜市场、小商店也成为留学生经常出没的地方，从不会讨价还价到擅于还价，甚至与商贩们建立起互相信任的交情，可以说留学生的日常生活中不乏接触不同的人的机会，对他们融入当地生活特别有帮助。"民以食为天"这句话不假，吃饭也具有重要的社交功能，它是留学生拓宽社交圈、解决生活难题的关键，能促使留学生一步步适应生活并且产生社交自信。

3. 留学生的住宿环境应具有社区感

为了方便留学生管理，留学生不与中国学生同住。留学生宿舍是单独管理的，门禁相对松一些。宿舍一般为双人间和单人间，宿舍楼普遍配有独立卫生间或者卫浴空间，还有健身房、公共厨房、洗衣房、晒衣阳台、自习室等空间，个别也会配置自动贩卖机、空调、电视、保险柜等装置，生活条件能满足大部分国际学生的日常需求。因各地高校住宿条件不同，所以住宿的收费标准也有所不同。留学生宿舍费用约为每个月 1 800 元至 4 500 元，获得奖学金的部分留学生有的可以免住宿费。

宿舍管理者在分配双人间的时候会尽量尊重留学生的意愿，也会尽量安排国籍、洲别相近的学生住在一起。共处一室需要磨合，留学生也会面对文化差异以及价值观、生活习惯、信仰等不同方面的问题，日常生活中的琐事有时候也可能成为冲突的导火索。当留学生产生冲突的时候，首先会向宿舍楼前台寻求帮助，所以适当和及时的处理往往能够将冲突造成的伤害减至最小，随后学校相关工作人员的介入调查和调解则能够最高效地解决问题。留学生都不喜欢麻烦，不喜欢麻烦别人，也不喜欢麻烦的事情，所以很多情况下看到有人重视他们提出的问题，找到解决办法，他们都会尽力配合。

不过，宿舍楼里留学生酗酒滋事也是时有发生的。深夜里醉酒回到宿舍楼大吵大闹、大哭大笑、疯疯癫癫，甚至出手伤人导致发生流血事件等，笔者曾经亲眼看到过。因为压力而喝酒，但是控制不住情绪，借酒发疯，这是留学生教育管理中无法有效控制的事情，只能在事后严惩。从这里也能看出，对留学生做心理疏导的重要性。

宿舍楼就是一个小型的社区，社区里每个人都有不同的个性和生活作息。除了学习压力、人际关系压力等常见的压力因素外，还有一个经常被忽略的留学生承受的压力就是经济压力。有不少来华留学生是自费生或是部分奖学金生，而来华留学的各种学杂费用包括住宿费、生活费等,都是不小的花费,万一其家庭出现变故而导致经济支持崩溃,经济压力有时候就会成为压垮骆驼的最后一根稻草。关怀留学生可以从加强"社区"成员们之间的互动和联系做起,在宿舍楼里增加一个互动留言板或者留言信箱,鼓励爱心和分享行动,给自发的爱心行动以大力肯定和支持,从留学生内部凝聚起正能量,这能解决很多问题。关键是不要把留学生只视为个体,要有"社区"理念,将留学生视为"社区"中的一员。所谓的"社区"理念就是强调社区感和合作意识,在保证私人隐私的基础上,以共享和健康的共处价值观营造友好的生活空间。

4. 留学生的出行:实实在在地体验中国社会

在校园里生活的留学生,前往上课地点的交通工具有自行车、滑板、电动平衡车、校园摆渡车等,外出时则以公共交通为主。住在校外需要往返于住宅与学校的留学生多会购买电瓶车(又称电动车),以节省等待公交的时间。在共享单车推出之前,不少高校都配置了校园智能共享单车的站点,后来随着随骑随停的共享单车进入校园,智能共享单车的校园用户不断锐减。那个时候还有不少留学生会选择自购一辆自行车或二手自行车,方便自己出行。不过留学生反映,自行车被偷是一件常事,追查以后也是不了了之,最后只能接受现实,习以为常后,当他们听到同伴的车不见了还会互相打趣。共享单车出现以后,留学生都愿意省下一笔随时可能打水漂的买自行车的钱,短途出行会选择共享单车。

每所高校的地理位置不同,有的学校就在市区中心,学校周围有各种超市、商店、餐馆、酒吧、购物中心、商业街、艺术剧院、旅游景点等,交通发达、环境便利,留学生的课余生活也会较为丰富;有的学校建在郊区大学城里,远离都市的喧闹,从学校往返市区需要较长的时间,还要避免错过末班车,有时候"进城"一趟也耗费精力,所以善用校园内的基础设施如各类球场、体育馆、游泳馆、健身房、图书馆等是最佳选择。有的留学生在学分修满后的学期末会选择搬到市中心生活,因为生活更便利,机会更多。虽然有明文规定来华留学生不能打工,但当课业即将完成有富余时间时,部分留学生会做一些兼职工作如教外语、当翻译、做服务员等,这类工作机会更多集中在市中心。笔者认为在不影响正常学习的情况下,这是他们接触中国社会最好的方式,也是锻炼汉语能力的好机会,因为留学生毕业之后会走上工作岗位,有很多机会与中国人打交道。无论是在企业、科研机构实践或是毕业后选择留华工作,在市中心生活对留学生而言无疑存在更多的机会。

千里之行始于足下,留学生在假期喜欢到中国各地旅游。他们经常结伴而行,因此在放假前校方经常会进行安全提示,提醒同学们外出时注意交通安全、遵守交通法规,不打黑车、不骑摩托车和无证电动车、不酒后驾驶等,这些提示都是校方根据假期高发的意外事件而进行的提醒,让留学生出行的时候提高自我保护意识。放长假返乡的人员也较多,在人流量较多的地方发生突发意外事件的概率也会增加,所以有的高校会规定假期出游须告知学校并办理相关的手续。对于这些安全规定和提醒,留学生自身不会太在意,因为大部分留学生都认为中国非常安全,久而久之会放松警惕,往往突发事件的发生是在猝不及防之时,所以这份危机意识应该被重视。

（二）人际交往的跨文化适应

1. 留学生与中国人的交往

中国高校对留学生的出勤、考核和毕业要求与中国学生无异，对留学生研究生阶段的学习也是有着严格的要求。留学生的上课情况不尽相同，非学历生如语言进修生、预科班的留学生都是自成一班的；学历生如本科生和硕士、博士研究生同为学分制，根据各个院系的要求，留学生平时与中国学生一起上课，在特别申请的情况下可以给他们"开小灶"辅导课业或是另外单独开班上高数课。留学生与中国学生的接触更多的是日常的课堂接触，以及通过校园活动、社团、社会实践、旅游等的接触。勤奋刻苦的中国学生一直是留学生学习的榜样，中国学生也会帮助学习有困难的留学生。留学生与中国学生作为同窗甚至同门，双方交往和相处融洽，并进行深入的情感交流、建立深厚的友谊，则依赖人际关系中的情感取向和人情面子。

有研究指出，留学生与中国人交往，更多是为了练习口语、方便得到日常生活或学习上的帮助以及对对方的国家和文化感兴趣等，带有目的性和功利性，不过这些都是表面现象。其实在初次打交道的情况下，彼此有共同的话题，通过聊天了解对方的文化和个人经历是打破隔阂的最好办法。在解释人际行为时应关注中西方社会文化差异所造成的人际关系概念的区别。西方社会在人际互动中重视对私人领域的尊重，在人际交往中也讲究公私分明；中国文化影响下的人际关系强调身份形式①，以人情人伦的逻辑来制约人际行为。换句话说，越亲近越讲究卖几分面子，而对于非亲非故的外国人来说，双方交情未达到一定深度、情感未获得充分肯定的时候，需要通过更多的人情往来才能建立起真正的友谊。

从中国式的人际关系和社会地位角度而言，中国社会是高权力距离的社会②，人们普遍习惯无异议地顺从上级或领导的安排，服从性和纪律性较高。在课堂上，中国学生不会当面质疑或反驳老师，因为尊师重道的道德规范不允许他们挑战老师的权威，以免破坏师生间的和谐关系。集体主义对和谐的偏好使得人们更加注意避免让他人在人前丢面子，特别是在高权利距离的社会里让人当众丢面子意味着侮辱。对于一些来自低权力距离国家的留学生而言，他们注重个体主义，有自己的主张，会遵照自己的想法来做事情；他们爱问问题，也重视课堂上的互动，所以有时候不了解留学生文化背景的老师，会认为他们在扰乱课堂秩序或者给他们打上不配合的标签。

2. 留学生与同胞的交往

留学生与同胞的交往更多的是建立在互相帮助的基础上的，他们有相同的母语、相似的价值观与生活背景，来自社会制度相同的国家，人际交往中的相互关心和照顾使他们之间建立了信任感。高校内一般有不同国家的留学生组织或者留学群，专门为来华的留学生提供各种资讯和帮助，留学生抵达中国后，还能够通过这些组织的关系网寻求日常生活中需要的

---

① 杨宜音. 试析人际关系及其分类：兼与黄光国先生商榷 [J]. 社会学研究，1995(5)：19-21.

② 高权力距离的社会强调对权威的服从和尊敬，意味着社会中有明显的上下等级权利，一般出现于重视群体价值高于个人价值的文化体系中。权力距离作为一种在社会文化群体中普遍存在的文化模式，它是霍夫斯泰德在 1980 年提出的文化价值观维度。

帮助。JHX 是柬埔寨来华留学生,学校新来了很多刚到中国学习汉语的柬埔寨同胞,他负责组织老生们帮忙新生解决日常生活中遇到的问题,带他们到办公室找负责老师等。这种学长学姐制度就如同家庭中的亲缘关系,对学长学姐的信任也会增强新生的依赖感,使团体的凝聚力更强、感情更好。不少国家的留学生也采用这种同胞互助形式,以更快地克服跨文化适应问题。

宿舍管理者也会尽量安排同期到校的同国籍留学生住在一起,以减少因文化差异引起的矛盾。对环境充满了陌生感的留学生也更倾向于与同胞同住。此外,留学生也更偏好与年龄相近的同胞住在一起。从年龄和学历层次来分析,年龄越大且学历层次越高的留学生的人际交往更趋于低调和选择志趣相投的交际圈。首先是因为硕博阶段的学习压力,其次是新的人际交往关系需要用有限的时间和精力去维持和平衡,所以即便是与同胞的交往,来往的密切程度也会根据不同年龄段和需求而变化。

此外,由于留学生回国的费用高、路程远,所以遇到宗教节日、民俗节日或国家重要活动等一般也会留在中国度过。留学生与同胞相聚在一起关注新闻直播、做传统美食、举行传统的习俗仪式、一同高歌,以这种形式与远方的祖国和家人同庆,寄托思念和祝福。身在异国他乡,佳节期间与同胞共庆节日也是留学生增进感情的黏合剂。

3. 留学生与家乡的至亲朋友的联系

留学生作为连接中国和其祖国的桥梁,他们将自身在中国的经历和体会分享给家人朋友,每种体会都是独一无二的。他们带着在其祖国文化影响下形成的价值观从新环境下的新文化视角来看待每件发生在自己身上的事情,这种视角也会随着来华时间长短和自我成长而有所改变。每个留学生在诠释“中国是怎样的国家”这个话题时都有不同的看法。社交媒体的发达使即时分享变得轻松又简单,大部分留学生都可以轻易地传递图像和视频,将在华留学的日常生活分享到社交媒体或新媒体平台上,远在海外的人也能够随时关注他的最新动态。留学生离开家人和家庭,需要独自承担更多的责任,获得了自由的同时也需要独自面对孤独,因此与远在家乡的亲人联系也是一种情感寄托。

留学生与中国社会的互动以及与其家人的互动,使不同国家的文化群体能够了解中国文化模式、价值观、中国人的生活方式和精神文化。社会和时代不停地变革,通过对日常生活的观照,留学生所传递的图像、视频、记忆都在记录着不同时期的中国社会、经济和生活方式,不同时期的来华留学生接触到的是处于变化中的不同形态的社会。来华留学生就是最佳的文化桥梁,每位来华留学生都参与到文化传播与社会发展中,包括其所面临的文化冲击和文化适应过程,理解这些文化实践的内涵意义,自然能够对日常生活中的文化互动产生关注和正向的理解。

二、来华留学生的社会融入及跨文化适应

前文关注了来华留学生因文化群体所处社会环境和文化价值观的不同而产生的文化差异以及跨文化冲击,接下来则从来华留学生与不同的社会群体的互动关系来看他们的文化认同感。广义的文化认同包括了社会价值规范、风俗习惯、语言、艺术等的认同,它对人们的

心理和行为能够产生影响。在跨文化适应中，个体对其所处的社会环境产生文化认可，从而获得情感依附与归属感。来华留学生构建中华文化认同感便是从接触中华文化开始的，之后才会上升至适应中国社会环境、尝试融入社会环境。

适应的过程就是人类调整内在需求与外在环境造成的压力和刺激的关系的过程。其间，我们会“适应”或者“不适应”，从心理学角度分析，由于文化的相对性、社会习俗或价值观的差异、期待的落差等，对“适应”和“不适应”不能一概而论。美国心理学家拉扎罗斯给出了四个“不适应”的症状①：长期性的、显著的心理不快；对环境、事态的认知的不全面；身心组织的损伤乃至功能的障碍；脱离社会规范。在文化接触过程中，因个体因素和社会因素而产生的适应困难也不尽相同，这源自个体间不同的文化适应方式②。杨军红曾对留学生的适应状况提出了四个假设，在其研究的基础之上笔者也提炼了一些观点。

1. 文化距离与留学生的适应状况

学术界对文化距离的解释是因地理和空间的距离而使文化共同点较少所产生的距离感和陌生感，但是地理距离不等于文化距离。研究表明，文化距离越大，彼此间的沟通就越困难，越难以相互理解，跨文化交往的人建立和保持和谐关系的难度就越大。因此相比之下，东亚和东南亚国家，如蒙古、朝鲜、日本、韩国、马来西亚、越南、泰国、新加坡、柬埔寨等的留学生会比欧美国家、阿拉伯国家、非洲国家的留学生能更好更快地适应中国的生活环境，因为东亚和东南亚也属于儒家文化圈，提倡尊师重道的思想并具有群体意识，有些国家的语言文字也是汉藏语系的分支。笔者经与他们的访谈发现，对这些国家的留学生来说，他们的祖国与中国的文化距离较小，所以他们特别亲近中国，他们同时也提及因为地缘政治的关系，国家与中国的往来也很密切，有的人在中小学时期也曾随父母到中国旅游，还有人在小时候曾跟随在使馆工作的家人在中国住过一段时期，所以他们较之其他同学能够更快地适应环境。

不过文化距离的说法还是比较笼统的，能够更好地进行对应的应该是社会模式和生活模式，模式板块越相近则差异越小，适应的难度越小。不过这个说法还需要再推敲，因为社会是不断进步的，人们的生活方式也在发生改变，人们的观念互相交流和渗透，唯一变化较小的是民族文化核心的价值观，它也受地域条件的影响，比如一些风俗习惯、社会规范、人情世故等，这些文化核心之所以无法被复制或取代，这里面是有各地文化不同的深层原因的。

2. 留学生的来华期望和留学生的适应状况的关联性

留学生出国留学会带着憧憬和梦想出发，如果期望值太高而实际经历比预期的糟糕，则会带来巨大的心理落差。留学生在来中国前可以在网上查高校的基本情况、教学设施、住宿条件、学生活动等，但有时会出现“网上的照片是美好的”，现实可能是“宿舍楼正在装修”，“那栋教学楼在另一个校区”，“这门课仅限中文授课”，“活动仅限于某某学院学生参加”等情况。笔者的塞尔维亚留学生朋友曾说：“我到了宿舍一看竟然是这样的（我们曾住在未装修的中国学生宿舍楼，图 3-7），跟照片上的完全不同，我们还要在这里住一学期！要不是认

① 徐光兴. 跨文化适应的留学生活：中国留学生的心理健康与援助 [M]. 上海：上海辞书出版社，2000：5-6.

② 杨军红. 来华留学生跨文化适应问题研究 [M]. 上海：上海社会科学院出版社，2009：68.

识你们这些好朋友，我真的打算走了！”[①]（图 3-8 所示为装修后的留学生宿舍。）这说明尽管期望会面临着现实的冲击，但是心理落差可以从现实经历中的积极因素中得到弥补。除了外在的物质环境带来的失落感，一些学者研究发现，留学生也会将语言、沟通、歧视、乡愁和孤独感视为压力。

图 3-7　未装修前的留学生宿舍[②]

图 3-8　装修后的留学生宿舍[③]

3. 社会支持和来华留学生的适应状况的关联性

社会支持可能来自亲人、朋友、老师、同胞或者相关组织里的志愿者。人是群体动物，有天生的趋同心理，特别是为了适应变化的环境，本能地会寻求关于新环境的信息。譬如来华留学生会本能地寻找与他沟通无障碍的人，询问、交换或者分享信息，以帮助其应对新环境里的未知状况，所以他们在不了解的情况下贸然行动的概率较低。面对语言障碍时，留学生会更倾向于寻求在校的同胞的帮助。同胞除了能够提供有用的信息支持外，在心理上也能给来华留学生带来情感慰藉，促进其宣泄心里的情绪。社会支持不只带来了安全感，也塑造了归属感，有效减少了无助和焦虑等负面情绪。研究发现，在留学目的国有熟悉的同胞朋友的人，各方面的适应度和满足度会更高，对留学目的国和其文化也更容易产生感情。

笔者通过采访发现，不少来华留学生提及最害怕的事是到医院看病或动手术，许多汉语不流利或汉语表达能力稍差的留学生总是希望能有老师或汉语流利的朋友陪同，以免出现啼笑皆非的“比手画脚说病情”乃至造成诊断错误的情况。老师和熟人是留学生最主要的心理依靠。不过，社会支持要保持适度，过分依赖只会适得其反，比如留学生如果长时间只跟同胞在一起，不利于其文化适应和创造与当地人交往的机会。在高校里，同一个国家的留学生人数很多，并且都集中在同一个校区，受到同类文化相吸效应的影响，有着相同的社会模式、生活模式、价值观等的同一个国家的留学生会产生很强的凝聚力，聚在一起交流时使用母语，所以汉语没办法得到太多提升。有些国家的留学生的英语能力也不好，使得他们跟

① 摘录自本人《留学天津生活小记》中的“住在这里的难忘回忆：旧留学生宿舍楼”篇，写于 2016 年 12 月 20 日晚 11 时，文中的塞尔维亚朋友名为 MLS，是与笔者同期的研究生。

② 图 3-7 摄于 2016 年 8 月 26 日，新学期入校报到后入住的临时留学生宿舍楼，前身为中国学生宿舍。

③ 图 3-8 摄于 2017 年 3 月 22 日，装修好的留学生宿舍楼。

其他国家的留学生的交流也存在障碍。

4. 参与中国社会文化生活的程度和留学生的适应状况的关联性

高校有很多学生组织，参与学生活动是交到朋友的最直接方式，每周固定见面，一起交流练习、增进友谊。不过留学生一般很少参与中国学生社团活动，首先是没有得到信息的渠道，中国学生社团每年虽然都有招募新生的活动，但是宣传不到位，留学生大部分都是在活动当天才知道有活动；其次是学生社团活动都说汉语，留学生听不懂，很难融入进去，渐渐地就不参与了。根据笔者的调查，来华留学生经常采用的对中国社会文化的体验方式从最多到最少依次为：通过电影 / 电视剧 / 电视节目（61.62%）、到中国各地旅游（50.51%）、主动认识中国朋友（49.16%）、主动跟中国人聊天（48.48%）、关注微信公众号（45.79%）、看书（44.11%）、关注网络媒体（37.04%）、关注社会时事新闻（34.34%）、参加社团活动（23.57%）以及跟中国人合租房子（6.06%）。

由于来华留学生在中国打工是不被允许的，所以关于打工的问题没有被列入问卷调查中，但是通过访谈可以了解到，留学生也会做一些兼职教语言或寒暑期兼职工作。越南留学生说：“结课以后，我在一家由台湾、香港和本地老板合资开的台球厅打工，认识了台球国内赛 B 级的选手，那段时间口语能力快速提高，而且还接触了各个阶层的人，经常跟老板和服务员聊天，我觉得通过他们自己真正接触到了中国年轻一代的想法。”此处要特别说明，留学生兼职或打工的情况纯属个例，大学的课程排得很满，留学生为了完成课业也没有太多的业余时间打工。有充裕打工时间的留学生则是为了累积社会经验，工作内容大多数是给中国孩子做英语辅导或是翻译，一般都是熟人介绍的，据此留学生得以走进中国家庭跟他们长期接触，因此笔者认为兼职或打工是具有实际意义的社会实践行为。

此外，高校经常举办留学生的语言实践活动，除了到外省体验的动态活动，还有静态类的文艺曲目体验，如小品、相声、京剧等；体验关于中国非物质文化遗产的各种项目，如欣赏吴桥杂技、沧州武术、苏绣、杨柳青木版年画、古琴艺术、蒙古族马头琴音乐、天津皇会等；也会邀请手艺传承人走进校园，这些中国传统技艺能够让留学生真实体会到课堂以外的精彩，并且给他们留下了深刻的印象。有的人对语言实践活动的价值和意义提出质疑，认为带着留学生走马观花、上车睡觉下车拍照的实践活动没有实际意义，但笔者认为语言实践活动是一种“文化透镜”，留学生通过学校组织的活动能够多知道一些中国文化，包括传统技艺，打开他们认识中国的一扇窗，就等于多种下了一颗感兴趣的种子，发芽成长只是时间的问题。此外，还有“走进中国”“留动中国”等各种全国大型比赛，参与的留学生都表示参加比赛可以增强自己的自信心，也可以展现自己国家的文化。以上各种积极参与社会文化活动的例子，说明了多接触留学目的国的社会文化和生活对留学生的跨文化适应具有莫大的好处。

5. 中国社会对留学生的态度和留学生的适应状况的关联性

尽管跨文化适应的主体对象是来华留学生，但留学生在日常生活中也会与中国人接触，社会群体对来华留学生的看法会影响他们对待留学生的态度，并体现在行为举止中。留学生能感受到友善或欢迎以及不友好或恶意，而不友好的经历则会带来负面情绪。中国改革开放初期，金发碧眼或不同肤色的留学生在人群中是很显眼的，经常会引来人们好奇的目光。留学生教育发展到现在,中国各个地域的留学生比例不同,有的大城市吸引了很多来华留学生,社会群众对留学生也是见怪不怪了,但是小城市的人们对不同肤色的人仍然持有好奇心。笔者的来自赞比亚的朋友K,宛如一位“明星”,笔者跟他出去逛公园或是旅游景点,总是有人想跟他合影,笔者问他感觉如何,他说:“感觉棒极了!他们都很友善,如果我会汉语就更好了!”[①] 后来他反倒见怪不怪了,为了跟人们有更多的互动,他努力学习汉语。

笔者向留学生活动范围内所能接触到的中国人发放了匿名形式的调查问卷,调查范围只在学校周边,目标人群包括中国学生、学校教师等学校职工以及其他行业者,观察中国社会群体对留学生的态度。调查结果显示84.95%的人对来华留学生是表示欢迎的,35.86%的人认为来华留学生能够为国家带来经济收益,66.66%的人认可大部分来华留学生都是奉公守法、热情友善的。对于回应来华留学生的需要,91.50%的人表示他们乐意给留学生提供帮助,以让他们更好地适应环境。对于中国社会群体认为自己会积极回应留学生的请求这点,我们有必要再来听听留学生的观点,来华已有4年的柬埔寨研究生提到了最关键的“留学生很难融入中国社会”的原因:“语言问题,沟通方式,口头语经常听不懂,虽然经常有聚餐的机会,但是学习和聚餐的感觉是不一样的。学习上有跟不上、作业不会做的情况,问中国学生经常会告诉我们‘我也还没弄’,‘我问下朋友再告诉你’,有时候很晚才回复,如果问了很多次,中国学生便会开始回避,这种感觉很不好,自己也觉得尴尬和难过,就不太想一直麻烦中国学生。”[②] 这也能够解释为什么留学生遇到问题的时候更倾向于找同胞或留学生伙伴们帮忙解决问题。

关于是否会戴着有色眼镜来看待某些文化群体,有的调查答卷上写着,“中国各个地域也会存在歧视,国家与种族之间同样也存在歧视”,“对某些国家确实有,但不会因为国家而判断一个国家的人,会通过接触来判断”,“总会顾及其他人的文化禁忌”,“并非种族歧视,只是单纯审美上和沟通上很难和一些国家的朋友交融”。这些评论暗示了文化群体间所存在的偏见和歧视,偏见是指源自无根据的臆想而显现于外在的态度,而看低其他文化群体成员,就是歧视[③]。专家指出,消除文化群体间的偏见最有效的方式是促进交往,互相认可双方的地位是平等的,对待异文化和其他文化群体不应该有优劣之分。

在中国社会对来华留学生的看法中,认为“总体不错”的占了绝大多数(61.29%),在备注栏中他们也提到了自己的看法,“校园中的留学生都很不错”,“没有深入了解但是感觉大部分留学生都很友善”,“他们都很友善,只是没有深交不好说,彼此没人破冰”,“我认识的留学生人都挺好,但肯定存在一些不太好的人,这和国籍或人种无关”,“大部分学生都知华爱华,少数学生会出现偏激行为影响社会治安”,“总体是好的,但总有人破坏氛围”,“开放、热情、包容,也有懒散、狡猾、自私、狭隘的人”,同时也有人提及了“缺少一些想要了解和融入中国学生团体的感觉”。

---

① 摘录自本人《留学天津生活小记》中的“友谊”篇,写于2016年12月31日中午12时,文中提及的赞比亚朋友K,是与笔者同期的研究生。

② 摘录自本人《2018天津大学留学生访谈录》,2018年4月6日下午1时30分,留园A区大厅,访谈对象为柬埔寨留学生WJ。

③ 科塔克.人性之窗:简明人类学概论(第3版)[M].范可,等译.上海:上海人民出版社,2014:412.

以上的调查结果在一定程度上反映了我们身边的中国社会群体对来华留学生群体的看法。通过跨文化交际可以了解中国社会对留学生群体是友善和欢迎的,有主动交流和交往的愿望,不过碍于生活圈子的不同,中国人少有机会跟留学生深入交往,所以对他们的文化不了解。不过,基于调查范围的局限性,这个结论并不能代表大部分的社会群体,只能作为一项参考:校园周边环境对留学生释放的善意足够让他们适应新环境。

三、对来华留学生跨文化适应的几点建议

在跨文化适应的过程中也会涉及留学生的心理健康问题,因为不是每个人都能顺利地适应环境,很多时候留学生都会面对适应的障碍,他们有着从外界获取心灵慰藉甚至实际援助的需要,这时候有必要启动高校的心理辅导机制来满足他们的需求。基于辅导员角色的特殊性,其不只需要有心理学知识,也要有跨文化交际学、社会学、教育学的学科背景或相关知识,最为重要的是要有良好的沟通能力。这些要求并不算苛刻,强调的是管理人员的专业性,以及对来华留学生个体的重视。在管理体系建设中,少不了的是对留学生提供心理援助的咨询部门。

对初次到中国、语言仍存在障碍的留学生而言,他们会遇到比较多的问题,对新环境的陌生感和孤独感容易引起焦虑和不安。在办理了入学报到、入住宿舍、验证体检报告、到出入境管理局办理居留证等一系列的手续以后,留学生便会迎来新生入学教育。不少高校为了让来华留学生更好地适应学校环境和学习要求,建立新的人际关系,要求所有新生参与入学教育,接受入学指导、选课指导,了解学习要求、校园活动等。

1. 加强对留学生来华以后的服务和心理咨询管理

留学生来华以后,管理者容易忽略他们在生活上面对的各种难题,比如没有人告诉留学生要下载哪些中国适用的手机软件、怎么利用学校的资源和设施、怎么开通无线网络、怎么使用支付宝、怎么绑定银行卡、怎么搭乘公交、在哪儿购置生活用品、怎么看病等。高校如果忽略了留学生生活服务和咨询管理的重要性,无形中便会暴露管理上的不专业。留学生不知道找哪个部门的老师来处理问题,反倒增加了其他部门老师的工作量。同时,留学生靠自己解决问题,也增加了其适应环境的压力。

入学时,对留学生新生也有必要进行心理测试,高校可以提前识别出心理有问题的留学生,对其适应状况多加留意。根据 2017 年"来华留学生地区保险培训"的保险理赔案例,留学生自杀的死亡案例共有 8 例,其中也有精神疾患类的案例,所以留学生的心理健康问题不容忽视①。他们背井离乡到中国求学,个体面临的压力不尽相同,而承担解决留学生问题任务的人经常是班主任或导师,也可能是行政老师,他们只能给予建议和开导,无法提供专业的心理治疗。在劝说无果的情况下,只能让留学生休学,并没有从根源上实际解决留学生出现的心理问题,劝退反而加重了对留学生的伤害。严格来说,严重的心理疾病是需要由临床的心理治疗师来执行治疗计划的。

---

① 资料源于笔者所出席的 2017 年 12 月 29 日,天津市高等教育学会外国留学生教育管理分会的教育工作研讨会中的来华留学保险培训。

2. 组织有关来华留学保险的就医和理赔指导座谈

所有来华留学生都被要求购买来华留学保险①,一方面保障在华学习的留学生发生紧急状况需要医疗援助的时候,在一定程度上能够弥补一些经济损失;另一方面也为学校提供了处理意外事故的经济保障。不过,留学生是否了解保险的保障内容呢?

据了解,大部分留学生不清楚所购买的保险涵盖的范围,以为买了保险之后大大小小的门诊费用都可以报销,不了解理赔的最低要求和流程。保险的涵盖范围包括普通门诊、急诊、门诊手术、急诊留观、急诊抢救等所产生的相关费用,可以按比例获得赔付。以门诊为例,就诊费用的每日限额为 600 元,再扣除 2 000 元的起付线(免赔额),最后按照 85% 的比例赔付。同时,鉴于各国的就医制度不同,有的是先检查后交费,还有跟中国一样的,是先交费后检查,留学生不清楚中国的就医体系和流程,病得厉害了到医院求医,但是发现医院科室有众多分类,到了医院挂号也不知道该挂哪一科,经常出现挂错号、跑错科室的情况,耽误时间和金钱,也耽误了病情。另外,中国的就医体系需要病人每次自带就诊病历,而留学生却没有认识到病历的重要性,在申请理赔的时候还得再补办门诊病历。

鉴于此,对留学生提供就医和保险理赔方面的指导是非常有必要的。由于来华留学生的文化背景、国籍和学历层次不同,在事情发生以前帮助留学生了解就医和保险理赔相关流程和规定,能够增强其健康和安全意识,如果真的发生意外事故,留学生就知道应该找哪个单位报备以及申请理赔的流程。最为重要的是能避免因不了解而耽误治疗。

3. 促进留学生联谊会功能的发挥

成立由留学生组成的留学生联谊会的目的是发挥集体组织的力量来帮助更多留学生,并且为国际教育学院分担一些力所能及的任务,搭建起学院和留学生之间的沟通桥梁。留学生联谊会不仅增强了留学生的凝聚力,也调动了留学生自我管理、自我服务的积极性。通过平时与各国留学生的密切接触,联谊会成员往往是"最及时的行动者",能够听取留学生的宝贵意见,向学院反映留学生的需求,也是在留学生需要帮助时及时出现的行动派。留学生联谊会是学生的自发组织,有严密的组织结构,出发点是更好地服务他人,不具有功利性,所以激励留学生的是被信任的成就感、被认可的责任感,这种内在的驱动力量也促使其提高了自我成长的能力。学院一般会委派留学生联谊会的成员承担诸如活动通知、组织报名、传达消息、帮忙推荐留学生人选、更新脸谱和公众号、帮助有困难的留学生、协助关照新生、提供翻译服务等任务。

现实情况是,随着微信等通信工具的发达,留学生也可以跟老师在微信上直接联系,学院也有专门负责学生活动的行政部门,有活动的时候只要在大群里发消息即可,有意愿报名的留学生也可以线上填表。至于关照新生的任务也被指派到了相同国籍的老生身上,因为基于同胞情,老生带新生更符合实际情况。因此,留学生联谊会的功能直接被削弱了,陷入了名存实亡的被动局面。在这个问题上,我们不否认留学生联谊会的存在一直发挥着极大的作用,学院应该同留学生联谊会共同配合,下放一些职权给留学生联谊会,学院的责任是

① 2017 年 7 月 1 日起正式实施的《学校招收和培养国际学生管理办法》第四十条明确要求:"学校实施国际学生全员保险制度。国际学生必须按照国家有关规定和学校要求投保。对未按照规定购买保险的,应限期投保,逾期不投保的,学校不予录取;对于已在学校学习的,应予退学或不予注册。"

敦促和观察，给留学生联谊会创造更多发展自身潜力的机会，为自办和策划的留学生活动提供经济支持，并且尽力解决留学生所反映的问题，重视培养留学生的自主能力；而留学生联谊会也应该在管理和策划上与学院发展的大方向吻合，与学院共同成长。

四、留学生文化冲突现象调查及反思

文化冲突源自文化群体的差异性，不同文化背景下的人员各自按照自己文化中约定俗成的思维来处理问题，这就容易造成误解。不同形态的文化或者文化要素之间相互对立、相互排斥，导致产生文化冲突，其又会导致产生文化困惑；文化困惑反过来又加剧了文化冲突，两者相互影响，出现了以下的不良结果[①]。

①极度保守：抵制引起情绪极度不舒服的环境。

②沟通中断：各自躲进自己的文化圈中，渴望依赖在当地的同胞。

③非理性反应：容易感情用事，误解对方的态度，造成更深的对立。

④怀恨心理：误会越积累越多，会造成普遍的怀恨心理。

（一）文化冲突现象的调查

留学生之间的文化冲突现象多表现为集体生活中所产生的摩擦，多为心理、情感、思想层面上的挣扎。当互相沟通的尝试面临中断或者失败时，就容易引起非理性反应，即感情用事，当可感知的差异越来越突出则矛盾被激化。这种生活上的摩擦可能源于价值观、隐私观、卫生习惯、作息时间、宗教习惯、对个人空间的要求、个体对安静和热闹的喜好的不同；也可能源于个体主义和集体主义的碰撞，比如集体主义者更喜欢经常聚在一起共进晚餐，以合作的方式做事，甚至觉得结束一天疲惫的放松方式应该是聚在一起吃饭聊天。在房间窄小的空间里，这种冲突其实也是一种社会形态的缩影。即便是相同国籍的留学生住到一起也会有摩擦现象出现。当情感或文化思维成为障碍，妨碍理解时，个体差异就会被放大。

文化冲突现象也存在于留学生与中国学生之间。来华留学生的生活习惯不同，比如非洲和拉丁美洲国家的留学生天性热情奔放，高兴的时候甚至可以通宵达旦、纵情高歌，加上留学生宿舍楼和中国学生宿舍楼挨得很近，就容易引起中国学生的抱怨和不满。另外，中国学生反映在分组作业的时候，不愿意跟汉语不太好的留学生同组，因为经常会出现"蹭分数"的现象，留学生因为汉语能力有限帮不上忙，跟他们一组感觉"吃亏了"。在留学生看来，他们尽力参与了，但是同组的中国学生似乎"还有另一个 QQ 群"，留学生被排斥在外。因此在学习期间，留学生经常陷入自我困惑中，一来是不希望老师因为他们是留学生而降低讲课的深度，另一方面在考试的时候却又希望能降低对留学生分数线的要求。中国学生对"双标准"的评分方式是不喜欢的，这加重了他们对留学生的心理抗拒。这种文化冲突是无声的甚至不易察觉的，却又深埋在彼此的潜意识里。

必须指出的是，跨文化冲突的现象一直都存在，有时候是碎片化的感知感受，有时候则是直击的言语和人身攻击，它们出现的原因如下。

① 刘慧云，向洁. 海外研修中的中日语言跨文化比较研究 [M]. 北京：国防工业出版社，2008：22-23.

1. 少数留学生群体“被压制”

“被压制”的意思是指容易被忽略，在一个留学生很少的班里，留学生自然会下意识地少数服从多数，少数群体的声音就自然被抹去了。在中国学生占大多数的大课中，教师很少会对留学生特别关注，比如在本该以英语授课的大课上，因为班上只有少数几位留学生，所以授课教师大部分时间都以汉语授课。留学生经常只是作为参与者，碰上学院有特殊活动，教师经常也是先动员中国学生来组织活动，到了活动预热时期再叫上留学生。其实抛开语言障碍，不少留学生也有很强的组织能力和执行能力，留学生能做到的绝不仅限于参与。

2. 不了解文化禁忌

文化差异也会形成不同的文化禁忌。不了解文化禁忌会给社交带来负面影响。触犯了对方文化中的禁忌，别人会感到不舒服、不礼貌或很晦气。举例说，非洲某些国家延续了酋长部落文化，所以对地位高低、男女长幼等非常讲究；伊斯兰教文化中忌食猪肉制品，也很忌讳谈论猪；大部分国家的穆斯林习惯用右手抓饭吃，左手被认为是“不洁的”，与他们共同进餐的时候如果用了左手抓饭吃会被视为极不礼貌。海外华人有的还保留着不许在屋内打伞的禁忌[①]。究竟触犯文化禁忌是否会影响跨文化交际，甚至引发冲突呢？这是可能的，触犯文化禁忌在一定程度上会造成文化冲突，但是文化冲突并不一定来自文化禁忌，而不同的文化群体之间产生的文化认同将有助于减少或者避免文化冲突。

这里指的文化认同不应该只靠文化认可和宽容，也应该包括文化间的深度交流、对话与融合，而文化禁忌是文化了解的重要内容，但大部分人表示不会刻意去了解，其根本原因就是大部分文化交流仅停留于表面，真正的文化交流应该融入目的国的衣食住行等日常生活中，在工作、生活或者学习中汲取更多的当地文化营养，而了解当地文化不是一蹴而就的，需要长时间的适应和理解，这样才有可能实现文化交融。

3. 隐性的排外心理和失去的耐性

中国的教育体制和国外的不同，中国的大学生都是经过竞争激烈的高考才跻身中国的“双一流”建设高校的，但是高校对外国留学生的招生要求显得比较宽松，并且还提供各种不同种类、不同额度的来华留学奖学金，这是中国政府招揽人才的常用方法。中国学生和中国社会对此有时并不认同，还产生了抗拒心理，始终会区别“内外”，认为外国人、外国文化就是“他者”。刚来到中国的外国留学生发现中国人对他们都很热情、很友善，在需要帮助的时候周围的中国人都挺愿意向他们伸出援手的，但他们没办法真正走进中国人的圈子。中国人可以跟留学生或外国人友好相处，但是很难做到对外国人真正敞开心扉，这种封闭性就是隐性的排外心理，这种心理在交往中容易使人失去耐性。这种情况在校园中也会发生，最常见的便是发生在导师和学生之中。当学生坚持自己的立场并与导师争辩时，导师的不耐烦会直接导致交际中断。巴基斯坦研究生 A 表示跟他的导师的关系处得不好，他承受的压力太大，导师对他失去了耐性，最后不得不更换导师[②]。

---

① 屋内打伞被认为不吉利，老一辈人认为会将伞下的鬼魂引入室内。

② 2018 年 7 月 3 日晚 8 时，巴基斯坦研究生 A 与笔者在宿舍走廊聊天时所透露的学习近况，他提到换了导师以后就没有了之前压抑着的精神压力。

4. 刻板印象

刻板印象是人们对某一类人或事物形成的比较固定、概括、笼统的看法。虽然其在一定程度上能帮助人们简化对认知信息的处理，具有一定的特征归类性质，可是它也是一把双刃剑。刻板印象往往来自影视剧、媒体、社交圈、书籍等，由于没有做更深入的了解，所以这些认知都比较概括和笼统，比如法国人很浪漫、俄罗斯人很彪悍等。在跨文化接触中，刻板印象会造成对不熟悉的文化群体的错误认识或者规避心理，并且容易延伸出偏见和仇视等负面印象。

留学生面临的最大的文化冲突便是留学目的国社会群体对自己的误解，当留学生从自己的文化感知中感受到留学目的国社会群体的抗拒和不友善时，他们心中会产生很强的挫败感和愤怒，就如笔者在采访来自非洲乍得的留学生 XM 时，他提到：“在地铁上穿得像知识分子的人竟然质问我身边的女友，是不是在中国找不到男朋友了才找一个黑人做男朋友。他以为我听不懂中文，当下我真的感觉被侵犯了！”① 实际上，造成误解和消极印象的主要原因还是对对方文化的接触和了解太少。

外国人对中国人也存在刻板印象，比如“差不多就行”，不少人都见识过中国制造的速度，有一种解释是为了赶速度不惜降低产品的质量，但胜在价钱便宜，所以他们对中国的印象是“以速度和价钱取胜”，“差不多就行”的刻板印象由此而来。

（二）对跨文化冲突的反思

不同的国家、民族、群体、组织和人群有不同的价值目标和价值取向。价值观具有较强的主观性，它决定着人们的行为准则；价值观方面的冲突则反映出更深层次的文化认知矛盾。在不同的社会语境或文化语境下，人们习惯根据自身文化和价值观去解读或判断其他群体的行为，因而产生了文化偏见。当双方处于某种对立或抵触状况而感知到差异时，各方都极力维护自身长期以来坚持的价值观，冲突就产生了。

“跨文化接触带来的不仅是新奇和有趣，随之而来的还有压力体验，这个过程充满未知的挑战。语言和文化的差异进一步加剧了留学生的适应困难。饮食适应困难、生活作息混乱、情绪低落、过分关注健康、对东道国成员失去信任甚至出现敌视情绪，这些状况都是精神压力的外在显示。”② 社会呈现的是多变复杂的行为模式，再文明的社会也存在秩序缺陷的问题，来华留学生到中国的时候，他们中有不少人都是刚中学毕业第一次出国深造的年轻孩子，正是尝试理解真实世界、参与社会的年龄，惯于从自身文化的思想结构来定义所接触到的“真实世界”，因此在体验异文化初期更加在意内心自我感受。所以，留学生在华的社会适应需要提高个人心理素质和精神压力承受度，以缓解文化冲击和道德困惑。

另外，语言表达方式的差异有时也会造成沟通过程中的错误解读，不懂得区分和使用委婉用语，容易冒犯别人甚至形成隔阂。其源于对留学目的国语言的掌握仍不熟练，缺少对文化背景的认知和辨别语境的能力。简单举例，“你过来”（Come here）以及“可以请您过来

① 摘录自本人《2018 天津大学留学生访谈录》，2018 年 4 月 13 日下午 1 时 30 分，专家楼 105 室，访谈对象为乍得留学生 XM。

② 杨军红. 来华留学生跨文化适应问题研究 [M]. 上海：上海社会科学院出版社，2009：2.

吗?”(Could you please come over here?)两种不同的表达方式需要根据不同的场合和情况区别应用。在不同的交流语境中,存在不成文的、大部分人都墨守的社交礼仪,所以留学生扩大自己的交际圈的同时也需要不断摸索跨文化交际的潜规则。语言是思想的外衣,也是社交的工具,善于表达的人自然能够建立良好的人际关系、更快融入环境。

在跨文化冲突中,个体的经历和感受并不能代表整体。来华留学生亲身体验中国社会的方式不尽相同,生活环境和学习环境、物质和人文环境等都会成为影响其来华体验的直接因素。研究来华留学生的适应问题,我们也必须关注当地社会对留学生的看法和态度,因为社会环境对异文化群体的接纳度越高,越有利于他们融入环境,并减少跨文化冲突事件的发生概率。冲突并不一定是件坏事,产生冲突意味着问题已经明朗化,只要能够妥善解决,便是对制度的进一步完善和保障,跨文化冲突也是如此。

最后,身处多元文化发展的时代,我们应该客观地对待文化差异,尊重个体的想法,宽容对待异文化群体,制造更多谈话和交流机会,加强不同文化间的认识,这样就能够充分利用跨文化沟通来消除跨文化冲突。

第五节　共建“一带一路”倡议下来华留学教育可持续发展的对策思考

一、发挥中国作为留学目的国的自身优势

共建“一带一路”倡议与周边不少国家的发展政策具有经济、教育、文化方面的互补性,在增进国与国之间的合作关系的同时,使各国在合作中发挥各自优势,向外输出本国优势,再向内引入本国所需资源,实现最佳的利益互补。“一带一路”建设旨在互利共赢,中国也需要寻求长期可持续发展的路径,巩固与各国的经济以外的联系,文化流通是重要的基础。各国地域环境不同,文化存在差异,文化交流可以促进国家和民族间的文化认同和理解,教育可以培养大批国家发展所需要的人才。共建“一带一路”倡议着重推动教育的发展,在发展来华留学教育上还予以政策倾斜,对不同的生源地有不同的招生策略,鼓励留学生来华学习。中国政府出台了国家层面的来华留学教育质量标准和专业教育质量标准,在管理的标准体系和质量保障机制建设的基础上,还建立并完善激励、认证、评估、督查等质量保障机制[①]。中国推动国际化办学的决心是非常坚定的,规模与质量并重,通过优化生源结构、提高生源层次和发挥区域优势来推动来华留学事业的发展。

在《关于政协十二届全国委员会第五次会议第 2147 号(教育类 203 号)提案答复的函》中明确了关于优化留学生生源结构和国别布局的策略。

---

① 中华人民共和国教育部.关于政协十二届全国委员会第五次会议第 2147 号(教育类 203 号)提案答复的函 [EB/OL].(2017-10-24)[2018-10-27].http://www.moe.gov.cn/jyb_xxgk/xxgk_jyta/jyta_gjs/201803/t20180306_328896.html.

①亚洲地区。教育部响应国家共建“一带一路”倡议，2017年专门设立“丝绸之路”中国政府奖学金项目,通过部委合作、省部合作、高校合作模式,每年额外提供3 000个奖学金名额,为“一带一路”沿线各国专项培养行业领军人才和优秀技能人才。教育部将对亚洲地区予以政策倾斜,进一步提高中国政府奖学金生和学历生的比例,欢迎更多沿线亚洲国家的优秀学生来华学习。

②欧美地区。结合中国当前教育发展情况,以招收短期生为主,通过以短带长,逐步吸引更多长期生来华学习。目前,教育部通过中欧学分生、中美学分生等项目,鼓励欧美地区国家生源短期来华学习,对项目学生予以资助,并实现学分互认。

③非洲地区。中国政府历来重视与非洲国家开展教育合作与交流。2015年,习近平主席出席中非合作论坛约翰内斯堡峰会时宣布,未来三年为非洲提供3万个奖学金名额,着力支持非洲破解人才不足的发展瓶颈,实现自主可持续发展。教育部专门针对非洲国家设立了中非高校20+20计划、中坦交流专项奖学金、中埃交流专项奖学金、中莫交流专项奖学金等项目,此外,“一带一路”非洲沿线国家的优秀青年学生也可以通过“丝绸之路”中国政府奖学金项目得到资助来华留学。①

中国的发展离不开世界范围的大市场,除了吸引留学生来华学习,中国也向海外输出高等教育资源,积极发展中外合作办学,对接社会和国际发展需求。据《中国教育报》报道,截至2016年底,中国与188个国家和地区建立了教育合作与交流关系,与46个重要国际组织推行教育合作,与47个国家和地区签署了学历学位互认协议,中外合资办学机构和项目达到了2 480个②。在创造需求和满足就业需求的层面上,来华留学生或是中国出境留学的学生跨国获得高等教育学位后毕业回国,其学历也能够实现对接。

共建“一带一路”倡议以共商、共建、共享为原则,倡导与不同民族、不同文化、不同发展水平的国家进行合作,拓展与亚欧市场的合作,推行市场多元化战略,是各方共赢的包容性巨大的新型国际合作机制。

当我们谈及共建“一带一路”倡议下发展来华留学生教育的竞争优势,就必须先从宏观的视角去发掘和分析中国的经济发展对世界各国的影响,涉及市场、技术、投资、建设、合作机遇、出境旅游等方面。因此,打造好“留学中国”品牌也是对世界的承诺,用优质教育培养发展所需人才。

1. 国家影响力和学科品牌优势

通过共建“一带一路”倡议,中国正在完善国际合作机制,随着中国经济实力的日益增长,很多国家都积极考虑怎么跟中国更好地合作,正如挪威国际事务协会的报告结论指出,“中国正在进入一个全新的阶段,中国信心在不断增强,其影响力也在不断扩大”③。中国作为一个经济体量巨大的国家,其在国际社会上举足轻重,基于“民心相通”的发展原则,教育先行,人才为本,提倡多元文化的交流和理解。为了适应国家发展新常态,中国教育部也在

---

① 同上。

② 徐倩,储召生. 昂首阔步迈向高等教育强国:党的十八大以来我国教育改革发展述评·高等教育篇.[EB/OL].(2018-09-16)[2018-10-28].http://www.moe.gov.cn/jyb_xwfb/moe_2082/zl_2018n/2018_zl66/2018_zl6503/201809/t20180907_347689.html.

③ 王灵桂. 国外智库看“一带一路”[M]. 北京:社会科学文献出版社,2015:38.

不遗余力地加强“双一流”建设[①]，并打造“留学中国”品牌，与国外高水平大学开展合作，以吸引硕博等高层次人才来华学习。

2015 年 10 月，国务院发布了《统筹推进世界一流大学和一流学科建设总体方案》，积极建设世界一流大学和一流学科；2017 年 9 月，世界一流大学和一流学科建设高校及建设学科名单[②]公布，国家加大资金与资源投入和政策支持，以推动“双一流”建设。高校充分整合学科资源，将自身最有优势的学科组建成学科群，以打造世界一流的学科群。

2012 年到 2016 年，进入四大世界大学排行榜前 500 名的内地高校从 31 所增加至 98 所，进入 ESI（基本科学指标数据库）前 1% 的学科数从 279 个增加到 770 个，学科进入 ESI 前 1% 的高校从 91 所增加到 192 所[③]。为了打造学科品牌特色，高校致力加强教师团队的建设，建立起多元化的师资团队，以“请进来”和“走出去”结合的模式，邀请全国知名专家来讲学、选派骨干教师外出进修培训。为了建设好“中国系列”思政课，一些高校邀请了相关领域的多名知名专家学者，组建跨学科、跨院校、跨地域的教研团队，将最新理论成果带进教材和课堂中[④]。

2. 丰富的奖学金和适中的学费优势

中国为来华留学人才提供了丰富的奖学金，有国家级、市级、校级、企业级等奖学金项目，数量多且覆盖范围广，对推动来华留学教育的发展起了很关键的作用。教育部响应共建“一带一路”倡议，增设了不少奖学金项目。中国在发展来华留学教育上，善用奖学金优势。关于奖学金的分配，中国也大力向积极参与“一带一路”建设的国家倾斜，吸引了不少来华学习汉语的非学历生完成语言学习后，在中国继续学历教育的深造，渐渐提高了来华留学生的学历水平层次。对国际学生的招生策略，欧美地区的教育强国也经常运用奖学金的办法，提供种类丰富的奖学金项目，不过这些奖学金项目更倾向医学、科技、理工以及较冷门的学科，申请门槛较高且数量较少。

关于来华留学的学费，文科类专业每年大概 2 万元至 3.5 万元；理工科类专业比文科类高 10%~30%；医学、艺术、体育类专业则比文科类高 50%~100%[⑤]。美国作为全球第一的留学目的国，其知名度较高的大学每年学费平均为 33 215 美元[⑥]；欧洲国家的留学目的国则以英国排名最靠前，其文科类专业学费平均每年 31 850 美元、理工科类专业每年平均 42 100 美

---

① “双一流”建设是指中国高等教育要建设起世界一流大学和一流学科，目标是成为高等教育强国。中国自 1995 年起，先后实施了“211 工程”和“985 工程”，一批高水平大学在国内和国际上都获得了巨大的成就，进一步奠定了“双一流”建设的基础。

② 孙竞.“双一流”建设高校及建设学科名单公布 [EB/OL].（2017-09-21）[2018-10-12].http://edu.people.com.cn/n1/2017/0921/c367001-29549883.html.

③ 徐倩，储召生. 昂首阔步迈向高等教育强国：党的十八大以来我国教育改革发展述评·高等教育篇.[EB/OL].（2018-09-16）[2018-10-12].http://www.moe.gov.cn/jyb_xwfb/moe_2082/zl_2018n/2018_zl66/2018_zl6503/201809/t20180907_347689.html.

④ 把思政课纳入“双一流”建设重点任务 [EB/OL].（2018-01-18）[2018-10-28].http://www.moe.gov.cn/jyb_xwfb/moe_2082/zl_2018n/2018_zl09/201801/t20180118_325030.html.

⑤ 自费来华留学收费标准 [EB/OL].（2004-07-14）[2018-10-28].http://www.moe.gov.cn/s78/A20/gjs_left/moe_850/tnull_1196.html.

⑥ The cost of studying at a university in the Unitied States[EB/OL].（2017-11-28）[2018-10-28].https：//www.timeshighereducation.com/student/advice/cost-studying-university-united-states.

元[①]。对照之下，到中国学的学费还是比较适中的，对想出国留学的国际留学生而言具有较大的吸引力。在笔者的调研中，21.81% 的人认为这是他们选择来华留学的原因之一。中国高校适中的学费和丰富的奖学金项目让中国在发展来华留学教育的工作上展露了自身的优势。

3. 文明古国的文化优势

中国作为四大文明古国之一，具有源远流长的历史和文明，在外国人的印象中，中国有汉字、武术、书法、茶道、京剧等。对很多未曾到过中国的外国人而言，中国就如同一个披着神秘面纱却有着十八般武艺的东方美人，既神秘又使人向往，当年《马可·波罗游记》问世以后，为欧洲打开了一扇了解东方的窗口。中华文化博大精深，吸引了很多外国友人来到中国观光或交流，不少欧美国家的留学生对中华文化特别向往，在来华留学前便已开始学汉语、习汉字，并作为交换生来到中国实地体验，领略中国风情、学习中国文化、体验中国传统的手工技艺。中国传统的国粹文化是凝聚了几千年智慧的结晶，同时中华文明历史悠久，是世界上唯一没有中断、发展至今的文明。

此外，中国地大物博，地域文化从南到北、从东到西各具鲜明的特色。同在一片天空下，“靠山吃山、靠水吃水”，所以各个地域的民俗风情、地方语言、饮食习惯、民间信仰存在差异，而最可贵的是“和而不同”的智慧，不同的民族和文化保留了自身的特色，而且创造并传承着独具特色的传统文化。所谓五千年历史看西安、千年历史看北京、百年历史看天津，国际学生到中国学习和生活，他们也在适应和学习当地的城市文化和地域特色，以他者的视角去学习和理解当地的生态文化。

中国民间的非遗文化也是非常丰富的，包含了民间手工艺、民间信仰、艺术表演、民俗活动、美术等，它们是中国传统的精神文化，是代代相传的智慧，是不脱离生产生活的活态文化遗产。非遗文化是全人类的共同财产，正因为这些传统技艺靠着一代一代的守护和传承非常不容易，所以留学生有机会接触中国的非遗文化，也能加深他们保护传统文化的意识，使他们直观地认识到中国民间文化习俗中所寄托的吉祥寓意及中国古人的智慧。

二、创造良好的留学环境

在发展来华留学教育的新形势下，来华留学生的规模不断扩大，营造良好的学习环境也意味着营造一个良好的口碑。良好的留学环境包含了良好的学习环境、国际化的教学理念和教学模式等，要营造良好的留学环境就要努力进行国际化建设、增加教师和学生对外交流的机会、营造多元文化氛围、培育校友文化、支持实习就业。中国与许多国家都建立了密切的外交关系，中国政府也致力打造更好的留学环境，促进了相互往来、相互交流的开放环境的建设，同时在人才引进方面也放宽了很多限制。教育具有很强的社会性，也是学习文化的重要手段；文化作为课程被传播、传授和学习，个体通过对所在社会的融入，接受所在社会的文化价值观和行为模式，遵循本土社会认可的标准，成为被本土社会所接纳的成员以谋求更

① Tuition fees at the world’s top universities[EB/OL].(2018-06-12)[2018-10-28].https://www.topuniversities.com/student-info/student-finance/tuition-fees-worlds-top-universities.

好的发展①。

1. 进行国际化建设

高校国际化的理念是教育界公认的高校建设可持续发展的关键。美国教育委员会所设立的国际化与全球参与中心（CIGE）针对高校国际化的理念明确了几项举措：制定明确的战略规划、整合组织结构、设计国际化课程、构建国际化教师队伍、建立学生的国际流动机制、建立国际合作机制②。最为突出的是，整个高校国际化的发展规划是由教职人员、学校股东、学生代表的“利益群体”共同参与的，并且有专门的委员会来监督方案的实施。国际化的校园建设也包括提升办学质量、突出学科特色、开设新兴领域的学科、引进教学新技术、增加文化创意创新项目等。美国的高校国际化理念是值得借鉴的，它特别强调学生对国际社会的了解，不仅限于对所在国的了解，研究课题涉及了不少国际合作相关的内容。

随着中国大力支持国内中西部地区高等教育的发展，并且加大投入建设硕博学位点，全面加强高校和学科的特色发展，实施“全国高校教师网络培训计划”，成立“中国东西部高校课程共享联盟”，中西部地区的江西、河南、山西、内蒙古、西藏、青海、宁夏、新疆、贵州、广西、云南进行“双一流”建设，并获得国家专项资金支持。在针对国际学生的调研中，关于物理距离是否会对国际学生的流动意愿造成影响，研究结果显示，国际学生认为物理距离也是一个重要的影响因素，因此中国对中西部地区高等教育的开发，鼓励各地建设有特色、有优势的高水平大学也是“一带一路”建设中教育推广发挥地缘优势的策略。

2. 增加教师和学生对外交流的机会

优秀的师资是高校最珍贵的宝藏。教师在教学中扮演了重要的引导角色，留学生来到中国学习和生活，教师是他们接触中国的第一扇窗口，经常扮演着亦师亦友的角色。教师自身应该有国际交流的视野和能力，经常出席国际学术交流活动或拓展研究合作的渠道，促进国内和国外的学术合作，提高对外交流的能力。学生在导师的带领下，也能接触各种国际学术思想，增强对国际社会和国际文化的认识，以国际化视角去思考问题。人才培养计划的对象不只是学生，在国际交流和合作的过程中，教师的视野和语言能力也需得到锻炼，两者相辅相成。

3. 营造多元文化氛围

多元文化是指两种或两种以上的文化共存现象。留学生来自世界各地，与中国学生同在校园里学习和生活，世界各地不同的精神文明汇集成校园的多元文化。校园是多元文化凝聚的场所，也是促进文化理解和融合的摇篮。高校通过搭建各种交流平台，举办文化沙龙、座谈会、户外实践、共度佳节等活动，可以丰富留学生的生活，提高其跨文化交流的能力。每一种文化都有自身的文明历史，多元文化的氛围下，彼此之间互相尊重和互相理解非常重要，公平公正地对待异文化正是学生在校的最好实践。有学者曾指出：“教育不是孤孑的，它属于文化的一部分，学校也不是孤立的机构，而是传授文化的社会机构。”③人本质上就是依附社会存在的，教育也是社会的元素，“学校是社会体系中不可分割的一部分。学校

① J.U. 奥布. 教育人类学 [M]. 石中英. 等译. 重庆：西南师范大学出版社，2011：19.

② 大学国际化建设有章可循，先从哪开始？ [EB/OL].（2018-02-22）[2018-10-29].http://www.sohu.com/a/223473059_608848.

③ 袁同凯. 教育人类学简论 [M]. 天津：南开大学出版社，2013：138.

依附社会体系来获得资源与合法地位，同时为社会培养多种所需人才，从而达到社会与教育培养的平衡”①。

4. 培育校友文化

校友文化就是凝聚校友力量、传承学校精神、扩大学校影响力、促进学校发展的载体。所有在校的学生都是学校的财富，毕业的校友投入社会，经过时间的淬炼，他们成为社会建设的中坚力量。有不少留学生毕业以后会选择回其祖国发展，成为连接中外友谊的桥梁，为两国的进步贡献着力量。在学生在校期间，培育校友意识也有利于将来发展校友工作和校友文化。学缘关系是校友文化的基础，学生在读期间产生了群体归属感和与母校荣辱与共的意识。罗智敏在《校友文化与世界一流大学创建》中提了不少校友文化建设的作用与建议和校友文化的重要性，他提到“定期把优秀校友请回学校，让校友用多年累积的丰富人生经历和社会经验，帮助在校学生树立正确人生观、价值观……使在校学生与校友一起分享创业历程和成功经历，并从校友的人生经验中得到启发”②。中国的高校一直很重视发展校友工作，也累积了丰富的经验，对留学生校友文化的发展如果能够给予足够的重视，建立起学校与留学生校友的密切联系和互动，优秀的留学生校友也将是学校办学的实力依据。

5. 支持实习就业

实习有利于学生将在校所学的专业知识和综合分析与解决问题的方法应用于实践中。实习生活有益于学生了解社会和企业管理与运作的模式，并且培养责任感和各种综合能力。走进职场和社会是每位毕业生的必经之路，而实习期就是职场新人的缓冲期。对于留学生而言，他们面临着毕业、学习签证即将到期而期满则必须回国的境况，留学生在读期间不被允许工作，所以毕业前的实习或实践活动尤为宝贵。在华就职与在华学习的经历不同，所担负的责任和学习时所承受的学习压力亦有区别，异国实习的经历能够起到良好的、促进经济与文化交流的作用。中国高校可以考虑将实习纳入学分制；还可以考虑实行获得高等教育毕业证的毕业生延长半年“就业实习”的工作类居留许可，让有意愿在华实习就业的留学生可以根据流程申请办理相关手续，增加海外实习经历，并且吸引更多中外资企业参与这个项目。

三、拓展来华留学教育市场

市场总是存在竞争的，来华留学教育依附于国际教育市场。“高等教育的生产者是作为办学者或举办者的政府、高校和个人，消费者是学生及其家庭、雇主、知识产品和有偿服务的购买者。有市场就有竞争，不仅高等教育生产者之间有竞争，消费者之间也存在竞争。高校作为生产者为争取政府经费、社会投入、优秀生源和社会声誉而竞争，作为消费者的学生为进入高水平大学和优势专业而竞争；同时，为在竞争中脱颖而出或取得优势地位，高校就要设法提升人才培养、科学研究以及社会服务质量，进而引发一系列连锁竞争。从理论层面而言，高等教育市场只是一个笼统的概念，从实践层面而言，高等教育领域存在多个相互联系、

---

① 同上。

② 罗志敏. 校友文化与世界一流大学创建 [M]. 杭州：浙江大学出版社，2013：151.

相互作用的市场……从获取资源的角度来看,教学、科研、社会服务的高质量,可以提升高校在国内外消费者市场、劳动力市场和院校市场的声誉,争取更多的办学资源,占据更大的市场份额。"[①] 在国际高等教育市场上,中国高校面临着与世界一流高校的市场竞争压力,如何对市场需求作出快速反应并积极主动调整策略,争取优质的学生资源,这是中国政府和中国高校在世界的高等教育市场竞争中需要思考和解决的问题。

"从世界高等教育市场化改革的实践来看,尽管市场的因素在增加,但高等教育并非完全市场。相对于企业生产而言,'营利'并非大学的根本宗旨和目标,大学的产品——无论是毕业生还是创新性知识,既非纯粹归个人所有,也非完全公共产品,因此高等教育市场本质上是一种'准市场'而不是'完全市场'。"[②] 教育可持续发展的概念之一是以经营教育的方式,将教育推向市场,让其自然竞争,而政府适当介入引导高校合理定位、特色发展来平衡市场的供求关系。法国高等教育学家艾雪(J. C. Eicher)认为,高等教育的贡献在于通过知识的增长促使经济起飞,以及增强劳动力市场的能动性,促进更有效的政治参与,还可以形成文化价值[③]。教育市场的竞争应该围绕在提高人才培养质量的宗旨上,以学生的培养为中心,为社会需求和国家发展提供服务。来华留学生培养是"一带一路"建设道路上的重要任务,下面笔者列举了几项化"被动"为主动的招生举措,以期进一步促进来华留学教育市场的发展。

1. 组建海外招生团队

高校招收留学生的事宜一般是由高校国际教育学院的招生办公室负责的。留学生通过在线填报或投递纸质材料的方式进行申请,这样的方式很被动。经营学强调把握发掘市场的机会,所以海外招生市场的开拓需要有一批专职的海外招生团队,主动出击,加强宣传和调研工作,对不同国家的教育政策有深入的认识,分析不同国家的背景和教育情况,以便抓住留学生的需求,运用市场营销战略来制定符合当地国情与民情的招生方式。组建海外招生团队的最大作用是信息资源的共享和协作,分工完成共同的目标,发挥互补作用,多方面提高工作的效率和整体的经济效益。

2. 参与国际教育展,举办招生宣讲活动

参与海外的国际教育展是中国高校走出国门、与不同国家的中学接轨的最直接办法。尽管网络信息很发达,但院校的曝光率如果较少,人们会认为其知名度不高,特别是对自己所在国家以外的海外高校,大部分人对这些学校都是通过媒体宣传、亲朋好友的介绍、学校老师的推荐而有所认识的。在国际教育展中,参观展览的不仅有学生,还有在当地执教的中学老师和其他教育机构的工作人员,他们都是非常重要的宣传对象。而国际教育展(图3-9)是最佳宣传渠道,它可以让当地的人民深入了解中国的高校和中国的教育。在招生宣讲和实际接触的过程中也能获得反馈,对改善和调整招生策略具有很重要的意义。中国作为亚洲第一大留学目的国,在提倡"双一流"建设的背景下,让人们摒弃"以大学排名为先"

① 马延奇. 高等教育教学改革与质量保障 [M]. 武汉:武汉大学出版社,2017:293-295.

② 伯顿·克拉克. 高等教育新论:多学科的研究 [M]. 杭州:浙江教育出版社,2001: 92. 转引自马延奇. 高等教育教学改革与质量保障 [M]. 武汉:武汉大学出版社,2017:294.

③ 朱永新. 中国教育改革大系·教育改革理论卷 [M]. 武汉:湖北教育出版社,2016:304.

的偏见的最好办法就是现身说法，增加高校在海外的曝光率和知名度，展现自身的学科实力和优势。

图 3-9 泰国曼谷 OSCS 国际教育展 ①

3. 借助在华留学生组织的力量宣传招生

在中国的各高校中都有来自各国的留学生，留学生会组织留学生会，其中有不同国家的代表；同一个国家的留学生甚至还会成立同胞互助会。据笔者所知，以校内留学生为主的有“天津大学留学生联谊会”；以同胞为主的有“天津大学马来西亚留学生会”；以省市或区域为主的还有“天津马来西亚留学生会”②、“上海马来西亚留学生会”、“马来西亚留学北京学生会”等。以省市为单位组织起来的留学生会，背后还有相关国家驻华领事馆的支持，学生会经常与使馆联系。在网络时代，通过微信建一个同乡群互相扶持、团结力量是一件很容易的事。因此，借助在华留学生组织的力量，向他们祖国的同胞和当地教育机构分享留学生活、高校学习情况、赴华留学的申请方式、奖学金申请流程等，是最有效且最值得信赖的招生方式。以在华的“天津马来西亚留学生会”为例，他们与马来西亚当地的留华同学会有紧密的联系，为了方便对接即将赴华的马来西亚新生，以及为高中即将毕业准备升学的学子们提供升学资讯，他们在脸谱上建立专页（图 3-10），定时发布在天津的留学生活资讯，同时还能通过即时通信程序为咨询者答疑解惑。由此可见，在华留学生组织经正面的引导和培养，将会成为具有积极影响力的团体。

① 此展会是 2018 年 11 月 10 日—11 日，泰国文官委员会主办的 OCSC 国际教育展，是泰国最受关注的高等教育展，吸引了中国不少知名高校参展。

② 笔者受马来西亚驻华使馆委任，成为 2017—2018 年“天津马来西亚留学生会”的学生顾问。

图 3-10 “天津大学马来西亚留学生会”脸谱专页

4. 凸显学科品牌优势，锁定招生目标

基于自身的优势和特点，如“双一流”建设下围绕本科优势开发的品牌课程和品牌项目，高校应该对教育市场进行有针对性、细分化的招生，进一步提升竞争力。有条件的高校院系如果能够跟海外大学开展“联合学位”或“双学位”项目，以国际化多元培养的模式来构建合作培养机制，能够在很大程度上拓宽高校招收高水平的外国硕博留学生的渠道。通过明确的市场定位，高校可以采用更加灵活的招生手法，如直接招收具有较高学术水平的留学生、报考招生或是学院特招等，抓住留学生的需求。如高校有意愿招收的优等生有经济上的困难，高校可以考虑给予其奖学金资助，吸引其报读，或是在学费上给予优惠。以市场导向来调整招生策略，将能够更好地分配教育资源，国外发达国家的高校引用了开放、自由的市场竞争机制，为了优化教育资源，它们以提升学生的体验为宗旨，极讲究办事效率和人性化管理，所以它们成功的经验值得借鉴。

四、提升留学生教育管理的水平

英国教育学家弗雷泽认为，从高等教育质量管理学的角度来看，如果高校的教育质量保障体系是一个由学生、教师、教辅人员及高级管理者组成的监管团体，那么全员都将参与教育质量的提升。徐金燕认为测量高等教育管理效率有五大方面可供参考：第一是用人效率，指的是管理人员潜能的发挥程度，对现有的人力资源进行在用人力与实际有效人力的比率计算；第二是经济效益；第三是时间效益；第四是办事效率；第五项尤为重要，它是整体的综合效益，包含了教育管理的社会效果、社会承认度、社会满意程度①。留学生群体的管理工作与中国学生的管理工作相比更繁杂，主管部门需要与公安机关出入境管理局配合，来华留学生在校的安全问题还涉及校内外多个单位的职权。

① 徐金燕. 高等教育管理研究 [M]. 北京：石油工业出版社，2008：180.

张丹、王敏[①]曾提及高校管理工作中存在的问题，如管理的观念陈旧、管理技术仍依赖人工方法、管理措施没有突出的服务内容。笔者认为他们提出的这几个问题，其核心都是管理者的管理意识跟不上新的教育理念。在国际化的进程中，管理人员和被管理者的身份应该是平等的，而不只是体现自上而下的阶层形式的传统管理理念。特别是对留学生的管理，往往更需要科学合理的评价和反馈系统，在评价工作的内容中应该加入自我评价、同事评价和学生评价，征求多方的反馈意见。管理者也需要与时俱进，调动工作的积极性，所以定时的回炉培训和心理测试是非常有必要的，尤其是管理者的心理健康素质，包括了情绪调节能力、对挫折的容忍力、压力管理等，它直接关系到跨文化交际中管理者和留学生之间相处的融洽程度。

高校留学生教育和管理措施，应采用柔性管理措施，以人性化管理为主，主张平等和相互尊重，因为尊重和平等是人类最基本的心理诉求。这里并非指凡事都迁就留学生的要求，而是指管理过程中要重视个体的感受，聆听个体的需求和反馈，营造一种宽容和谐的人文环境，以正面积极的服务精神来开展工作。高校制定的规章制度学生都有必要去遵守，在促进留学生全面发展的工作上，管理者如何将柔性管理措施融入工作中，这是一门专业的学问，因此参与培训和教育工作研讨会，从成功有效的管理模式中汲取养分是非常有必要的。

1. 面向来华留学生群体的教育管理策略

对来华留学生群体的管理往往还涉及教育、公安、出入境管理、外事等部门，所以来华留学管理部门需要对国际形势较为敏感，了解国际上发生的重大事件和形势变化，尤其应该关注对学校招收来华留学生的风险评估产生影响的一些因素[②]。

（1）关注群体策略

随着留学生规模的不断扩大，对管理者的工作要求也在不断提高，面向文化背景多元化的留学生管理工作原则，陈强等提出了关注群体策略，其指的是针对留学生群体中对管理工作目标作用较大的人群着重投入工作力量的一种策略。他们列举了几个典型的关注群体，如行为异常的留学生、特殊身份人员或知名人士、受到重大事件影响的学生以及喜欢参与社会活动的留学生。这种策略的工作原则是待遇上一视同仁，但是工作力度有所侧重，但不能因为关注群体的特殊性而忽略了普遍性[③]。

（2）刚柔并济的管理，纪律处分的必要

前面提到对来华留学生的管理应采用柔性管理措施，但是如果涉及违规行为，还是必须采取处分教育措施，避免造成不良影响，刚柔并济才能达到双管齐下的效果。目前，不少高校对留学生的违规行为，在处分上还是过于宽容，比如校园内禁止骑摩托车，不过有些留学生不遵守规定，在深夜骑摩托车，还发生了意外事故。管理部门接到举报以后，有必要严肃对待，及时处理，并且建立行为追踪制度，继续观察涉事留学生。如果违纪行为还造成了经济损失，应当让留学生承担赔偿的责任，并且获得口头或书面谅解。高校也应该重视培养学生的品德和社会责任感，考量优秀人才并非只考虑其学习成绩，而是考虑其综合素质，德行

① 王敏. 新形势下高校教育管理的现状与机制创新 [J]. 兰州教育学院学报，2013，29（1）：92-93.

② 陈强，王恩林，于书诚. 国际学生教育管理实务 [M]. 天津：天津大学出版社，2015：40.

③ 同上书：125-127.

比才能更为可贵。

2. 面向来华留学生的管理群体的工作岗位设置

高校主管留学生的院系部门（招生办公室、留学生事务科、宿管科、教务处、学生处、财务处、留学生教学部、心理辅导处等）有很多需要与留学生直接打交道的岗位。工作内容包括前期的海外招生与录取、住宿安排、留学生入学报到、学籍身份信息录入、收取学杂费保险费、保险及居留证办理、体检、奖学金生的生活费账户办理、分班测试、入学教育、教学安排、留学生文化体验活动等。来华留学生的汉语水平不一，有的是到中国学习汉语的语言进修生，有的是学历生，他们会面对各种各样的问题。不同于国外高校依靠其校内各专业化管理和服务部门来为留学生提供服务，中国的高校承担了更多的保姆式责任，留学生的住宿、教学管理、生活辅助等与中国学生是分离的，负责留学生事务的行政人员和教师所承担的责任有不少重叠的内容，一些人员既负责教学工作也负责行政事务，另外还要处理留学生的一些生活问题，种种情况加重了他们的工作负担。

另外，面向来华留学生的工作岗位需要外语能力较强的管理人员，校园国际化建设中还应该有掌握小语种的管理人员；校内的宣传手册、留学生入学手册、公告说明、告示牌等，都应至少有中英文两种语言。亲切友善的服务态度是管理人员最基本的工作态度，留学生偶尔会抱怨主管部门的行政管理人员会带着负面情绪工作，说话态度强硬，这样的沟通是无效的，也容易累积负面的工作评价。管理人员必须有文化平等、无等级之分的意识，执行规章制度也要尊重留学生的风俗习惯，充分考虑跨文化因素，让留学生更好地适应在华的求学生活。

在行政管理方面，笔者认为，行政管理工作应尽量简化流程，因为牵涉的部门比较多，所以实现信息共享很重要，信息系统的功能应该要发挥好。校内留学生要办理选课、请假、查询成绩、网上缴费、租借教室场地、预约见面时间等都可以通过登录系统来完成操作，教师还能够上传教学视频、课件和笔记等，还可以提交每月考勤资料、测验分数等；学生则可以线上提交作业、打印成绩单等。因此，秉承以人为本的服务宗旨，继续深度开发信息化技术，增加自助服务，做到简化行政负担，提高办事效率，这将是高校迈向国际化的重要一步。

3. 信息化管理技术的应用

在提高留学生教育管理工作水平上，高校应与时俱进将信息技术应用到日常管理中，减少纸质文件的应用。不少高校已普遍通过信息联网，在终端录入数据到系统信息中心，借助网络实现信息共享。学籍处、教务处、研究生院、图书馆、场馆中心都可以借助内部的信息平台提高服务质量和工作效率。

不少先进企业都采用“互联网 + 智能信息化”的理念来做运营管理，简化各种业务环节。在校园管理工作中，通过高校通用校园网和办公网平台，教职工和学生都可以通过用户账号来登录系统，在办公网上的网络端查找校内各办事处的服务指南和相关事物的申报流程，也可以线上提交申请表；此外，还可以通过校园网账号快速完成网上充值缴费，再通过圈存机将钱转到所持的校园卡中。这些技术被广泛应用以后，既省事也省时，颠覆了传统依赖人工的方式，也不再需要开设充值柜台，节省了很多的资源和成本。

目前,高校还开设了信息资源组织与管理、数字图书馆的构建与管理等方向的研究生培养专业,专门研究如何将电子信息资源整合以及如何保障信息体系的构建。在实践过程中,高校还经常开设图书馆资源与服务、文献管理软件、调研数据软件使用等专题的系列培训。现阶段,高校的信息化管理已经从技术层面落实到普及化应用的层面,将来随着信息管理技术的成熟,智能化管理可能会延伸到电子学生证的通行、学生身份信息与公安局的自动联网、利用校园网的大数据根据学生的生活轨迹来分析检测在校学生的心理健康状况等方面;还能更广泛地应用到课堂教学中,实现登录系统线上观看网络教学直播、智能签到等。所有的数据和信息都必须建立在一个安全保密的制度和系统下,确保信息的保密性和安全性,以免造成重大信息泄露,危及安全。

五、完善留学生的教育教学体制

1. 加强教师教育与培训

教师培训是一种终身学习机制。教师需要在专业领域内掌握最前沿的知识,但随着信息时代的发展,教师也需要掌握信息技术,所以教师的教育培训内容所涉及的范围也更加广泛。除了现场教学的传统培训方式,网络培训和国际远程教育培训也是一种新趋势,教师培训的立足点就在于增强教师在教育实践中的专业性。基于来华留学生的国别区域复杂性和管理难度,教师培训项目也可以因需求的变化融入新的跨文化交流的核心要素。中国高等教育学会外国留学生管理分会(CAFSA)也就来华留学教育科学研究开展了不少课题项目的研讨计划和学术研讨会。

开办高校联合师资培训班,不仅能为相同专业的教师搭建共同学习交流的平台,还能够分享国内和国外最前沿的研究成果,拓宽国际视野。有效的培训或研讨会将是一个发现问题、审视问题和解决问题的方式,抛开不再适宜时代的老方法,试点运用新措施,融合新技术,可以使留学教育的教学实践与探索持续进步。

华南理工大学安然院长曾以《留学生跨文化研究的视角和方法》为题做过专题研讨和分享[①],她的研究视角很特别:观察来自使用拼音文字的国家的留学生书写汉字的过程。她观察发现留学生在书写汉字的时候会受到本族语言文字书写习惯的影响。有的学习者习惯写完单词后再加上点或其他符号,有的学生则习惯写完字母才加上符号。这引发了关于文化认同过程的内部认知系统的反思,当留学生按照自己的方式写汉字时,不符合汉字笔顺则会被界定为“错误”,只因为这种写法不符合中国人的书写规范。在安然看来,外国成年人不同方式的书写过程不能被界定为“错误”。在语言学习过程中,留学生容易受到第一语言习得的影响,所以应包容留学生既有的文化思维定式,教育者应具备全球化的理念和包容的态度来积极处理留学生在学习过程中出现的问题。

2. 加快教育信息化步伐

教育信息化的推进不仅能够提高教师和学生运用信息技术的能力,还能够实现信息技术与教育教学的结合。教育信息化建设是目前教育界的热点课题,它是通过技术让教师以

① 华南理工大学安然院长主旨发言 [EB/OL].http://www.cafsa.org.cn/conference/show-1229.html.

更多元的方法来呈现教学资源，协同整合教育的内容、教学、评价和管理的一个体系。随着技术层面的推陈出新，教育信息化打破了传统的空间与时间限制，通过结合优质教师和优质教学资源的分享资源库，以教师为主导的教与学的过程转变为学生自主学习和互动交流的新模式，它以新媒体为媒介，分类明确的学科资源就存储在网络云端上，便于随时随地访问、下载、随堂测验、互动和反馈等。目前颇有成果的教育信息化教学应用实践项目包含了同步和专递课堂、名校网络课堂、翻转课堂三类教育信息化教学应用模式。

如今，通过教育信息化的影响，学生接收知识的方式从单向接收变成了多元化接收，多媒体教学结合视觉和听觉效果，也增强了学习的趣味性；教师也认同新技术能够为课堂教学带来正面的影响，所以教师的观念也发生了转变，老教师会向新教师请教技术问题，这给教师团队的建设带来了很大的帮助。

浙江省教育技术中心曾实地走访过善用网络空间开设课程的教师，教师的反馈如下。

“网络空间能够促进资源分享、在线学习、话题研讨，通过‘线上＋线下’信息化教学激发的教研互动、资源分享的大环境让教师从个体优秀走向群体卓越。据统计，省名师网络工作室每 2.8 个小时开展一个研修活动，每 3.3 分钟发布一个话题讨论，每 1.1 分钟分享一篇文章，每 1.5 分钟上传一条资源，每 2.9 分钟新增一名网络学员，每 0.4 秒就有一次用户访问。随着越来越多的教师加入网络学习团队中，教师们更常利用碎片化时间在线学习，共同成长。”[①]

教育信息化的发展是必然的，既然已经萌发出嫩芽，在精心的培育下它将茁壮成长并开花结果。长远发展的道路上，走得稳健比走得快更为重要。

3. 探索适合留学生教育的课堂教学方法

高校应改革传统授课方式，鼓励教师使用新的课堂教学方法。教育学界有不少学者也在探讨国内外新的教学方法。黎翔整理了这几种教学方法：发现法、案例教学法、暗示教学法、六步教学法、自学辅导法、导入式教学法、成功教学法等[②]。这几种教学方法的概念提出者都是国内外受到尊崇的心理学者和教育者。万法不离其宗，这些教育方法都从学生个体的角度出发，将教学的重心由“教”转向“学”，让学习与生活实际相结合，让教师扮演引导者的角色，调动学生的积极主动性，并强调师生间的互动合作以及提高学生的自学能力。总的来说，就是以有效的学习方法反推出更适宜的教学方法。教师不只是知识的传授者，同时也是心理学研究者，需要根据学习者的学习状态随时转换适用的教学方法。李秉德先生 1991 年就已提出“现代教学方法离不开心理科学研究基础”[③]的教学法概念，即教学方法心理学化目前已成为当代国际教学方法中的热点趋势。

笔者想探讨的是另一种可与社会实际联系起来的课堂教学——校企合作。高校与企业合作的实践积累了不少优秀的案例。天津大学宣怀学院开了一门以实践为导向的“创业实境演练”创业课（图 3-11），企业就实际遇到的问题和困难与高校学生进行探讨。笔者很感

---

① 信息化助力教师专业成长 [EB/OL].（2018-10-18）[2018-10-30].http://www.ict.edu.cn/news/jrgz/xxhdt/n20181018_53056.shtml.

② 黎翔. 教育学 [M]. 北京：航空工业出版社，2014：166-168.

③ 黄甫全，王本陆. 现代教学论学程 [M]. 北京：教育科学出版社，2009：316.

兴趣，也额外选修了这门课，与柬埔寨的 JHX 同学成为班上仅有的两位留学生。课程为期 16 周，自开课就将学生按兴趣分组，每组负责某一个企业难题。课程涉及了市场需求分析与商业机会发掘、商业模式、产品设计与优化、营销策划、运营管理与资源整合、财务分析六大模块，每个模块包括教师授课、创业企业问题凝练与解决思路探讨、课后调研分析、问题解决方案展示与专家点评、方案优化以及反馈给创业企业等五个环节[①]。通过市场和客户需求分析、产品包装和功能性设计的优化等各种调研、课下的小组开会讨论，这门课给了学生们宝贵的思想财富——逆境中寻求突破口，不要止步于探索的第一步。

图 3-11 笔者在“创业实境演练”创业课结课中的解决方案展示

实践证明，讨论式学习能够激发学生自省和参与的热情，笔者认为对这门课的更恰当的形容应该为“思维碰撞激发式学习”，“碰撞”具有多向多元的含义，比起单向的“激发”，它是平等、自由、交流、对话的产物，突破了教师和学生的身份。

4. 更新课程与教学内容

为了培养符合国际和社会发展需要的人才，高校也顺应时势开设新的专业、新的课程并拓展教学内容。下面笔者将以实例说明高校为之作出的努力。

天津大学管理与经济学部开设了高级工商管理硕士项目[②]（IMM 项目），并与全球知名的大学和学院合作，该项目的特色在于精心设计的五个国家的教学模块，每个模块的封闭学习期为两周，全球各合作院校集精英师资全球移动授课。这个项目被评为最国际化的高级工商管理硕士项目之一，在美国和欧洲很受欢迎，开办 20 年间为 25 个国家的跨国企业、大型国际化公司培养了 1 000 多位高级管理人才。项目的优势是将全球七所领先的学校的资源整合在一起，这七所学校也位于全球经济最具竞争力的国家（地区）：欧盟、美国和新兴市场国家。硕士在读期间，学生可以轮流在七所学校的商学院上课，并且参观当地著名的企

① 陈庆滨，苏平. 天大开设创业课程“实境演练”“真刀真枪”为企业支新招 [EB/OL].（2017-03-21）[2018-11-02].http://www.cnr.cn/tj/jrtj/20170321/t20170321_523669638.shtml.

② IMM 高级工商管理硕士 [EB/OL].（2013-05-23）[2018-11-02].http://www.tju.edu.cn/come/jyxm/jwhzxm/201305/t20130523_173732.htm.

业，有机会与企业决策者和国际问题专家会面。

这门课培养的主要是全职工作、有多年工作经验并有意攻读工商管理硕士的高管人才，其弹性化的授课模式也值得借鉴。每个教学模块每周需要 15~20 小时，教师会提供教学大纲并附有该模块的所有作业，学生根据自己的时间安排在完成作业后以电子邮件的方式发给教师。大部分作业以小组为基础，组建不同地区、不同功能的小组，利用网络技术进行以小组和班级为基础的在线讨论，提出具有创新性和挑战性的解决方法，并充分发挥团队协作的作用。毕业时，学生可获得美国普渡大学和天津大学的 MBA 硕士学位。

此外，以天津医科大学为例，来华留学生学习西医专业的人数不断增加，传统的方式是先让留学生进行汉语补习，一年以后再进行专业学习。不过，留学生的语言障碍不利于其对医学知识的理解、掌握和运用，留学生回国以后还会面临语言转换的问题，难以通过医师执照的考试。意识到这个问题后，1997 年天津医科大学开设了西医专业的全英文授课课程，培养具有国际化疾病防治能力的临床医师，教学课程还增加了与生源国常见疾病相关的内容。

高校也应该致力打造学院的精品课程，通过对专业课程的整体优化和更新，对教学内容进行选择性的增补或淘汰。课程设置应该紧跟学科领域最前沿的科研成果和教学研究成果，融合多样化和国际化元素，同时还要重视实践的应用，将实践类的课程加进培养方案中。

第六节　结语

在全球化趋势下，来华留学教育的发展与国家政策尤其是共建“一带一路”倡议密不可分。本章通过探寻来华留学教育围绕共建“一带一路”倡议的人才培养以及与共建国家接轨的重要性，对来华留学生与高校的教育工作者群体、中国文化影响下的社会群体的互动关系进行考察，从政策普及到具体工作实施，从接触和适应异文化到多元文化融合，由内而外讲述目前来华留学教育发展中存在的问题，同时结合国外优秀的办学经验和个人思考，在以下几个方面作出初步结论。

一、问题的总结和对策

首先，高校在招生、管理和教务教学上都面临着挑战。“一带一路”建设要实现互联互通，语言和文化互通是其中一项很重要的基础，由于来华留学生的国别和地域跨度大，生源国国情不一，其本身存在语言障碍且学历水平层次不一，而学位学历教育如何做到“一碗水端平”，仍需要时间来探索。目前，针对来华留学生开设的课程会以降低课程难度和降低考试要求来取得平衡，宽进宽出的问题较为明显。于是，为了解决语言障碍影响专业知识学习的问题，不少高校的学位课程也有中文授课和全英文授课的课程供选择，还设了 HSK 五、六级或英语水平等语言能力要求。中文授课是中国籍教师的强项，但英文授课也许是不擅长全英文的教师的硬伤,在讲不透、说不明的情况下,全英文授课课程的质量大打折扣。

其次,来华留学教育发展需要凸显其竞争优势,比如世界大学排行榜中的名次、国内高校中的排名、具影响力的学科品牌、科研团队、国际化项目、双学位培养、中外合作办学的学位课程、适中的学费、丰富的奖学金等都是中国高校有力的竞争优势。同时,中国有着传统和现代结合的独特魅力:源远流长的历史文明和不容忽视的大国崛起的实力。以目前的趋势,中国高校已经有足够的优势做宣传,不过在海外或国际教育展上中国高校的曝光率还不足,海外招生的经验还不够,因此亟须组建相对稳定的有经验的海外招生团队。

再次,在招生过程中,国际学生还会关心学位证书的含金量以及将来就业的形势。因此,中国也积极与许多国家签订了学位学历互认协议,以获得国际高等教育界和职业市场的认同,国际学生毕业回国后的就业问题基本迎刃而解。不过,田野调查中不同国家的留学生反映,到中国留学如果拿到的不是以中文授课课程毕业的文凭,回到自己的祖国会被认为该学位证书不具有太大的价值。这是一种学术偏见,但也说明了中国目前的英文授课课程仍然还有进步的空间。

最后,在跨文化交际中,留学生在人群中特别突出,在适应新的文化过程中,他们的他者身份其实在有意或无意的情况下会不断被强化,交际个体直观地就知道对方是外国人,在互动空间上需要特意去营造双方的跨文化共识,在差异中寻找共同的话题。在异文化社会环境中,留学生心理上更倾向于依赖自己的同胞,较难真正融入学习和生活环境。不过,在开放、包容度高、外国人居多的大城市里,留学生会比较快地适应当地的生活环境。因此,来华留学教育也应该重视留学生的心理健康问题和适应问题。

二、思考

在探讨共建"一带一路"倡议下来华留学教育发展的问题时,客观地说,教育也在不断地适应国家和社会的发展需求。"作为社会政治和经济不可分割的一部分,学校教育自然会受到社会政治、经济以及社会文化背景,如宗教信仰、语言和传统习俗等方面的影响,其中政治决定着学校的角色作用,也就是说,学校教育会直接受到国家意识形态表述及政府政治需要的影响。"[①] 中国政府也在不断探索和改进以逐渐满足社会需求。在笔者撰写本章内容的过程中,即 2017 年至 2018 年,中国召开了几个极具影响力的国家政治会议——全国两会、"一带一路"国际合作高峰论坛、十九大、2018 年全国教育工作会议等,中国在教育事业上努力推进教育改革,不过来华就业政策真正落实还需要时间,包括了前文提到的"双一流"建设、海外人才引进计划、海外人才居留和出入境限制、落户限制等。

笔者开篇曾提出过一个假设:"一带一路"沿线国家多为发展中国家,区域的社会发展和经济状况可能不如中国或与中国相当,大量的来华留学奖学金生毕业后更可能选择留华工作或继续攻读更高层次的学位。这说明高校高等教育培养层次在不断提升,越来越多的国际学生认可了中国高校的学位制度以及培养模式。笔者发现来华留学生,包括非学历教育的语言生或交换生等短期来华学生,他们对中国的发展情况感到很惊叹并且认为中国的

① 袁同凯. 教育人类学简论 [M]. 天津:南开大学出版社,2013:235.

生活环境很适宜年轻人拼搏；选择继续在华攻读更高层次学位的留学生，除了受奖学金的激励，对高校所在城市的喜爱、受到城市生活或城市氛围所带来的正面影响是笔者在田野调查中意外发现的推动因素。

"来华留学生留学动机和选择趋向分析"中提到，尚未赴中国留学的国际学生为什么会对留学中国感兴趣？换言之，中国有哪些留学优势吸引了他们？首先，国家局势的稳定是最重要的根基，中国势如破竹的经济崛起趋势是全球有目共睹的，另外中国与各国间的友好互助关系是最核心的亮点，这意味着跨国发展的机遇也已经趋向成熟。随着中国对海外人才引进计划的实施，越来越多的高学历、高层次的外籍人员来到中国工作和生活，往长远来看，他们的儿女在中国受教育、在中国大学深造也很正常。

共建"一带一路"倡议对来华留学教育有着先导性作用，在国与国之间合作发展的新趋势和社会需求下，各国家人才培养被高度重视。来华留学教育发展的每个环节都是相互影响的，"引进来"和"走出去"同样重要，这关系到高校教育的核心竞争力。共建"一带一路"倡议使得来华留学教育发展充满了机遇，有助于各高校吸引大批次、高质量的来华留学生，此处可以看作一个"引入口"。留学生完成学业顺利毕业、步入求职阶段，就像在溪流处放置了滤水装置的"分流口"，部分留学生留在中国继续深造、就业；部分则回国为祖国效劳。无论到何处，他们都是中国高校精心培养出的人才资源。随着中国逐渐放宽国际人才居留和出入境限制，越来越多的国际人才被引入自由贸易试验区或中国特色自由贸易港。在人才引进政策上，中国也放开了落户限制，在落户门槛、购房便利、医疗保障、创业支持等方面给予优惠待遇①。

综上所述，"一带一路"建设给来华留学教育带来了机遇与挑战，工作中出现问题是必然的，最关键的还是勇于正视问题，找准定位并积极解决问题。更深层次的理论和实践研究还有待于今后的继续挖掘和探索。

① 海南出台计划广揽国内外国际人才 [EB/OL].(2013-05-23)[2018-11-04]. http://www.safea.gov.cn/content.shtml？ id=12750359.

第四章

接纳与变革：国别文化与数字化研究的理念探索

随着国际交流的不断深化，语言与文化的关系也将愈加紧密与复杂。国之交在于民相亲，民相亲在于心相通，语言是沟通交流的桥梁，文化则是实现民心相通的关键。

时至今日，汉语国际教育已经融入迅猛发展的国际化、全球化浪潮之中，对外汉语教学逐渐涉足经济、政治、文化、旅游等不同领域，单纯的语言教学显然已无法满足人才培养的要求，国家合作与交流也越来越需要既懂语言也懂文化的综合性人才。这种“懂”不是停留于对中国“长城”“故宫”“春节”和国外“泰姬陵”“唐人街”“卢浮宫”等的大众层面的认识，而是能够探究文化背后更深刻的文化意涵，从而达到“文化认同”的一种能力。对汉语国际教育学科来说，文化研究、国际交流是学科优势，正好对应了推动各国民众交流合作、共同发展的要求，有助于实现“民心相通”。因此从这个层面来看，加强国别文化研究的急迫性与重要意义得以凸显。

从内容来看，目前国内国别文化研究的主题相对多元，研究成果也逐渐丰富。然而，汉语国际教育学科下的国别文化研究多集中于某一具体问题的案例分析，如国家间的教育体制、民俗文化、文化交际、生活用语等，但从不同文化与文明之间的互动交流视角探讨文化认同、世界文明概念的研究并不多见，对国别文化概念、研究方法、研究理论等最根本的基础内容缺乏深入的探讨，导致各类研究缺乏一定的参考标准，研究质量难以保证。同时，以往的国别文化研究成果多以纸质教材呈现，具有时间滞后性、信息静态化、教学缺乏趣味性等缺点，对研究人员来说，信息材料的收集也是一个不小的挑战。

基于上述考虑，本章对汉语国际教育学科下的国别文化研究进行了系统思考，借助比较文化学（比较文明学）的研究成果构建了完整的国别文化研究体系，提出了国别文化的分类、研究思路与方法以及研究内容，并思考如何借助数字技术辅助国别文化研究，包括材料的收集、整理以及文化教学，最后以东南亚国家的传统节日作为案例进一步说明。

具体内容如下。

第一节，绪论。主要介绍了本章的研究的大背景与问题意识，对研究目的和研究意义、研究方法、研究框架进行了简要阐释，从国内外两个角度梳理了相关文献，并就相关概念做了说明。

第二节，主要是本章的指导理论说明、研究设计、访谈提纲的设计与访谈实施。理论基础主要依据对外汉语学科中文化的定位理论、教育技术理论以及比较文化学理论。访谈提纲从对外汉语教师与数字技术研究者的视角设计，并就访谈后对研究思路的调整做了说明。

第三节，是本章的核心内容，对国别文化研究的基础理论体系进行了论述，包括国别文化研究的内涵、国别文化的分类、比较研究的材料与方法、汉语国际教育学科下的国别文化研究内容，并说明了数字技术在其中的作用。这部分主要是理论的阐述，构建了一个比较完整的国别文化数字化研究的理论框架体系。

第四节，是在第三节基本问题之上的延伸讨论，包括对国别文化的数字化研究概念和原则、数据库建设的问题与挑战以及选择东南亚国家传统节日作为案例的原因的讨论。

第五节，在前面对世界各大洲国别文化进行分类以及对国别文化研究体系进行梳理后，列举了东南亚国家具有代表性的传统节日，并以“春节”为例做了简单的对比分析，在此基础上借鉴已有“数字人文”数据库的创建经验提出“东南亚传统节日数据管理系统”的构想，并制作了网页版的图形进行展示，以此对应前文中的理论论述。

第六节，结语，重新回应本章标题，对本章研究的主题进行了反思，简单概括了研究的核心内容与发现，回顾了撰写过程中的主要工作事项安排。

第一节 绪论

一、研究背景

汉语国际教育与中华文化的海内外传播已成为当下国家教育体系的重要部分[①]。一直以来,对外汉语教学的重心更多在于培养语言人才,注重语言本体教学;早在1988年于北京召开的"全国对外汉语教学工作会议"就将对外汉语教学目标定为争取通过半个多世纪的时间,在教学理论、教学方法、师资培养与师资培训方面实现重大发展,满足各国人民来华学习汉语的需要[②]。

时至今日,汉语国际教育已经融入迅猛发展的国际化、全球化浪潮之中,对外汉语教学不再停留于语言层面的教学和语言人才的培养,而是涉足经济、政治、文化、旅游等不同领域。在此背景下,"国际中文教育"学科的概念已经出现,这一新概念体现了鲜明的时代性与国际性,有学者将其定位为新兴交叉学科,强调多学科的教程融合[③]。可以说,对外汉语教学的涉猎面变得更广,涵盖内容更加复杂,承担的责任也更重。尤其是在全球多元文化碰撞交融的背景下,汉语国际教育学科需要树立明确的国别文化意识,思考如何协调好不同文化间的关系,培养的人才不仅要懂语言,也要懂本国与他国的文化。这种"懂"不是停留于对中国"长城""故宫""春节"和国外"泰姬陵""唐人街""卢浮宫"等的大众层面的认识,而是能够探究文化背后更深刻的文化意涵,从而达到"文化认同"的一种能力。2013年9月,习近平主席在上海合作组织比什凯克峰会上提出,构建"丝绸之路经济带"要创新合作模式,加强"五通"[④]。其中,民心相通是"一带一路"建设的根基,侧重于文化交流、人才培养、学术交流等方面,这正好对应了汉语国际教育学科的本职工作,也是该学科的优势所在。

如今文化与语言之间的联系更加紧密和复杂,但实际情况是,汉语国际教育学科中的国别文化研究由于国别界限的存在,调查的田野点实际上转移到了海外,对研究者的材料收集构成了阻碍。欠缺出国做调查机会的国内学者,只能以网上或书籍中的二手资料进行文本分析,但又存在着资料碎片化、外国网站浏览存在阻碍等问题,导致研究效率与研究质量偏低。基于这一认知视角,本章从学科特色出发,区别于传统的国别文化研究方式,讨论如何在数字人文(Digital Humanities, DH)理念下利用现代数字技术助力汉语国际教育学科中的国别文化研究。虽然对外汉语教学的技术化问题已有学者提及,但基本是从语料库、语法、语音等语言本体知识出发,专门围绕国别文化视角而谈的很少见,故本章的研究希望弥补这一方向的研究空缺。

---

① 李雅,夏添."一带一路"背景下中亚汉语国际教育与中华文化传播机遇与挑战[J].当代教育与文化,2019,11(6):31-36.

② 晓山.中国召开全国对外汉语教学工作会议[J].世界汉语教学,1988(4):193-195.

③ 吴应辉,梁宇.交叉学科视域下国际中文教育学科理论体系与知识体系构建[J].教育研究,2020(12):121-128.

④ 结束中亚之行离开比什凯克 习近平主席回到北京[M].人民日报,2013-09-24(1).

本章提出的数字人文理念下的国别文化研究思路主要对应汉语国际教育学科文化层面的人才培养与国家间的文化相通需要。首先从人才角度看，汉语国际教育学科的人才培养分为留学生培养与本土人才培养，留学生培养除了语言知识的教学，也要培养他们知华懂华，引导他们较深入地理解中华文化，了解当代中国的国情文化，借由语言实现文化的共通；本土人才培养亦是如此，中国本土的对外汉语工作者除了要掌握中华文化，也要了解学习他国的文化，避免出现基本的文化常识错误，以更好地融入他国的文化环境。其次是文化交融与文化相通，本章的数据技术辅助国别文化研究中特别提及了中外文化的对比分析，汉语国际教育中的文化因素能辅助语言学习，但在这一过程中我们也应寻求中国文化与他国文化的同和异，在理解异同的基础上才能实现求同存异，更好地促进中国与其他国家的交流与沟通。

引入数字人文这一概念，是为了把握现代数字技术与人文学科的结合度，以作为整体框架下的理论支撑。本章的主体部分将围绕国别文化的内涵、分类，研究材料和研究内容，数字人文理念与国别文化结合过程中的应用原则、实践构想等内容展开，系统地梳理与阐释数字人文与国别文化间的联系，并对当前存在的理论与实践问题进行回应。因中国与东南亚国家自古以来便联系紧密，在地缘、语言、服饰、习俗等方面存在丰富的共性，有着极好的构建文化认同的文化基础和历史与现实基础①，所以本章最后根据前几节中理论层面的讨论，提出了"东南亚传统节日数据管理系统"的具体构想，设计了一套网页版的数据库界面图，每张图对应了系统中的不同功能，通过层层解剖的方式回应前几节的内容。

二、研究目的

本章从汉语国际教育学科中的国别文化和数字化时代发展趋势入手，借鉴比较文化学理论和研究成果，讨论如何在对外汉语学科中进行国别文化研究，并思考数字技术如何辅助这一研究。在研究过程中，参考已有的成功的数字技术与人文研究结合案例，访谈对外汉语教师及数据库专家，从不同学科视角验证数字技术与人文研究结合的合理性、可行性及创新性，从实证角度而非以往更重理论性的探讨来弥补这一类研究的不足，为汉语国际教育学科的国别文化研究或教学提供一种新思路、新思考，同时本章的研究也可看作对当前社会人工智能、数字化技术快速发展下人文学科发展趋向的一次回应。

三、研究意义

（一）理论意义

1. 借助比较文化学理论进行国别文化研究的体系建构

国别文化研究作为汉语国际教育学科的重要研究方向，相关研究成果主要集中在国别教育体制、民俗文化、文化理念、人际交往等方面，但是对学科内国别文化研究本身的理论探讨，包括概念界定、研究方法、研究调查等内容还缺乏具体、全面的论述。本章借鉴比较文化

① 贺圣达. 文化认同与中国同周边东南亚国家民心相通 [J]. 云南社会科学，2018(6)：179-181.

学中成熟的理论与成果,对这一内容进行补充,以期构建出完整的国别文化研究体系。同时,结合数字人文的研究理念,从数字技术的角度探讨数据库的运用在国别文化研究中的作用,为后续研究提供参考和借鉴。

2. 从数字人文视角探讨对外汉语教学与数字技术的结合

数字人文,可以简单理解为一种跨学科的研究范式。该理念已经应用于文学、历史学、地理学、旅游学以及语言学等多个领域。从数字人文视角对汉语国际教育的发展进行讨论,实际上是对当前以及未来对外汉语教学的发展的可能性进行思考。本章通过对汉语国际教育学科视角下国别文化数字化研究的基本概念、理论基础、方法与特点、运用原则以及实际情景中存在的问题等基础性内容进行论述,并就研究与教学中的现实使用进行思考,一方面希望引起学界对国别文化研究的重视,另一方面也希望能为对外汉语教师及研究人员在实际教学和研究中提供新的思路与方法,以适应信息时代对外汉语教学自身调整的需要。

(二)实践意义

对人文学科与技术的结合的探讨与研究并不算是一个新鲜的话题,只不过多止步于单学科视角的理论论述,很难避免研究者自我的浪漫想象,而涉及具体的技术理论、经费消耗等有关可行性、持续性的论述则往往因为学科所限而无法具体验证,所以相关研究大多避而不谈或有意忽略。如有学者认为“汉语教学资源的建设也完全可以遵循共建共享的理念,整合各路人马,集合各种教学资源,为适应各种不同的教学需求,有针对性地开发新的教学资源,实现资源共建共享”以及“在开发建设网上汉语教学平台的过程中一定要以人为本,不忘初心,简单实用是根本的原则。……低成本高效能应该是建设和开发网络教学平台的基本准则”[①],这种理念的具体实操性与可行性很少得到专门的论证。对此,本章在此基础上更进一步对相关问题进行了思考,并通过对对外汉语学科教师以及数字技术教师进行访谈,在以理论阐述为主体的基础上,综合两个学科的视角提出了创建“东南亚传统节日数据管理系统”的构想,为未来真正的数据管理系统的建构提供一种理论和实践的参考。

四、国内外研究综述

(一)数字人文的国内外研究

1. 国外数字人文研究

首先需要说明,不管国内还是国外的研究,都很难为“数字人文”这一概念定一个准确无误的诞生时间点,一般认为这一概念兴起于2000年左右,2000年以前称为“人文计算”。从历史发展来看,现在大多学者都将罗伯特·布萨(Roberto Busa)于1949年创建的托马斯·阿奎那作品索引(Index Thomisticus)视为人文学科中最重要的计算机资源的早期应用,该索引成为出版和数据库的统一建设基础,被认为是人文领域内第一个电子文本[②]。但这并

---

① 崔希亮. 全球突发公共卫生事件背景下的汉语教学 [J]. 世界汉语教学,2020,34(3):291-299.

② DALBELLO M. A genealogy of digital humanities[J].Journal of documentation,2011,67(3):480-506.

不意味着数字与人文的结合由此产生，在计算机出现之前就已经有人文学者在研究中进行了大规模文本的分析，如19世纪末一位名为托马斯·科温·门登霍尔（Thomas Corwin Mendenhall）的美国物理学家就对文本中词汇的平均长度或作者的整个语料库进行记录，以此分析作者的写作习惯[①]。到了1966年，该领域的第一个专业期刊《计算机与人文学》（*Computers and the Humanities*）出现；进入20世纪70年代，"文学与语言学计算协会"（The Association for Literary and Lin-guistic Computing）和"计算机与人文研究协会"（The Association for Computers and the Humanities）纷纷成立；随着运用计算机进行语言分析的普及，人们意识到开发标记数字文本的规范协议的需要，于是20世纪80年代中期文本编码倡议（Text En-coding Initiative，TEI）应运而生，重新塑造了电子文本学术领域[②]，这一时期还创立了出版物《人文计算年鉴》（*The Humanities Companion to Digital Humanities*）。2000年的时候，斯坦福大学英文系教授弗朗科·莫瑞蒂（Franco Moretti）的一篇名为《世界文学的猜想》的文章引发了人文社科领域学者的共鸣。传统的人文社科研究基本依赖于文本的"细读"（Close Reading），但进入信息时代以后，研究资料不断增加，研究者在面对堆积如山的文本资料时常常觉得力不从心或者无从入手。于是，莫瑞蒂提出了一个相对于"细读"而言的"远读"（Distant Reading）概念，即借助一些工具从更宏观的视角来把握文学作品的结构和意义，适当忽略一些细节信息。虽然莫瑞蒂在这篇文章中没有明确提出通过计算机来实现这一功能，但这一概念正好呼应了差不多刚兴起的数字人文理念[③]，2000年也被认为是从"人文计算"提法转变到"数字人文"理念的过渡年[④]。

经过20年的发展，国外数字人文领域的研究已经发生了重大变化，也取得了一定的成果。首先是数字人文领域涵盖的学科范围更加广泛，20世纪80年代创立的《人文计算年鉴》已于2000年更名为《数字人文手册》（*A Companion to Digital Humanities*），原本的"文学与语言学计算协会"也更名为"欧洲数字人文协会"（The European Association for Digital Humanities），这种变化使得数字人文从纯粹的文字学领域扩展到了历史学、考古学、音乐学和艺术学等学科[⑤]。在2006年，美国国家人文基金会（National Endowment for the Humanities，NEH）就专门设置了数字人文办公室（Office of Digital Humanities，ODH），为数字人文研究团队提供资助，ODH将从人文角度进行数字文化研究以及尝试进行数字出版物发布的人文学者列为重点资助对象[⑥]。数字人文教育也取得突破性进展，很多大学专门开设了数字人文中心，如普林斯顿大学数字人文中心（The Center for Digital Humanities at Princeton University，CDH）、密歇根州立大学数字人文与社会科学中心（The Center for Digital Humanities and Social Sciences at Michigan State University）、伦敦大学学院数字人文中心（The Universi-

① 戴安德. 数字人文作为一种方法：西方研究现状及展望 [J]. 山东社会科学，2016（11）：26-33.

② 《数字化与人类未来》编写组. 数字化与人类未来 [M]. 广州：世界图书北京出版公司，2010：9.

③ 孟建，胡学峰. 数字人文：媒介驱动的学术生产方式变革 [J]. 现代传播（中国传媒大学学报），2019（4）：24-28，54.

④ 同①.

⑤ Gerhard Lauer（撰）、庞娜娜（译）. 文化的数字丈量："数字人文"下的人文学科 [EB/OL].（2020-05-13）[2021-12-07]. https://mp.weixin.qq.com/s/s7uCWG7Hs3yeSZavvdspSA.

⑥ 专业资讯：美国国家人文基金会（NEH）与数字人文办公室（ODH）[EB/OL].（2019-10-16）[2021-12-07]. https://mp.weixin.qq.com/s/DJt6U_RhWOO_J8VRj1aVTw.

ty College London Center for Digital Humanities，UCLDH）以及哥廷根大学数字人文中心（The Gottingen Center for Digital Humanities，GCDH）等。值得注意的是，被称为欧洲四大文化中心之一的意大利博洛尼亚大学已经开设了数字人文与数字知识硕士项目，该项目通过跨学科的课程教学方式，培养学生人文学科与信息科学的综合应用能力。课程内容大致分为三个方向：①计算机科学；②数字情景中的文学、语言学、历史、文化和艺术；③管理与组织、法律与数字方法、交流与社交媒体[①]。美国学者 2008 年的时候还在疾呼数字人文领域的研究成果没有受到足够的重视，介入这一领域的世界一流大学的教师与学生寥寥无几[②]，而如今已经出现了相关的硕士课程，这或许可以作为这 10 年来国外数字人文发展最好的说明。

对于国外学者在数字人文领域的具体研究方向，国内也有学者进行了专门梳理。宋玲玲与郭晶晶借助 VOSviewer 等科学图谱软件对国外近 21 年的数字人文研究状况进行了分析，依据发表的论文数量认为 2010 年以前国外的数字人文处于发展阶段，2011 年以后开始大幅增长；并通过热点词分析将国外学者研究方向划定为三个，分别为互联网视角的关键技术应用研究、跨学科的数字人文研究和数字资源的数字化建设与维护[③]。这可以同 2019 年 7 月在荷兰召开的"2019 年数字人文大会"的会议主题对比，该主题包含了文化遗产、艺术（品）与机构（Cultural Heritage，Art and Institutions），文化、文学与文本（Cultures，Literatures and Texts），空间领域地理人文（Space Territory Geo-Humanities），学术社区、交流与教育（Scholarly Communities，Communication，Pedagogy），语言（Languages），数字人文理论与方法论（Digital Humanities Theory and Methodology）等 6 个方面[④]。从主题来看，大部分可归入跨学科研究中，再排除技术方面的内容，也有探讨数字人文这一概念的尝试。

仔细来看，上述研究话题更偏向于数字人文领域的应用，这种应用隐藏的前提就是对数字人文本身持支持的态度。但实际上，面对快速发展的数字人文，除一批坚定的支持者外，也存在对数字人文学科的批判性反思，也就是反思数字与人文之间的关系以及数字的介入对人文学科的批判性意识所产生的种种影响。这一点在大卫·M. 贝里（David M. Berry）和安德斯·费格约德（Anders Fagerjord）合著的《数字人文：数字时代的知识与批判》一书中得到了较好的论述，书中将数字人文可能涉及的批判视角归为三个，分别是基础设施建设、计算技术在日常生活（公共领域和私人领域）中的渗透以及公众自身的理解、数字技术的可见性问题[⑤]。这种划分有助于为数字人文的批判研究提供一种可参考的整体性视角。一些学者的批判意识则更显强烈，他们从政治话语权的视角进行分析，认为数字人文的目的在于为人文学科的教学和研究提供了一种新模式，以此更好地应对新自由主义政策下大学进行的

① 专业资讯：意大利博洛尼亚大学数字人文与数字知识硕士项目 [EB/OL].（2019-09-30）[2021-12-07]. https://mp.weixin.qq.com/s/FhVjCTFnQ6TcsbaoqgVTsA.

② JUOLA P. Killer applications in digital humanities[J].Literary and linguistic computing，2008，23（1）：73-83.

③ 宋玲玲，郭晶晶. 科学知识图谱视角下国内外数字人文领域研究分析 [J]. 图书馆杂志，2020（7）：26-36.

④ 专业资讯：2019 数字人文大会（DH2019）在荷兰乌特勒支成功举办 [EB/OL].（2019-07-23）[2021-12-07]. https://mp.weixin.qq.com/s/JXQUhBnIauTsFqzImRZZ4w.

⑤ 大卫·M. 贝里，安德斯·费格约德. 数字人文：数字时代的知识与批判 [M]. 王晓光，等译. 大连：东北财经大学出版，2019：186-192.

商业化调整[①]。还有的学者质疑数字人文学科并没有实现原本的许诺，所做的很多研究只不过是通过量化方法确认已经知道的内容[②]。其他的研究话题还有诸如学者间跨学科合作存在的问题、数字人文中的中国学研究等。总体来看，尽管质疑之声不断，国外的数字人文领域的研究还是在以一种良好的精神面貌不断前进。

2. 国内数字人文研究

数字人文（中国台湾地区称为数位人文）概念于 2009 年左右作为舶来品传入中国，在 2009 年“中国高校哲学社会科学发展论坛”上，武汉大学王晓光教授发表了一篇名为《“数字人文”学科的产生、发展与前沿》的论文，由此揭开了数字人文在国内的发展序幕[③]；巧合的是，台湾大学于同年 12 月召开了数位典藏与数位人文国际研讨会[④]。同样需要说明的是，并不是说 2009 年以前中国就没有数字人文的研究范式，早在一个世纪前，梁启超就将统计学原理运用于对历史数据的处理，并将其命名为“历史统计学”[⑤]。这点可以借鉴南京大学陈静的理解，即“数字人文”被翻译、介绍到中国，并不能证明数字人文是一个由西方发展起来、被引进中国的学科；相反，数字人文是在一个历史趋势下，从自身的研究需求出发，意识到在数字时代必然而为的一种学术研究转型，而这场转型恰恰呼应了西方语境中“数字浪潮”的兴起[⑥]。

本章通过对中国知网上“数字人文”相关论文的题录进行分析，归纳出国内数字人文领域经过 10 年左右的发展所取得的成就。一是树立起了跨学科的数字人文研究意识，目前语言学、教育学、历史学、地理学、考古学、文学、情报学、图书馆学等几大学科都有学者参与数字人文的研究，涵盖了古诗词、小说、历史文本、文化遗产、语料库、图书馆建设、GIS 平台等话题，其中又以图书馆研究为多。二是实质性的数字人文基础设施建设取得进展，各大高校先后成立了数字人文中心或研究机构，如武汉大学于 2011 年设立国内第一家数字人文中心；北京大学、哈佛大学以及台湾研究院合作建立了“中国历代人物传记资料库”，截至 2020 年 5 月，资料库已经收录约 470 000 人的传记资料[⑦]；此外还有南京大学高研院数字人文创研中心、台湾大学数位人文研究中心等；每年召开的数字人文会议也愈加频繁，2016 年北京大学举办了首届“数字人文论坛”，到 2019 年已经连续举办四届；此外还有清华大学和中华书局联合主办了《数字人文》学刊，为数字人文研究提供了理论探讨与专题研究的平台。三是对数字人文理念的探讨，这一方面主要涉及数字人文内涵、研究范式、研究意义以及数字人文反思，国内对于数字人文也无普遍统一的概念，最早是 2009 年王晓光将其定义为“一

---

① ALLINGTON D，BROUILLETTE S，GOLUMBIA D. Neoliberal tools（and archives）：a political history of digital humanities [EB/OL].（2016-05-01）[2021-12-06]. https://lareviewofbooks.org/article/neoliberal-tools-archives-political-history-digital-humanities/#!.

② 戴安德. 数字人文作为一种方法：西方研究现状及展望 [J]. 山东社会科学，2016（11）：26-33.

③ 王晓光.“数字人文”学科的产生、发展与前沿 [M]// 全国高校社会科学科研管理研究会. 方法创新与哲学社会科学发展. 武汉：武汉大学出版社，2010：207-221.

④ 数位典藏与数位人文国际研讨会 [EB/OL].（2010-03-23）[2021-12-07].http://www.digital.ntu.edu.tw/DADH/.

⑤ 同②.

⑥ 陈静. 当下中国“数字人文”研究状况及意义 [J]. 山东社会科学，2018（7）：59-63.

⑦ 中国历代人物传记资料库 [EB/OL].https://projects.iq.harvard.edu/chinesecbdb.

个将现代计算机和网络技术深入应用于传统的人文研究与教学的新型跨学科研究领域”[①]。朱本军和聂华将数字人文主要概括为四个层面的内容：①将非数字的人文资料加工转化为数字内容；②对非结构的数字文本内容按照某种使用目的进行规范化标注著录的数据集建设；③创新人文研究方法与研究范式；④人文领域的创造性破坏与建设，通过数字技术为人文遗产传承与传播提供新方法[②]。针对人文研究中涉及的具体技术问题，刘炜和叶鹰进行了专门的论述，认为数字人文的技术体系包含了数字化技术、数据管理技术、数据分析技术、可视化技术、VR/AR（虚拟现实 / 增强现实）技术及其学习技术等[③]。针对数字人文带来的影响，近年来陆续有一些学者开始对数字人文研究进行反思，张墨研通过对提摩太·布伦南、丹尼尔·阿灵顿等北美学者著作的分析，认为北美学术界对数字人文的批判往往过于激烈，而目前国内在这方面的反思又显得不足，有关数字人文的不同批判显示出数字人文概念本身存在的混淆[④]；另有学者围绕“什么不是数字人文”[⑤]“什么是好的数字人文”[⑥]等概念进行反思，这种反思实际针对的是数字人文研究在宽泛的跨学科性质下人文学科如何凸显其批判性的问题，避免技术喧宾夺主而造成“人文性”的丢失。

此外，也有学者注意到了数字人文教育体系的问题，开始借鉴国外的数字人文教育，提出国内的数字人文发展建议[⑦]，但这部分研究还很少，没有受到过多的关注。

以上为国内数字人文领域发展的基本状况，虽然取得了一定的成绩，但依然可以说处于初步发展阶段，理由如下。首先，自“数字人文”这一概念被国内学界广泛接受，但“什么是数字人文”这一基本问题尚未得到完整解答，很多学者都刻意绕开这一问题而直接使用“数字人文”字眼，也就是说很多研究是建立在不确切的数字人文概念之上的数字人文研究。其次，现有的数字人文探索，包括很多数据库的建设，从数学意义上说依然被认为是一种资料的提供方式而非知识生产本身[⑧]，缺乏宏观层面的理论建构。这一现象同 19 世纪末美国人类学家博厄斯和梅森就资料的使用问题进行的辩论相似。博厄斯反对学者简单依据个人的认知或是资料的表面相同性对资料进行分类，因为这种划分方法很难保证科学合理。这一观点无疑具有警示意义，但是他过于强调对特定历史文化资料的收集，导致在资料的运用上缺乏理论建构，从而使其著作呈现出破碎、凌乱甚至前后抵牾的问题[⑨]。最后，国内的数字人文研究方向主要以“数字 + 应用（可以是各个学科）”为主，但相关的教育理念却远远滞后于实践研究，所发表的论文也以期刊文章为主，相关的硕博论文寥寥无几，难以支撑当前的

---

① 王晓光.“数字人文”学科的产生、发展与前沿 [M]// 全国高校社会科学科研管理研究会. 方法创新与哲学社会科学发展. 武汉：武汉大学出版社，2010：207-221.

② 朱本军，聂华. 跨界与融合：全球视野下的数字人文：首届北京大学“数字人文论坛”会议综述 [J]. 大学图书馆学报，2016（5）：16-21.

③ 刘炜，叶鹰. 数字人文的技术体系与理论结构探讨 [J]. 中国图书馆学报，2017（5）：32-41.

④ 张墨研. 数字人文的本体论反思：以意识形态批判的批判为起点 [J]. 理论月刊，2020（8）：120-129.

⑤ 王涛. 什么不是数字人文 [J]. 澳门理工学报（人文社会科学版），2019（4）：134-136.

⑥ 姜文涛. 什么是好的数字人文 [J]. 澳门理工学报（人文社会科学版），2019（4）：140-143.

⑦ 徐孝娟，侯莹，赵宇翔，等. 国外数字人文课程透视：兼议我国数字人文课程设置及人才培养 [J]. 图书馆论坛，2018，38（7）：1-11.

⑧ 陈静. 当下中国“数字人文”研究状况及意义 [J]. 山东社会科学，2018（7）：59-63.

⑨ 夏建中. 文化人类学理论学派 [M]. 北京：中国人民大学出版社，1997：77.

研究所需。

(二)数字人文与汉语国际教育研究

如研究背景所述,汉语教学是与现代技术结合最早的学科之一,早在20世纪七八十年代国内就创建了现代汉语语料库。我们对这几十年间汉语教学与技术之间的联系进行了系统性梳理,下文将借助中国知网和可视化软件CiteSpace V.5.1.R6 SE及文献管理软件NoteExpress进行辅助分析,通过对该领域核心文献关键词以及参考文献的分析,确定了同时以"对外汉语教学并含多媒体"或"汉语国际教育并含多媒体"或"对外汉语教学并含技术"或"汉语国际教育并含技术"或"汉语教学并含大数据"或"汉语教学并含技术"或"汉语教学并含电视"[①]为搜索目标在中国知网高级检索页面中进行主题检索,时间设定为"不限至2019年",共获得1 835条数据,经过筛选,剔除重复文献、撤回文献以及出版说明等无关信息后,剩余1 463篇,包含期刊文献、会议文献、硕博论文在内,在Refworks模式下导出题录信息,检索时间为2020年8月31日。2020年9月6日,将所得题录信息导入CiteSpace软件与NoteExpress软件中,在CiteSpace软件中主要进行共现关键词、核心作者合作网络、核心机构合作网络分析,因上述有效文献主要出现在1990年以后,故时间范围设定为1990—2019年,时间切片(Years per Slice)设置为2年,选择标准(Selection Criteria)中选择TOP50,主题分析设定为"关键词"(Keyword)分析,经过系统运行后出现1990—2019年每年出现频次最高的前50个关键词,但发现由于有的年份的关键词频率过低而无法显示,所以再结合NoteExpress软件中题录的关键词进行补充,选取出与汉语教学技术这一主题相关的关键词,绘制成表4-1,用以说明近30年汉语教学技术发展的一个整体脉络;再在CiteSpace软件中分次选取"作者"(Author)和"发文机构"(Institution)进行作者合作网络分析及研究机构合作网络分析,运行后获得1990—2019年汉语教学与技术研究核心作者合作网络(图4-1)和1990—2019年汉语教学技术研究核心机构合作网络(图4-2),这两张图分别用以说明该领域核心作者之间及核心研究机构之间的合作关系。

表4-1 1990—2019年汉语教学技术关键词脉络

年份	主要关键词
1990—1991年	教学系统、技术鉴定、信息处理技术、电视短剧、汉语信息处理
1992—1993年	广播电视语言运用、听说训练、电视短剧
1994—1995年	编码方法、信息处理技术、电视录像、影视作品、多媒体技术、多媒体光盘、电视教学片
1996—1997年	电视录像、多媒体汉语教学、电视新闻教学
1998—1999年	现代信息技术、视听媒体、电视教学片、多媒体技术、多媒体教材
2000—2001年	多媒体、现代远程教育、网络、多媒体光盘、数据库、电视教材
2002—2003年	多媒体教学、多媒体课件、远程教育、计算机辅助教学、超媒体、网络教学、教学改革、教学设计、教学模式、传统教学
2004—2005年	教育技术、数字化、动态流通语料库、教学互动

① 因国际中文教育之前有过不同的学科称谓,所以需要以不同名称同时进行检索,最大限度确保文献的完整性。

续表

年份	主要关键词
2006—2007 年	信息技术、数字化、多媒体技术、汉语教学资源平台、教学资源交流共享、多媒体素材库、商务汉语教材语料库、汉语教学节目、网络资源
2008—2009 年	现代教育技术、多媒体教学、远程教学系统、数字技术、汉语学习资源库、数据库技术、数字化汉语、网络教学平台、电视游戏节目
2010—2011 年	多媒体辅助教学、远程教学、汉语教学网站、汉语教学平台、数字媒介、智能手机、第三代移动通信（3G）、汉字笔顺教学软件、移动学习
2012—2013 年	多媒体技术、网络教学平台、网络教学、教学设计、教育游戏、软件、触摸屏电脑、flash 技术、教学资源库、影视剧、汉语测评自动化
2014—2015 年	大数据、信息化、慕课、网站建设、课堂管理、在线教育、多媒体技术、云计算、数字传播、微信公众平台、互联网 +、网络孔子学院、虚拟现实
2016—2017 年	翻转课堂、移动学习、APP、混合式教学、数据挖掘、弹幕技术、游戏教学法、智慧教室、多模态教学、慕课
2018—2019 年	微课技术、人工智能、VR 技术、汉语学习网站、语音技术、网络课程设计、新媒体、汉语学习 APP、微视频、趣味性原则

1. 1990—2019 年汉语教学与数字技术主题论文脉络梳理

首先，需要说明的是，上述检索结果中最早的相关文献发表于 1984 年，但正式有效的文章则主要在 1990 年以后才逐渐增多，在此之前几乎没有，所以本章主要针对 1990 年到 2019 年之间的文献进行统计分析。1984 年刘振铎发表了一篇很短的文章《成人业余“现代汉语”教学初探》，虽然没有以留学生为对象，但提到了将广播、电视等现代技术引入汉语教学中，把现代汉语从狭小的教室中解放出来。这是比较早提及教育技术的一篇文章，但并不意味着此前技术没有运用于汉语教学中。实际上，早在 19 世纪中叶已经有了汉语教学与现代技术相结合的早期实践尝试和成果。1942 年赵元任在哈佛大学暑期学校开设了粤语强化班，为学生录制了学习唱片；1962 年中国国际广播电台开办了“学中国话”和“汉语讲座”节目，日本短波广播电台也主办了“实用中国与讲座”；20 世纪 70 年代意大利中文系课程通过中文电影、中文歌曲、汉语广播等渠道加强学生的听说练习；1981 年，北京语言学院外国留学生一系专门为学习汉语的外国人制作了一部电视录像片《中国话》，《中国话》以该系新编的《初级汉语课本》为蓝本，把全书 80 多篇课文逐篇制成独立的录像教材，片子总时长近 4 个小时，成为汉语学习者的优质学习资料。

到了 20 世纪 90 年代，数字技术的快速发展也带动了汉语教学技术的数字化发展，学者们的研究重点也不断进行调整。如表 4-1 所示，20 世纪 90 年代以后出现了多媒体教学的相关研究，具体如李淑清、王铨和刘清涛、郑艳群等学者的研究，特别是在 2000 年以后，这一研究主题成了热门话题，在上述 1 463 篇文献中，1990—2015 年几乎每年的研究话题都与多媒体相关，对这一话题的探讨一直都未中断，近些年仍然不时有所提及，只是研究热度有所减弱，与之相对出现了“新媒体”一词的使用。实际上，我们可以从表 4-1 中比较清楚地看出汉语教学与技术的研究主题的变化，从最早的广播、电视剧、多媒体技术到后来的网络课件、数字化、移动学习、信息技术再到目前火热的慕课、网络孔子课堂、互联网 +、大数据、虚拟现实、翻转课堂、人工智能等，呈现出一条完整的演化链。如果说早期技术的使用层面相对有限，主要集中在课堂教学实践、语料库建设方面，当前的研究主题也有了相当的扩展，涵盖了如综艺节目，文化传播，教学模式、教学趣味性，语言游戏，汉语学习平台等话题。可以说，现代技术已经由最初的“引入”成为汉语教学中的一个鲜明特色与技术支撑。

2. 汉语教学与技术主题研究的核心作者与核心机构分析

我们也可以从发文作者与发文机构的角度了解汉语教学与技术主题的研究状况。在图4-1中，可以看到在汉语教学技术研究领域的代表性学者并不多。这些作者中仅有宋继华、徐娟、刘晓海和张春平、杨惠芬构建起了两个合作群，其他作者间并无线段连接，说明这一领域的研究基本是独立开展的，很少以团体的形式合作。而如果考虑到汉语教学与技术之间的结合实际上需要大量的跨学科之间的合作，涉及教学、语言、技术等专业内容，而作者之间又没有足够的联系与合作，这就存在着两种可能：一是该领域的核心作者既懂汉语教学也懂技术操作，这便无须团队合作；二是目前的研究更偏向单方面的阐述，比如单纯的理论阐述或是技术阐述，缺少实质的合作联系以及实践成果，这同样无须团队研究。

图4-1 1990—2019年对外汉语教育技术研究核心作者共现知识图谱

发文机构方面，如图4-2所示，进行汉语教学及技术领域研究的主要院校有北京语言大学、华东师范大学、鲁东大学、中央民族大学、暨南大学、北京大学、首都师范大学等，基本集中在高等院校中。其中北京语言大学由于校名多次更替，在不同时期的称呼不同，从最早的北京语言学院到北京语言文化大学，再到现在的北京语言大学，从发文数量看，北京语言大学为这一领域最主要的研究机构。此外，各研究机构之间并无线段相连，说明各机构之间也无合作，以各自研究为主。

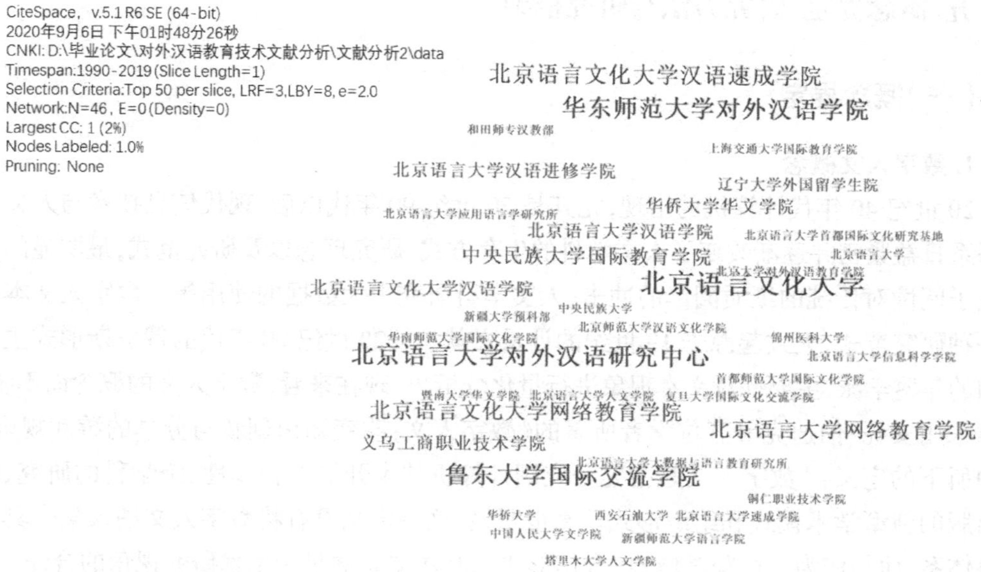

图 4-2 1990—2019 年对外汉语教育技术研究核心机构共现图谱

从 20 世纪 90 年代至今，我国的汉语教学事业已经取得了一系列了不起的成就，而且一直与现代技术保持着紧密的联系，如郑艳群所指出的，技术正与汉语教学深度融合[①]。陈睿筛选总结了四个规模较大、影响较广的在线中文学习平台：Lingo Bus、Tutor Ming 、哈兔中文网络学院和悟空中文[②]。当然还有如慕课、腾讯会议、钉钉等愈加多元化的 CMC 语言教学模式（计算机为辅助媒介语言学习和教学模式），这些数字产品或平台在 2020 年暴发的新冠肺炎疫情的防控期间成为国际中文教育的核心支撑，也推动了国际中文教育的全球化进程。但问题在于，随着国家中文教育的发展，教学资源需求逐渐层级化，目前的产品和平台并不足以满足不断扩大的学习者的差异化需求，主要体现在测试导向性需求、职业导向性需求和文化导向性需求三个方面，以往单纯的语言教学需求正向"汉语 + 考试""中文 + 职业""中文 + 中华文化"等复合型需求转变[③]。这种复合型需求的满足或许是当前面临的最大难题，所以对于研究者而言，需要看到并重视这种需求的转变，能够从更加实际的角度出发，在注重理论的同时开发出更多的学习资源平台。

---

① 郑艳群. 汉语教学 70 年：教育技术的影响及作用 [J]. 国际汉语教学研究，2019（4）：69-76.

② 陈睿. 国际中文教育新模式：在线中文教学 [J]. 大众文艺，2020（7）：69-76.

③ 梁宇. 需求增长背景下的国际中文教育资源建设 [EB/OL].（2020-04-21）[2021-12-11].http://sky.cssn.cn/skjj/skjj_jjyw/202004/t20200421_5116715.shtml.

五、概念界定、研究方法与研究框架

(一)概念界定

1. 数字人文概念

20 世纪 40 年代计算机的出现，尤其是 20 世纪 90 年代以后，现代信息技术与人文学科的联系日益紧密并逐渐改变了人文学科的生存方式、研究理念以及研究范式，最明显的例子如电子阅读对传统的纸质阅读的冲击、人文学科研究中大数据的使用等。数字人文本身也是一种研究范式，大致起源于 19 世纪的计量文献学、20 世纪 20 年代的俄罗斯形式主义和法国的年鉴学派，主要针对文本现象进行量化分析[①]。现在来看，数字人文的概念尚不统一，本章采用安妮·伯迪克等五位学者所著的《数字人文：改变知识创新与分享的游戏规则》一书中所下的定义："数字人文是指充分应用计算机技术开展的合作性、跨学科的研究、教学与出版的新型学术模式和组织形式。"[②] 很明显，这一定义没有将数字人文纳入某个具体的学科体系，而是作为一种跨领域的"合作形式"，且主要是立足于学术研究视角的合作。

常见的数字人文研究主要集中在历史学、文学、语言学学科，但随着跨学科研究的兴起，地理科学、旅游学等越来越多的学科采取这一研究范式。生活中，或许我们已经被数字化、信息化、大数据、人工智能等新兴名词层层包围，如果没有专门研究很难准确说出其中的区别。因此这里需要对"数字人文""数字化""教育技术"做个简要区分，以说明文章选取"数字人文"而非另外两个概念的原因。首先，"数字化"是更偏向于从计算机学科角度出发所下的定义，指将复杂多变的信息转化为可以度量的数字、数据，再用这些数字、数据建立起适当的数据化模型，将它们转变为一系列二进制代码，引入计算机内部进行处理的过程；也可以说，数字化是将任何连续变化的输入如图画的线条或声音信号转化为一串分离的单元，以 0 和 1 在计算机中表示的过程[③]。因此，它是单学科内的一个概念，并没有跨学科的含义在内，只有在数字化前面或后面加入相应的名词，才构成技术与某一内容的结合。而"教育技术"则打破了单一学科的框架，将"教育"与"技术"相结合，而且技术本身的内涵也很广，可以是电子技术、数字技术、编码技术等，如果单纯就教育学科而言，本章用"教育技术"这一概念也并无不可。但与教育技术相比，"数字人文"的概念更加广泛，它探讨的是人文社科与现代技术之间的问题，而非限定于具体的单一学科。在当前及未来的时间中，跨学科之间的合作成为一种必然的需要，这种合作可能涉及教育学、计算机科学、伦理学、历史学、社会学等学科，并不固定，为适应这种趋势以及避免囿于学科框架，本章更倾向于使用"数字人文"这一提法。此外，"数字人文"本身带有比较强烈的批判意识，是对人文学科与技术应用之间的一种反思，这种反思不管是在教育还是文学等具体学科，都是一种绝对的必要，是对学科根本理念与追求的一种坚持与宣告，意味着尽管有技术的加入，但它更多的是一种辅助

---

① 戴安德，姜文涛."数字人文：观其大较"[J]. 山东社会科学，2016(11)：26.

② 安妮·伯迪克，等. 数字人文：改变知识创新与分享的游戏规则 [M]. 马林青，韩若画，译. 北京：中国人民大学出版社，2018：121.

③ 《数字化与人类未来》编写组. 数字化与人类未来 [M]. 广州：世界图书北京出版公司，2010：9.

或帮衬的角色,而非扮演一种征服者的角色。

2. 国别文化概念

在汉语国际教育中,“国别文化”一词的使用频率比较低,涉及文化的内容似乎更多归于“跨文化”概念之下。对中国知网查阅后发现,基本没有从对外汉语学科来讨论国别文化的研究,而提及“国别化”概念的文章更多讨论的是语言国别化和教材国别化的问题[①②],与本章所讨论的国别文化概念不一致。但这并不是说汉语国际教育学科内没有国别文化研究的成果,只是相关研究表现为教育、习俗、节日、交际等更细化的方向,而很少使用“国别文化”这一词汇。

在比较文化学中,国别文化研究已经很成熟。方汉文在《比较文化学新编》中,将涉及的世界文化体系按照生成变化模式分为四种类型:本源型文化、主合型文化、从合型文化和复合型文化。由于比较文化学的学科理论和体系相对成熟,本章的国别文化将借鉴这一世界文化体系分类方法。

一是本源型文化,指原生文化,这种文化一直保持了民族传统的文化形态。虽然该类型的文化在历史变迁及全球化进程中也会受到其他文化的影响,但是从未完全改变文化的核心。当然,这种所谓的保持了其文化的核心,也并非说其就是一种“纯粹族性文化”,因为不管是历史上还是现代,文化之间的交流、融合都是存在的,所以并不存在绝对的纯粹性文化,这里的划分只是一种为研究方便而进行的划分[③]。

二是主合型文化,是指以某种文化传统为主体,接受一种或多种文化的作用并发生融合,形成的一种新的文化,这种文化现象相对普遍。但主合型文化的本质还是以原有的民族文化为主,比如日本经过明治维新后,虽然接受了大量西方的理论、技术,但并未改变其原有的文化核心。

三是从合型文化,是受到了其他文化的影响,改变了传统文化的基本形态或重要因素,使得原有文化成为一种附属文化。

四是复合型文化,是指本土文化与外来文化基本上融合,原有的民族传统文化形态被新型的复合型文化所取代。这与第三种从合型文化的区别在于,复合型文化更强调不同文化之间的和谐融合,形成一种多元文化的文化体系,如印度本土文化与西方文化的结合。

(二)研究方法

1. 文献分析法

本章的参考文献主要包括中外文献库中的期刊、硕博论文,对外汉语教学、跨文化交际、国别文化、数字技术及人类学等方面的著作,国内外政府官网上的政策文件等。此外,区别于传统的文献分析方法,本章借助可视化分析方法对 20 世纪 90 年代以来的与汉语国际教育数字化研究以及学科中的国别文化与数字化研究现状相关的文献进行了系统梳理,绘制出研究脉络,并了解了该研究方向的重点研究机构、核心作者及关键词,为后续进一步研究

① 李如龙. 论汉语国际教育的国别化 [J]. 语言教学与研究,2012(5):11-17.

② 李泉. 汉语教材的“国别化”问题探讨 [J]. 世界汉语教学,2015(4):526-540.

③ 方汉文. 比较文化学新编 [M]. 北京:北京师范大学出版社,2019:82-83.

提供了方向。

2. 访谈法

设计访谈提纲，联系技术领域以及汉语国际教育的专家教师，对其进行访谈，采取线上线下访谈结合的方式。每次访谈的时间、地点与内容都有记录。从事对外汉语教学的教师有丰富的教学与研究经验，而数字技术专业的教师则有创建跨学科数据库的经验，结合双方在访谈中展现出的特长对本章的研究思路进行了细化，就专家们对研究主题存在的疑惑和问题进行了多次讨论与修改。

3. 比较分析法

比较分析法在人类学、民俗学领域运用比较多，本章主要在东南亚各国文化材料的基础上，提出对各国文化与中国文化的异同点进行比较分析的思路，加深对不同文化的理解。

4. 案例分析法

因为国别文化概念涉及的内容比较宽泛，无法顾及全部内容，所以在阐述时主要是以案例分析为主，先以东南亚国家传统节日作为一个大的案例，梳理各国的主要传统节日，而后进一步以"春节"为例进行比较分析。

（三）研究框架

第一节，绪论。主要介绍了本章的研究的大背景与问题意识，对研究目的和研究意义、研究方法、研究框架进行了简要阐释，从国内外两个角度梳理了相关文献，并就相关概念做了说明。

第二节，主要是本章的指导理论说明、研究设计、访谈提纲的设计与访谈实施。理论基础主要依据对外汉语学科中文化的定位理论、教育技术理论以及比较文化学理论。访谈提纲从对外汉语教师与数字技术研究者的视角设计，并就访谈后对研究思路的调整做了说明。

第三节，开始进入本章的核心内容，对国别文化研究的基础理论体系进行了论述，包括国别文化研究的内涵、国别文化的分类、比较研究的材料与方法、汉语国际教育学科下的国别文化研究内容，并说明了数字技术在其中的作用，这部分主要是理论的阐述，构建了一个比较完整的国别文化数字化研究的理论框架体系。

第四节，是在第三节基本问题之上的延伸讨论，包括对国别文化的数字化研究概念和原则、数字库建设的问题与挑战以及选择东南亚国家传统节日作为案例的原因的讨论。

第五节，在前面对世界各大洲国别文化进行分类以及对国别文化研究体系进行梳理后，列举了东南亚国家具有代表性的传统节日，并以"春节"为例做了简单的对比分析，在此基础上提出"东南亚传统节日数据管理系统"的构想，并制作了网页版的图形进行展示，以此对应前文中的理论论述。

第六节，结语。

第二节　理论基础与研究设计

一、理论基础

1. 汉语国际教育中的文化定位理论

语言与文化的关系一直是汉语国际教育中广为讨论的问题，特别是在 20 世纪 80 年代提出文化因素概念以来，围绕文化因素的讨论持续升温，探讨的核心问题包括汉语国际教育中的文化因素是什么，哪些文化因素是汉语国际教育所需要的，文化因素如何影响留学生的汉语学习等[①]。2000 年，刘珣的《对外汉语教育学引论》出版，特别提到了“文化学”的概念，强调对外汉语学科要想真正发展好，文化教学是必需的。

至于文化在汉语国际教育中的具体定位，不少学者都进行过论述，但对于这一问题很难给出一个明确的答案，或许也并不需要一个明确的答案。参照以往学者的研究[②③④]，本章讨论的国别文化数字化研究将重点遵循以下准则。一是以语言为主的学科本位原则。汉语国际教育本质上是进行语言教学，绝大多数留学生是将汉语作为语言技能而学习的，以跨文化交际为主要目标，所以汉语国际教育的重心仍应是语言教学。据此原则，本章对以东南亚国家传统节日为例的国别文化进行讨论，根据比较文化学的原则将世界文化分为八大体系，不同类型的文化适合不同的研究与教学策略。二是差异性原则。留学生的中文水平往往参差不齐，在不同的学习阶段应该采取不同的文化教学策略，如在初级阶段，文化更多的是零星出现在语言教学内容中，其所涉及的宗教信仰、饮食习惯、经济发展、民俗风情、生活交往等方面的文化片段更多是为了解决词、句意义理解上的问题。而随着留学生水平的提高，对文化现象的学习与讨论则可以逐渐深入，所选择的文化内容也可以更加多元与丰富。三是适度性原则。国别文化教学常常很难避免碰触文化敏感性话题，如日本侵华战争、宗教信仰等，对于拥有不同文化背景下的留学生来说，教学要让其有一个文化适应的过程。如果在文化教学过程中过于强调某个国家（特别是中国的文化理念）或民族的文化，或过度评价某种文化，往往容易引起某些学生的反感，会被误会成文化渗透或文化侵略。所以进行文化课教学的教师，必须有较为深入的、对本民族文化的学习和理解，同时对其他民族的文化也要有一定的敏感性与敬畏心理，在教学过程中把握好度。

2. 对外汉语教学中的现代教育技术理论

早在 20 世纪中期，从录音机、电影、广播到后来的电视等多媒体在对外汉语教学中的使用，便是现代教育技术与对外汉语教学的结合，只是相关的理论讨论迟一些才出现。现代教

---

① 李晓琪. 对外汉语文化教学研究 [M]. 北京：商务印书馆，2006：综述.

② 周思源. 论对外汉语教学的文化定位 [M]// 李振杰. 语言文化教学研究. 北京：华语教学出版社，1996：301-313.

③ 张英. 论对外汉语文化教学 [J]. 汉语学习，1994（5）：46-50.

④ 李泉. 对外汉语教学理论思考 [M]. 北京：教育科学出版社，2005：42-49.

育技术在对外汉语教学中的使用，不是简单地作为一种教学方法，而是以多媒体计算机和网络通信技术等信息技术为手段，对教育教学过程与教学资源进行设计、开发、管理和评价，达到优化教学资源和教学质量的目的①。2013年，徐娟等就总结了数字化对外汉语教学发展中的五大趋势，提出要“充分发挥现代教育技术的优势，将信息技术与对外汉语教学进行全方位的整合，引导教师在教学内容、教学方法和教学手段等方面积极创新，探索数字化汉语教学模式”②。短短几年时间，目前单纯的计算机辅助对外汉语教学已经转变为对智慧国际汉语教育的思考③，更多的新理念、新平台和新产品涌现，如唐风汉语平台、科大讯飞翻译产品。

特别是在2020年暴发的新冠肺炎疫情的防控期间，对外汉语的线上教学成为解决燃眉之急的主要手段，中文教育与技术关注的问题也更加实际与细化。目前的关注点主要在教学理念更新、线上教学资源欠缺、教学模式有待转变、教育技术产品的性能与质量提高等方面。本章也正是基于这一背景，参照现有的教育技术理论进行国别文化数字化研究，注重提出的“东南亚传统节日数据管理系统”构想在技术上的可行性、实用性与便捷性。

3. 比较文化学理论

根据方汉文的论述，比较文化学“是对世界文化体系与文明形态的同一性和差异性进行研究的学科，其目的是掌握世界文化发展的规律性与不同文化体系的特性”。比较文化学的核心思想是通过比较的方式看待不同民族文化之间的同和异，其区别于一般的文化比较的意义在于，它是将世界各国不同的文化置于世界文化体系之下的比较，这就突破了如萨义德的东方主义、亨廷顿的文化冲突论等对文化进行优劣划分、文化威胁论的狭隘。

比较文化学对不同民族文化同一性和差异性的研究，不是停留于同、异的比较，而是通过这种比较进一步认识事物之间的本质，认识不同文化之间的发展特点，以及不同文化之间的交流融合带来的影响，是一种辩证的认知。对于汉语国际教育学科来说，今天对外汉语中的文化教学更应该强调一种能体现各种文化及其差异性的包容和欣赏的态度，这种态度的意义在于协助化解不同文化之间、不同种族之间、不同国家之间、不同的人与人之间、人与社会之间的冲突，带来一种更深刻的文化理解与认同。从这个角度来说，为什么中国要提共建“一带一路”、“人类命运共同体”这些重要的概念，就是因为在文化意义层面上它们适应了目前时代下文化转型发展的需要，具有了一种全球化的视角，拥有了化冲突为和平的互惠交流的潜在可能。

本章对国别文化与数字技术进行讨论，加强对不同国家、地区、种族文化的梳理与分析，实际上也是在回应这个时代下增强不同文化间认知、欣赏与包容的现实需要。

二、访谈设计与实施

1. 访谈对象选取

本章的研究偏向于描述与阐释性探究，目的在于提出一种构想并细化这一构想，为后续

① 仲哲明. 现代教育技术与对外汉语教学的改革 [J]. 语言文字应用，1999(4)：113-119.

② 徐娟，史艳岚. 十年来数字化对外汉语教学发展综述 [J]. 现代教育技术，2013，23(12)：54-58.

③ 徐娟. 从计算机辅助汉语学习到智慧汉语国际教育 [J]. 国际汉语教学研究，2019(4)：77-83.

研究提供一种前期的参考。而文中涉及的国别文化体系划分、数据库构建与对外汉语教学的结合,并不适合通过问卷调查收集信息,更适合通过文献分析、访谈和案例分析进行深入的讨论。因此本章主要采用文献分析法、访谈法、比较分析法和案例分析法作为主要的研究方法,调查中必须兼顾“数字技术实现”与“国别文化教学及研究”两个方向的实际,所选择的访谈对象也分为数据技术专家和对外汉语教学教师两类群体。

在本章的研究中,笔者分别访谈了 1 位数据技术专家和 3 位经验丰富的对外汉语教学教师。具体信息见表 4-2。

表 4-2　访谈教师名单

编码	性别	职称	任教大学	所在学院	研究方向 / 教授课程
A1	男	副教授	天津大学	智能学部	计算机视觉、图像处理和机器学习
A2	男	教授	天津大学	国际教育学院	跨文化教育、现代教育技术
A3	女	讲师	天津大学	国际教育学院	汉语国际教育
A4	男	教授	天津师范大学	国际教育交流学院	应用语言学、对外汉语教学

2. 访谈提纲设计

一是对外汉语教学教师的访谈提纲设计。

对外汉语教学工作者或者一线教师对于文化教学应该最有感触,不管是在海外从事汉语国际教育还是在本土进行对外汉语教学,都离不开文化知识的接触。

访谈主要围绕教师的教学经验、文化理解、本章的行文思路、数字技术的可行性等方面展开,具体问题如下。

A. 文化教学在现代对外汉语教学中的地位与教学形式。

B. 对外汉语教学中是否已有相关的资源数据库的创建?

C. 新冠肺炎疫情影响下教学工作向线上转移,对汉语教学产生了哪些影响?

D. 对于数据库辅助对外汉语教学及开展科研有什么看法及想法?

E. 数据库在辅助对外汉语教学过程中应该侧重哪些方面,弱化哪些方面?

F. 如果真的有本章的研究所设想的数据库,在教学中会怎么应用?

G. 对于本章的研究的想法有什么疑问或者建议?

二是数据技术专家的访谈提纲设计。

A. 创建数据库要满足的基本条件,如技术、资金、运营等,做个简要介绍。

B. 对本章的研究所构建的案例数据库功能的实现及技术要求做个简要评价。

C. 根据以往经验,对自身所创建的数据库进行简要介绍。

D. 如何看待数字人文研究的理念?

E. 计算机技术领域与人文学科的跨学科合作是否频繁,主要有哪些方面的,存在什么样的优势与问题?

F. 对于本章的研究所提出的数据库构想有什么疑问与建议?

3. 访谈实施

本次访谈以线下、线上相结合的方式,以线下访谈为主。其中,与A1、A4两位老师通过微信进行联系,与A2、A3两位老师进行面对面的交流。其中,A2的访谈时间为1小时30分,A3访谈时间为40分钟。访谈过程中以开放式访谈为主,除了访谈提纲中的问题外,教师们对本章的研究都给出了自己的意见。访谈时,笔者对教师们的主要观点进行了记录,考虑到这种交流的自由度,主要是以结构化访谈为主,访谈结束后将访谈记录进一步整理成文字稿。后续写作过程中遇到问题,再通过电话、微信等方式进一步与教师们进行交流,不断调整写作思路。

第三节　国别文化研究的理论体系建构

一、国别文化研究的基础

(一)冲突走向共生的可能:国别文化研究的目的

我们所处的时代是一个怎样的时代?现代性文明又是一种什么样的文明?多元化、文化冲突、单边主义、文化渗透、和而不同、恐怖主义等,这些如今充斥在著作、新闻、研究中的热词向我们展示了这个时代在全球化背景下的复杂性与多极化发展倾向。对于全球化,人们一直谈论不休,但就全球化这一概念本身还存在不同程度的认识,一种比较成熟的观点是把全球化看作双向的动态互动过程,在民族文化走向世界文明的同时,世界文明也在向民族文化传播,这一过程双向循环、不断往复[①]。就是在这种双向互动的过程中,对于世界各大文明的发展出现了不同的声音,不论是国外学者萨义德的东方主义,福山的历史终结论,亨廷顿的文化冲突论,还是国内学者辜鸿铭对西方文明的批判,费孝通的各美其美、美美与共的呼吁,都可以说是基于学者自身所处的文明立场而做的分析与评判。虽然这些主张各不相同,甚至是对立的,但我们仍然能在其中发现共性的体现。

如亨廷顿在《文明的冲突》一书中虽然从未放弃过"文化冲突"这一论题,但他并非提倡文化冲突本身,而认为文化共存才是最理想的状态。他对西方中心主义和文化普世主义进行了批判,认为那种强调西方制度、文化、价值是人类社会发展的最高成就的想法是错误的、不道德的和危险的。而要达到不同文化的共存,亨廷顿的建议是探索大多数文化的共同点,以接受多样性和寻求共同性代替普世主义[②]。这一观点肯定了文化的多元性存在,与中国一直以来提倡的"和而不同"理念有相似的地方,"和而不同"的潜在意涵实际上否认了全球化过程中各种文化趋向于单一性世界文化的可能。既然文化是多种色彩的,自然就可以通过

① 苏国勋,张旅平,夏光. 全球化:文化冲突与共生 [M]. 北京:社会科学文献出版社,2016:88-89.
② 伊东俊太郎,梅棹忠夫,江上波夫. 比较文明研究的理论方法与个案 [M]. 上海:上海三联书店,2017:123-130.

相应的方法寻求彼此间的共同点，增强彼此理解。

从人文学科角度来说，进行国别文化研究就是在全球化背景下加深对不同文化动态演化的认识，并从复杂的文化网络中探寻其中的共性认识，这种共性认识表现为科学技术、教育制度、艺术、民俗以及更具体的性别观、家庭观等。形象点说，如果将每种文化用一枚鸡蛋表示，国别文化研究要做的就是找到一个合适的托盘，可以容纳每个鸡蛋，不让其因为滚动碰撞而致破碎。文化冲突、文化终结、文化中心主义这些论调本身带有攻击性或消极的潜在意图，不利于文化间的交流，而国别文化研究应该是一种建设性的研究，表现出一种联合国性质的协调作用。对于中国来说，随着国际地位的不断提高，与不同文明国家的交流更加频繁，随之而来的各种文化误解和碰撞带来了全新的命题，加强国别文化研究成为国家发展与时代进步的一种必然要求。

针对学科而言，如果说亨廷顿、福山等人的世界文化比较研究是一种宏大的叙事论，与之相比，立足于全球视野下各大文化的动态发展，汉语国际教育学科的优势在于其独特的微观视角，其可以通过孔子学院、国内外高校的中文教育平台与各种文化下的真实个体建立联系，借鉴人类学、民俗学、社会学、教育学等研究范式开展案例研究，从而了解不同国家和地区的教育制度、生活习惯、风俗传统、饮食服饰等与日常生活最贴切的文化形态的动态演化过程，对国别文化研究是一种重要补充。

（二）中华文化与世界文化的交流与对话

20 世纪以来，科学技术的高速发展、商业贸易活动形成的全球市场以及旅游、教育等行业的推动，使得地理、空间、文化和语言方面的阻碍得以破除，全球化成为世界性共识。但远在此之前，中国与世界多数不同国家之间就开展了文化交流活动，并写下了一部璀璨辉煌的文化交流史。

从地域远近来看，中国与亚洲太平洋体系内的国家距离最近，文化交往也更频繁。古代中国与朝鲜、日本、东南亚国家之间就有了紧密的联系。早在西汉时期汉武帝就曾出军征战朝鲜，并将其置为四个郡，直到唐朝时在唐军的支持下，新罗才统一朝鲜半岛；中国与日本的交往始于汉朝，到唐朝时双方的交往达到高潮，即便有船只沉没的风险，依然阻止不了大量的中日僧侣、文人学士、商人互相往来。在南亚文化体系中，中国与印度最知名的文化交流当属印度佛教传入中国，但特别的是，印度僧人很少直接来华，早期佛教主要是由西域的僧侣传入中国①。在更远的地中海大西洋文化体系中，中国与西方国家的交往则相对较晚，也更加曲折。对于欧洲来说，古代的中国是一个神秘的国度，一个盛产丝绸的地方，历史上中国曾被古希腊人一度误认为是赛里斯人。直到海上航线开通，西方人才完成了对远东的认识。在 16 世纪初期和中期，葡萄牙、西班牙、英国等国家先后进入中国，使中国成了东西方文化交汇的中心。

在 21 世纪的今天，中国与世界各国之间的文化交往更为频繁，中华文化所展现的生命力让世界重新认识了一个古老民族的重新崛起。然而在文化传播与交流的过程中，我国也

① 方汉文. 比较文化学新编 [M]. 北京：北京师范大学出版社，2019：161-162.

遇到了一系列文化矛盾与冲突。正如张倩红等所说,全球化下的多元文化主义所带来的,一方面是社会民主化的体现,有助于不同文化共同生存与话语表达,这对于弱势文化是有利的;但另一方面,伴随多元文化而来的是文化认同的日益模糊,导致人们很难持续去维持一种稳定而固有的文化体系[①]。在这种不同文化间的交流对话中,出现了几种不同的论调,第一种是以亨廷顿为代表所主张的文化冲突论,认为不同文化之间存在着根本的利益冲突,不可调和;第二种是文化一体融合论,认为不同文化可以实现一体化的融合;第三种是方汉文所持有的折中观点,认为不同文化之间处于一种辩证关系中,既有同一性,也存在差异性。这一观点也体现在中国的政治外交中,不论是共建"一带一路"倡议还是有关"人类命运共同体"的论述,都是在差异中寻求一种文化认同,以此协助化解不同文化之间、不同种族之间、不同国家之间、人与人之间、人与社会之间的冲突。

对于本章的研究来说,也正是因为存在这种共性与区别,才赋予了国别文化比较的可行性,下文将进一步说明。

(三)国别文化的分类:世界八大文化体系

15 世纪海上航线的开通,使世界真正连为一体,世界文化大谱系形成[②]。在对世界文化的研究中涌现出了一大批杰出的文化学家、历史学家、社会学家和人类学家,如季羡林、钱锺书、马克斯·韦伯、埃米尔·涂尔干、阿诺德·汤因比、马林诺夫斯基等。对世界文化的关注,学者们致力于探索文化的起源、形成、发展、交流、碰撞与融合、衰落与灭亡,在对不同文化进行比较研究前,如何对世界各大洲、各个国家、不同民族之间文化进行分类成了一个新的问题。

汤因比曾把世界文明分为二十三个体系,方汉文认为这是由于缺乏理论的支撑而导致的思路的混淆;施本格勒列举了八个主要的文明体系,亨廷顿在其名著《文明的冲突》中也将现代文明分为八大类:中华文明、日本文明、印度文明、伊斯兰文明、东正教文明、西方文明、拉丁美洲文明和非洲文明[③]。我们现在最常听到的最简约的分类方法大概是东方文明与西方文明。但如亨廷顿所说,从七八个文明来看世界,可以避免许多困难,避免为了简单而牺牲现实。方汉文依据世界的文化形态,同样将世界文化体系划分为八大类,分别是亚洲太平洋文化体系、南亚文化体系、地中海大西洋文化体系、伊斯兰文化体系、北美大洋洲文化体系、拉丁美洲文化体系、非洲文化体系和犹太文化体系[④]。相比于其他的分类方法,这一划分标准更贴近我们对于世界文明的认知,故本章的国别文化研究将参照这一分类标准。

文化类型的分类是为了方便进行文化比较研究,下面先对方汉文的八大文化体系做简要介绍。

1. 亚洲太平洋文化体系

亚洲太平洋文化体系,也称为太平洋文化圈,这一体系是指以太平洋岸边东部亚洲的中国、蒙古、日本、朝鲜、韩国和东南亚国家为主体的文化。在亚洲太平洋文化体系中,历史最

---

① 张倩红,艾仁贵. 犹太文化 [M]. 北京:人民出版社,2013:330-331.
② 方汉文. 比较文化学新编 [M]. 北京:北京师范大学出版社,2019:79-80.
③ 塞缪尔·亨廷顿. 文明的冲突 [M]. 北京:新华出版社,2017:36-40.
④ 方汉文. 比较文化学新编 [M]. 北京:北京师范大学出版社,2019:79-81.

为悠久、影响最大的当数中国，与世界其他古老文明相比，中华文化最大的特点在于从古至今一直保持延续、从未中断，虽然在不同时期受到其他文化的影响，但一直保持了自身的主体文化，属于本源型文化。由于历史上的联系，中华文化对临近的日本、韩国、朝鲜、越南等国家都产生过深远影响。在很多传统习俗与生活习惯方面，这些国家与中国仍然有相似的地方。如根据相关法律规定，日本一年有 16 个法定节日，有公共节日意义的节日共有 71 个，其中 50 个左右与中国传统节日相似①。亚洲太平洋文化体系中的国家很多都属于汉字文化圈，与中国的联系与交往远比其他地区更为密切，在文化同一性方面也有更多的探讨话题。

2. 南亚文化体系

南亚文化体系以印度半岛和印度洋为中心，从南亚延伸至东南亚，与亚洲太平洋体系相交叉。该体系以印度文化为主。印度文化在世界上曾经产生过巨大影响，有着举足轻重的作用。印度文化有着十分鲜明而又强烈的宗教性、多样性。在近代资本主义扩张时期，英国殖民者长达 190 余年的统治，对印度的经济、政治尤其是文化与民族精神产生了深入骨髓的影响②。而今，印度文化中，包括语言在内很多方面都能见到西方国家的影子；此外，制度等级依然存在，在其传统节日中，特别是婚礼仪式上还能看到明显的阶级划分以及愈发凸显的贫富差距。很多传统的印度节日都与宗教相关，比如欧南节，在节日之前要进行洗礼仪式，把过去一年的罪恶都洗干净。

古代历史上，印度与中国没有大规模的交往，因为中间受到喜马拉雅山的阻隔。最有名的有关中印文化交往的故事大概就是唐代僧人玄奘到印度取经学法的故事，《西游记》就是根据这一事件创作的。但是印度与西方的交往比中国频繁，所受西方文化的影响也更大，所以复合型文化是印度文化的特点。

3. 地中海大西洋文化体系

地中海大西洋文化体系以地中海为核心，包括了东欧、北欧、西欧直到俄罗斯西伯利亚地区。西方文明以地中海文明为起源，其中又以古希腊文明为核心。

希腊由于海域广阔，耕地缺乏，形成了发达的海上贸易，这种长期与大海斗争的生活环境也造就了希腊人开放、冒险、富有想象力的特点。在古代历史上，希腊与中国的接触比较晚，在希腊人看来东方文明是神秘的、奇怪的甚至恐惧的。而到了现代，中国与希腊、意大利等国的文化交往、人才交流已经成为常态。在传统文化方面，地中海国家保留的大量的传统文化已经成为一张张旅游名片，在旅游业的带动下，一方面为其文化保护提供了资金支持，另一方面也促进了当地文化与外来的文化的交流与碰撞。

4. 伊斯兰文化体系

伊斯兰文化体系以伊斯兰教的传播进行划分，包括从阿拉伯半岛、西亚腹地直到土耳其、中亚、东南亚部分地区，以及南亚巴基斯坦、伊朗、阿富汗甚至非洲的埃及、突尼斯等地。这一地区曾经出现过古老的美索不达米亚文明，“美索不达米亚”一词来自希腊文，意思为

---

① 任晨光. 从中日文化传播视角看日本传统节日 [J]. 决策与信息，2016(24)：131-132.

② 刘黎. 从文化角度看英国殖民统治后印度文明的异化 [J]. 人民论坛，2014(8)：247-249.

两河之间的地方，所以西亚文明也被称为两河文明。在公元7世纪时，阿拉伯半岛地区出现了伊斯兰教，并迅速传遍西亚地区，如今伊斯兰教文化已经传遍了世界。由于受浓厚的宗教文化的影响，这一地区在我们看来也像蒙上了神秘的面纱，加上基督教、犹太教等宗教的传播，宗教之间出现了摩擦、争斗甚至战争。即便是在全球化的今天，我们对于这一地区的文化还是知之甚少。

5. 北美大洋洲文化体系

北美大洋洲文化体系相对明确，包括了美国、加拿大、澳大利亚和新西兰几个国家。北美大洋洲文化体系主要是在16世纪海上交通发展后，伴随欧洲移民而来的外来文化与本土文化相结合后形成的。相比于伊斯兰文化体系，我们对北美大洋洲文化体系的了解更多，这也从侧面反映出以美国为首的北美大洋洲文化体系对世界文化的影响力。美国属于移民造就的国家，其人口状况也最为复杂，在这里，不同的种族、宗教信仰融合并存，形成了独有的美国文化。加拿大与美国相似，早期为英国的殖民地，在语言、政治制度、宗教信仰方面都受到英国影响。身处大洋洲的澳大利亚和新西兰同样未能免受殖民统治，成为西班牙和葡萄牙的争夺对象，19世纪中期以后又涌入大量移民，使其文化表现出欧洲文化的特点。

6. 拉丁美洲文化体系

拉丁美洲文化体系以拉丁美洲为主体，主要指这一地区的三大古代文明——玛雅文明、阿兹特克文明和印加文明受到欧洲文化的侵入，与之融合后形成的一种新的文化体系。自哥伦布发现新大陆后，美洲的文明就遭受了巨变，葡萄牙、西班牙等西方发达资本主义国家先后成为这一地区的征服者，导致这一地区原有的印第安文化被取代，如今这一地区依然深受西班牙和葡萄牙文化的影响。我们印象中所熟知的拉丁美洲多半是通过足球、咖啡、狂欢节等物象呈现的，其中巴西是拉丁美洲的核心国家，我们对其了解得也相对更多。巴西与中国同为金砖国家，拥有世界面积最大的热带雨林以及大量的石油、天然气等资源。巴西早期受到殖民主义的影响，殖民主义消退后又兴起了移民文化潮，有60多个国家的移民在巴西生活，所以现在的巴西是一个多元文化国家。

7. 非洲文化体系

非洲文化体系包括东非、西非、南部非洲和中非地区，是在古代文明传统与宗教、民族的同一性基础上形成的非洲区域文化体系。一般将非洲分为五个区域，分别是北部非洲、南部非洲、西部非洲、东部非洲和中部非洲，各区域在国家数量、民族、肤色、经济发展等方面存在差异。由于相对落后的经济社会发展，非洲一直被视为蛮荒之地，其文化也时常被戴上有色眼镜看待。但实际上，非洲文明历史久远，其中的国家埃及也是世界文明的起源地之一。

在近代，非洲文明同样不可避免地被卷入世界文化体系中。首先是外来宗教的传播，基督教、伊斯兰教和犹太教先后传入非洲，其中伊斯兰教的影响最大。更为残酷与血腥的是西方殖民主义国家对非洲的入侵，在列强的统治下，大屠杀、黑奴贩卖、资源剥夺等惨无人道的行为让非洲陷入了巨大的灾难之中。如今，经过时间的洗礼，殖民历史已渐渐远去，但其对非洲文化的影响依然存在。一方面，非洲逐渐恢复并保护其自身原有的文化传统；另一方面，长期的殖民造成了非洲地区的经济贫困与落后，更导致了欧美国家对于黑人的种族歧视。

8. 犹太文化体系

犹太文化体系主要由犹太民族和宗教构成，以巴勒斯坦和以色列地区为主。第二次世界大战中，约有600万犹太人被杀害，约占犹太总人口的三分之一。在一次次迫害中，犹太人以其自身的团结和信仰坚持了下来，并在第二次世界大战后，在英、美等国的支持下建立了以色列国。目前，除了以色列国外，还有大量的犹太人分布于世界其他国家。其中一部分犹太人到了美国，接受了美国的文化，一方面为其文化注入了新动力，另一方面也导致深刻的文化和社会危机，民族认同淡化。在以色列建国的犹太人源自欧洲迁出的犹太移民，建国后的以色列重塑了传统的犹太文化。但是在当前的多元文化背景下，以色列国内也存在新的问题，出现了群体之间的四大社会对立：犹太人和巴勒斯坦人的、宗教与世俗的、阿什肯纳兹人与东方犹太人的以及男女性别对立，这种不可调和的对立也造成了社会的动荡与不安①。

二、数字技术的补充：比较研究的材料与方法

1. 研究材料的选择

对于国别文化比较来说，材料的选择尤为重要。但在材料的选取方面，研究者容易陷入两个极端。一是唯材料论，一定程度来说（特别是对历史这种学科），强调材料的真实性与可靠性是学术研究的特点，也是对研究者学术态度的考验。但是，如同强调遗产的原真性一样，什么才是真实的有时候很难说清楚。材料不等于历史，每个历史学家所记录的历史的真实性如何能够得到保证？虽然对于研究来说，能够收集大量的原始资料与一手资料或二手资料是做好研究的前提，但除了材料本身的呈现外，理论的建构同样重要，否则容易陷入材料堆砌的陷阱。第二种倾向是材料虚无主义，简单来说就是缺乏研究材料而凭借研究者自身的精神想象得出了某种结论。这种现象容易出现在早期书斋中的人类学家中，他们由于缺乏实际的田野调查而仅仅凭借对一些二手材料的分析，创造了一个想象中的世界。

在材料的选择方面，不同学科有不同的特点，如历史学偏向于选择包含史记、行记、游记等在内的历史文献、文物碑刻与见闻录、考订注释等文字记录；人类学、社会学和民俗学虽然也依赖于文献资料，但更重视通过田野调查收集一手材料；比较文化学也更多地偏向于文本资料中对文化现象的分析，其最大的问题在于资料的静态性，以及由于研究者的世代努力，大量的文献资料已经突破了研究者的阅读能力。对此，本章提出借助数字技术，在文本资料的基础上增加可视化资料，并借助软件的分析能力辅助研究。

如在国别文化研究中，各个国家的文化各有其独特性，这种独特性是通过节日、饮食、服饰、风俗、器物等载体体现的，虽然文化本身不可视，但可以通过文字、图片、音频、视频等对其载体进行展示，从而体现出各个国家文化的特点。除了以上几种基本的展示方式，还可借助地理信息系统工具进行时空层面的演示，从而突破国别与时间上的限制。以往的工具应用多侧重于其中一种方式的使用，而数字人文视角下的应用则强调整合性思维，可通过如数据管理系统的创建等将上述方法结合起来，从而在实现资料汇总的基础上，实现多元化的

① 张倩红，艾仁贵. 犹太文化 [M]. 北京：人民出版社，2013：3-4，330-331.

分析。

2. 国别文化研究方法

当前，国别文化研究一般遵循三种研究范式，即历史联系研究、平行研究和在世界体系内的比较。三种方法偏向不同的研究视角和思路，也各有侧重，汉语国际教育学科下的国别文化研究同样可以参照这三种研究方法，以下分别说明。

①历史联系研究，也可称为历史实证方法。这一方法是以实证论为观念，只承认实证的事实，即以经验中的事实和现象作为研究和观察的唯一根据。这一方法与哲学中的形而上学方法相对，以事实和现象来解释原理。从方汉文的论述来看，这一研究方法偏向于历史学学科的研究特点，但实证方法在经济学、管理学、旅游学等学科中的运用都已形成成熟的学科体系，不仅仅是在历史学中有所应用。实证研究的英文单词为 empirical research，意思是指科学研究应该建立在来自现实世界的经验性证据上①。可能其在不同学科中的理解与应用各有侧重，但其基本理念是相同的，都强调了对事实与现象的重视。在世界文化研究中，这种实证方法的特点是要凸显历史之间的联系，有点纵向研究的味道。人类学早期研究中遵循的是进化论的观点，如泰勒的进化论、摩尔根的原始社会分期理论，就可以看作这种历史联系研究，从一种线性的视角来看待人类历史的发展。

②平行研究，与历史联系研究方法相比，平行研究超越了历史联系这层关系，强调不同文化体系间的逻辑比较。如马克斯·韦伯在其著作《儒教与道教》中对欧洲基督教中的清教徒与中国儒教（家）进行了比较，这种比较跨越了时间与空间的阻碍。同样，这一方法在其他学科中也有应用，称为横向比较。如人类学研究在进化论之后出现了传播学理论，进化论主张人类文明是独立发明并延续发展的，而传播学理论的学者则坚信人类文明是多个文化中心向外传播相应的文化而形成的。传播学理论的学者通过平行比较世界各地不同的文化，从中发现存在的联系，由此绘制出各种文化的传播路线，如拉策尔从地理学角度，绘制出人类的地面分布和文化发展的总图集②。

③以比较作为世界体系视域的观照，虽然将其归为一种新的研究方法，但严格来说其更像是一种文化价值观，因为这一方法的核心还是比较，与上述历史联系研究和平行研究遵循的比较方法并无差别。这一方法的创新点在于，将世界各国文化纳入同一个体系——世界体系——中进行思考，进而揭示人类文化发展的规律与特点。其意义在于打破了亨廷顿等人持有的文化威胁论，既然文化本是一体的，那比较也是在这一体系中比较，文化之间的不同也是这一体系内的不同，每种文化都是这个大的世界体系中的重要组成部分，每种文化的变化都会影响世界体系的变化。更重要的是，既然每种文化在整个世界体系中都有自己的位置，体现的是文化多样性的特点，也就不存在文化优劣的比较，而是多种文化的交流与共融。

上述三种研究方法虽然有不同的视角、划分层级以及研究重心，但都偏向于一种静态的质性研究。随着现代信息与知识的分化与爆发式增长，单一学科的研究实际很难应对现实

---

① 李亮，刘洋，冯永春. 管理案例研究：方法与应用 [M]. 北京：北京大学出版社，2020：17.

② 夏建中. 文化人类学理论学派 [M]. 北京：中国人民大学出版社，1997：55.

的需要，跨学科之间的合作成为必然的趋势。而从数字人文的角度思考，至少可以对现有研究方法进行两个方面的补充。一是量化研究的补充，国别文化研究中并不一定缺乏量化统计分析，但总体而言对其的运用有限，而数据库的运作可以方便材料的统计分类，以对质性的单纯叙述进行补充。二是可视化的图像呈现，将文字描述所展现的文化演化路径、特征比较等内容转化为视图，可增强视觉层面的认知，方便教学与深化认知。

三、汉语国际教育学科下的国别文化研究内容

1. 文化类型研究

在国别文化研究中，文化类型研究通过对具体事物或历史现象进行分类，比较它们的同和异，达到研究的目的。这种比较的文化范畴相对广泛，包括历史事件、科技发明、文学著作、风俗习惯、婚丧嫁娶等，几乎无所不包。但对汉语国际教育学科来说，并非所有的文化类型都适合以及需要进行研究。汉语国际教育强调的是文化学习后的运用，偏向于跨文化交际教学，虽然跨文化交际中也涉及文化教学，但其核心还是“交际”，与本章强调的国别文化有所不同。各个院校所开设的文化课并不统一，有自身的特色，但这种没有固定标准的现实反过来也说明了目前在国别文化教学上实际缺乏一定的统一标准。

对此，可以参照其他学科的文化分类，再对照对外汉语教学的实际需求对文化类型进行增删。如民俗学中将文化分为以下几大类别：物质生产民俗（包括农业、狩猎、游牧、工匠、商业和交通民俗）、物质生活民俗（包括饮食、服饰、居住建筑民俗）、社会组织民俗（包括社会组织、宗族组织、社区组织民俗）、岁时节日民俗、人生礼仪民俗（包括诞生、成年、婚姻、丧葬民俗）、民俗信仰、民间科学技术、民间文学、民间语言、民间艺术（包括音乐、舞蹈、戏曲、工艺美术）、民间游戏娱乐（包括民间游戏、竞技、杂艺）。显然，上述分类并非所有都适合对外汉语教学，如在对外汉语教学中，物质生活民俗类和岁时节日民俗类涉及比较多，而像民间文学类、民间游戏娱乐类很少提及。2020 年由北京师范大学汉语文化学院、天津大学国际教育学院和北京唐风汉语教育科技有限公司共同举办的汉语教学微课大赛，特别设置了文化类教学内容，分为地理、历史、文学、民俗、艺术、教育、运动、社会八大类别①。如果说民俗学的文化分类显得过于狭隘，后面这种分类方式则又过于宽泛，可以考虑将二者进行结合，如分为地理、历史与文学、文化艺术、物质生活、宗教信仰、礼仪与节日、体育、科技、遗产与旅游以及当代国情文化，这十种文化类型易于区分，从学科角度来说，基本涵盖了对外汉语教学中所能涉及的文化知识，而且考虑到了时代的因素，加入了遗产与旅游及当代国情文化。

2. 价值评判研究

价值评判研究是指从如逻辑或审美等视角对不同文化的同一性和差异性进行评判②，偏向于非历史联系方面的比较的研究。价值评判研究主要分为两种模式，同异类比和历史规律的探索。

---

① 参见汉语教学微课大赛官网：https://tmc.tangce.net/user/about.action? type=1.

② 方汉文. 比较文化学新编 [M]. 北京：北京师范大学出版社，2019：103-104.

所谓同异类比就是在事物或现象之间进行分类,从而比较其同和异,这是最常见的比较范式。如中国和日本在非物质文化遗产保护方面都有丰富的经验,形成了各具特色的保护理念和模式,我们就可以对两国之间的这种非物质文化遗产保护活动进行比较,分析中日两国在文化遗产保护方面的态度认知、保护制度、保护成效等的异同。再如很多国家都有歇后语或相似的应用,歇后语背后蕴含的是深刻的历史文化与民族理念,韩国俗语是韩国民间社会约定俗成、广为流传的语言表达形式,与中国歇后语有很多共通之处①,可以对二者进行对比研究。

历史规律的探索是指在具体的历史时代、社会现象、重大历史事件或人物的比较中,通过比较对象表征现象所表现出的共同现象、特征,推测、理解和判断事物的内在发展规律。对文化规律的探索需要结合文化所处环境的历史语境,根据文化所处的地域特点、政治制度、经济水平等进行考虑。如日本茶道最早是由中国传入的,在日本本土传播与发展,茶文化在中国与日本的发展与传播就会有所不同,如有学者指出中国茶文化是乐感文化,追求快乐和自然,而日本茶文化属于苦寂文化,感悟彻悟和悲情②。这种对茶文化的分析就需要放置于中国和日本的具体语境之下,随着全球化进程的加快、西方文化的进入,如今的中国与日本的茶文化出现什么样的变化,又需要结合现代的语境进行考虑。

3. 文化交流与合作研究

不管是本土的对外汉语教学还是走出国门的汉语国际教育,中华文化的传播与多元文化的交流都是汉语国际教育学科研究和教学中的重要组成部分。共建"一带一路"倡议的提出为共建国家的文化交流与文化产业发展提供了新契机,其中"民心相通"是根基。但由于拥有不同文化背景的个体在认知、态度、价值观层面的差异,可能会对共建"一带一路"倡议存在误解或曲解,影响了文化的正常交往,也对汉语国际教育的开展造成阻碍③。

在当今提倡构建人类命运共同体的历程中,语言是沟通的桥梁,文化层面的多元融合属于精神交流,尊重各国鲜明的民族文化、寻找共同的价值追求是成功实现对外交流的关键④。汉语国际教育学科与国际形势关系密切,孔子学院成为汉语及中华文化走出国门的重要标志,因此有必要依托孔子学院及中外语言合作中心等平台,加强对中国与各国文化交流合作的关注与研究。在这方面,中国与外国互办了文化年、旅游节、汉语桥比赛等大型活动。2020 年 1 月 30 日,布鲁克林篮网与底特律活塞的对战拉开了"中国文化夜"活动的帷幕,在纽约巴克莱篮球场馆内,赛场布置富有浓浓的中国风,传统舞狮、书法、汉服等中国传统元素渲染了新年气氛,以此庆祝中国新年⑤。这些活动可以让外国民众亲自参与其中,感受和体验中华文化,比单纯的政治宣传更容易取得效果,从中也可以反映出中外文化交流的内容、形式、态度的变化。

---

① 方汉文. 比较文化学新编 [M]. 北京:北京师范大学出版社,2019:103-104.

② 刘丽芳. 中日茶文化比较研究 [J]. 福建茶叶,2017(6):358-359.

③ 李雅,夏添."一带一路"背景下中亚汉语国际教育与中华文化传播机遇与挑战 [J]. 当代教育与文化,2019,11(6):31-36.

④ 向勇,李尽沙. 融合与共生:"一带一路"文化产业合作发展指数研究 [J]. 深圳大学学报(人文社会科学版),2020,37(4):56-65.

⑤ "中国文化夜"活动在纽约举办 [EB/OL].(2020-01-31)[2021-12-22].http://world.people.com.cn/n1/2020/0131/c1002-31565587.html.

4. 数字化的国别文化教学研究

在对外汉语教学中数字技术的应用并不少见,主要以多媒体设备的应用为主,但侧重于语言本体教学。如郑艳群主编的《汉语作为第二语言教学的教学技术研究》一书中,有多个篇章专门提到了网络环境下的对外汉语教学原理、方法、学习策略等内容。语言本体教学是各个院校必备的基础课程,有较强的普适性,但对外汉语中的文化教学则不太一样,各个院校对于文化课的重视程度不同,开设的文化课数目也不太一样。天津大学历来比较重视中国传统文化教学,为留学生开设了"中华才艺展示""国别地域与文化""中国风俗""中华文化"等文化课程,这些都彰显了天津大学留学教育特色。这种课程设置与院校传统、师资力量等因素有关,因此未必适合其他高校的教学体系。因各个院校开设的文化课各有特色,无法并为一谈,本章讨论的"东南亚传统节日数据管理系统的应用主要以天津大学的课程模式为出发点。

对外汉语教学中的文化教学大致分为两种,一种为语言课中的文化因素教学,称为"分散式文化教学";一种是专门的文化教学,称为"集中式文化教学"。前者主要针对初、中阶段的留学生,文化知识偏零散,不成体系,后者的授课对象是中、高级水平的留学生,其教学任务不仅限于表层的物质文化,还涉及深层次的精神文化[①]。本章讨论的文化教学偏向于第二种,即集中式文化教学,重在介绍各国传统文化与国情文化。这种课程模式决定了需要有大量的教学素材,能通过多样化方式让学生学习了解文化,否则容易丢失课程的趣味性。这种多样化的教学方式可以是课后实地参观以获得真实感知,在课程中进行实物展示,或者学生亲自动手尝试某种食物的制作等,但是这种方式毕竟在时间和空间以及资源方面受限,更多的还需要依靠网络材料的展示。如果可以通过数据库积累大量的传统节日素材,便能有效地解决这一问题,而且可以根据国别、节日等分类进行课程讲解,使得课程更加系统化。借助数据库还可解决文化教材编写与教材更新"慢半拍"的问题,因为教材更新存在耗费时间久、出版周期长、编写者受时代限制等问题,"一些精品教材融入了专家们大量的心血和相当的精力,在语法结构等方面相当不错,但其内容却明显存在着与当今时代的差距"[②]。

在"东南亚传统节日数据管理系统"的具体设计中,可以从教学角度考虑将其分为教师和学生两个子系统,满足教师教学和学生学习的需要。在上文提及的有关东南亚国家的传统节日资料,包括文字、图片、音频、视频、地图等,都可作为教学素材。在授课过程中,参照3∶7的教学原则,教师讲授比例为30%,学生分享部分占70%,来自不同国家的学生可以依据兴趣介绍和分享本国或其他国家的特色文化,一方面可以使用数据管理系统中的素材或自己查找资料,另一方面其所汇报的内容还可经核实修改后被纳入数据管理系统中,作为教学素材资源。由于是针对高年级留学生的教学,尤其是研究生阶段的学生,除了基本的文化讲解外,还需引导学生进行更深入的讨论,针对中外文化的同和异进行思考。这种数字人文技术所带来的教学形式的转变,能促使"学生参与知识的过滤、挖掘、解释、关联和再演绎,

① 程书秋,郑洪宇. 对外汉语文化教学研究述评 [J]. 继续教育研究,2008(3):118-120.

② 孟国. 第二语言习得:模式与实践 [M]. 成都:电子科技大学出版社,2014:159-160.

在多维知识版图的游历中增强批判性、推测性、创意性思维和设计能力”[①]。此外，在以往的文化课中，由于课程设置不当，过于强调中国本土的文化输入，容易引起留学生的反感，而多国文化并重的教学模式，有助于这一问题的解决。

第四节 文化的数字丈量：国别文化研究的数字化思考

一、范式的变革：国别文化数字化研究的转向

2020年新冠肺炎疫情的暴发，让现代教育技术的运用与研究直接被推到了学界的最前沿。以数字技术为基础的各种软件，如抖音（TikTok）等短视频平台成为当代跨文化传播的重要手段。技术—文化—传播构成了一个完整的闭环，其中技术作为物质基础构成流动，文化作为符号范式造就黏性，传播就在技术与文化的结合中得以完成。这种传播方式的变革打破了传统意义上的以西方话语为主导的传播秩序，构建了一个多元文化的交融平台，让不同文化得以平等对话，更好地实现双向互动[②]。

对于研究者来说，不能也无法忽视这种技术与文化关系的转变对研究理念、研究方法的变革性影响，传统的文字史料已经很难单独支撑起研究的主体，特别是对于比较文化学、人类学、民俗学等贴近日常生活的人文学科而言，跳脱出纯文本资料的包围，运用图片、电影、纪录片、音乐等多媒体材料重新构建起一个更多元的研究堡垒，或许是面对时代变化需要作出的一种研究调整。

数字人文理念就是对研究范式进行调整的一种尝试。当前，对数字与人文研究的认知主要是运用大量不同来源、类型和领域的文本资料，借助数字手段进行新的研究，产生的新的研究方法。这种数字手段的运用，解决的实际是资料转化的问题，将现实生活中固定的、零散的、欠缺条理的客观现象借由数字技术这一媒介转变成虚拟空间中的资料，使其得以永久保存，类似于图书馆馆藏的作用。这一阶段在技术、理念上已经没有什么争议，但进一步看，除了减轻资料检索与查阅所需耗费的精力外，并没有提出如何使用这些虚拟化的资料开展研究，也没说明这种研究区别于传统研究的意义，在研究理论、研究意义、研究方法方面仍有待讨论。

在国别文化研究中，数字技术的加入，使得通过大数据分析挖掘文本隐含的信息得以实现，进而对以往研究结论进行对照或补充乃至反驳，从而建构新的研究体系。但在实际研究中仍然需注意回归到人文学科本身，人文学科之所以不同于社会科学和自然科学，不仅是研究方法的不同，而是人文学科更注重对“人”本身的思考。如翁稷安所言，人文是以单数人的身份去理解单数人或其集合，是要以人为尺度，进而进行更深入的观察、思考和开展推论。

---

① 安妮·伯迪克等. 数字人文：改变知识创新与分享的游戏规则 [M]. 马林青，韩若画，译. 北京：中国人民大学出版社，2018：序.

② 王长潇，孙玉珠. 技术与文化的张力：创意短视频跨文化共情传播 [J]. 当代传播，2021（1）：27-31.

国别文化研究的重心在于“文化”,是各个国家、地区、民族的文化,其所重视的并非最后一串串统计数字的呈现效果,而是文化与文化之间联系的梳理,所以国别文化研究与数字技术结合的进一步创新点应是这种抽象联系的可视化呈现,即通过图表、地图等方式将以往难以言说和描述的文化联系更清晰地展示出来,在保留文化思辨性与人文情怀的同时实现更生动的描述。

二、效益与成本:数据库创建的因素思考

事实上,关于对外汉语教学与技术的研究并不少,郑艳群、仲哲明、宋继华、徐娟、卢达威等学者从教学理念、数字化理论基础、学科建设、教学模式、教材编写角度都已有论述①②③④,但这些论述都是从对外汉语学科本体角度出发的,而有关数据库创建所需技术、人员、成本、课题支撑等信息并没有得到深入论述,所以给人的印象似乎是不管专不专业,每个人都可以谈上几句数字化教学,数字技术与对外汉语学科的结合显得势在必行,可是一旦涉及专业细节,相关研究却很少能说出其中的关键,这种情况下就容易夸大数字化带来的好处,而忽略了其背后存在的困难。

在访谈教师中,教师 A2 的研究方向为跨文化教育、现代教育技术,在问及数据库创建的相关问题时,他表示如果仅仅是在一个课题资金的资助下,或者说假如所创建的数据库只是服务于一个课题,实际上是不太现实的。数据库创建的前提必须是数据库本身有比较高的实践应用需要,能服务社会实际的发展需求,而且能获得持续的资金投入,能够雇佣专门人员对数据库进行维护与更新,否则即便完成创建也很难持续运营,造成资源的浪费⑤。

就这一专业问题,笔者特别请教了数据库技术专家 A1。教师 A1 的研究方向为计算机视觉、图像处理和机器学习。他指出,数据库的创建需具备数据库基本概念、前台开发的基本知识与编程基础以及数据库构建的案例(带源码)三部分基础内容⑥。专家 A1 在 2019 年与团队创建了一个“天津宝坻皮影戏的信息资源档案库”,将信息技术与传统文化进行了结合,有一定的参考意义。该数据库面向用户通过网络访问,介绍了非物质文化遗产、传承人、保护方法、文化空间等信息,包含了历史与现状、皮影制作和表演、宝坻皮影保护与传承、在线展厅四个模块⑦。在创建数据库之前,该团队对宝坻皮影戏进行了大量的田野调查,收集了丰富的一手、二手资料。但通过对该数据库的查看,发现该数据库是一个比较简单的展示平台,目前只汇集了相关的文字和图片信息,平台的功能有限。由此可知,数据库的创建是一个持续不断的过程,前期需要积累大量的信息资料。而且该数据库的创建虽有天津市社科基金项目的资助,但项目经费相当有限,所以创建的数据库比较简单,可以说只是为收集

① 郑艳群.课堂上的网络和网络上的课堂:从现代教育技术看对外汉语教学的发展 [J]. 世界汉语教学,2001(4):98-104.

② 仲哲明.现代教育技术与对外汉语教学的改革 [J]. 语言文字应用,1999(4):113-119.

③ 卢达威,洪炜.汉语国际教育信息化的发展与展望 [J]. 语言教学与研究,2013(6):23-31.

④ 宋继华,徐娟,许见鸿.对外汉语教学网络课件开发的理论原则 [J] 北京师范大学学报(社会科学版),2004(2):113-118.

⑤ 与教师 A2 的访谈,时间:2021 年 1 月 6 日;地点:天津大学国际教育学院。

⑥ 对教师 A1 的访谈,时间:2020 年 8 月 1 日;方式:微信线上访谈。

⑦ 资料来源于该课题的项目结题报告书,数据库网址为:http://123.57.161.82:8080/py/.

的资料提供了一个比较好的储存平台，如果后续没有持续更新完善，数据库的作用将很难发挥。

结合访谈，笔者总结出数据库建设存在的两个主要问题。

1. 持续的资金支持

目前所见到的、可供分享的数据库多依托于单个或多个单位部门创建，即机构导向数据库，有足够的资金和资源提供支撑。如社会科学文献出版社创建的“一带一路数据库”依托中国社会科学院，其有丰富的科研实力和研究成果，且该数据库服务群体为政府机关、科研机构、企事业单位，确保了数据库的实际应用，使得该数据库得以持续运营和定期更新。所以，创建研究性数据库前，必须考虑数据库的服务对象与需求，而且数据库所能依托的基金支持和单位支持也是关键。

2. 跨专业团队建设

数字人文理念下的国别文化研究如果只涉及比较简单的技术问题，则提高对外汉语专业人员的技术应用能力，或许也能达到目的。但如果需要更复杂的研究如搭建相关的研究平台，则需要跨学科的团队合作，团队中要有专业技术人员和文化研究者。此外，团队成员间需要进行相互评估，以找到适合自己的位置，这就要求研究团队对数字人文理念有比较深的理解，把握数字人文每个阶段的任务和要求，确保工作进度；在合作过程中，还需明确每个项目成员的职责与分工，记录每个成员在项目中的角色与贡献，并明确所需承担的责任[①]。

技术问题解决后，材料的收集、筛选、分类、整理也是一个耗时耗力的大工程。以本章所讨论的国别文化来说，要想创建“东南亚传统节日数据管理系统”，数据库的创建是一个问题，待数据库建成后，将菲律宾、泰国、缅甸、越南等国大量的传统节日材料导入数据库中又是另一个问题。在资料的收集过程中，由于国别地域的原因，不可能完全依靠一手资料，而二手资料中，目前虽然有很多介绍东南亚国家传统文化和节日的著作，但如果这些资料获取的时间比较早，就很可能与现实的发展情况存在差异，这些差异还需要进行确认与更新，这部分工作量可能比开发数据库更大，必须依靠团队长期合作完成。

三、稳态与流变：东南亚国家传统节日的案例选择

由于国别文化这一概念包含的内容很多，无法一一详述，故本章选取亚洲太平洋文化体系中东南亚国家的传统节日作为国别文化数字化研究的案例进行说明。

选取东南亚国家的传统节日作为案例主要基于三点考虑。一是东南亚国家本身具有悠久丰富的传统文化，一直延续至今，如今这些文化依然闪烁着璀璨的光芒，吸引着世界各国的目光。二是东南亚国家位于南海丝绸之路上，在与中国数千年的文化交往过程中形成了独有的文化特色，与中华文化既有差异性，也存在众多的共通性，适合进行文化比较研究。三是从汉语国际教育学科来看，近年来东南亚国家来华留学生数量逐渐增长，东南亚国家成

① 安妮·伯迪克，等. 数字人文：改变知识创新与分享的游戏规则 [M]. 马林青，韩若画，译. 北京：中国人民大学出版社，2018：153-155.

为来华留学的主要国家，这样的案例选取对于学科建设有重要的意义。

1. 东南亚国家的文化概况

东南亚地区现有越南、老挝、缅甸、泰国、柬埔寨、新加坡、菲律宾、马来西亚、印度尼西亚、文莱以及东帝汶等国家。这一地区汇集了世界多种文明，是世界上人口、民族、语言、宗教信仰最复杂的地区之一，也是多元文化交融密切的区域。东南亚各国依然保留有大量的传统节日，大致可分为民族性节日、宗教性节日和政治性节日，这些节日既有共通点，也有各自的本土特色，而且受到基督教、伊斯兰教、佛教以及印度教的影响，多数节日带有鲜明的宗教色彩。

2. 中国与东南亚国家的跨文化交流

南海丝绸之路是中国海上文明的体现，是东西方国家之间贸易往来的象征，也是中国文化影响世界、世界文化影响中国的双向经济文化交流之路，东南亚地区正位于南海丝绸之路的商贸文化交流区域。

自古以来，中国与东南亚国家就存在频繁的文化与经济交往，通过南海丝绸之路，中国的丝绸、茶叶、陶瓷、漆器等物品源源不断输出到东南亚各国，而东南亚地区的珠宝、香料、农作物等也输出到中国①。这种互动与交往是双向的，既有经济上的双向交流，也有文化上的双向交流，尤其是中国南方一带的居民向东南亚地区移居，与当地居民交融共生，形成了丰富而独具特色的侨民文化②，这种国别地域文化的交融是文化涵化的结果或体现，充当着中国与东南亚各国友好往来、和谐相处、合作共荣的桥梁。

这种由特殊的地理方位与历史联系形成的中国与东南亚国家的紧密联系，如今已经深刻内化在双方民众的日常生活中，特别是在宗教信仰、传统民俗、节日庆典方面。如东南亚很多地区建有供奉“天后圣母”的寺庙，供民众祭祀，在越南史籍中也有关于天后的记载，相传其是福建莆田人；天后其实就是“妈祖”，妈祖文化最初在福建沿海一带盛行，而后由华侨带入东南亚③。

在南海丝绸之路的作用下，中国的物质文明和精神文化不同程度地传播到东南亚国家，对这些国家的生产技术、生活方式和文化礼俗产生了巨大的刺激和影响，东南亚地区的农产品也输入中国，提高了中国部分地区的物质生活水平，促进了农业发展，更重要的是，促进了中国与东南亚各国的经济文化交流和市场开拓，加深了彼此的认识，巩固了双方的友好合作④。

3. 中国成为东南亚国家留学生主要留学目的国的原因分析

从来华留学生数量看，据教育部 2018 年公布的数据，其中亚洲来华留学生总数为 295 043 人，占全部来华留学生总数的 59.95%；来华留学生人数排名前 15 名的国家有 5 个为东南亚国家，分为是泰国、印度尼西亚、老挝、越南和马来西亚⑤，东南亚国家来华留学生

① 赵明龙，张健，颜洁，等. 南海丝绸之路与东南亚民族经济文化交流研究 [M]. 南宁：广西人民出版社，2016：154.

② 同上书：序言.

③ 杨保筠. 中国文化在东南亚 [M]. 郑州：大象出版社，1997：136-137.

④ 赵明龙，张健，颜洁，等. 南海丝绸之路与东南亚民族经济文化交流研究 [M]. 南宁：广西人民出版社，2016：173.

⑤ 2018 年来华留学统计 [EB/OL].（2019-4-12）[2021-12-27].http://www.moe.gov.cn/jyb_xwfb/gzdt_gzdt/s5987/201904/t20190412_377692.html.

教育对于中国及东南亚国家都是至关重要的。

根据李宝贵等人的研究，越来越多的国家通过颁布法令、政令等形式将汉语纳入国民教育体系中。在他们展开研究时，这些国家的数量已达 64 个，其中“一带一路”沿线国家占 25 个，而东南亚国家就占了 7 个，见表 4-3，这和当地拥有大量的华人华侨有关，中文教育的成熟为开展基础阶段的中文教育提供了根本保证[①]。因此，从历史、文化、经济以及学科发展角度来看，东南亚国家符合本章的写作需要，但由于国家数量众多，涉及的相关传统节日也极为丰富，考虑到本书的体量，无法一一列举每个国家的节日信息，只能根据研究的呈现需要进行筛选。

表 4-3 中文纳入“一带一路”沿线各区域国民教育体系情况统计[②]

区域	纳入国家	占比
东南亚	新加坡、印度尼西亚、马来西亚、泰国、越南、菲律宾、老挝	7/11
中亚	塔吉克斯坦、土库曼斯坦	2/5
西亚北非	阿联酋、土耳其、沙特阿拉伯、以色列、格鲁吉亚、亚美尼亚、埃及	7/20
东北亚	俄罗斯	1/2
南亚	印度、巴基斯坦	2/7
中东欧	阿尔巴尼亚、斯洛文尼亚、匈牙利、塞尔维亚、罗马尼亚、白俄罗斯	6/19

第五节 国别文化数字化设想：以“东南亚传统节日数据管理系统”为例

一、东南亚国家传统节日概况

（一）东南亚国家传统节日梳理

通过对大量文本资料的查阅与对比，本章对东南亚各国的传统节日进行了梳理与罗列，各国的节日按民族性节日、宗教性节日和政治性节日划分，考虑到本章的研究侧重于传统节日的比较，故不列入政治性节日。参考资料主要有：①中国社会科学院重大课题“列国志”系列丛书；②解放军外国语学院亚非学系编制的“东南亚研究”系列丛书；③东南亚国家政府官网文件、游记等网络材料。东南亚国家相关传统节日梳理见表 4-4 至表 4-14。

① 李宝贵，庄瑶瑶. 中文纳入“一带一路”沿线国家国民教育体系的特征、挑战与对策 [J]. 语言文字应用，2020（2）：89-98.

② 同上.

表 4-4　越南传统节日

节日分类	节日名称	节日时间	习俗活动
民族性节日	春节(元旦节)	腊月二十三到正月初七	祭神祭祖;放鞭炮;贺岁;冲年喜;下幡竿
	元宵节	农历正月十五	吃元宵;寺庙祭拜祈福
	清明节	农历三月初一前后	扫墓祭祖;踏青
	雄王节	阴历三月十日	庙会活动;祭拜祖先
	端午节	农历五月初五	悬挂艾草、菖蒲;祭祖祭神;喝糯米酒、雄黄酒;涂雄黄、朱砂;上山采药;拷树;赠礼
	中秋节	农历八月十五	祭祖祭神;团聚赏月;向亲朋、师长表示感恩
	重阳节	农历九月初九	登高休闲
宗教性节日	中元节	农历七月十五	祭祖;祭孤魂;施斋;佛事活动
	双十节	农历十月初十	祭神祭祖,避灾祈福

表 4-5　柬埔寨传统节日

节日分类	节日名称	节日时间	习俗活动
民族性节日	新年(具有很强的佛教色彩)	四月十三日至十五日或十四日至十六日	守岁;祭祖,拜佛;打扫;制作竹筒糕;沐浴;前往寺庙礼佛
	御耕节	农历五月	祭神;御耕王犁田,麦霍播种,神牛选择食物仪式
	送水节	佛历十二月	赛龙舟;游灯船,放水灯;祭拜月神;吃扁米
	风筝节	每年十二月、一月左右	由文化和艺术部举办国际风筝节,吸引很多外国选手参加
宗教性节日	亡人节	佛历十月下弦初一至十五	祭拜亡人,布施僧侣,诵经超度;骑水牛,摔跤,棍术比赛
	比萨宝蕉节	佛历六月	诵经布道,宣扬佛法,供佛;祭拜
	麦加宝蕉节	佛历三月十五日	宣讲佛法,布施僧侣,诵经祈福
	入夏节	佛历八月下弦至十一月上弦十五日	僧侣留寺守夏,百姓布施
	出夏节	佛历十一月上弦十五日	自咨仪式,接受批评
	加项节	佛历十一月初一至月底	佛教徒向僧侣赠送袈裟、日用品

表 4-6 菲律宾传统节日

节日分类	节日名称	节日时间	习俗活动
民族性节日	春节	农历一月初一	阖家团聚，吃团圆饭；拜年
	圣诞节（也可视为宗教性节日）	新历十二月十六日至一月六日	弥撒敬礼；准备圣诞树；合家团聚，吃火鸡；赠礼物；迎神游街
	狂欢节	一月第三个礼拜	宗教与世俗的结合：宗教队伍游行、祷告与弥撒；舞蹈表演、娱乐游戏等
宗教性节日	四旬节	复活节前四十天	上演宗教戏剧，模仿基督受难情形
	万灵节	新历十一月一日	清扫墓地，守夜，祈祷，祭祖
	耶稣殉难日	新历一月九日	宗教游行等仪式
	开斋节	时间不定，四、五、六、七月都举办过	准备特别的食物；给孩子准备礼物；举办体育比赛

表 4-7 新加坡传统节日

节日分类	节日名称	节日时间	习俗活动
民族性节日	春节	正月初一至正月十五	置办年货；阖家团聚，吃团圆饭；拜年；包红包；妆艺大游行；狮王争霸赛
	元宵节	正月十五	吃元宵
	清明节	农历三月初一前后	扫墓祭祖
	端午节	农历五月初五	吃粽子；赛龙舟；祭祖拜神
	中秋节	农历八月十五	吃月饼；主题灯会；舞龙舞狮表演；放河灯；踩高跷
	中元节	农历七月初一至三十日	集体供奉，祭祀亡灵；歌舞祭奠亡灵；投标晚宴
	泰米尔丰收节	一月十三日至十六日	祭拜雷神；沐浴；煮米粥；走亲访友
宗教性节日	卫赛节	农历四月十五日	浴佛，放生，吃斋；寺庙布施，拜佛
	开斋节	伊斯兰历十月	欢庆三日，宰牛煮羊；清真寺祷告，拜神，拜访亲友；穿着盛装
	哈芝节（古尔邦节）	斋戒月第七十日开始，为期三天	宰牛羊，献祭真主
	屠妖节（印度教节日）	公历十月或十一月中旬	印度教徒穿新衣，与亲友互赠点心，游街
	大宝森节	公历一月至二月	持斋，沐浴；游行；忏悔；寺庙还愿
	龟屿进香	农历九月	烧香祈福，祭拜神灵，诵经

表 4-8　泰国传统节日

节日分类	节日名称	节日时间	习俗活动
民族性节日	宋干节	四月十三至十五日	互相泼洒清水；入寺祈福，布施僧侣；浴佛
	水灯节	公历十一月一日至五日	放水灯；身着盛服；庆祝丰收
	春耕节（与柬埔寨御耕节相似）	一般在五月份	春耕仪式；祭祀典礼，祈求风调雨顺；耕牛选谷
	火箭节	泰历五月十四日至十五日	向天空发射简易自制火箭，祈求风调雨顺；踩车，舞蹈活动
	赛牛节	泰历十一月十五日	寺庙施斋礼佛；装扮耕牛；耕牛比赛；选美活动
宗教性节日	供衣节	泰历十月十五日	向僧侣供奉僧衣；布施食物用品；游行活动
	佛诞节	公历四月、五月左右	听僧人讲经，供养佛祖；热气球比赛；象脚鼓比赛
	万佛节	泰历三月十五日（闰年时泰历四月十五日）	寺庙施斋，焚香，拜佛；点灯仪式
	开斋节	时间不定，四、五、六、七月都举办过	准备特别的食物；给孩子准备礼物；举办体育比赛
	守夏节	泰历八月十六日至十一月十五日	僧人在寺内坐禅休学，接受供养，三月内不得出寺

表 4-9　缅甸传统节日

节日分类	节日名称	节日时间	习俗活动
民族性节日	泼水节	公历四月中旬	互相泼水祝福；寺庙拜佛，浴佛，守戒；洗头
	科钦族新年	缅历一月一日	全村人拿着米、油、盐和菜等齐聚一堂，做菜吃饭
	克耶族幡柱节	公历四五月	迎接新年；立幡柱；巫师洒水祈福；狂欢庆祝
	钦族新年	缅历七月	庆祝谷物丰收；取蜂窝仪式；巫师祭祀善神
宗教性节日	浴佛节	缅历二月月盈日	佛塔礼拜，给菩提树浇水，浴佛
	考经节	公历三月	经书考试，用于选拔人才、宣扬佛教
	结夏节	缅历四月十五日开始，历时三个月	僧侣在寺内守夏三个月不出门；打扫卫生；教徒布施活动
	点灯节	缅历七月十五	点灯，跪拜迎神；佛像巡游
	功德衣会	缅历七月月圆日至八月月圆日	向僧侣布施袈裟
	光明节	缅历八月十五日	点灯祭拜佛塔

表 4-10 文莱传统节日

节日分类	节日名称	节日时间	习俗活动
民族性节日	元旦	公历一月一日	以各种方式相互祝福
	华人春节	与中国时间相同	大扫除,放鞭炮,贴对联,吃团圆饭,拜年
	斋戒月	公历四月十三日到五月十三日	佛晓至落日禁止饮食、娱乐、房事;王室成员祭奠先祖;向贫困穆斯林捐款
	开斋节	伊斯兰历十月一日	捐赠活动;盛装打扮;探亲访友
	圣纪节	公历十月份	纪念穆罕默德;穆斯林到清真寺聚会、做礼拜;街道、寺庙挂写着阿语颂词的横幅
宗教性节日	宰牲节(古尔邦节)	公历七月二十日	朝圣;宰牲献祭
	圣诞节	公历十二月二十五日	圣诞树;圣诞老人;做弥撒;子夜敬拜
	守夏节	泰历八月十六日至十一月十五日	僧人在寺内坐禅休学,接受供养,三月内不得出寺

表 4-11 印度尼西亚传统节日

节日分类	节日名称	节日时间	习俗活动
民族性节日	春节	农历正月初一	庙会;大扫除;祭祖;吃年夜饭;舞龙舞狮表演;拜年
	元旦	公历一月初一	家人团聚;宴会;歌舞会
	端午节	农历五月初五	迎接新年;立幡柱;巫师洒水祈福;狂欢庆祝
	钦族新年	缅历七月	庆祝谷物丰收;取蜂窝仪式;巫师祭祀善神
宗教性节日	斋戒月	伊斯兰历九月	佛晓至日落,禁止饮食、抽烟、房事;沐浴祈祷;夜市;文艺表演;宰牛仪式(不同地区活动不同)
	开斋节	斋戒月结束后第一天	慈善捐赠;打扫;探亲访友;祭奠先祖;吃黄姜饭;扫墓;
	考经节	公历三月	经书考试,用于选拔人才、宣扬佛教
	塔布伊盛会	伊斯兰历一月一日至十日左右	抬棺材游行
	圣诞节	公历十二月二十五日	圣诞树、圣诞老人;特赦犯人
	复活节	公历三月二十二日至四月二十五日	祷告会、狂欢舞会
	静居日(印尼印度教新年)	巴厘历十月初一	清洗宗教用具;打扫卫生;宰牲畜;祭祀活动;游行活动
	卫塞节	公历四月和五月间的某一个月圆日	僧众举行法会,坐禅拜佛,讲经布道;吃斋念佛;捐赠活动

表 4-12 马来西亚传统节日

节日分类	节日名称	节日时间	习俗活动
民族性节日	元旦	公历一月一日	以各种方式相互祝福
	春节	腊月二十三开始过小年到正月初七	祭神拜祖;家人团聚,吃年夜饭;放鞭炮;发红包;拜年;探亲访友
	斋戒月	公历四月十三日到五月十三日	佛晓至落日禁止饮食、娱乐、房事;王室成员祭奠先祖;向贫困穆斯林捐款
	开斋节	伊斯兰历十月一日	捐赠活动;盛装打扮;探亲访友
	哈吉节(古尔邦节)	公历十月份	纪念穆罕默德;穆斯林到清真寺聚会,做礼拜
宗教性节日	宰牲节(古尔邦节)	公历七月二十日	朝圣;宰牲献祭
	维塞节(浴佛节)	农历四月十五日	浴佛仪式;聆听诵经念佛,朝拜祈福;佛花车游行
	大宝森节	印度历十月	斋戒沐浴;黑风洞忏悔祈福;供奉神灵
	屠妖节(灯节)	印度历八月十四日	打扫卫生,点油灯;沐浴更衣;寺庙祈福

表 4-13 老挝传统节日

节日分类	节日名称	节日时间	习俗活动
民族性节日	宋干节(泼水节)	公历四月十三日到十五日	相互泼水表示祝福;寺院拜佛,浴佛;放生;堆沙等
	火箭节	公历五月份	向高空发射自制土火箭祈雨
	守夏节	公历七八月份	僧人在寺庙念经祈福,三个月不能出寺庙;期间不得进行嫁娶活动
宗教性节日	出夏节和龙舟节	公历六月中旬左右	僧侣们守完三个月后解禁,当天人们会在湄公河放灯船庆祝,第二天为龙舟节,举行龙舟比赛
	万佛节	佛历七月	为祛除瘟疫、祈福之意,表演祭祀舞蹈
	塔銮节	公历十一月份	老挝最大规模的庙会,民众携带食物、香烛、鲜花等向僧侣布施;秉烛绕塔和祭拜活动

表 4-14 东帝汶传统节日

节日分类	节日名称	节日时间	习俗活动
民族性节日	新年(元旦)	公历一月一日	以拜访亲友等各种方式相互祝福
宗教性节日	开斋节	公历八月十八日	盛装打扮;探亲访友
	古尔邦节	公历十月二十四日	纪念穆罕默德;穆斯林到清真寺聚会;穿新衣;宰牲口
	圣诞节	公历十二月二十五日	圣诞树、圣诞老人
	万圣节	公历十一月一日	祭拜祖先、亡灵;戴面具,化装

（二）东南亚国家传统节日特点与文化阐释

从上述梳理可以得出，东南亚国家传统节日具有如下几个显著特点。

一是很多传统节日与中国传统文化联系紧密甚至基本相似，而且在名称上也同中国的节日名称一样，如春节、清明节、端午节、中秋节，其中最特别的是越南的传统节日基本同中国一样，这是其与其他国家的最大不同之处。在东南亚国家的传统节日中春节的影响最大，越南、新加坡、马来西亚、文莱、印度尼西亚、菲律宾六个国家将春节设为国家法定节假日。但这些国家的春节也存在差异，越南、新加坡的春节同中国一样是全民性的庆祝节日，而其他国家如文莱的春节主要是为当地的华人华侨而设的，因为文莱的人口以马来人为主，华人人数约占10%，占比不高。东南亚国家在节日习俗方面也有很多相似点，如清明节祭祖、端午节划龙舟、中秋节团圆赏月、春节放鞭炮发红包等。当然，除了这些相似性外，很多传统节日也具有当地的文化特色。如端午节由中国传入越南后，形成了具有越南特色的拷树、赠礼等习俗，拷树即对多年未结果的树进行拷问，人们相信经过拷问的树未来会结出果实。

二是东南亚国家传统节日具有浓重的宗教色彩，而且在这些国家往往佛教、基督教、伊斯兰教、印度教等几大宗教融合共生，其中伊斯兰教在东南亚的传播最广。在柬埔寨，人们过新年时，需要进行沐浴、前往寺庙礼佛；泰国的宋干节（相当于春节）期间，民众互相泼水（与中国傣族泼水节相似），并入寺庙浴佛、布施僧侣、拜佛祈福。在佛教传统节日中，柬埔寨、泰国、缅甸、文莱、老挝五国都将守夏节列为重要节日，在这期间僧侣需在寺内静修三个月，不许出寺，而教徒则需要为僧侣布施食物和生活用品。除了守夏节长达三个月，在马来西亚、印度尼西亚、文莱等国，伊斯兰教的斋戒月持续一个月。斋戒期间，教徒在佛晓至落日期间禁止饮食、娱乐、房事，要举行捐赠仪式向贫困穆斯林捐款。一旦斋戒结束，斋戒后的第一天便是开斋节，人们便会穿着盛装，宰牲畜，大肆庆祝。此外，源于基督教的圣诞节、复活节等节日也成为东南亚国家重要的传统庆祝节日。

三是华侨华人成为东南亚国家传承和传播具有中国特色的传统节日的重要力量。很多东南亚国家的传统节日是基于对华侨华人的考虑而设立的，并逐渐在当地传播发展，而由华人华侨主导的传统文化超越了以往东南亚国家国内传统节日的一般意蕴，成为凝聚海外侨胞、展现中华民族团结精神的一种象征。在印度尼西亚春节期间，当地的寺庙会举行盛大庙会，华人华侨社团、民间慈善机构和宗族同乡会都会举行聚会、慈善捐赠等活动庆祝新年，这些活动加强了海外华侨华人的联系，建立起一种跨越国家、具有亲切感的情谊，这种情感在国内的人往往是无法体会的。从中国传统文化的海外传播来看，华侨华人由于其身份认同与社会认同的关系，他们一方面对祖国文化存在难以割舍的情感，另一方面也更容易为当地文化所接受，从而成为中外文化交往的重要媒介。

从节日本身来说，每种节日背后都蕴含着人类对生存、生活、伦理、宗教、道德、生死等观念的思考或对人生经验、规律的总结。一系列仪式或活动将平常、重复、静态的日常生活打破，让人们得以抽取一段时间跳脱出生活和工作的忙碌，用以休息和释放积累已久的心理压力,达到"治疗"的效果[①]。日本在现代化国家中以工作时间长、放假时间短而著称,高强度的工作引发了不少自杀、猝死的悲剧,于是平时的传统节日或是婚礼等活动期间就成了人们放松和休息的宝贵机会。巴西、德国等国家的狂欢节更加开放与热闹,人们可以在其中尽情宣泄和释放自己的情绪,从而"消弭掉时间感,获得一种纯粹的快乐,让'日常'成为'非常'"[②]。但由社会发展而引发的传统节日的变化,其背后的文化理念或意涵也逐渐偏离原有的轨迹,或者说这种变化本身一直存在,只不过在这个时代变化得更加明显。

对于多元文化的传播与交流,除了最常见的饮食、服饰、用语的变化,传统节日的变化表现得更加隐性,但这种隐性变化的不可察觉往往影响更大,也更深。韦伯认为,现代化社会面临一个形式合理化但实际并不合理的境地,人被物的世界所异化。但这种异化是一种活生生的真实,存在于每一天的生活中,以至于成为一种熟悉的合理而无法逃避。于是,我们在对传统的坚守与现代发展引发的变化之间像被一个无形的楔子撑开一道鸿沟。因此,强调对国别文化的研究与认知,一方面是出于国家文化安全的考虑,另一方面也是希望通过不同文明的展示和对比,发现演化的规律,并从不同文明中汲取其保持文化活力的经验,让文化的创新更贴合于实际和民众的需要。

二、东南亚国家与中国传统节日比较:以春节为例

在东南亚国家中,有差不多一半的国家有过春节的传统,但各国情况又存在差异,有的国家将春节列为国家法定节日,全民庆祝,而有的则主要是当地的华人自行庆祝。通过文献查阅,本章选取越南、马来西亚、新加坡、菲律宾、文莱、印度尼西亚六个将春节设为国家法定节假日的国家,对各国的春节与中国春节进行对比分析,同时也为下一节数据库的操作使用做铺垫,方便理解。

(一)东南亚国家与中国的春节文化比较

1. 越南春节

越南的传统年节和相关习俗是在其自身农耕文明基础上,在中国年节文化的影响下综合而成的[③]。越南春节是越南民间最大、最重要的传统节日,是国家法定节假日,属于越南的全民传统节日。越南春节同中国春节一样,从腊月二十三开始筹备,一直延续到正月初七结束。其习俗基本与中国相似,因为越南人也信奉灶神、相信鬼神之说,腊月二十三这天是越南人祭灶神的日子。此外,春节期间,越南人也要祭祖、祭土地公、上香供奉、燃放鞭炮以赶走晦气。

当然也有一些春节活动有其民族特色。大年三十这天被越南人视为驱鬼日,需要通过一系列仪式来完成新旧一年的交替。比较特别的有越南春节包粽子,但与中国端午节的粽子不同,越南粽子比较大,用柊叶包裹,叫作年粽。还有一项重要活动是种幡竿,幡竿其实就是一根长长的竹竿,人们会在竹竿上挂上象征性的物件,比如菠萝叶、鸡毛、竹罩等。不同的

---

① 马知遥,刘智英. 中国民间文化十五讲 [M]. 天津:天津大学出版社,2019:58.

② 季中扬. 庆祝与聚集:传统节日文化当代意义的美学阐释 [J]. 节日研究,2020(2):18-25.

③ 孙衍峰,兰强,徐方宇,等. 越南文化概论 [M] 广州:世界图书出版广东有限公司,2014:174.

物件象征意义也不同,有的是驱邪避灾,有的是祈福,但都是祈求保佑人们身体健康、家庭幸福。到了初七这天,越南人还要再次祭天地和祖先,并开宴庆祝春节的顺利结束,同时要举行下幡竿仪式。

2. 新加坡春节

新加坡虽然国土面积狭小,却是一个多民族国家,为推行多民族的国家政策和体现对各种文化的尊重,新加坡有公历、中国农历、印度历和马来历四种历法,其法定节假日也依据各民族、宗教的传统设立。

新加坡春节为国家法定节假日,正月初一、初二放假,主要是为当地华人华侨设立。由于主要是当地华侨华人过春节,所以仪式活动基本同中国相似,包括大扫除、办年货、穿新衣、包红包、祭祖祭神、吃年夜饭等。而且因为很多当地华侨华人是由福建、广东一带过去的,春节活动还富有国内地方特色,如新加坡人在拜年的时候不用准备其他礼品,只要用纸袋装两个柑橘,进门时递给主人即可,在客人告辞时,主人还要送还一对柑橘。这是源自广东潮州地区的习俗。

新加坡春节也有一些活动具有当地特色,如华人社区的水牛车春节系列活动,其开幕式为亮灯仪式,每年都由新加坡总统或总理亲自启动。还有由新加坡华人自创的"妆艺大游行"庆祝新年活动,活动期间有精美花车游行、载歌载舞的民艺表演、中国传统的舞龙舞狮表演,还有身穿奇装异服的表演者进行游行,营造出热闹的年节氛围①。

3. 印度尼西亚、马来西亚、菲律宾、文莱春节

印度尼西亚、马来西亚、菲律宾和文莱四国都将春节定为国家法定假日,但不像越南,在这四国,过春节主要还是在当地华人华侨中保留的传统。

四国的春节习俗也保留着浓郁的中国特色。腊月二十三祭灶、大年三十吃年夜饭、大年初一登门拜年、初一到初三不扫地等传统依然在当地被遵守。每个国家的国家领导人对春节也十分重视。春节期间,印度尼西亚国家领导人会通过媒体向华人表示祝福,总统也会出席春节联欢会并致辞。在马来西亚,内阁总理及夫人、政府官员也会向大家拜年,并给儿童发放红包。马来西亚的春节还带有浓厚的佛教特点,春节期间各大寺庙都会张灯结彩,民众前往礼佛与参观。由于马来西亚华人大部分来自福建和广东,所以在当地能看到两地的传统文化习俗,如置办年货时必须要有柑、肉干和年饼。因为"柑"在粤语中与"金"同音,拜年时有"送柑如送金"的说法。而肉干,则是国内常见的猪肉脯。此外,也有马来西亚本地的"捞生""热气球嘉年华"等特殊年节活动。

在海外,春节已经不单单是欢庆的节日,很多当地的华侨华人社团、慈善机构、宗族组织等都会举行相应的捐赠活动,资助经济困难群体以及组织义诊等公益活动。这些活动一方面加强了华人华侨在海外的联系与凝聚力,另一方面也形成了一种带有浓厚家国情怀的文化传统。

---

① 张跃,张琨. 新加坡文化概论 [M] 广州:世界图书出版广东有限公司,2014:200-206.

（二）中国与东南亚国家春节文化的同异性分析

如前所述，中国与东南亚国家的春节存在大量的共同点，形成这些相似性的原因前文中已经提到几点——中国文化向东南亚国家传播，中国与东南亚国家历史上的交往与合作，大量的华侨华人在东南亚国家定居，但尚未从东南亚本土的实际情况进行讨论，而且上述东南亚国家的春节文化也保留了自身的节日特色，具有鲜明的地域文化色彩，这种特色文化的形成原因也还未说明。以下将从三个方面进行分析，这些原因具有普适性，能够用以解释其他传统节日。

1. 自然环境与民族文化

东南亚地区主要为典型的热带季风性气候，有雨季和旱季的区分，高温、湿热、多雨成为当地的气候特色，决定了其以农业作为经济基础。东南亚地区主要由山地、平原和三角洲的地貌构成，被太平洋包围，因此有学者认为东南亚的历史是“立足于森林、水田和海洋的自然与人和谐相处的生活史”①。如越南地形以山地和高原为主，山河纵横，特别适合水稻种植，由此孕育出独特的稻作文化。稻田耕作属于劳动密集型生产方式，是小农经济的基础，需投入大量的人力物力，这种辛勤的生活方式决定了越南人勤俭、朴实、吃苦耐劳的性格。小农经济的生活方式使得村庄具有高度的封闭性、自治性，人民具有浓厚的宗族观念和神灵崇拜意识。这与中国南方的福建省、广东省、云南省相似，在春节期间需举行多次祭祀仪式。再如新加坡，与越南不同，新加坡是一个岛国，国土面积狭小、资源贫乏，因此无法发展起农耕经济。但由于新加坡扼守马六甲海峡，地理条件优越，与中国、印度等国家和中东地区等联系紧密，因此形成了发达的海上贸易，成为当今世界名列前茅的商贸中心。在这种情况下，新加坡的外来文化更加多元，多元化成为新加坡社会文化的本质属性，进而形成了新加坡对外来文化包容性强的特性。所以在春节期间，除了浓厚的中国文化元素，在新加坡也能看到西方文化的影子，如上文提到的“妆艺大游行”，而对于像鬼神崇拜的仪式活动则要明显少于越南。

2. 宗教文化的影响

东南亚地区基本汇集了世界主要的宗教文明，包括佛教、基督教、伊斯兰教、印度教，还有华人所信仰的儒教、道教文化。这些宗教文明在东南亚国家中呈现出一种杂糅式的特点，彼此交错共存。如马来西亚和文莱将伊斯兰教定为国教，但马来西亚的穆斯林只占全国人口的一半左右；在印度尼西亚，虽然没有将伊斯兰教定为国教，但穆斯林却为其总人口的九成左右。因此，在东南亚国家的传统节日中宗教性节日十分常见，大多数民族性节日也有明显的宗教色彩。

越南也是一个多宗教国家，从教徒人数来看，仅越南就有六大主要宗教，包括佛教、伊斯兰教、天主教、高台教、和好教、福音教。受佛教影响，除夕夜在家中祭拜后，越南人还要到寺庙拜佛祈福，在回家的路上会采摘绿色的枝条放在家中供奉，称为“采绿”。中国的道教和儒家思想对越南文化也有很大影响，对其民俗文化的形成有重要作用，越南春节文化具有明

① 石泽良昭. 东南亚：多文明世界的发现 [M]. 北京：北京日报出版社，2019：270-273.

显的神灵论特点，越南人需要对土地神、城隍神、灶神、时间神等天神、祖先以及鬼魂进行拜祭，祈福消灾。其他国家如马来西亚，在春节期间，民众也会自发前往寺庙拜佛、祈福，这种现象在中国很多地区常常也能看到。

3. 近代西方文化的影响

17 世纪中叶开始，为在与东南亚地区的贸易中获取更大的利益，荷兰、英国、法国、美国等西方资本主义国家相继以武力和强权入侵东南亚国家。而后，英国征服了缅甸、法国控制了越南、美国占领了菲律宾。到了 20 世纪初期，除了泰国保持独立，东南亚其他国家被列强瓜分。在殖民期间，西方文化对东南亚本土文化产生了深远影响。

如越南遭受法国殖民统治数十年，法国借助天主教的宗教力量对越南的生活、礼仪、思想、法律、教育等内容进行了改造，越南成为东南亚地区受法国文化影响最深的国家。其中，在 1945 年后，越南原有的“喃字”最终被废除，采用字母代替文字，称为“国语字”。所以现在越南过春节时的春联也是用字母而不是汉字书写的，而且是用毛笔书写的，用书法模仿方块字，将字母按特定顺序嵌入方块中[①]。

三、“东南亚传统节日数据管理系统”的平台与框架建设

1. 数字人文研究数据库案例分析

目前，出于研究的需要，已经出现了不少数字人文研究数据库，主要集中于语言学、历史学、文学等学科。通过筛选，笔者选取了四个相对成熟且对本章的“东南亚传统节日数据管理系统”构建设想有借鉴意义的数据库作为案例（见表 4-15），在此基础上提出下一节的数据库创建构想。

表 4-15　数字人文研究案例数据库

序号	名称	开发单位	创建时间	功能
1	中国历代人物传记资料库（CBDB）（图 4-3）	北京大学、哈佛大学	1990 年初期在已有资料基础上开始创建，到 2007 年开放共享	致力于唐代和明清期间人物传记的收集，共收录 471 000 人的传记，兼具统计和空间分析功能，可按人名、官职、亲属关系、社会关系、地区关系进行检索。但这一系统比较专业，需学习相关的使用技巧
2	唐宋文学编年地图（图 4-4）	中南民族大学	创建于 2017 年	唐宋文学编年地图的核心理念是“系地”，数据来源于唐宋人年谱、别集。该系统可以呈现作家活动的时间和空间地理信息，不仅从时间维度展现中国文学的发展进程，也从空间维度呈现中国文学的地域特征。这一系统在电脑和手机都可使用，操作简单

① 越南春节也贴春联，不用汉字写的春联，你看过吗？[EB/OL].（2020-11-29）[2021-12-29].https://www.sohu.com/a/435104911_120318326.

续表

序号	名称	开发单位	创建时间	功能
3	一带一路数据库（图 4-5）	社会科学文献出版社	创建于 2015 年	一带一路数据库服务于国家共建“一带一路”倡议，以满足政府机关、科研机构、企事业单位的基本需求。库内设有“一带一路”基础资料库、学术理论库、投资指南库三大子数据库。该库的特点是可通过滑动点击的地图全景展示“丝路”和“海丝”沿线国家，用多样有趣的可视化大数据研究“丝路”问题，配合海量的简洁图片和时间轴记录“丝路”大事记。与其他数据库不同的是，该库不是分析性数据库，主要以提供前沿的信息资料为主
4	台湾佛寺时空平台（图 4-6）	台湾法鼓文理学院	—	台湾佛寺时空平台系统基于台湾佛教史研究者的研究成果，加上世界佛教通讯、各寺院网站、宗教志等平台信息而创建。该平台依据寺庙建筑年代和发展历程，将抽象的佛教发展史图像化。特别的是，该平台并非只是针对研究者，而且可供相关团体及一般民众使用，其目标是借助地理信息系统，建构一个台湾佛教旅游资讯平台

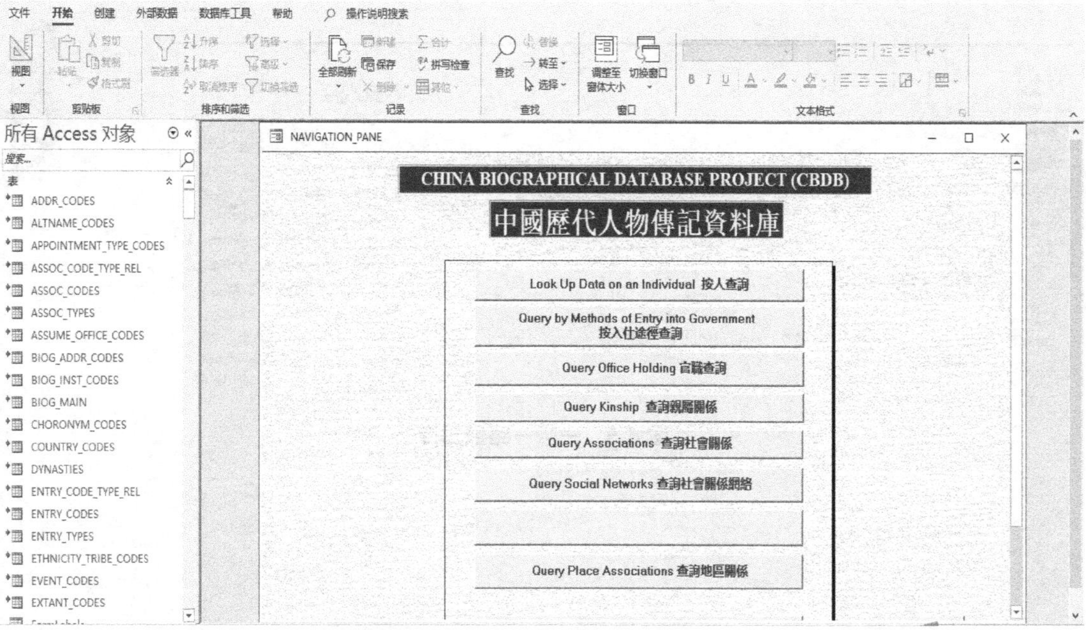

图 4-3　中国历代人物传记资料库

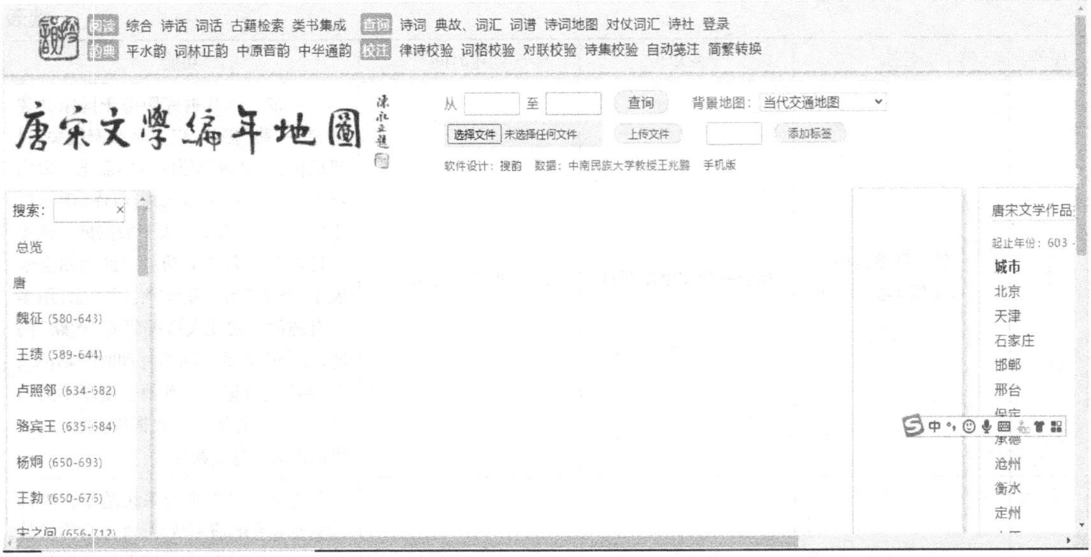

图 4-4 唐宋文学编年地图

图 4-5 一带一路数据库

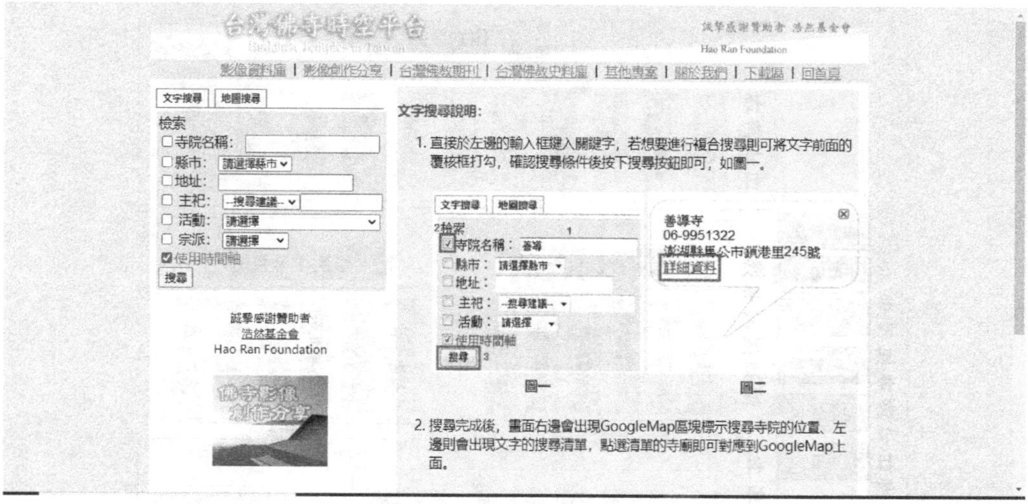

图 4-6　台湾佛寺时空平台

2.“东南亚传统节日数据管理系统”的平台框架与功能分析

“东南亚传统节日数据管理系统”主体部分为四个子系统，各子系统之间的功能各有侧重，如图 4-7 所示。在“传统节日”中，主要根据国别进行分类，分别介绍各个国家的节日信息，但这并不意味着各个国家之间完全割裂，系统结合谷歌地球等地理信息技术，可以实现地理方位的可视化，各个国家间传统节日的联系可以得到一定程度的视觉呈现。这一部分的信息主要为一般基本信息，内容相对简单与浅显，与“科研管理系统”中的信息有所区分。第二个为“教学管理系统”，其中又分为“教师授课系统”和“学生学习系统”两个板块，这一部分主要用于辅助师生学习，包括了在线授课、资料放映、作业上传、教学反馈等内容，有助于增强教学过程的系统性。第三部分的“科研管理系统”主要服务对外汉语教学工作者的研究需要，近些年来跨文化教育研究由于与国家对外交往政策紧密相关，愈加受到研究者和政府部门的重视，但因为涉及国别问题，相关资料的收集较为困难，因而借由数据库形式整合相关资料，可为研究者提供研究便利。第四部分为“文化禁忌与生活习惯”，这一部分主要考虑到对外汉语工作者常常需进入跨文化环境中，为防止因文化差异而作出不适当行为，引发文化冲突，将各国重要的文化禁忌和生活习惯统一整理，方便在短时间内查阅与学习，无须再进行碎片化的资料收集。

“东南亚传统节日数据管理系统”通过多个子系统相组合的方式呈现主体内容。为更加直观清楚地了解该数据库的构成，本节设计了一套较为完整的数据库网页图，如图 4-8 至图 4-15 所示。

进入网页后，使用者看到的便是数据库的首页图。界面上端是“传统节日”“教学管理系统”“科研管理系统”和“文化禁忌与生活习惯”四个子系统，主要用于满足使用者特定需求。使用者主要依据自身需求进行功能选择，如“传统节日”板块集中了东南亚国家传统节日的基本信息，有文本资料、音视频资料，还有中外传统文化的对比分析等。使用者点击“传统节日”，再选中“传统节日概况”可进入图 4-9 界面，出现各个国家的图表，可再进一步选择目标国家。

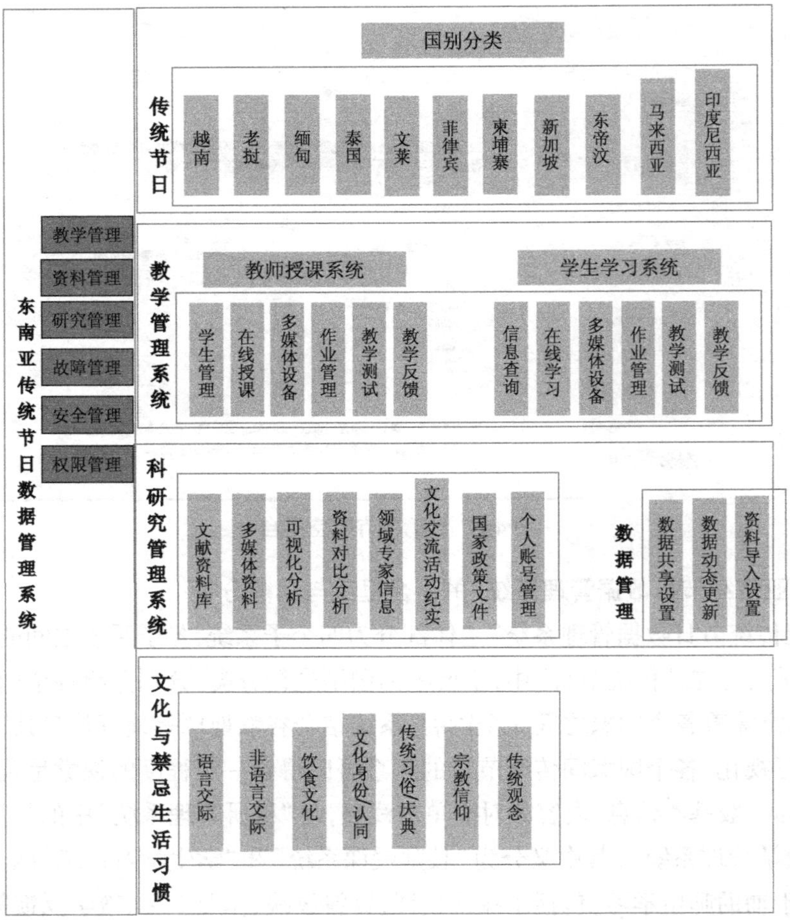

图 4-7 “东南亚传统节日数据管理系统”功能框架

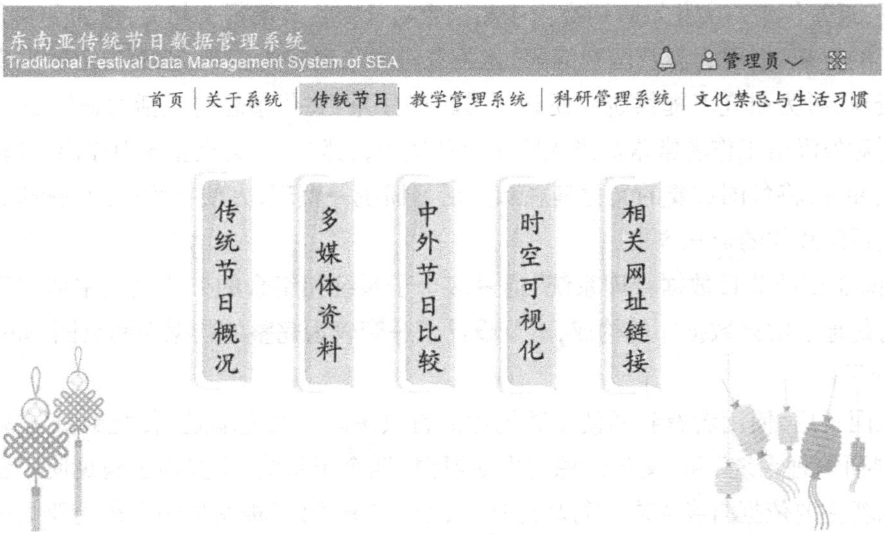

图 4-8 数据库首页图

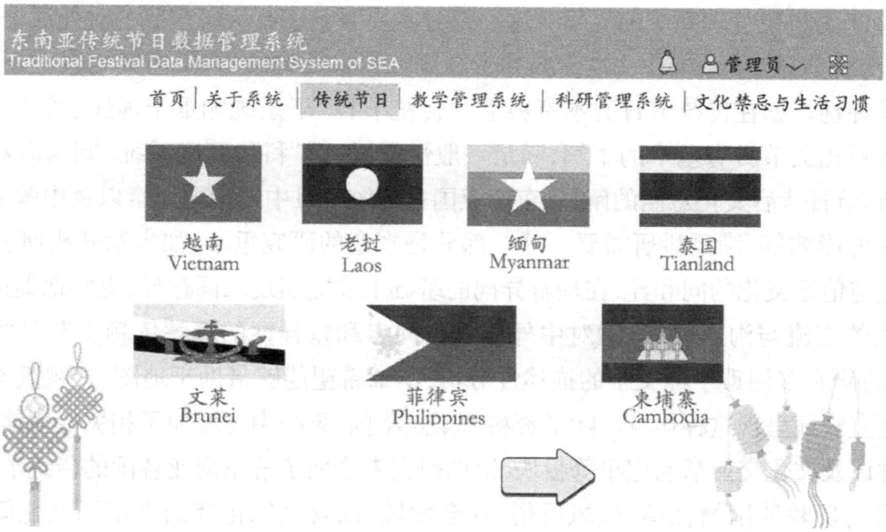

图 4-9 “传统节日概况”系统界面图

教学管理系统，分为教师授课系统和学生学习系统两部分，这两部分的内容大体相同，不同的是教师授课系统有“学生管理”的功能，方便教学管理。图 4-10 显示的是教师登录界面，教师输入自身的教师号和密码进行登录。界面左边为系统的主体功能区，可以满足线上教学、作业批改和测试等需要，这一完整功能的实现有助于线上教学的系统化建设。目前，一般线上教学是通过“腾讯会议”“钉钉”等应用软件进行直播授课，或者先录制教学视频，将其传到相关平台进行录播，这两种方式最大的问题在于将教学环节进行了拆解，文件资料、音视频、作业、测试等功能无法集中于一个平台之中，故本章的研究思考了这一完整功能实现的可能性。在界面上端还有“文件管理”的功能，教师可将课程相关文件储存其中，方便查找。

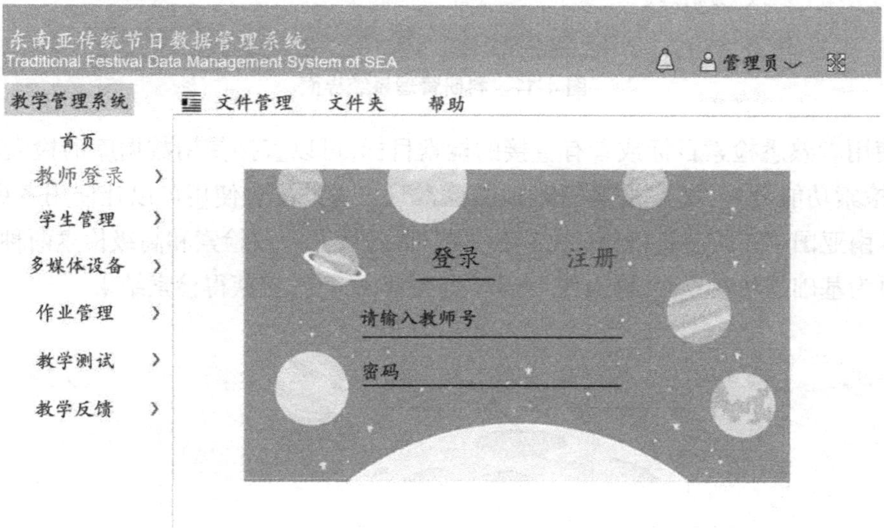

图 4-10 教师登录界面

图 4-11 为科研管理系统的界面。这一部分主要服务于有科研需要的对外汉语工作者，内容与“传统节日”子系统在文本资料和音视频资料方面有所重叠，但其内容更丰富，资料也更具学理性。如在传统节日文本资料上，“传统节日”子系统侧重于描述性资料的汇总，让使用者对相关节日有基本的了解，满足一般性需要；而“科研管理系统”则偏向对传统节日的分析、节日背后文化意涵的阐释、东南亚国家传统节日中的中国元素以及中国文化对其文化发展的影响等，满足科研需要。这一部分是本章的研究重心，如本章开头所提，“寻求中国文化与他国文化的同和异，在理解异同的基础上才能实现求同存异，更好地促进中国与其他国家的交流与沟通”。这种对中外节日共同点和差异性的理解依赖于节日的对比分析，以往的研究多侧重于纯文字的描述性分析，本章希望能够借助于地图、音视频等可视化的方式更直观地呈现这种比较。除了资料侧重点不同，系统中还增加了相关专家信息、国家政策文件以及文化交流活动记事等板块，协助研究者全面了解东南亚各国的传统节日资料，节日背后所反映的国情社情、民风民俗、社会发展，以及全球化背景下不同文化间的交流碰撞。

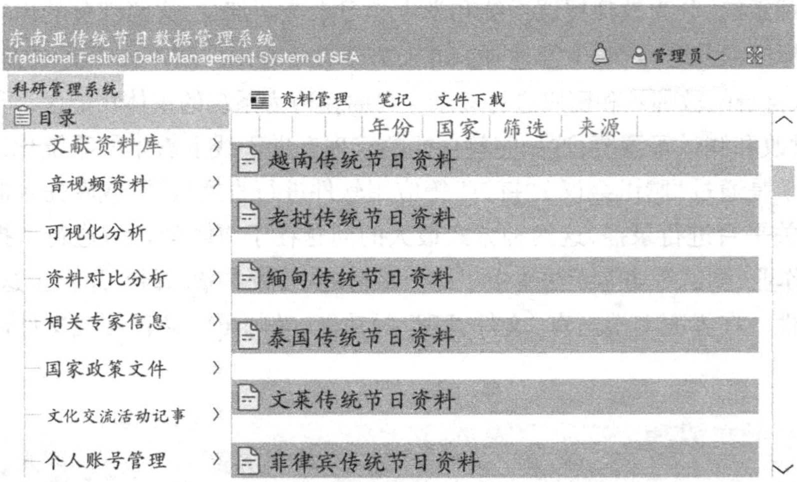

图 4-11　科研管理系统界面

当使用者熟悉检索目标或者有直接的检索目标，可以直接使用数据库的检索功能（图 4-12）。检索功能分为“文字检索”和“地图检索”，二者的配合使用可以让使用者更加直观地了解东南亚国家传统节日信息。文字检索界面，设置了一般检索和高级检索两种方式，都是以网页为基础的搜索界面，输入如“春节”等关键词，可直接获得检索结果。

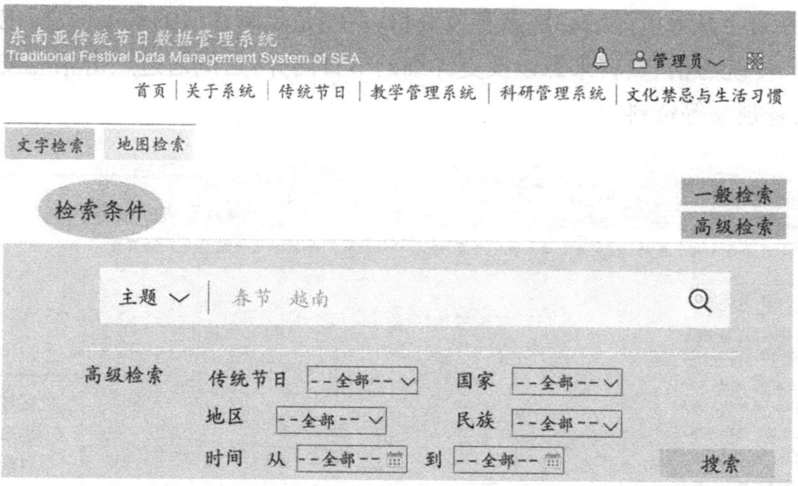

图 4-12　文字检索界面

比较特别的是,这两种检索功能中嵌入了地理信息系统的地图可视化功能。本章的数据库创建构思参考了我国台湾地区相关数据库的设计,引入了谷歌地图和谷歌地球的地理资讯系统,配合传统节日文本信息的呈现。如图 4-13 所示,检索者可以在界面左侧直接点击地图检索,也可以选择在右侧输入文字进行检索。如在右侧检索框中输入“春节”进行搜索,会跳转至图 4-14 的界面。界面中左侧为文字介绍,说明了东南亚国家中有“春节”这一节日的国家,右侧出现相应的地图,可直观看到这些国家分别为“越南”“马来西亚”“菲律宾”“新加坡”和“印度尼西亚”“文莱”。值得注意的是,左侧的文字说明中特别提及了“泰国政府于 2020 年 12 月将中国春节列为泰国公共假日”这一说明,这一方面显示了数据库相较于传统教材的优势所在,能在短时间内更新相关信息。

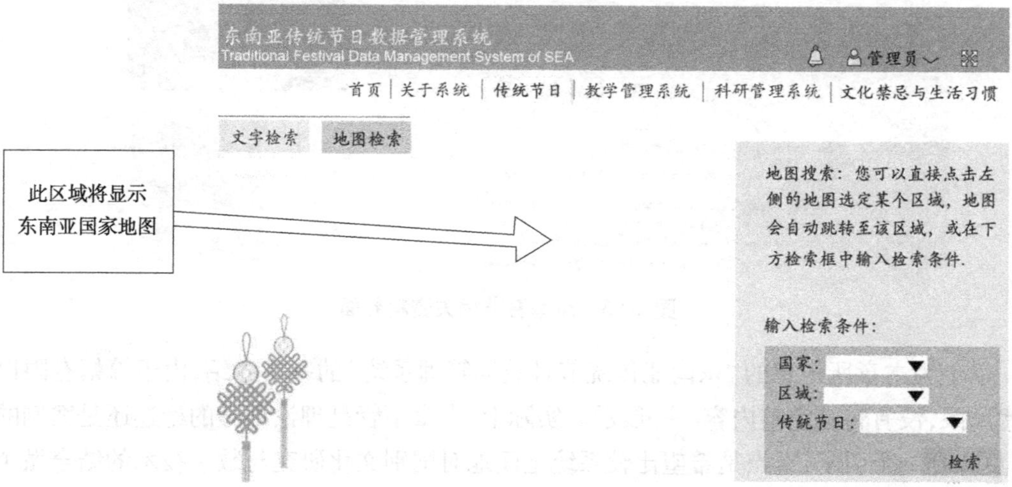

图 4-13　地图检索界面

按照该数据库的设计构想在图 4-14 中的界面随意点击所显示国家的地理坐标,系统会进一步跳转至该国。如选中“越南”的地理坐标,会跳转至图 4-15 所示的越南春节相关信息界面。这一界面会显示更详细的越南春节资料，左侧是越南春节的基本信息，包括越南春节的分布、起源、传统习俗、资料来源以及更详细的节日简介，右侧通过点击相应按钮还将显示更多的图片、音视频等资料。

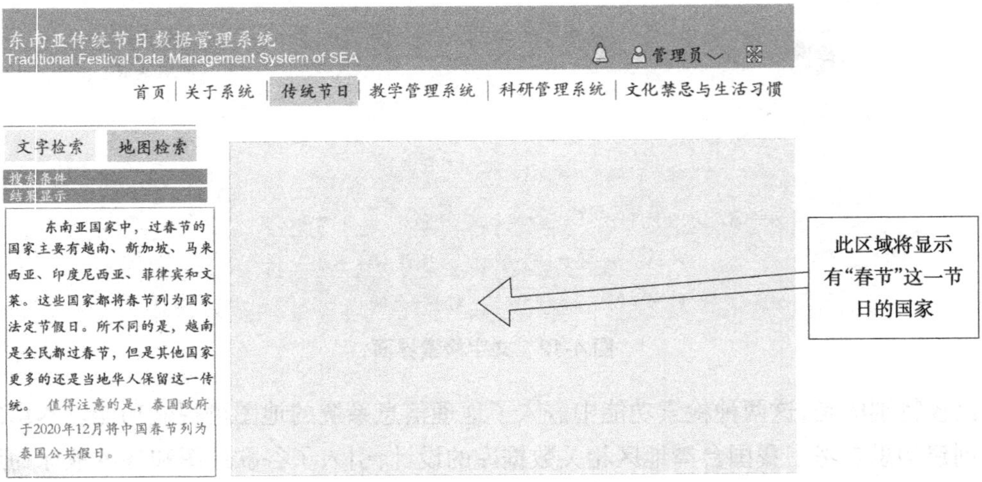

图 4-14　东南亚国家“春节”检索示意

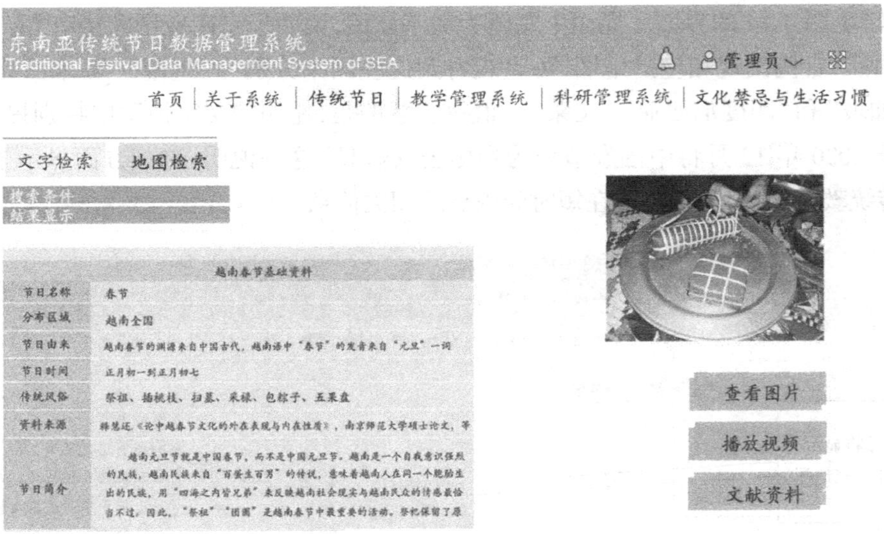

图 4-15　越南春节相关资料界面

以上为本章所构想的“东南亚传统节日数据管理系统”的基本介绍，由于篇幅有限以及技术所限，没有将其完整内容一一展示。实际上，本章不管是理论部分的论述还是案例的构想，更像是一个引子，重点是希望比较系统全面地对国别文化研究与数字技术的结合做个说明，从而引起研究者对相关内容的关注以及形成更深入的认识。

数字技术已经成为我们日常生活的一部分，但并不意味着我们就对其有了深刻而独立的认知。一方面，数字技术的日常化让我们视其为一种“正常的生活方式”，由习惯而成传统；另一方面，数字技术引起的社会节奏的加快，让人类短短几百年间从诗意的慢节奏中迈上了动力引擎带动的快车，于是，人们怀着对幸福生活的向往和对金钱财富的渴望远离家乡，东闯西荡，寻找适合自己的有归属感的生活。从这一认知角度来说，通过对技术和文化的了解，了解社会背后的运转和变化，了解传统与现代的融合碰撞，说到底，其实也是一种自我寻找。

3. 未来研究的可能：机构导向数据库向个人导向数据库的转变

不论是文学、历史学领域的一些数据库，还是针对汉语国际教育学科所开发的一些数据库，遵循的都还是机构的需求导向，服务于学科或学院的发展需要。这种以单位为平台创建的数据库的优势在于能够有足够的资金、人员的支持，即便在技术上有所欠缺，也比较方便与其他技术机构合作，解决技术问题。但这种数据库也存在两个问题。一是机构导向数据库由于是为满足某个单位或者一个完整学科领域的需要创建的，面对的受众广，所以对数据收集、平台创建、技术标准的要求比较高，且因为存贮的资料数量巨大，资料的更新速度就会降低。二是在实际的研究和教学工作中，研究者由于研究方向的差异或研究习惯的不同，对于数据库功能或设计有着不同的要求和偏好。而按照统一标准建构的数据库无法解决这一问题。随着数字技术在人文领域的应用的不断增多，越来越多的研究人员希望能够建立满足自身需求的资料库。

而建立个人数据库最困难的或许在于技术的实现——如何将自己收集的资料转化到虚拟世界里，因为对于很多研究者而言，他们不懂技术或是技术使用不熟练，而以个人力量寻求其他机构或企业的合作，又需耗费大量的精力，且经费往往不足。解决这一问题的关键在于看待的视角，如果个人导向的数据库只是解决研究者个人的基本研究需要，不需要过多的功能呈现，其创建难度就会降低。目前，还未见到专门服务于对外汉语学科个人的数据库，未来如果能够出现这种辅助创建个人数据库的系统，对于研究者来说，将是一种新的尝试。

个人导向数据库与机构导向数据库最大的差异在于对数字人文动态功能的应用上。在资料收集的数量方面，个人数据库可能无法与机构数据库相比，但却更能满足个人的实际应用需要。个人导向数据库的出现是机构导向数据库应用的一种重要转变与延伸，二者不是代替的关系，更多的是一种互补的关系。对研究者来说，也是一种数字化研究理念的转变。

第六节　结语

一、回顾与总结

全球化背景下的世界文明体系创新已成为国家对外交流与合作的创新基础，外来文化的涌入与本土文化的接纳与对抗，绝不仅仅是语言与思维的问题，与之相关的信息科技文明的介入将颠覆传统的文化交流认知。本章将标题定为“接纳与变革”，意在提倡以包容的心态看待技术对人文研究的冲击，接纳研究理念和范式的转变。但这种接纳并非被动的适应，而是在其中寻求一种新的平衡,人文学科的审美、批判性以及人文主义的关怀将得以延续,而不是最终只剩下一份文化失语后的落寞反思。

最后,本章的研究的核心内容与发现是:汉语国际教育学科下的国别文化研究体系的建构可为未来的国别文化研究提供一种理论思路与参照标准;借助数字技术辅助国别文化研究可行且具有重要意义,两者的结合是对现有研究理念与研究范式的重新定位,但是在此过程中存在资金、技术、团队等具体问题,需要研究者结合自身情况加以考量。在未来的研究中,除了机构导向的数字人文数据库外,个人导向数据库也是一种发展趋势,只是当前该理念尚不成熟,有待进一步探索。

本章的研究的具体工作如下。

第一,借鉴比较文化学的研究理论与研究体系,明确了国别文化的分类体系以及研究内容,对研究材料和研究方法进行了梳理,在此基础上思考了数字技术在其中的补充作用。

第二,学科背景和数字技术的结合思考。本章进行了国别文化研究与数字技术相结合的理论层面的探讨,需具体考虑国别文化在汉语国际教育学科之中的定位和教育技术的发展情况。在写作前和写作过程中,笔者通过参加线上学术会议、登录现有的比较成熟的数字人文数据库等方式,树立数字人文研究的基本认识。

第三,访谈工作及论文思路的调整。在设计了本章写作大纲后,笔者在写作过程中采访了 3 位对外汉语教师和 1 位计算机领域教师,教师们分别从各自的专业视角,依据教学研究经验,提出了对本章的研究的看法和建议,在此基础上笔者不断调整和修改最初的研究计划。

第四,“东南亚传统节日数据管理系统”的构想与设计。在本章的初期写作计划中,主体部分原本是围绕“东南亚传统节日数据管理系统”进行阐释,但是由于学科的原因,如果过于探讨数字库的创建,容易偏向工科研究,反而脱离了汉语国际教育学科的框架。后面听取了一位访谈教师的建议,将主体内容改为研究理论的阐述,而数据库的设计作为一种辅助性说明,所以在第五节中,设计了一系列的网页界面图,通过图片的展示更好地形成对前文中的理论部分的补充。

二、创新与贡献

首先,汉语国际教育学科对于国别文化的研究不及语言的本体教学,但如今国别文化在学科教学中的地位与意义愈发凸显,本章从数字人文角度提出的国别文化研究体系是对国别文化研究的一种补充。其次,文化与数字技术的结合存在诸多的争议与矛盾,本章在学科框架基础上对部分问题进行了思考与回应。最后,在研究方法与实践层面,本章并未停留于简单的理论阐述,还参照现有的数字人文数据库,提出了“东南亚传统节日数据管理系统”的创建构想,并细化了相关内容,具有一定的实践参考意义,希望能够为未来的对外汉语教学或国别文化数字化研究提供基础的借鉴框架。

三、不足与总结

虽然本章提出了一个基本的国别文化数字化研究框架,但仍存在以下不足。

第一,本章的国别文化讨论实际是基于比较文化学的研究成果,但在对接汉语国际教育学科时,阐述的内容还比较基础与薄弱,加上值得借鉴的研究成果不多,部分阐述和设想有待进一步商榷与验证。

第二,由于专业所限,本章在提出“东南亚传统节日数据管理系统”的创建构想时,对数据库专业知识的阐释比较少,没有作出更具体深入的数据库创建细节阐述,在理论与实践的对接方面可以进一步细化。

第三,在对东南亚国家传统节日的材料收集过程中,发现现有的相关研究和著作有的说法及内容存在不太一致的情况,而且由于社会的发展,相关资料与现实情况可能已经出现了偏离,所以难免存在文献资料滞后的问题,需进一步更新与验证。

参考文献

中文部分

著作类

[1] 安东尼·吉登斯. 社会的构成 [M]. 北京:中国人民大学出版社,2016.
[2] 安妮·伯迪克,等. 数字人文:改变知识创新与分享的游戏规则 [M]. 马林青,韩若画,译. 北京:中国人民大学出版社,2018.
[3] 安然. 跨文化传播与适应研究 [M]. 北京:中国社会科学出版社,2011.
[4] 伯顿·克拉克. 高等教育新论:多学科的研究 [M]. 杭州:浙江教育出版社,2001.
[5] 陈冰. 跨国战略联盟的文化因素影响研究 [M]. 北京:经济管理出版社,2015.
[6] 陈强,王恩林,于书诚. 国际学生教育管理实务 [M]. 天津:天津大学出版社,2015.
[7] 大卫· M. 贝里,安德斯·费格约德. 数字人文:数字时代的知识与批判 [M]. 王晓光,等译. 大连:东北财经大学出版社, 2019.
[8] 戴维·英格利斯. 文化与日常生活 [M]. 北京:中央编译出版社,2015.
[9] 单波,肖珺. 文化冲突与跨文化传播 [M]. 北京:社会科学文献出版社,2015.
[10] 方汉文. 比较文化学新编 [M]. 北京:北京师范大学出版社,2019.
[11] 甘阳. 文化:世界和中国 [M]. 北京:生活·读书·新知三联书店.1987.
[12] 黄甫全,王本陆. 现代教学论学程 [M]. 北京:教育科学出版社,2009.
[13] 科塔克. 人性之窗:简明人类学概论(第 3 版)[M]. 范可,等译. 上海:上海人民出版社,2014.
[14] 克里斯托夫·武尔夫. 教育人类学 [M]. 张志坤,译. 北京:教育科学出版社, 2009.
[15] 黎翔. 教育学 [M]. 北京:航空工业出版社,2014.
[16] 李亮,刘洋,冯永春. 管理案例研究:方法与应用 [M]. 北京:北京大学出版社,2020.
[17] 李泉. 对外汉语教学理论思考 [M]. 北京:教育科学出版社,2005.
[18] 李晓琪. 对外汉语文化教学研究 [M]. 北京:商务印书馆,2006.
[19] 联合国教科文组织. 教育:财富蕴藏其中 [M]. 联合国教科文组织总部中文科,译. 2 版. 北京:教育科学出版社.2014.
[20] 廖赤阳. 跨越疆界:留学生与新华侨 [M]. 北京:社会科学文献出版社,2015.
[21] 林彬. 中美学生事务管理的比较 [M]. 北京:知识产权出版社,2014.
[22] 刘慧云,向洁. 海外研修中的中日语言跨文化比较研究 [M]. 北京:国防工业出版社,2008.
[23] 刘谦. 教育的社会文化土壤:基于美国费城安卓学校的教育人类学观察 [M]. 北京:光明日报出版社,2016.
[24] 刘稚,罗圣荣. 东南亚概论 [M].2 版. 昆明:云南大学出版社,2016.
[25] 罗志敏. 校友文化与世界一流大学创建 [M]. 杭州:浙江大学出版社,2013.
[26] 马延奇. 高等教育教学改革与质量保障 [M]. 武汉:武汉大学出版社,2017.
[27] 马燕坤. 人类学与非洲 [M]. 北京:中国社会科学出版社,2019.
[28] 马知遥,刘智英. 中国民间文化十五讲 [M]. 天津:天津大学出版社,2019.

[29] 曼纽尔·卡斯特. 认同的力量 [M]. 北京:社会科学文献出版社,2003.
[30] 孟国. 第二语言习得:模式与实践 [M]. 成都:电子科技大学出版社,2014.
[31] 钱民辉. 教育社会学专题研究选集:社会学视野中的教育与现代性(第二辑)[M]. 北京:人民日报出版社,2016.
[32] 乔治·瑞泽尔. 后现代社会理论 [M]. 北京:华夏出版社,2003.
[33] 塞缪尔·亨廷顿. 文明的冲突 [M]. 北京:新华出版社,2017.
[34] 石泽良昭. 东南亚:多文明世界的发现 [M]. 北京:北京日报出版社,2019.
[35] 《数字化与人类未来》编写组. 数字化与人类未来 [M]. 广州:世界图书北京出版公司,2010.
[36] 孙衍峰,兰强,徐方宇,等. 越南文化概论 [M] 广州:世界图书出版广东有限公司,2014.
[37] 谭光鼎. 原住民教育 [M]. 台北:五南图书出版公司,1998.
[38] 滕星. 教育人类学通论 [M]. 北京:商务印书馆,2017.
[39] 童恩正. 文化人类学 [M]. 上海:上海人民出版社,1989.
[40] 王辉耀,苗绿. 中国留学发展报告(2017)[M]. 北京:社会科学文献出版社,2017.
[41] 王灵桂. 国外智库看"一带一路"[M]. 北京:社会科学文献出版社,2015.
[42] 沃尔特·范伯格,乔纳斯·F. 索尔蒂斯. 学校与社会 [M]. 李奇,等译.4 版. 北京:教育科学出版社,2006.
[43] 夏建中. 文化人类学理论学派 [M]. 北京:中国人民大学出版社,1997.
[44] 徐光兴. 跨文化适应的留学生活:中国留学生的心理健康与援助 [M]. 上海:上海辞书出版社,2000.
[45] 徐金燕. 高等教育管理研究 [M]. 北京:石油工业出版社,2008.
[46] 杨保筠. 中国文化在东南亚 [M]. 郑州:大象出版社,1997.
[47] 杨军红. 来华留学生跨文化适应问题研究 [M]. 上海:上海社会科学院出版社,2009.
[48] 齐默尔曼,邦纳,科瓦齐. 自我调节学习 [M]. 姚梅森,徐守森,译. 北京:中国轻工业出版社,2001.
[49] 袁同凯. 教育人类学简论 [M]. 天津:南开大学出版社,2013.
[50] 张倩红,艾仁贵. 犹太文化 [M]. 北京:人民出版社,2013.
[51] 张跃,张琨. 新加坡文化概论 [M] 广州:世界图书出版广东有限公司,2014.
[52] 赵明龙,张健,颜洁,等. 南海丝绸之路与东南亚民族经济文化交流研究 [M]. 南宁:广西人民出版社,2016.
[53] 郑杭生,等. 转型中的中国社会和中国社会的转型 [M]. 北京:首都师范大学出版社,1996.
[54] 郑日昌,蔡永红,周益群. 心理测量学 [M]. 北京:人民教育出版社,1999.
[55] 郑艳群. 汉语作为第二语言教学的教学技术研究 [M]. 北京:商务印书馆,2019.
[56] 钟敬文. 民俗学概论 [M]. 北京:高等教育出版社,2014.
[57] 朱永新. 中国教育改革大系·教育改革理论卷 [M]. 武汉:湖北教育出版社,2016.
[58] J.U. 奥布. 教育人类学 [M]. 重庆:西南师范大学出版社,2011.
[59] 泰勒,佩普劳,希尔斯. 社会心理学 [M]. 谢晓非,等译. 北京:北京大学出版社,2004.
[60] 李振杰. 语言文化教学研究 [M]. 北京:华语教学出版社,1996.
[61] 北京第二外国语学院国家文化发展国际战略研究院,国际服务贸易暨国际文化贸易研究中心. 国际文化贸易交叉学科建设理论与实践 [M]. 北京:中国商务出版社,2013.

期刊类

[1] 鲍威. 大学生学业成就增值效应研究 [J]. 江苏高教,2015(1):65-69.
[2] 曹洁,闫妍,李薇. 文化管理视角下的非洲来华留学生管理问题研究 [J]. 农村经济与科技, 2017, 28(4):233-234.
[3] 曹艳. 跨文化交往视域下"陌生人"研究的历史变迁 [J]. 现代传播(中国传媒大学学报), 2017, 39

(3):162-163.
[4] 常凯,赵艳莉."一带一路"倡议背景下研究生教育国际化的思考 [J]. 福州大学学报(哲学社会科学版),2017,31(6):102-105.
[5] 陈炳辉. 福柯的权力观 [J]. 厦门大学学报(哲学社会科学版),2002(4):84-90.
[6] 陈静. 当下中国"数字人文"研究状况及意义 [J]. 山东社会科学, 2018(7):59-63.
[7] 陈丽,伊莉曼·艾孜买提."一带一路"沿线国家来华留学教育近 10 年发展变化与策略研究 [J]. 比较教育研究,2016,38(10):27-36.
[8] 陈强,文雯."一带一路"倡议下来华留学生教育:使命、挑战和对策 [J]. 高校教育管理, 2018, 12(3):28-33.
[9] 陈曲. 吉登斯对行动理论构成性要素及其关系的阐释 [J]. 天津社会科学,2020(1):75-79.
[10] 陈全静. 亚非留学生汉语学习策略现状调查分析:以上海电机学院留学生为例 [J]. 安徽文学(下半月),2017(2):125-127.
[11] 陈睿. 国际中文教育新模式:在线中文教学 [J]. 大众文艺, 2020(7):69-76.
[12] 陈向明. 质的研究中的"局内人"与"局外人"[J]. 社会学研究,1997(6):80-89.
[13] 陈秀琼,龚晓芳. 来华非洲留学生跨文化学业适应调查与分析 [J]. 教育评论,2018(9):55-59.
[14] 陈映芳."农民工":制度安排与身份认同 [J]. 社会学研究,2005(3):119-132.
[15] 程书秋,郑洪宇. 对外汉语文化教学研究述评 [J]. 继续教育研究,2008(3):118-120.
[16] 程伟华,董维春,刘晓光. 非洲来华留学研究生教育问题与对策 [J]. 学位与研究生教育, 2012(8):54-58.
[17] 程伟华."一带一路"沿线国家来华留学生教育发展机遇、挑战及应对策略:基于 2005—2014 年统计数据的实证分析 [J]. 高等农业教育,2017(3):88-93.
[18] 崔希亮. 全球突发公共卫生事件背景下的汉语教学 [J]. 世界汉语教学,2020,34(3):291-299.
[19] 崔岩. 流动人口心理层面的社会融入和身份认同问题研究 [J]. 社会学研究,2012,27(5):141-160.
[20] 戴安德. 数字人文作为一种方法: 西方研究现状及展望 [J]. 山东社会科学,2016(11):26-33.
[21] 杜建政,夏冰丽. 心理学视野中的社会排斥 [J]. 心理科学进展,2008(6):981-986.
[22] 段胜峰. 非洲来华留学生教育管窥:历史、发展与现状 [J]. 湖南社会科学,2015(6):199-203.
[23] 方宝. 近十五年来东盟国家来华留学生教育的变化趋势研究:基于 1999~2013 年相关统计数据的分析 [J]. 比较教育研究,2015,37(11):77-86.
[24] 弗里德里克·巴斯,高崇,周大鸣,等. 族群与边界 [J]. 广西民族学院学报(哲学社会科学版), 1999(1):3-5.
[25] 傅正元. 帕森斯的社会学理论 [J]. 国外社会科学,1982(11):63-68.
[26] 郭忠华. 吉登斯对于民族国家的新思考 [J]. 开放时代,2007(6):35-43.
[27] 何雪松. 社会理论的空间转向 [J]. 社会,2006,26(2):34-48,206.
[28] 贺圣达. 文化认同与中国同周边东南亚国家民心相通 [J]. 云南社会科学,2018(6):179-181.
[29] 贺文萍. 中非教育交流与合作概述:发展阶段及未来挑战 [J]. 西亚非洲,2007(3):13-18,79.
[30] 胡锦山. 罗伯特·帕克与美国城市移民同化问题研究 [J]. 求是学刊,2008(1):133-137.
[31] 胡瑞,余赛程."一带一路"沿线国家来华留学生教育结构评价与发展策略 [J]. 河北师范大学学报(教育科学版),2018,20(5):68-73.
[32] 胡玉婷,洪建中,刁春婷. 跨文化沟通能力对来华留学生抑郁的影响:身份认同差异的中介作用 [J]. 心理科学,2019,42(4):942-948.
[33] 黄佳静,李育球. 大学社团对来华留学生跨文化适应的意义:以浙江师范大学中非学生交流协会为例 [J]. 世界教育信息,2015,28(22):57-61.

[34] 黄匡时，嘎日达. 社会融合理论研究综述 [J]. 新视野，2010（6）：86-88.
[35] 季中扬. 庆祝与聚集：传统节日文化当代意义的美学阐释 [J]. 节日研究，2020（2）：18-25.
[36] 贾国华. 吉登斯的自我认同理论评述 [J]. 江汉论坛，2003（5）：56-58.
[37] 贾兆义. 来华留学教育服务“一带一路”建设的路向研究 [J]. 世界教育信息，2017，30（11）：10-15.
[38] 江明珊.“一带一路”倡议下非洲来华留学生教育管理探索 [J]. 智库时代，2019（33）：7，25.
[39] 姜文涛. 什么是好的数字人文 [J]. 澳门理工学报（人文社会科学版），2019（4）：140-143.
[40] 蒋俊. 部落、部族、族群与民族：非洲研究中主要人群概念的辨析与定位 [J]. 世界民族，2020（5）：77-88.
[41] 卡塔玛·玛斯卡拉，徐家玲，李强. 探究中国与非洲教育合作：以非洲视角 [J]. 外国教育研究，2009，36（1）：50-53.
[42] 李安山，沈晓雷. 非洲留学生在中国：历史、现实与思考 [J]. 西亚非洲，2018（5）：61-89.
[43] 李宝贵，庄瑶瑶. 中文纳入“一带一路”沿线国家国民教育体系的特征、挑战与对策 [J]. 语言文字应用，2020（2）：89-98.
[44] 李春玲. 社会阶层的身份认同 [J]. 江苏社会科学，2004（6）：108-112.
[45] 李红婷. 农民工子女低学业成绩的人类学阐释：对 A 市农民工子女学业成绩的现状调查与归因分析 [J]. 湖南师范大学教育科学学报，2008（3）：23-26，40.
[46] 李红专. 当代西方社会理论的实践论转向：吉登斯结构化理论的深度审视 [J]. 哲学动态，2004（11）：7-13.
[47] 李洁，孙进. 中国高校全英文授课项目留学生的就读体验调查：北京师范大学的个案研究 [J]. 教育学报，2014，10（6）：110-117.
[48] 李明欢. 20 世纪西方国际移民理论 [J]. 厦门大学学报（哲学社会科学版），2000（4）：12-18.
[49] 李鹏涛，车能. 殖民统治与族群的形成：二战以来西方学界的非洲族群研究评述 [J]. 非洲研究，2016，8（1）：35-50.
[50] 李沁，王雨馨. 华人华侨身份认同程度与中华文化传播行为研究 [J]. 当代传播，2019（2）：55-60，64.
[51] 李全生. 布迪厄场域理论简析 [J]. 烟台大学学报（哲学社会科学版），2002，15（2）：146-150.
[52] 李泉. 汉语教材的“国别化”问题探讨 [J]. 世界汉语教学，2015（4）：526-540.
[53] 李如龙. 论汉语国际教育的国别化 [J]. 语言教学与研究，2012（5）：11-17.
[54] 李修远，马知遥. 英国文化人类学与教育的融合发展及对我国教育的启示 [J]. 教育文化论坛，2019，11（2）：53-59，136.
[55] 李秀珍，孙钰. 外国留学生在华就职政策改善方案 [J]. 洛阳师范学院学报，2015，34（1）：125-128.
[56] 李雅，夏添.“一带一路”背景下中亚汉语国际教育与中华文化传播机遇与挑战 [J]. 当代教育与文化，2019（6）：31-36..
[57] 李宇明，等.“新冠疫情下的汉语国际教育：挑战与对策”大家谈（上）[J]. 语言教学与研究，2020（4）：1-11.
[58] 连涵芬. 非洲留学生学习汉语的动机、难点与教学对策 [J]. 福建医科大学学报（社会科学版），2018，19（2）：49-54.
[59] 梁晓慧. 新媒体时代现代汉语教学资源的整合和利用 [J]. 科教导刊，2017（17）：48-49.
[60] 林岚.“一带一路”沿线国家来华留学教育的发展现状及促进建议：基于高校来华留学教育招生工作的研究 [J]. 辽宁经济职业技术学院，辽宁经济管理干部学院学报，2018（1）：89-91.
[61] 刘宝存，张继桥.“一带一路”沿线国家来华留学学历教育：地位、问题与对策 [J]. 北京教育（高教），2017（5）：11-14.
[62] 刘进，刘真. 从人才流失到人才获得：“一带一路”沿线国家的机遇与挑战 [J]. 河北师范大学学报（教

育科学版),2017,19(4):81-85.

[63] 刘黎. 从文化角度看英国殖民统治后印度文明的异化 [J]. 人民论坛,2014(8):247-249.

[64] 刘丽芳. 中日茶文化比较研究 [J]. 福建茶叶,2017(6):358-359.

[65] 刘朋,鲁丽华,白泉. 土木工程专业非洲留学生教学思考 [J]. 科教文汇(上旬刊),2019(9):56-57.

[66] 刘炜,叶鹰. 数字人文的技术体系与理论结构探讨 [J]. 中国图书馆学报,2017(5):32-41.

[67] 刘学蔚. 从"陌生人"到"旅居者":西方移民研究思潮略论 [J]. 湖北社会科学,2013(10):105-108.

[68] 刘振铎. 成人业余"现代汉语"教学初探 [J]. 电大教育,1984(2):13-14.

[69] 刘志民,刘路,胡顺顺."一带一路"沿线 73 国高等教育大众化进程分析 [J]. 比较教育研究, 2016, 38(4):1-8.

[70] 龙霞,熊丽君. 中非文化差异对非洲来华留学生教育的影响:以安哥拉来华留学生为例 [J]. 重庆第二师范学院学报,2014,27(1):133-136,176.

[71] 娄绌旖,马知遥."一带一路"倡议下发展来华留学教育的机遇与挑战 [J]. 甘肃民族研究, 2018(2):23-33.

[72] 卢达威,洪炜. 汉语国际教育信息化的发展与展望 [J]. 语言教学与研究,2013(6):23-31.

[73] 栾凤池,孙伟."一带一路"国家来华留学生教育的意义、问题及对策 [J]. 江苏师范大学学报(哲学社会科学版),2018,44(1):7-17.

[74] 罗吉华. 教育人类学视野下傣族和尚生低学业成就归因分析:以西双版纳州勐达镇中学为个案 [J]. 湖南师范大学教育科学学报,2010,9(3):31-34.

[75] 罗梦云. 在华非洲留学生跨文化适应个案研究 [J]. 重庆高教研究,2015,3(5):62-65,70.

[76] 罗琼. 非洲留学生汉语语音习得偏误及其对策 [J]. 长江大学学报(社科版),2014,37(10):90-91.

[77] 马佳妮,周作宇."一带一路"沿线高端留学生教育面临的挑战及其对策 [J]. 高等教育研究, 2018, 39(1):104.

[78] 马佳妮."一带一路"沿线国家来华留学生就读经验研究 [J]. 比较教育研究,2018,40(4):19-28.

[79] 马佳妮. 欧美发达国家留学生教育发展探析 [J]. 比较教育研究,2016,38(7):58-63.

[80] 马戎. 社会学的族群关系研究 [J]. 中南民族大学学报(人文社会科学版),2004(3):5-15.

[81] 孟建,胡学峰. 数字人文:媒介驱动的学术生产方式变革 [J]. 现代传播(中国传媒大学学报), 2019(4):24-28,54.

[82] 孟祥铭,张洪. 非洲来华留学生本科教学工作探析:以国际经济与贸易专业为例 [J]. 高教学刊, 2019(4):20-21,25.

[83] 苗坤. 在华非洲留学生的跨文化适应能力研究 [J]. 西部素质教育,2017,3(15):171-172.

[84] 牛长松. 中国与非洲教育合作的新范式 [J]. 比较教育研究,2010,32(4):22-27.

[85] 彭兆荣,朱志燕. 族群的社会记忆 [J]. 广西民族研究,2007(3):72-78.

[86] 钱卉. 相对主义的实证纲领:柯林斯的科学知识社会学思想述评 [J]. 自然辩证法通讯, 2001(2):23-31.

[87] 渠敬东. 涂尔干的遗产:现代社会及其可能性 [J]. 社会学研究,1999(1):3-5.

[88] 任晨光. 从中日文化传播视角看日本传统节日 [J]. 决策与信息,2016(24):131-132.

[89] 任远,邬民乐. 城市流动人口的社会融合:文献述评 [J]. 人口研究,2006(3):87-94.

[90] 宋继华,徐娟,许见鸿. 对外汉语教学网络课件开发的理论原则 [J] 北京师范大学学报(社会科学版), 2004(2):113-118.

[91] 宋玲玲,郭晶晶. 科学知识图谱视角下国内外数字人文领域研究分析 [J]. 图书馆杂志, 2020(7):26-36.

[92] 宋硕,徐玲. 基于中非文化差异的留学生汉语教学模式探析 [J]. 大学(研究版),2016(2):33-35.

[93] 孙慧莉,李忠明. 来华学历生择校影响因素及择校途径研究:以江苏省为例 [J]. 高教探索，2017(8):82-89.
[94] 孙九霞. 试论族群与族群认同 [J]. 中山大学学报(社会科学版),1998(2):3-5.
[95] 孙岚,魏建华. 来华留学生外语授课国际化专业满意度调查研究——以浙江科技学院为例 [J]. 赤峰学院学报(自然科学版),2013,29(10):230-233.
[96] 孙频捷. 身份认同研究浅析 [J]. 前沿,2010(2):68-70.
[97] 唐静. 留学生选择来华学习的行为意向研究:基于计划行为理论的解释框架 [J]. 高教探索，2017(8):90-94,116.
[98] 陶家俊. 身份认同导论 [J]. 外国文学,2004(2):37-44.
[99] 滕星,杨红. 西方低学业成就归因理论的本土化阐释:山区拉祜族教育人类学田野工作 [J]. 广西民族学院学报(哲学社会科学版),2004(3):2-17.
[100] 万里明,王晨辉,周雪瑶. 非洲留学生文化适应性调查 [J]. 文化学刊,2015(12):153-156.
[101] 王传毅,陈晨."一带一路"沿线国家学生来华读研的影响因素:基于宏观数据的分析 [J]. 高校教育管理,2018,12(3):34-42.
[102] 王娟. 高校国际化与"一带一路"倡议的对接:基于高校来华留学教育的研究 [J]. 南京晓庄学院学报,2016,32(5):64-67.
[103] 王敏. 新形势下高校教育管理的现状与机制创新 [J]. 兰州教育学院学报,2013,29(1):92-93.
[104] 王宁. 流散文学与文化身份认同 [J]. 社会科学,2006(11):170-176.
[105] 王宁. 叙述、文化定位和身份认同:霍米·巴巴的后殖民批评理论 [J]. 外国文学,2002(6):48-55.
[106] 王涛. 什么不是数字人文 [J]. 澳门理工学报(人文社会科学版),2019(4):134-136.
[107] 王彦斌. 科塞与达伦多夫的冲突论社会学思想比较研究 [J]. 思想战线,1996(2):1-7.
[108] 王雁飞,李云健,黄悦新. 大学生心理资本、成就目标定向与学业成就关系研究 [J]. 高教探索，2011(6):128-148.
[109] 王莹. 身份认同与身份建构研究评析 [J]. 河南师范大学学报(哲学社会科学版),2008,35(1):50-53.
[110] 王永秀,谢少华. 关于来华留学教育政策的审思 [J]. 高教探索,2017(3):102-106.
[111] 魏浩,赖德胜. 文化因素影响国际留学生跨国流动的实证研究:兼论中国扩大来华留学生教育规模的战略 [J]. 教育研究,2017,38(7):55-67.
[112] 温国砫. 在华非洲留学生文化适应策略研究 [J]. 浙江师范大学学报(社会科学版)，2020，45(2):60-68.
[113] 吴强. 撒哈拉以南非洲来华留学生跨文化适应问题调查研究 [J]. 教育观察,2018,7(1):103-106.
[114] 吴应辉,梁宇. 交叉学科视域下国际中文教育学科理论体系与知识体系构建 [J]. 教育研究，2020(12):121-128.
[115] 吴应辉. 汉语国际教育面临的若干理论与实践问题 [J]. 云南师范大学学报(哲学社会科学版)，2016，48(1):38-46.
[116] 夏先伟. 浅析非洲来华留学生的数学素养和教学策略 [J]. 科技信息,2012(18):150.
[117] 向琴. 非洲留学生的汉语学习动机调查研究:以中国地质大学(武汉)非洲留学生的汉语学习动机调查研究为例 [J]. 湖北经济学院学报(人文社会科学版),2012,9(2):187-188.
[118] 向勇,李尽沙. 融合与共生:"一带一路"文化产业合作发展指数研究 [J]. 深圳大学学报(人文社会科学版),2020,37(4):56-65.
[119] 晓山. 中国召开全国对外汉语教学工作会议 [J]. 世界汉语教学,1988(4):193-195.
[120] 肖娴,张长明. 非洲来华留学生跨文化适应问题与对策 [J]. 高教学刊,2016(15):9-10,13.
[121] 徐辉. 中非合作论坛框架下的教育合作 [J]. 教育发展研究,2007(17):1-7.

[122] 徐娟,史艳岚.十年来数字化对外汉语教学发展综述 [J].现代教育技术,2013,23(12):54-58.
[123] 徐娟.从计算机辅助汉语学习到智慧汉语国际教育 [J].国际汉语教学研究,2019(4):77-83.
[124] 徐美,熊佳全,唐莹娟,等.来华留学生全英文授课本科专业发展现状及思路:以北方工业大学为例 [J].对外经贸,2016(3):152-154.
[125] 徐鹏远.非洲来华留学生教育现状分析 [J].科教文汇(上旬刊),2020(8):24-25.
[126] 徐孝娟,侯莹,赵宇翔,等.国外数字人文课程透视:兼议我国数字人文课程设置及人才培养 [J].图书馆论坛,2018,38(7):1-11.
[127] 杨方.论帕森斯的结构功能主义 [J].经济与社会发展,2010,8(10):116-118.
[128] 杨寄洲.我国第一部汉语教学片《中国话》摄制完成 [J].语言教学与研究,1981(4):137.
[129] 杨建娟,吴飞.理解“生活在别处”的“边际人”:兼谈帕克的底层关怀意识 [J].新闻界,2012(10):14-20,30.
[130] 杨宜音.试析人际关系及其分类:兼与黄光国先生商榷 [J].社会学研究,1995(5):19-21.
[131] 姚海棠,姚想想.来华留学生影响因素研究 [J].现代商业,2013(14):255-257.
[132] 易佩,熊丽君.非洲来华留学生跨文化适应水平实证研究 [J].沈阳大学学报(社会科学版),2013,15(3):364-368.
[133] 殷军.外国留学生学历教育过程中的若干问题与对策 [J].高等理科教育,2007(4):141-144.
[134] 余香莲,黄超.非洲留学生汉语学习策略现状分析:基于与其他二语习得者的对比研究 [J].长春大学学报,2016,26(2):81-85.
[135] 袁娥.民族认同与国家认同研究述评 [J].民族研究,2011(5):91-103.
[136] 袁同凯.传统文化习俗与学校教育:教育人类学的视角 [J].西北民族研究,2009(1):183-191.
[137] 苑国华.达伦多夫的社会冲突思想及其当代启示 [J].中南大学学报(社会科学版),2011,17(2):72-76.
[138] 张立军,张谅.非洲留学生来华学习动因调查分析:以中国地质大学(武汉)为例 [J].教育观察(上旬刊),2014,3(2):39-42.
[139] 张萌萌.西方身份认同研究述评 [J].云梦学刊,2011,32(2):28-33.
[140] 张墨研.数字人文的本体论反思:以意识形态批判的批判为起点 [J].理论月刊,2020(8):120-129.
[141] 张瑞芳.“一带一路”沿线国家境内海外分校发展现状研究 [J].世界教育信息,2017,30(20):20-27.
[142] 张世蓉,王美娟.高校留学生文化身份认同研究 [J].海外英语,2018(1):175-178,180.
[143] 张淑华,李海莹,刘芳.身份认同研究综述 [J].心理研究,2012,5(1):21-27.
[144] 张向东.认同的概念辨析 [J].湖南社会科学,2006(3):78-80.
[145] 张秀琴,薛彦青,强亚平,等.中国和非洲国家的教育交流与合作 [J].西亚非洲,2004(3):24-28,79-80.
[146] 张英.论对外汉语文化教学 [J].汉语学习,1994(5):46-50.
[147] 张盈盈.非洲留学生汉字书写偏误分析 [J].南昌教育学院学报,2010,25(12):75,83.
[148] 张莹瑞,佐斌.社会认同理论及其发展 [J].心理科学进展,2006(3):475-480.
[149] 赵嫚.来华留学生身份认同个案研究 [J].语文学刊,2013(24):104-106.
[150] 赵万里,李路彬.日常知识与生活世界:知识社会学的现象学传统评析 [J].广东社会科学,2011(3):198-205.
[151] 郑江华,翟风杰,侯芳,等.高校外国留学生社区系统管理的构建:以天津职业技术师范大学非洲留学生的管理实践为例 [J].职业技术教育,2013,34(23):66-68.
[152] 郑艳群.汉语教学 70 年:教育技术的影响及作用 [J].国际汉语教学研究,2019(4):69-76.
[153] 郑艳群.课堂上的网络和网络上的课堂:从现代教育技术看对外汉语教学的发展 [J].世界汉语教学,2001(4):98-104.

[154] 仲哲明. 现代教育技术与对外汉语教学的改革 [J]. 语言文字应用，1999(4)：113-119.
[155] 周大鸣. 论族群与族群关系 [J]. 广西民族学院学报(哲学社会科学版)，2001(2)：13-25.
[156] 周晓虹. 认同理论：社会学与心理学的分析路径 [J]. 社会科学，2008(4)：46-53.
[157] 朱本军，聂华. 跨界与融合：全球视野下的数字人文：首届北京大学"数字人文论坛"会议综述 [J]. 大学图书馆学报，2016(5)：16-21.

学术论文类

[1] 艾德. 来华非洲与亚洲留学生跨文化适应比较研究 [D]. 上海：华东师范大学，2016.
[2] 白昕. 来华非洲留学生汉语学习动机研究 [D]. 南京：南京师范大学，2013.
[3] 陈佳谨. 印尼大学生汉语学习行为与学习效果分析 [D]. 厦门：厦门大学，2018.
[4] 陈璐. 外国留学生汉语学习策略量表的研制 [D]. 杭州：杭州师范大学，2009.
[5] 陈曦. "一带一路"国家来华留学生文化距离、文化适应策略和文化适应的关系研究 [D]. 杭州：杭州师范大学，2016.
[6] 丁思琦. 面向初级水平非洲留学生的汉字教学研究 [D]. 济南：山东师范大学，2019.
[7] 冯超. 来华非洲留学生的社会支持网与跨文化适应研究 [D]. 金华：浙江师范大学，2014.
[8] 胡韬. 流动少年儿童社会适应的发展特点及影响因素研究 [D]. 重庆：西南大学，2007.
[9] 雷文文. 来华非洲学生的汉语学习动机与学习策略研究 [D]. 广州：暨南大学，2011.
[10] 李法德. 在华马达加斯加留学生汉语学习适应调查研究 [D]. 济南：山东师范大学，2020.
[11] 李家军. 来华留学生奖学金项目优化管理研究：以广西大学留学生奖学金项目为例 [D]. 南宁：广西大学，2013.
[12] 李勇. 边疆民族地区初中生学业成就低下原因研究 [D]. 北京：中央民族大学，2013.
[13] 梁宇颂. 大学生成就目标、归因方式与学业自我效能感的研究 [D]. 武汉：华中师范大学，2000.
[14] 刘祥. 武汉理工大学非洲留学生跨文化适应研究 [D]. 武汉：武汉理工大学，2012.
[15] 柳琳琳. "一带一路"视域下辽宁来华留学教育研究 [D]. 大连：辽宁师范大学，2017.
[16] 罗惠翾. 宗教的社会功能 [D]. 北京：中央民族大学，2005.
[17] 罗茜. 非洲来华留学生汉语学习策略现状调查研究 [D]. 南京：南京师范大学，2019.
[18] 潘静. 英语国家来华留学生的身份认同与汉语学习之间的关系研究 [D]. 南京：南京大学，2016.
[19] 沈亚丽. 来华留学生汉语学习动机与学习策略及其相关性研究 [D]. 上海：上海交通大学，2009.
[20] 唐永辉. 高等教育国际合作办学项目的现状、问题与对策 [D]. 湘潭：湘潭大学，2015.
[21] 王文宇. 坦桑尼亚学生汉语学习动机调查研究 [D]. 郑州：郑州大学，2017.
[22] 吴越. 大学生学习策略与场认知方式、学习风格、学习动机以及学业成就关系的研究 [D]. 西安：陕西师范大学，2004.
[23] 吴赟. 初级阶段非洲留学生普通话声调偏误分析及教学对策 [D]. 南京：东南大学，2019.
[24] 习欧拉. 来华苏丹留学生跨文化适应问题研究 [D]. 济南：山东师范大学，2020.
[25] 易晓琳. 中美少数族群学生学业成就归因理论比较研究 [D]. 兰州：西北师范大学，2009.
[26] 袁芳. 中国对非教育服务出口问题研究 [D]. 北京：对外经济贸易大学，2016.
[27] 云嘉妮. 在华非洲留学生的文化适应调查 [D]. 长春：吉林大学，2013.
[28] 章碧云. 摩洛哥汉语学习者学习动机调查研究 [D]. 上海：上海外国语大学，2019.
[29] 赵佳. 非洲留学生汉语学习策略研究 [D]. 长春：东北师范大学，2012.
[30] 赵孟超. 东干族留学生跨文化适应与文化身份认同的研究 [D]. 兰州：西北师范大学，2020.
[31] 赵艳玲. "一带一路"沿线国家在华留学生跨文化适应研究 [D]. 荆州：长江大学，2017.
[32] 朱国辉. 高校来华留学生跨文化适应问题研究 [D]. 上海：华东师范大学，2011.

外文部分

著作类

[1] BERRY J W. Psychology of acculturation: understanding individuals moving Between cultures[M]. Newbury Park: Sage, 1990.

[2] CAZDEN C, JOHN V, HYMES D. Functions of language in the classroom[M]. New York: Teacher's College Press, 1972.

[3] ALTMANN A, EBERSBERGER B. Universities in change: managing higher education institutions in the age of globalization[M]. New York: Springer, 2012.

[4] VALENTINE C A. Culture and poverty: critique and counter-proposals[M]. Chicago: University of Chicago Press, 1968.

[5] LEACOCK E B. The culture of poverty: a critique[M]. New York: Simon and Schuster, 1971.

[6] SPINDLER G. Interpretive ethnography of education: at home and abroad[M]. Hillsdale, NJ.: L. Erlbaum Associates, 1987.

[7] GIDDENS A, PIERSON C. Conversations with Anthony Giddens: making sense of modernity[M]. Stanford, Cal.: Stanford University Press, 1998.

[8] GUMPERZ J, HYMES D. Directions in socio-linguistics: the ethnography of communication[M]. New York: Holt, Rinehart & Winston, 1972.

[9] OGBU J U. A comparative study of immigrant and involuntary minorities[M]. New York: Garland, 1991.

[10] BROOKS R, WATERS J. Student mobilities, migration and the internationalization of higher education[M]. New York: Palgrave Macmillan, 2011.

[11] HEATH S. Ways with words: language, life and work in communities and classrooms[M]. New York: Cambridge University Press, 1983.

[12] PHILIPS S. The invisible culture: communication in classroom and community on the warm spring Indian reservation[M]. New York: Longman, 1983.

[13] TURNER J C. Rediscovering the social group: a self-categorization theory[M]. Oxford: Basil Blackwell, 1987.

[14] GOFFMAN E. Interaction ritual: essays on face-to-face behavior[M]. New York: Pantheon Books, 1967.

期刊类

[1] VALIULIS A U, VALIULIS D. The internationalisation of higher education: a challenge for universities[J]. Global J.of Engng.Educ., 2006, 10(2): 221-228.

[2] ASTIN A W. Measuring the outcomes of higher education[J]. New directions for institutional research, 1974 (1): 23-46.

[3] CARLSMITH J M, ARONSON E, ELLSWORTH P C. Methods of research in social psychology[J]. Contemporary sociology, 1977, 6(3): 319-320.

[4] CERULO K A. Identity construction: new issues, new directions[J]. Annual review of sociology, 1997, 23: 385-409.

[5] COSER R L, GIDDENS A. Modernity and self-identity: self and society in the late modern age[J]. Social forces, 1991, 71(1): 229.

[6] FRAS I. Identity: Youth and Crisis[J]. Psychosomatics, 1968, 9(4): 243-244.

[7] HUANG F T. Internationalization of curricula in higher education institutions in comparative perspectives: case studies of China, Japan and The Netherlands[J]. Higher education, 2006, 51: 521-539.

[8] OGBU J U, SIMONS H D. Voluntary and involuntary minorities: a cultural - ecological theory of school performance with some implications for education[J]. Anthropology & education quarterly, 1998, 29(2): 155-188.

[9] JOHN. Mind, self, and society: from the standpoint of a social behaviorist(works of George Herbert Mead, Vol.1)[J]. Philosophy, 1935, 10(40): 493-495.

[10] MOK K H, XU X Z. When China opens to the world: a study of transnational higher education in Zhejiang, China[J]. Asia pacific education review, 2008, 9(4): 393-408.

[11] DALBELLO M. A genealogy of digital humanities[J]. Journal of documentation, 2011, 67(3): 480-506.

[12] MASTRO D E, BEHM-MORAWITZ E, KOPACZ M A. Exposure to television portrayals of Latinos: the implications of aversive racism and social identity theory[J]. Human communication research, 2008, 34(1): 1-27.

[13] MENTKOWSKI M, DOHERTY A. Careering after college: establishing the validity of abilities learned in college for later careering and professional performance. final report to the national institute of education. overview and summary[J]. Administrator attitudes, 1984: 228.

[14] MULLEN B, BROWN R, SMITH C. Ingroup bias as a function of salience, relevance, and status: an integration[J]. European journal of social psychology, 1992, 22(2): 103-122.

[15] NICHOLSON I A M. Gordon Allport, character, and the "culture of personality", 1897-1937[J]. History of psychology, 1998, 1(1): 52-68.

[16] NORAIN M L, NOORIAH Y. Universiti pembangunan modal insan dan penumpuan ruang komuniti berpendidikan tinggi di Malaysia: suatu ulasan Kritis[J]. Journal of social sciences and humanities, 2012, 7(2), 308-327.

[17] PARK S Y, CHA S B, LIM K, et al. The relationship between university student learning outcomes and participation in social network services, social acceptance and attitude towards school life [J]. British journal of educational technology, 2014(1): 97-111.

[18] JUOLA P. Killer applications in digital humanities [J]. Literary and linguistic computing, 2008, 23(1): 73-83.

[19] PHILIP M. Biracial identity and social marginality[J]. Child and adolescent social work, 1990, 7(4): 319-337.

[20] JENSEN A R. How much can we boost I.Q. and scholastic achievement? [J]. Harvard educational review, 1969(39): 1-23.

[21] MCDERMORTT R. The Expanation of Minority School Failure, Again [J]. Anthropology and education quarterly, 1987(4): 361-364.

[22] REITZES R B D C. Being Urban: A Sociology of City Life, Second edition by David A. Karp, Gregory P. Stone, and William C. Yoels [J]. Symbolic Interaction, 2011, 15(2): 245-246.

[23] PHILIPS S U. Commentary: access to power and maintenance of ethnic identity as goals of multicultural education[J]. Anthropology and education quarterly, 976(4): 30-32.

[24] VIGNOLES V L, REGALIA C, MANZI C, et al. Beyond self-esteem: influence of multiple motives on identity construction[J]. Journal of personality and social psychology, 2006, 90(2): 308-333.

[25] WILLIAMSON O E. Calculativeness, trust, and economic organization[J]. Journal of law and economics, 1993(36): 453-486.

[26] K.A. Max Weber[J]. American journal of economics & sociology, 2004, 63(5): 987-1020.

[27] CAI Y Z, YAN F Q. Supply and demand in Chinese higher education[J]. Higher education in BRICS countries: investigating the pact between higher education and society, 2015: 149-169.

论文集、会议集类

[1] KLUCKHOHN. Culture and behavior: collected essay of Clyde Kluckhohn [C]. New York: Free Press, 1962.

[2] GIBSON M A, OGBU J U. Minority status and schooling, a comparative study of immigrant and involuntary minorities[C]. New York & London: Garland Publishing, INC., 1991.

[3] STEWART E C. An overview of the field of intercultural communication[C]. Washington, D. C.: SIETAR, Georgetown University, 1974.

后 记

本书从人类学视角研究了国际中文教育领域的重要问题,深入探讨了来华留学生的学业成就问题、身份认同问题,以及共建"一带一路"倡议下来华留学教育的现存问题和解决之道,进而探索了国别文化与数字化研究的理念。

这本书旨在促进人类学相关理论在国际中文教育领域的应用和发展,为相关研究者和教育从业者提供有益的参考和思路;也希望引导更多学者关注来华留学生的主体性问题和学习生活场域,切实促进国际中文教育的发展,并为相关政策制定者提供决策依据。通过对非洲来华留学生学业成就问题的研究,我们希望能够揭示文化因素对其学习困境和学习成就的影响,以便制定相应的教育策略和措施。我们对来华留学生身份认同问题的研究,旨在深入了解其身份融入困境和自我认同问题,为他们提供更好的支持和帮助。此外,我们对共建"一带一路"倡议下来华留学教育的现存问题和解决之道进行了深入研究,旨在为这一领域的可持续发展提供思路和方案。最后,我们对国别文化与数字化研究的理念进行了探索,希望通过数字化手段更好地研究不同国家文化的差异性和相似性。

在编写过程中,我们也遇到了许多困难和挑战。首先,收集相关文献资料是一项艰巨的任务。我们耗费了大量的时间和精力,深入该研究领域前沿的学术成果,以确保我们的研究具有广度和深度。其次,由于研究对象的多样性和复杂性,我们需要进行大量的田野调查和访谈工作,以获取准确而详尽的数据和信息。这对我们的研究团队来说是一项巨大的挑战,但我们通过充分的准备和科学的方法,加上多年的田野工作经验,成功地克服了这些困难,并取得了丰硕的成果。

值得一提的是,在编写过程中,我们还积极借鉴国内外先进的研究方法和理论,不断进行思考和探索,持续完善我们的研究框架和解决方案。我们相信,这些努力将为相关领域的研究者提供新的思路和视角,进一步推动相关学科的发展和交流。

我们希望有越来越多的学者能够关注国际中文教育领域的重要问题,深入研究和探索。我们期待看到更多精彩的研究成果出现,促进国际中文教育的繁荣和发展。我们也鼓励更多的学者运用新的方法和工具,如数字化技术和人工智能技术,拓宽研究领域,开辟新的研究方向。

同时,我们也意识到本书的研究尚存在一些不足之处,需要进一步丰富和完善。希望本书能为读者提供启发和借鉴,推动国际中文教育相关研究的深入发展,促进全球教育的交流与合作。

非常感谢所有参与本书编写的作者和研究者的辛勤努力和付出，他们是第一章的作者常国毅、第二章的作者李修远、第三章的作者娄缃旖和第四章的作者吴建垲以及为本书的编写提出宝贵建议的专家学者。也感谢读者的关注与支持。我们希望本书能够为读者提供有价值的信息和观点，激发读者对国际中文教育的兴趣和思考。期望本书能够为国际中文教育领域的学术研究和实践工作作出积极的贡献。

编者

2023 年 8 月